周蓓 主編

『民國專題史』叢書

(日)淺野利三朗 著 楊祥蔭 譯

河南人民出版社

最近國際思想史

論述了民族思想的發展、永久和平論與裁軍論、保護主義思想的完成、自由主義的發展、法國大革命對國際思想的影響

圖書在版編目(CIP)數據

最近國際思想史 / (日)淺野利三郎著; 楊祥蔭譯. —
鄭州 : 河南人民出版社, 2016. 4(2017. 1 重印)
(民國專題史叢書 / 周蓓主編)
ISBN 978-7-215-10090-9

Ⅰ. ①最… Ⅱ. ①淺… ②楊… Ⅲ. ①政治思想史-世界-近代 Ⅳ. ①D091. 4

中國版本圖書館 CIP 數據核字(2016)第 079663 號

河南人民出版社出版發行
(地址 : 鄭州市經五路 66 號　郵政編碼 : 450002　電話 : 65788063)
新華書店經銷　河南新華印刷集團有限公司印刷
開本 710 毫米×1000 毫米　1/16　印張 26. 75
字數 390 千字
2016 年 4 月第 1 版　2017 年 1 月第 3 次印刷

定價 : 175. 00 圓

出版前言

中國現代學術體系是在晚清西學東漸的大潮中逐步形成的。至民國初建，中央政治權威進一步分散和削弱，加之新文化運動帶給國人思想上的空前解放，新學的啓蒙，新知識分子的産生，民國學術如草長鶯飛，進入一個自由而蓬勃的時代。中國傳統學科乃中國學術之根基與菁華所在，民國學人采用『取今復古，別立新宗』之方法，引入西方的學術觀念，積極改造，使史學、文學等學科向現代學術方向轉型。此外，大力推介西方社會科學的新學科和自然科學，在學習、借鑒乃至移植西方現代學術話語和研究範式的過程中，逐漸建立中國現代學科，使中國的學科門類迅速擴展。一時間，新舊更迭，中西交流，百花齊放，萬壑争流，開創了中國現代學術的源頭。

伴隨知識轉型和研究範式轉换而來的，還有學術著作撰寫方式的創新。中國古代的著作向來以單篇流傳，經後人整理匯編後，方以成册成集的面目出現并持續傳播。直到十九世紀末，東西方的歷史編撰體裁不外乎多卷本的編年體、紀傳體和紀事本末體等，章節體的出現標志着近代西方學術規範的産生和新史學的興起。章節體具有依時間順序，按章節編排；因事立題，分篇綜論；既分門别類，又綜合通貫的特點。以章、節搭建起論述之框架，結構分明，邏輯清晰，較傳統的撰寫體裁容量大、系統性强。它的傳入，使中國現代學術體系從内容到形式被納入了全球化的軌道。民國時期專題史的研究、譯介、編纂、出版恰恰是在這樣的背景下欣欣而發，是學術的實驗場，也是歷史的記録儀。編選『民國專題史』叢書的初衷正是爲了從一個側面展示中國學術從傳統向現代過渡的歷史進程。

專題史是對一個學科歷史的總結，是學科入門的必備和學科研究的基礎，也是對一個時代艱深新鋭問題的解答，是學術研究的高點。民國專題史著作中，既包含通論某一學科全部或一時代（區域、國别）的變化過程的，又囊括對一時代或一問題作特殊研究的，還有少部分是對某一專題的史料進行收集的。原創與翻譯并重，翻譯的底本大多選擇該學科的代表著作或歐美大學普及教本，兼顧權威性和流行性，其中日本學者的論著占據了相當比重。日本與中國同屬東亞儒家文化圈，他們在接納西方學術思想和研究模式時，已作了某種消化與調適，從思維轉換的角度看，更便于中國借鑒和利用，他們的著作因而被時人廣泛引進。

與當代學術研究日趨專業化、專門化、專家化的『窄化』道路迥乎不同的是，中國傳統學術崇尚『學問主通不主專，貴通人不尚專家』的通識型治學門徑，處于過渡轉型期的民國學術在不同程度上保留了這種特徵。民國學術大師諸學科貫通一脉、上千年縱横捭闔之功力自不待冗言，外交家著倫理政治史、文學家著哲學史、化學家著戰争史等亦不乏其人，民國專題史研究呈現出開放、融通、跨界撰述的特點。與此同時必須看到，自晚清以來，中國的命運就在外侮屢犯、内亂頻仍的窘境中跌宕彷徨，民族存亡仿若命懸一綫。這股以創建學科、總結經驗、解决問題爲指歸的專題史出版風潮背後，包裹着民國學人企望以西學爲工具拯民族于衰微的探索精神，及以學術救亡的愛國之心。梁任公曾言：『史學者，學問之最博大而最切要者也，國民之明鏡也，愛國心之源泉也。』這種位卑未敢忘憂國的歷史使命感和國民意識是今人無法漠視和遺忘的。

『民國專題史』叢書收録的範圍包括現代各個學科，不僅限于人文社會科學，學科分類以《民國總書目》的分科爲標準，計有哲學、宗教、社會、政治、法律、軍事、經濟、文化、教育、語言文字、中國文學、外國文學、中國歷史、西方史、自然科學、醫學、工業、交通共19個學科門類。本叢書分輯整理出版，内不分科，單本發行，方便讀者按需索驥。既可作爲大專院校圖書館、學術研究機構館藏之必備資源，也可滿足個人研讀或興趣之收藏。

與目前市場已有的一些專題史叢書相比，『民國專題史』叢書具有規模大、學科全、選本精、原版影印的特點。本叢書選目首重作者的首創、權威和著作影響力，尤其注重選本的稀見性。所謂稀見，即建國後没有再版，且多數圖書館没有收藏，或即便有收藏，也是歸于非公開的珍本之列予以保存，普通讀者難以借閲。部分圖書雖有電子版，但作爲學術研究的經典原著讀本，紙質版本更利于記憶和研究之用。本叢書精揀版本最早、品相最佳的原版圖書作爲底本，因而還具有很高的版本收藏價值。

『民國專題史』的著作是民國學者對于那個時代諸問題之探究，往往有獨到之處，無論其資料、觀點短長得失如何，要之在中國現代學術史的構建與發展進程中，自有其開宗立論之地位。

譯序

十八世紀以來，世界人類物質的環境，迅行改變，智識思想，也隨之逐漸溝通。到二十世紀的現代，一個國家，在一切國家生活方面，都是互通有無，互相依存，完全達到離開國際社會，不能夠存在的狀況。所以國際生活，和國家生活的各方面同樣重要，成了現代學者注意研究的一個目標。不過向來許多研究這方面的人，多側重國際政治外交的事實，鈎稽整理，成一種系統的著作；而一般近代世界史，雖有涉及國際生活思想的方面，也不過只就幾個主要思潮，作一種表面的叙述，所以都是興味索然。

本書以思想爲主，證以史實，探究時代變遷的背景，闡明在近代國際政治外交及經濟上，由思想方面發生的重要作用，名爲「最近國際思想史」，可使讀者明瞭近兩百年來複雜國際生活之內在的推動力。

本書第一編汎論民族思想的淵源，國際政治外交的對象，均勢原則，戰爭原因，以及百年前永久和平縮減軍備的理想及方案，殿以各國競爭奪取殖民地的結果，完成以國家全體福利爲標準之保護主義的思想。

第二編第三編詳述受自由主義影響的近代國際思想，及受民族主義社會主義刺激的國際的鬪爭思想。其內容概述歐洲自文藝復興以後，自由主義，逐漸打破帝王神權思想的壁壘，經過霍布思洛克等自然法的個人主義思想，邊沁密勒等最大多數最大幸福之功利主義思想，到孟德斯鳩的分權論及盧梭的社會契約論，自由主義始完成其使命而嬗變爲近代民主主義。因此思潮澎湃，激盪起美國獨立及法國革命。法國革命標榜自由平等博愛等口號，漸次推翻世界各國帝王神權的專制政治，而建立了民主政治的民族國家，人民始直接參與自己國家及民族的運命。於是內而鞏固統治擴張國力，外而反映在國際政治上，表現爲勢力均衡及國際協調的政策，爲避免衝突維持國際和平，並促進了縮減軍備的運動；同時民族主義也隨之大發達了。法國革命後，民族運動始具體化，各個國家都漸次以民族的國家爲理想，認國家爲有獨立主權的團體，和個人在社會有自由平等的權利一樣，一個國家在國家社會，也須有自由平等的權利，纔能保全國家存立的意義。所以法國革命的人權宣言，不僅是人民決定政體的權利，而且衍化成選擇應屬國家的權利，因而就發展了現代民族自決的主義和運動。這是本書述複雜的國際生活中政治方面各種紛糾之思想的脈絡。

自由主義在經濟方面，經過重商主義重農主義，並由休謨的功利哲學思想，認個人利己的活動，若給社會全體以利益，卽爲善而非惡，倫理的始承認了經濟上利己的活動；因之遂發展爲亞丹斯密自由競爭的經濟理論，以國家有保護個人利益的義務，而不應加以干涉，個人自求多利，結果卽增加社會全體公益。這種思想打破了中世以來王權特許的獨占制度，新闢個人在經濟上自由競爭的局面，同時因個人的發明機器，形成實業革命，遂變化了各國的經濟制度。因實業革命而廣利用機器，遂促進工廠制的成立，需求資本集中，大量製造，大量販賣，根本上破壞了手工業，確立了資本主義。因資本主義產生近代貧富懸殊的兩階級，因而又發展了社會主義勞動者的運動。實業革命後，各種機器的發明，事實上縮小世界的範圍，人力迅速的增加了克服自然的力量，使人類生活所有方面均起大變化。特別由實業革命之結果成立的資本主義，開拓了世界的市場，產生近代的殖民政策，更進而發展了商工業金融資本的所謂和平侵畧的帝國主義。這是本書述國際生活中，經濟方面各種紛糾之思想的脈絡。

現代帝國主義，不蹈襲以前攻城略地的征服政策，承認其他弱小國民國家的存立，其根本的特質，在以經濟力的侵蝕，企圖本國的興盛。被壓迫的弱小民族，努力掙扎民族自決運動，計畫復興國民的國家，以抗衡其束縛搾取。一方面各帝國主義者間，因歐戰後的創痍，國力凋殘，分配不均，瀰漫着經濟恐慌，互謀制止勢力消長，組織國際聯盟，竭力商權縮減軍備，欲維持國際現狀。他方面新勃興社會主義的共產國家，利用經濟階級間的對立，欲破壞資本主義的制度及組織，因勢利導其不平的心理，力求打破世界現狀。所以現代國際間，表面上是力謀和平，實際仍是充溢着鬬爭的矛盾現象。

且歐戰後新發生的法西斯蒂運動，具有逆轉到征服的軍國主義的趨勢，更因最近日本侵畧式的橫衝直撞，暴露了國際聯盟將餘形骸，和平公約或成廢紙，使國際間仍將逆轉到均勢敵對時代的傾向，有使孱弱的國家，在世界上似或又要現出難以生存的危險。但現代帝國主義的國家，都受着高度商工業金融資本主義的支持，若國際關係仍逆轉到敵對的狀況，勢非又競爭龐大的軍備不可，若無限制的擴張軍備，當然使資本的帝國主義的基礎，更要加速度的崩潰。因此，人類國際生活，究將逆轉，抑或順轉，已成了一種極微妙而且嚴重的時期了。

總言之，現代國家生活，一時一刻都脫離不了國際生活的關係。際此國難益深的時期，青年學子，應對於國際關係儲備深刻的認識，本書頗能供給此種需要。若對近代世界歷史有基礎的知識，更讀此書，譯者相信關於近代國際政治經濟外交及思想，總可收很博大的進益。

本書著者係日本明治大學教授，是個新進學者。此書以外，尚著有「國際思想發達史」是新闢蹊徑研究國際生活的一個人，純以客觀的綜合的方法研究，所以似少偏見。其思想的傾向，也可說是個和平的國際主義者。因而他的著作，很受日本社會有思想青年的歡迎。惟本書的結構條理，稍嫌散漫冗複，這因是學術研究的性質，著者取材過宏，失於稍欠修整。不過這種著述，就譯者譾識所知，在日籍書中猶屬創作，不僅徵引廣博，且多獨到之見，譯者認爲研究國際方面的好參攷書，故樂事介紹。只因公務羈絆，兩年餘始告厥成，未能早貢獻於讀者，頗爲憾事。但兩年中國際間之變化，證明著者研究結果的論斷準確，尤足徵本書的價值。讀者若藉此書，對現代國際生活能得較深博的了解，就是譯者莫大的滿足。惟文字拙劣及或有疏漏錯誤，尚望讀者詳加指正。

民國二十一年冬月　楊祥蔭序於南京

著者原序

文化發達，社會進化，人們生活及思想的內容，也隨着呈現了極複難紛歧的形象。個人主義與社會主義，自由主義與平等主義，鬬爭主義與協調主義，宿命主義與創造主義，理想主義與現實主義，民族主義與國際主義，保守主義與進步主義——這些一切都是互相對峙着，互相錯綜着，構成了現代生活及思想的內容。强有力者提倡政治是力，是利益，而力弱者主張政治是德，是正義。力相等而互相角逐者，都各是其是而非其非，互相駁詰，互想淩駕其他而上之。至於人道主義者，更高倡協調而欲根本絕滅鬬爭。這類情事，較之國內生活，在國際生活上，更表現其程度的高大與範圍的廣濶。國際生活，一方面是經濟的武力的優勝國互相對峙以及其對弱小國的關係，在他方面又是各國共通之經濟的文化的互相依存——所謂國際連帶的關係。及至十九世紀末葉，各國國民經濟達其完成期，同時已在其內部，多量的包含着世界經濟的要素。更進一步的發達，就不能不把國民的經濟生活，擴大到世界經濟的領域去。照這樣，世界的經濟組織恰如蜘蛛網，有極微妙的連絡關係，一絲若亂，全體就受影響，一局部受打擊，也就成全部的打擊了。這事依世界大戰爭的經驗，更痛切的教訓了人們。

因此，我們可以發見國際生活上之連帶作用，無形中發達到意想外的程度了。在歐洲大戰中互相敵對而拚命喋血相爭了的各國民，其實也在同一經濟組織上，各占着各有的地位；而在這同一經濟組織上占地位的任何國民，若犧牲其他國民的繁昌，結局也不能成己國永遠的利益。這種國際生活上的連帶作用，不待說在近代資本主義經濟組織發達的極軌上纔實現了的，可是他方面資本主義的經濟組織，却妨礙着自己胎內產出的這國際連帶作用之順適的發展。因而在這點就發生了資本主義經濟組織的矛盾。資本主義組織發展後，入了所謂金融資本的階層，同時就帶起否定自由競爭的獨占的傾向；所謂帝國主義，就是其政治的表現。國際連帶作用的發達，對於政治意義的民族意識，至少帶着使其減退的傾向，可是資本階級今日依然不僅不能與民族意識絕緣，而且在種種形式上，尙表示將愈使增高民族意識的傾向。現代資本的帝國主義，建築在國民主義的基礎上，以政治的意義說來，是極度利用了民族意識。

但是國際連帶作用，却在資本主義的發達中，隱默之間徐徐發展來的。於是在現代各國占支配的勢力之資本階級中，通世界全表面以維持資本主義社會組織爲目的，組織一種國際主義的國際聯盟，是極當然的事。和這同樣，在各工業國的勞動者階級間，發生全然正反對的國際主義，也是極當然的事。

要言之，國際聯盟的使命，是資本主義國家，以改造大戰後之世界爲國際的共同事業，務求通全世界表面維持資本主義的社會組織。這事在經濟的表現爲國際同業聯合(International Cartel)政策，務求迴避戰爭，所以目下是維持現狀的和平時代。因而帝國主義的國家，依然高倡其國民主義，被迫着有維持強大軍隊的必要。眞正酷好和平的人，不能不充分的顧慮這一點。

過去史實，是產出現代勢力的表現。換言之，就是過去的史實中，潛藏着積累的勢力，正鼓盪着現代。回顧已往百年中歐洲協調的盛衰，若漫不經心的謳歌國際聯盟成立，就認爲是世界和平主義或國際連帶主義完全的表現，那直可謂未了解現代社會的眞相。我們依這樣過去的史實，雖可以察知現在，却不一定能豫斷將來。究竟國際聯盟將來如何歸趨，尙屬於未知數。共產主義的俄國，與資本主義的美國，全然立於國際聯盟圈子外，縮減軍備的問題，尙且不能容易解決，加之意大利墨索利尼且鼓吹着反國際聯盟的帝國主義，這種機運已呈現着波及到各國的傾向。對這事人道的理想家，不贊成國際聯盟，以爲太不澈底，如英人威爾斯（H.G.Wells.1866-?）的主張，比較國際聯盟且進一步，提倡了世界聯邦或世界合衆國的組織。

把這樣內容複雜紛歧的國際生活及思想，欲在整然的體系下加以叙述，頗屬難事。所以向來通行的最近外交史，不過是講和會議或同盟協商的連續記事，宛然像是個外交條約彙纂或國際會議的議事錄；一般的最近世界史也始終只作了自由主義民主主義及民族運動等表面的叙述，因而都是興味索然。

本書想略微除去這種缺陷，叙明最近國際生活及思想的發達，申論近代文化的特徵，與其中發生的主義政策之由來發展，及其中間的互相矛盾衝突，至世界大戰勃發爲止。最後且略述了現代國際思想的傾向。這只是遵從普通以世界大戰後爲現代史的區分法而已。

關於最近帝國主義時代政治外交複雜錯綜的經過，希望參照坪井文學博士的最近政治外交史，余在坪井博士的指導下，曾任蒐集該書全四卷的資料以及整理其原稿之責，因這關係，爲避免一切重複起見，本書多省略史實而不述。當余著本書時，神川法學博士很懇切的指示許多研究資料，雖余與神川博士在現代國際思想的觀點上，具有根本反對的見地，可是本書仍獲益於博士的論著者頗多。因此，余對兩博士要表示最誠篤的謝意。

余本學識譾陋，本書是否能對研究國際思想者稍有貢益，仍須待時賢先輩加以嚴正批評。

一九二九年仲春　淺野利三郎識

目錄

第一編　緒論

第三章　國際政治與外交……二一

第六章 永久和平論與縮減軍備論……五七

第二編 近代國際思想的發達

第五章　現代國際思想的傾向……三九六

最近國際思想史

第一編　緒論

第一章　古代與近代

一　依時代區分歷史

社會變遷，國所必經，所以在世界中任何國的歷史上，定有可以用作區分時代的標準；惟其變遷進行極緩，不是突然的起變化因而就不能劃出明確的界線。

嘉萊爾（Thomas Carlyle）說：「時鐘告吾人以時間的變更，但宇宙中沒有報告時代變化時刻的時鐘。」—因為歷史似不捨晝夜的流水，不能以一定年數為標準，僅依時間距離，作前後的區別。河水迅猛，即成急流，奔騰直下，遂為瀑布，若停滯淹留，又可變作大湖；歷史也與之相同，其價值不能僅以年數而決定。因而歷史上的分界線，不能以世紀的終始作標準，務必充分明察時勢的變遷，以時代中心事實為目的，須虛心解釋其原因沿革及結果。事變不是突然生的，其結果也不是突然一時告終。所以向來歷史上時代的區分，多為歷史家所武斷。最初試分西洋歷史爲古代中世及近代三大部分者爲十七世紀德國哈萊大學教授蔡拉留（Tchellarius）其人。此人所謂古代，是由太古至羅馬君士坦丁大帝（Constantinus Magnus）時止，其次所謂中世是到土耳其人攻克君士坦丁堡時止，以後認爲近代。對這分法當時的議論異常鼎沸，但終局仍照這樣行了的。因爲這時代歐羅巴社會非常的變化了，所以終承認了這種時代的區分法。

在科學未進步的時代，能作這種區分，就算很偉大的識見，時人其所以起反對者，因爲盲信由神創造至耶穌的誕生爲古代，從此以後全爲近代，其荒謬固不足論。攻擊雖烈，終因其有理由仍採用了，遂成區分世界史爲古代中世近代這普通用語的淵源。若對照歷史的事實看來：在古代東方諸國文化發生，到羅馬帝國時統一了；這是西洋古代史的梗概。羅馬帝國瓦解以後，文化散於四方，漸開歐洲列國的基礎，是中世史的梗概。列國並起競爭，其範圍漸擴及六大洲，是近代史的梗概。可是也有以紀元後四百七十六年爲古代告終，以紀元後一千四百五十三年爲中世史的結局者，這不過全爲便於記憶而用的專斷方法；所以歷史家因其所見不同，也就對古代史中世史近代史的區別各異，原是必然的結果。既爲專斷，所以各依其認爲便宜者而定之，唯選便於記憶且於時勢轉換稍有關係的時期而區分時代，是我們研究歷史者特別應注意的。韋貝(Weber)以到紀元後第五世紀爲古代，以第十五世紀之終爲中世，又二分近世史，以到法國大革命爲第一期，革命以後爲第二期。法國哲學者孔德（Auguste Comte），着眼當時列國實業勃興，市民勢力大起，羅盤針及火器已流行，文藝復興運動科學研究勃起，封建制度及羅馬教會都呈現衰微的徵候等理由，認近代史當以紀元後第十四世紀初開始。德國國家學者柏倫智里

(Bluntschli)以爲到十八世紀中葉在宗教上政治上尙屬於中世的狀態仍甚多，一千七百四十年普國腓特力大王卽位以來新思想始起，脫棄中世宗教的思想及封建的習慣之氣運始生，根據這理由以該年爲近代史的開始。假若由哲學的觀察西洋歷史時區分古代史爲有史以前及有史以後的兩期分中世史爲羅馬舊教及新教的二大時期，以第十八世紀法國大革命前後起爲近代史或者較爲適當吧。

二　文化史的區分古代與近代

更就所謂古代與近代這大時代的區分，究竟依若何文化史的根據？其中所謂「古典」與「現代」這重要的對峙概念，果由若之何而構成的？

對這問題，此處先從坂口博士解釋術語的方法開始吧。所謂古典，不待說是英語 Classic 的譯語。Classic 是由希臘語 Klasis 拉丁語 Classicus 等各文明世界的言語導來的。古代羅馬人稱爲他們所謂「Servia 憲法」的定則，立出市民階級的區別，其第一階級指最富裕最上流的人民單稱之爲 Classicus，就是用了 Classicus 這形容詞。此時 Classicus 這名詞，是第一級或最上級的意義。那麽，由這樣語源起的古典——英語的 Classic，是指高等的，較其他優秀的，或是模範的等事；若更適用於文化史，就成了古人垂示今人，今人在古人文化中景仰爲自己典範的事。因而在最後的意義上所謂古典，當然是與現代的新的——英語的 Modern 拉丁語的 Modernus 相對比的事。而在這兩者之間有某種中間的物事介在着，就是拉丁語的 Medium（中間的意思。）在這中間的字上結合 Aevum（時代的意思，）由此就導出中間時代的名詞，自然就構成中古的——英語的

Mediaeval ——形容詞及其概念了。

於是由上述言語上的解釋已可豫想文化史上時代變遷的順序；就是最初有古典的時代，其次爲中古的時代，繼續着現代就起來了。

三　西洋古代史概要

更轉而就西洋史的歷史事實上，須稍具體的說明上述的發展。若概觀西洋史時，先大別之分爲古今二期就可以了。但更精密的加以考察時，可將古代分爲最古代與古代兩期，並加現代可認作最古代古代與現代的三大時代史。

稍詳說來，所謂最古史，爲介在東部地中海與紅海及波斯灣間一帶地方出現的民族，是世界最古開化人民創造的歷史。這些人民以埃及，巴比倫亞述（Assyria）始在迦叠（Kadesh— 古敘利亞的都市）特類（Troy— 古小亞細亞的都市）美幾奈（Mekinez—古摩洛哥的都市）克里特（Crete— 地中海內希臘的一島）等，由紀元前約三千年到一千年之間非常的繁昌。他們互相多少都有了些國際交涉，交換了些文化上的產物，也是結成一個共通世界文化社會的歷史。

然而古代史的發展，或者可說在最古代的遺迹上發展起來的，因爲最古代主要是東方的隆盛及愛琴海文化地方的歷史，而古代史的生活，由建築金字塔的埃及人看來是比較後世出現的新進人民經營的生活。這種生活，大體先以希臘人，其次以占同樣重要位置的羅馬人——這兩大文化民族作了主體，纔生出所謂古典人民特有燦爛的知識的政治的文化。普通在西洋毫無限制稱爲古典者，究竟不外指這兩種天才人民作成的文化遺產。因而在這種意義上古代史就是描寫古代希臘羅馬文化生活的發展，由學藝的說來就是構成了古典史。若更緊以年代，這歷史發源於紀元前一千年前後，約略流到紀元後四五世紀時，其間雖最狹的估量也可說是瀰漫全地中海沿岸的世界史潮。

四　西洋中世史概要

照這樣，古代文化的世界史潮，怎樣移入其次世界史的新時代？基督敎徒或者答以他們救世主的出現，正是這新時代的開始吧！但是我們若爲歷史家顧及一切人類的民族與其全人生的文化的職能時，決不能同意基督敎徒的主張。我們寧以日耳曼民族侵入羅馬，爲這新時代史潮的開始。此後日耳曼民族與古代文化世界遺民的子孫相接觸相融合，纔經營了近代的生活。由全世界史大觀起來，從上述新舊兩要素的文化人民之融和生出的，就是今日我們共同棲息的現代生活的中心史潮。

但這種生活產出的道程，決不是平易單純的經過。日耳曼人當初很野蠻，縱令雖很快的前進，仍是粗魯未開化的民族。這些民族連續的移動，經了數世紀星霜，常流入古代文明社會，加以侵略破壞蹂躪，同時征服向來承繼古代文明的人民，占領了羅馬帝國的故地，爲適應這新環境，自己徐徐自然的敎育自己開發自己。照這樣苦痛的粗魯的而爲生成人生的新文化，頗含蓄的現出中間時代的歷史現象，導起近代生活的出現期。且在這時，有由新民族大侵入而起了新舊兩要素的大衝突。由這大衝突起了大混亂。由此爲收拾大混亂而生的必然的便法與時代進行共結起相當秩序的羈絆，對新者與以教化，對舊者與以安寧渾然社會的化成，漸漸進行發展了；這就是羅馬帝國遺留的羅馬教會，與在時代動搖中組織的封建制度——這兩大文化機關的作用。照這樣，架橋於古代與現代之間的中間時代，就構成了中古史生活的本質。

然而中古史由何時開始繼續到何年？這原來以精確數字的年代不能限定。只可說隨着「日耳曼民族大移動」的羅馬文化凋落期，與新舊文化兩要素結合而釀成一個複合的文化民族，由十字軍進行後西歐歷史舞台出現的文藝復興的開花期，在這兩大轉機之間，約千年上下羅馬式日耳曼式人民的融化作用的歷史，就是中古史。除過這樣答覆以外，再沒有方法說吧。

五　西洋近代史概要

（一）文藝復興與資本主義

所謂文藝復興（Renaissance），由其名詞就略能推想其眞正的性質。由語義方面說來，不待說是古代文藝再生的意義。但是由我們最初取的文化史的觀點說來，不僅只是再生，同時且有某種化成與創造。縱令時代的先覺者，回顧羅馬希臘的古典，仰之爲模範，希求其復興，且實現其一部，這固是不可否定的事實，可是在上述很久的中間時代文化生活中，有當時人生固有發展的脈絡，在這種大潮流中化育成的人本主義者（humanist），發見了自覺了現代人的「我」——自己的個性，努力完成自己的教養，同樣也是文藝復興之重要的中心現象。照這樣，現代人的生命漸起萌芽，對於古代，所謂現代歷史的較廣大較複雜的人生，在世界史上始永久印下强有力的痕跡。

所以漫然呼為文藝復興，可是一加研究，其內容却極複雜，且由種種觀點也可說得去，若由形式的看來，也是一種解放運動。中世數百年的生活，因重形式，就十層二十層束縛了人類；破壞這種束縛的硬殼，就是這運動的本質。更由內容的看來，是對宗教的專制，解放人類一切欲求的運動。眞理由宗教解放了，眞理自有其存在了。藝術也脫去教會的束縛，純粹以美為內容了。

在這種解放的空氣中，也不能只許經濟依然照中世的樣子，否定自己，常受宗教的支配。經濟的生活也是根據人類本來的欲求，所以自定目的，也由宗教的束縛解放了。貨幣慾或物質生活，自定為目的，也許其集中努力了。整理家計，注意不使生活陷於沒辦法，與武士磨練武藝，注意不至臨陣陷於沒辦法，同樣的都成了市民重大的任務。市民勵精家業，與牧師供奉神，成了同樣神聖的義務。所以放賬者許其收取利息，商人也無所忌憚的見機而賤買貴賣以積蓄富。又由色彩方面看來，文藝復興是合理化的運動。自然科學，不待說以合理主義為其本質；文藝復興也就是理智對於情操生活的反抗。合理主義，尚且與最古的藝術比較起來，且更成合理的了。文西（Leonardo de Vinci 1452-1519）成就其具體的象徵，他在物理學上是先覺者，同樣在繪畫上也留下不朽的痕跡。其藝術的態度，由聖的美的二途集中目的到唯一的美，是其合理主義的基礎。他們以他們所見的美，能表現出來就滿足了，所以較之中世的藝術，更成了自然的寫實的。因着眼自然，美術的圖案比較正確了，光線與色彩的施設也比較合理了。只就學習描陰影，已經是向合理主義的一大進步。

既許個人追求利潤為目的，且認其目的為合理的，那麼近代資本主義的精神，當然也同樣成了他們的精神。

舊傳統思想對他們營利有妨礙，毫不躊躇的要打破了；有權威的學說與營利之道相牴觸，當然也要設法使之變更。原來一切社會制度，爲使這營利成合理的，都漸次不能不變革。假若營利仍不澈底，恰似自然科學仍存着魔術的要素，不外是猶留着舊時代的色彩而已。所以作資本主義精神的代辯者，就有個佛羅稜薩（Florence）的阿伯爾體（Alberti）但這也決不是由他個人的思辯生出的，實是當時意大利市民日常確信的事。所以他們跑到中世空氣尚濃厚的西歐各國去活動，一方面其智慧及商才受了很大的尊敬，同時却被輕蔑爲唯利是視不懂義理人情的人種。

社會組織及技術，漸次培養成資本主義的了。其企業的基礎，也以離開各人人格生活的財產作了資本，以特殊的商號永作其企業的主體了。除過經營大規模的銀行業，經營殖民地的一種股份公司——熱諾亞（Genoa）的聖佐治奥（San Georgio）公司——以外，股份公司的組織早已發達。作計算利潤基礎的複式簿記，也在意大利各都市發達起來，商業形式的手續費制度及匯兌業務也發達，隨着存款業務也開始，近世的銀行事業也發生了。在工業方面，許多手工業者離開其生產的器具及原料，集在少數資本家支配下工作的「工場手工業」（manufacture）制度也成立了。因其市場尚狹，生產技術未甚發達，所以規模雖小，可是意大利各都市由十三世紀中葉已非常的資本主義化了。意大利市民跑到北歐西歐各國貪圖利潤，同時他們做了資本主義的教導者；照這樣教育了的北西歐各國，覺醒了貨幣慾，不依意大利或阿剌伯商人的中介，直接想航海到黃金寶庫之印度去的運動，就促成了新大陸的發見。所以發見新大陸，不是資本主義的第一原因，不過是其發達途中的一個事實。破壞藝術的也是資本主義，資本主義立脚在大量生產上，大量生產無視人口的嗜好，把人口看作同一類型的對待，且生產者自依機器以利潤爲目的而生產了的。其態度與依人格表現個性爲生命的藝術，全立於正反對的地位。藝術家成了「拜金主義」的信徒，藝術家也就趨於自殺了。

但這並不是經濟與藝術不能兩立的意思，如今日許多批評家批評的樣子，主張在某種特殊經濟社會上，常產生某種特殊藝術。經濟也是人類創造出的一種文化，所以當然不是與其他精神的文化，全無關係或互相反撥的。至於藝術對於某種經濟生活，若是批評的，或全然是否定的時候，那麼，不是其社會文化將要生新變革，就是其藝術中定殘留着舊時代的個性。照這樣，在藝術中起批評的態度時也就常是經濟生活中生變革徵候的時期。假若許用素朴的比喻，經濟生活可說是藝術家的身體；經濟生活是其他文化生活的基礎，同時其體質常在其創作的個性中滲出的。其內的生活與別的文化生活，本來決不是能切離開，是互爲一體而造成其人格；經濟的文化，也與其他精神文化爲一體，始構成某時代有個性的社會。原來某特殊的各個人，依其否定內的生活，方增高其藝術；但在這時也不是物質與藝術沒有什麼關係。在否定的中間仍繼續其存在的時候，纔有其物質生活的特徵，在這特徵的上邊，纔創出某種特殊的藝術。

現在由歷史的看來，中世峨特（Gothic）藝術，以手工業爲其技術的基礎，以同業公會（guild）爲其社會環境而產生出的。在其統一體的存在上，有其文化的特徵，同樣，即在近代的藝術，凡載克（Van Dyck），林布蘭（Rembrandt）在近世初期底地方經濟的發展上，有其物的基礎。莎士比亞（Shakespeare）生於英國資本主義勃興時代，洛可可式(rococo)藝術是路易十四五世治下法國重商主義經濟中生出的。在這意義上，十三世紀中葉完全資本主義化了的意大利各都市，如前述的樣子，當然要生出文藝復興的藝術。

（二）民族及國民的起源

依上所述，現代人共通的古典是古代希臘羅馬的文物典章，自然就明白了。然而民族乃至國民的現代人直接的起源，却不在此，是在古代文化衰亡後起的中古生活中發展了的。換言之，現代民族乃至國民的起源，不在古代希臘及其承繼者羅馬人的文化生活中，是在古代文物崇高的影子稀薄以後，粗野的日耳曼風狂起的中間，受了新鮮活潑的元氣，而漸次新發育來的羅馬式社會中生起來的。這新社會，前曾指摘過，是由所謂羅馬加特力教會及其伴起的封建制度這兩大敎養機關，維持着扶助着形成的。這社會可稱之爲羅馬式日耳曼式的社會。由這渾然世界的一氛氳氣中，始分化成現代各種相異的民族乃至國民。以政治的名稱說來，就是今日英法德意西班牙等各國民及國家的勃興。由知識上精神上說來，比如在意大利著神曲(Divina Commedia)的但丁(Dante 1265-1321)，在英國著坎塔伯里故事(Canterbury Tales)的喬塞(Chaucer 1340?-1400)等，各在西歐各國發展了自己的國語，始各自由的發表了其民族的思想。要言之，現代的民族國民及他們的國家，與其他精神文化的產物平行共存，始緩緩的纔發生了萌芽。

所以現代人的西洋人，作一個世界民(cosmopolitan)，是以一般共通的希臘羅馬文物爲模範，尊之爲理想知識的圭臬，可是作民族國民國家的個人，是依遲起的自己固有文化，固結在自己胸中，作爲自己愛慕的對象。

因而在西歐各國，各自在其鄉國產生的可尊貴的物事，認爲他們自己的古典而固守着，是當然的結果。

將這現象，也可稱爲古典與國粹的對峙。於是就可想起有名的現代文化現象，也就是十八世紀主要思潮的古典主義，與十九世紀初流行的浪漫主義的對峙。爲理解這互相對照的現象，信爲有豫看現代的必要，所以也不能不把現代稍述一下。

六 世界最近世史概要

在文藝復興中人生的文化的潮流，因十六世紀中葉以後及十七世紀中，宗教上反動勃起，與政治上發生專制，像一時塞阻住的樣子。可是到十八世紀，人心勃然再對自己國家社會不完全不滿足的狀態，或起憤悒，或生厭惡，各都繫其希望於進步的外國，或各遠馳自己的理想於古昔，因而以一切人類一切世界一切自然界爲標準，同時如文藝復興時人生派的先輩，求人生模範於希臘羅馬古典的傾向，再大表現出來了。這就是十八世紀思潮的革新，又是啓蒙時代中傑出之尙古的古典主義，把在這主義下起的文化運動，與十五六世紀的文化運動相對照，名之爲新人生運動。當時這運動，以掃盪自己國家社會從來固有的弊害爲急務，因而只狂趨於純理的古典的理想方面去。因此，即刻在政治上社會上，就現出十八九世紀之交的法國大革命及拿破崙政治了。在這驚天動地的事變中，文化的產物極多，只舉其比較卓著者，在社會上爲「人權宣言」—「廢止基督敎的決議」—「崇拜道理」—在政治上爲「樹立共和政治」—隨着「拿破崙執政政治」—後又實現「皇帝政治」，在文藝上成就「製定米突法(metric system)」—「古埃及學的萌芽」—「帝國式的美術」—了。假若詳細研究這些物事中的一種，沒有感不出古典主義及其强烈趣味的氣味。歸結起來，這些物事，是結合啓蒙時代純理的傾向與大革命及拿破崙暴力的傾向，產出了畸形的時代文化而已。

於是對於恰像烈日赫赫不熄滅一切不止的明察峻嚴苛酷的時代，不能不起什麼反動；激成這反動的，就是浪漫主義。浪漫主義始了解向來好高務遠，離開人民的感情只馳思於外國的古典，徒然幫助純理流行與暴力跋扈，是愚而且非的笨事。他們漸次反省自問，我自己是什麼？我國民我民族究若何？於是沈思冥想了自己內心的深處。他們以胸中蘊藏的熱情回顧自己的起源，在中古羅馬式日耳曼式的社會中尋出自己的端緒。這種感情向實際界爆發起來，幫助了討滅拿破崙的統一政治，且倒壞了十八世紀的思想；這種實際方面的成功反而更激起人心感情使之高漲。於是爲整頓純理與暴力狂亂的殘跡，萬事就傾向於溫和感情與凝固的反動，王政復古教會再興與宗教的虔信，就成了政治上宗教上社會上一切政策設施行動的標準，一切學問藝術上，社交風俗上，都勃起了民族的國民的風尙，對於歷史的研究及祖先的文物，都大表現了溫故的趣味。

更由十八世紀到十九世紀，可以認爲同樣的變動也在思想界與實際界起了的。因爲古典主義與浪漫主義，也許是恰如繩的相絞相對相倚以完成全部人生的。古典主義根據理性，浪漫主義根據感情，前者以純理與自然爲標準，後者却尊重歷史與習慣。兩者都同是超越流俗的理想的運動，可是古典主義者的理想主義是純理的理想主義，浪漫主義的理想主義，却是歷史的理想主義。兩者雖互相反撥，却有互相切磋以助長各自目的的精神。而到十九世紀的三十年前後，浪漫主義的思潮壓到十八世紀的古典主義備極興盛，其餘勢尙且斷續着貫流了十九世紀。現代有力要素之民族乃至國民主義，其精神的根底上，可說是由浪漫主義之思潮養成的。

關於最初說的古典與現代的關係若何？這問題大體上於其本質可豫測的解決了。但須將現代中心思潮的浪漫主義超過頂點的時候，就是由十九世紀中葉以後到最近的大勢，也得稍微觀察一下。

十九世紀中葉以後，十八世紀時純理的傾向再抬起頭來，與實業革命結果的現實政策相提攜，捲起一種强烈的唯物思潮，自然界不待說，對人事界也呈現不支配一切事件不止的氣勢。自然科學及其應用的進步，自然科學的解釋一切社會現象，充實資本主義的物質的文明，都是這新傾向的徵證。於是所謂國民主義，在精神上發源於浪漫主義的理想主義，而新受這資本主義與現實政策的動力，始活躍起來了。於是若干强大國民，如德意志，如意大利，將又如美國，國民主義充滿了國家統一的理想。照這樣成立的新國民的國家，以其國力充實的餘勢，更進一步，向全地球上展開了自己的世界政策；這是十九世紀七十年以後世界的大勢。

照這樣，列國世界政策的展開，擴及全地球，引起廣大複雜神經質的敏感的所謂世界文化的一大共同生活現象，由政治的說來，是達到了國際社會的完成。可是這共同生活的基礎，依然建立在國民的國家上，所以由十九世紀末，漸次馴致列國世界政策的衝突，入了二十世紀，風雲益趨險惡，遂爆發了曠古未有的世界大戰爭，使全世界人起了恐怖戰慄的感情。

這種不幸的由來，實發端於十九世紀中葉以來的現實政策，而這現實政策，與當時方熾烈的唯物的學風，互相煽揚，大舉其氣焰。所以由同世紀末，早有反對這偏頗的傾向。精神的理想的傾向之反動出現，起了復歸浪漫主義的喊聲，這在文藝上表現了新浪漫主義，在思想上表現了新理想主義。在這時，現實的唯物的風潮，究其極演出世界政策的衝突及其破裂，根本欲求革新社會改善人生改造世界的希望，愈趨强烈，與新興的文藝上思想上的風尙相呼應，就促成國際聯盟的成立及不戰條約的締結了。

第二章 民族思想的發達

一 民族思想的淵源

最近國際思想的中樞是民族思想，若溯民族思想的根源，可悉其發端於個人自覺，而階級思想的根源，也正相同。個人的自覺，始於尊重個性，始於自由思想，始於解放思想；若更剴切言之，可說是全胚胎於民主主義（Democracy）。這種趨勢，得了其確實的形式者，僅屬百餘年來事。若繙繹歷史，一百年前與百年後的今日相較，其變遷異常，可使人驚嘆。弗已在百餘年前的歐羅巴——法國大革命前，個人的活動，在政治上經濟上社會上都沒有自由，在所謂王侯貴族僧侶的特權階級壓迫下，天分雖豐的個人也沒有伸張的餘地，極言之，就是奴隸生活而已。但是十四五世紀以來的大運動——所謂文藝復興的思潮，不斷在民衆心中增長起來了。特別在一八一五年維也納會議以後，人心漸生餘裕，以此時爲境界線，文藝復興以來釀成的思想，都一齊開始現實的活動了。以前目爲危險思想，在片言卽縛而之官的危險下，多半是沈默着，可是大洪水似的個性解放運動，示以不淹蔽全歐不止的氣勢。這種現象，依國際社會的變動舉例示之，可一目瞭然的。距今百年前，沒有德國，也沒有意大利，至於捷克，匈牙利，南斯拉夫，羅馬尼亞，布加利，希臘等國，不待說都沒有。而且也沒有所謂民主的共和國。上述各國的出現，就是因民族自覺，更深言之，就是個人自覺的結果。

照這樣，個人解放的實現，並不是什麼年深久遠的事，所以在其後一段的民族解放的實現，更屬新近的事。至於民族運動具體化，是漸到十九世紀中纔起的。所謂國家這制度成了具體的時候，也纔是十九世紀時起的。國家與民族，很有密切關係，是不待說，由表示國民——Nation 這文字與表示民族——Nationality 這文字，是出於同一語源，就可以窺察得來。而且國家以民族的國家爲典型爲理想，並不是不可思議的事。國家是有獨立主權的團體，與個人社會中個人有自由平等權利的思想相同，在國家社會中國家也有自由平等的權利。這自由平等，纔是保全國家存立的意義，民族解放，以樹立這種國家，始確立了的。然而近代國家到確立的時候，有所謂羅馬帝國龐大的統一體，一切劃一的使各民族臣事了的。但這樣制度的存在，是證明一般民衆的愚昧，所以在西洋史上稱中世爲暗黑時代。當時教會掌握政教一切權力，除基督教以外，什麼都絕對不顧，凡希臘羅馬的學術技藝等，都認爲邪道而排斥了。學問是修道院的專賣品，只限於一個模型的僧學，一般民衆都是粗野的無學文盲，思想藝術都無由窺見，徒事飲食睡眠而已。但教會的權力，因蠻族侵略而衰退了，因十字軍而紹介了東方的世界，一般民衆也對荒唐無稽千篇一律的宗教觀，抱起疑問了。至此，有名的文藝復興運動纔濫觴起來。這運動纔是產生歐洲現代文化的大運動。民族的覺醒，受這潮流的激盪，既大而且深。個人的覺醒，卽刻發而爲自由平等的思想，爲階級鬬爭，爲民族解放。所以個人的覺醒，是民族運動的根本。把這個人覺醒運動，就稱爲文藝復興運動；依這運動，對中世的形式生活，注入了一種活力。照這樣，個人由教會與權力解放了，在自由的沃野，努力想尋出自己的生活。這纔是產生現代民主主義的本源，社會思想民族思想，都是由此流露出來的。民族也是思想的產物，不只是地理的人種的產物，順次加以說明，就可以瞭解吧。

二　宗教改革與民族思想

文藝復興的個人覺醒運動，以十五世紀或十六世紀末，大體可說是功成名遂了。十三四世紀始孕育的胎兒，逐成長起來，其次應來的日月，就成了這少年人活躍的時代。對這種活躍的最初受難者就是教會；裝飾十六世紀初葉的宗教改革，就可看作這少年人達成年了。以宗教改革爲動機，捲起全歐的大動亂，此處也再沒有詳述的必要。宗教生活的改造，可說是文藝復興運動當前的事業，而現出紛亂如麻的戰國時代，可說並不是其本意。路德(Luther)的雄辯，喊起德國各諸侯的對抗，及北歐諸侯的侵入，英國也受了內亂不可收拾的衝動，而且生出十七世紀前半以克林威爾(Cromwell)爲中心之共和運動的紛擾。在德國與法國(當時兩國未如現在的相對峙)的平野，有歷史上所謂三十年戰爭的大禍亂，西班牙與英法三國鼎立之間，生出荷蘭獨立，其亂後政爭與內訌，却使各國驟然久不能底定。爲宗教的解放戰，却捲起了對新教的反動，或成了新教徒互相軋轢，且混加王侯政爭，可說大減損了宗教改革的偉業。史家一般都把這時代認爲過渡期，在所謂中世這長期間，當從來保持天上天下唯我獨尊的教會權力根本失墜的大事變中，這種程度的動亂，可說是應當有的。以歷史上大變之後必有大亂的通則，欲簡單的解釋，不深究其他原因則已，可是若更澈底的研究時，卽更可發見一種原因。

文藝復興運動，先要求敎會權力的解體，是當然的歸趨。所以不僅出了路德，且在以前尙出了波希米亞（Bohemia）的胡思（John Huss）及英國的威克里夫（John Wycliffe）。但文藝復興根本精神之個人的覺醒，已在十六世紀完成了。其次是覺醒了自由的個人，向多方面活躍的舞台了。所以僅宗敎改革不是他們的全生命，每有機會，個人的自由，個人的現實生活，不能不向着各方面去擴充。這年少活潑的氣概，不能爲所謂宗敎改革這前提的事業而滿足，是當然的事。所以宗敎改革後的戰爭內紛，不可只解作以宗敎爲中心的紛亂，其中尙潛伏着延長着多方面的個人覺醒運動。諸侯對峙，王朝爭霸，各人民以王侯爲他們的標幟，在其馬前爭功，諸侯相通，形成同盟，以及斷行荷蘭獨立等事蹟，不是民族思想的胚胎是什麼？又如克林威爾弒英國王，而施共和政治，不是暗示後年社會階級意識的胚胎是什麼？文藝復興之多方面的波濤，照這樣一時的而且多歧的奔流於十六七世紀的全歐洲，所以成了宗敎戰民族戰以及階級戰，而且都呈現了紛亂錯雜的狀態。這種複雜關係，構成了史家所謂過渡期。認宗敎改革的餘波及於各國，是皮相的見解，看見通十六十七世紀，文藝復興養成的動力，在各地舉起烽火，始對這紛雜的動亂可以理解吧？若只限於宗敎戰時，宗敎的分野不能不明瞭，宗敎的分野若明瞭，卽刻和平不能不實現，但是這事實却一件也沒有。

由此觀之，民族思想已於十六世紀活動起來了。特別在十三世紀時，已以地方語著神曲，不用當時普通用語的拉丁語，依其他許多詩人歌咏自己民族的傳說寓言的例，可以曉得早由文藝復興初期民族思想若何濃厚，若何存於文藝復興運動根底上的。可是以前僅限於詩人的嚮往，一般人讀了這詩，對自己的民族性也不過起一種嚮往與讚美而已，及至宗教改革以後，就勃然出於實現民族思想的行動了。依文藝復興喚起的民族思想比諸現代雖很幼稚，其成爲一種實際行動，可以在宗教改革後亂世時代充分的窺見。

當時民族運動很不完全，其運動無組織，其理想沒有一定的方向。但文藝復興運動的先覺詩人，歌詠自己民族的歷史，傳述祖先有光榮的故事，作成刺激自己同胞的民謠，以民族固有的言語表現其懷抱以來，在歐洲各地漠然的生出民族團體之感情了。而其團體的中心多成了有形的王侯。教會既失人望，中世封建時代殘影的王侯，最便於成民族中心，繫了民族很大的信望。特別若爲同一人種用同一言語的時候，卽刻就成立了民族的團結。在宗教改革後的亂離時代，這種原因湊成各王侯一時活動的動力了。

他方面文藝復興支流的自然科學之發達，入了十六世紀大活潑起來了。曉得應用磁石的十五世紀後之歐洲人，遂精研遠洋航海，因此欲知未曾見的新世界之好奇心，刺激起他們的探險思想，學理上的發見，陸續驚奇了世人的視聽。僅以地中海爲世界中心的歐洲人，遂起了不可端倪的大變化。一方面因發明火藥，封建時代的戰爭，其形式規模都起了大變化。一方面知識的普及，因發明印刷術廣普遍的傳到各處。照這樣，更使歐洲人的生活，不能不起一大變化，因而與精神界的大變動並行着，他們的自然生活也就逐日擴充起來了。宗教方面失了可以統御的大勢力，封建制度機械的服從，也在人民心中失掉位置，於是在自然界思想界，都尋起新世界了。這就是他們離開宗教而專心致志於實業的徵證，我們不能不注意的。同時尙要注意，常住居於同一地方，或生活於同一勢力下，又或有同一言語同一習慣的人民，準備着形成一個民族的國家。當這時，恰在封建初破壞後，作中心勢力的依然是當時的王侯，他們受慣了專制政治及權力政治，不能一躍而創造了民主的社會，所以依賴中央權力，或者也是不得已的吧？照這樣早形成民族的國家者，是英國，法國，西班牙，奧地利，普魯士，俄羅斯，荷蘭等國。這些國家恰如時代所指導，爲商工業的發達及促進貿易，均趨向了世界殖民。歐亞的交通，美洲大陸的發見，向新世界的殖民等，使十七世紀成了擴大世界的時代。其間這些各國有競爭有浮沈有盛衰，可是眞正的民族思想，暫時無暇顧及了。實由努力殖民與貿易，都市與工業，專心致志的征服了自然界。所以他們雖形成了民族的國家，可是沒有生出有自覺有理想的民族主義。因而也可說由十五世紀末起到十九世紀初的三百餘年，是文藝復興思想的釀成時代，眞正達到其目的的時期；是入了十九世紀以後的事。而這其間，最使我們感動的事件，是前述的宗教改革及後說的法國大革命，可是宗教改革後的民族運動，如前所述，頗似漠然的傾向，直到法國大革命時，似乎沒有可以捉摸的形體。以法國大革命始，明確的民族思想纔生，明確的民族運動纔開始了。

三　民族意識的發達

通俗的說來，只以血緣的地緣的集團之意義，解釋民族的時候，民族社會的存在，可以說由史學人類學能溯及的最古時代就有的，依人類學者記述的大部分部族，及我們在歷史上可以曉得大半的人民，或者都是民族也未可必。但最近的見解以民族意識民族我的自覺，爲民族之本質，以爲依互相接觸始促進了民族意識。若從這見解，民族意識的社會心理現象，在古代及中世是尋不出的，因而民族社會在近代以前也當然不能認其成立。如古代希臘人及羅馬人認其他一切外國人爲蠻人，依上述理由，只可說有種族意識，不能說其民族意識已發達了。依神聖羅馬皇帝的世界帝國與基督教的世界教會支配了中世歐羅巴的物心二界，這是空疎的世界主義，不然，就是偏狹的地方主義(localism)，占領當時社會心意的全部，不能認有發生民族意識的餘地。但是到了中世閉幕前後，世界史於民族意識的發生上及準備民族社會的成立上，却經驗了對這些事盡重大職務的大事件。這大事件就是十字軍(Crusades)東征，十字軍不僅使東西兩世界相接觸，使東西兩文化相交流，而且對從軍的多數異種族(races)異國人(peoples)供給了接觸的機會及互相認識的機會。種族的矜誇心競爭心乃至敵愾心，由十字軍前後每次都被紹介被刺激了；在後期的十字軍，這現象是特別顯著。照這樣，民族意識漸次得了發達的準備。及入了近世黎明期，由十字軍準備了民族意識的通路，更向寬廣平坦的開闢了。先在思想的哲學的方面發見了文藝復興期可作「我」的自覺及「民族我」「集團我」等觀念的核心之「個我」，而社會的環境上，通過十五十六十七三世紀中，歐羅巴各部分（一）言語或文學的（二）政治的（三）經濟的（四）宗教的相對峙而趨分化的現象漸次明瞭而且深刻了。換言之，就是言語及文學，政治經濟，宗教等，在歐洲各部分，漸次經了國民化的過程；國語國民文學，國民經濟，國民宗教——國教等都碰到生成或發達的機會了。在政治方面由地方的封建的或帝政的國家，推移到民族國家方面去，英國，法國，荷蘭，丹麥，瑞典，西班牙，葡萄牙等民族國家，都繼續的建立起來。但這時代是民族意識發達的前期，民族意識本身，尚未達到發現爲新社會精神現象的境地，却不能不注意。這些民族國家，尚不是民族意識實現於政治而成立的民族國家，可說是依專制王權的强力而建立的中央集權國家。所謂宗教文學經濟等的國民化，是說在歷史進化上必然現象之無意識的過程中分化了，並不是說由什麼意識的努力之結果。就是這些現象，不是指導民族意識而引起的結果，寧是成了促進民族意識發達的環境或條件了。向來文化各分野之國民化，須待民族意識發動，纔能澈底其意義。況在文藝復興期，被發見的「我」的觀念及個人自我的覺醒，尚未得到個人主義明瞭的定型，仍在潛流於專制主權強壓下的狀態，因而也未能使擴充發展到「集團我」—「民族我」—的覺醒。

入了十八世紀以後，「我」—的自覺，已瞭然發展到合理主義（rationalism）的自覺了。在個人主義上，直接樹其基礎的合理主義人本主義古典主義，成了時代思想之主要思潮。而這合理主義及人本主義的傾向，雖多少帶一點超國家的世界主義的情調，却對民族意識發達上，成重大障礙的地方主義國際的帝政主義及基督教會的教權等殘餘勢力，做了很大的掃除工作；且對民族意識發達的過程上，很有促進的力量，而決未給與任何挫折。這些世界主義思想的閃光，却成了其次應來的民族意識民族主義思想這暴風雨的前導。

民族意識民族感情的暴風雨，以法國革命拿破崙戰爭等形式表現了，更加上實業革命與浪漫主義的勢力，成了充溢十九世紀史二十世紀初葉史上民族主義的大洪水了。先由法國大革命的胎內，生出國民民主主義（national democracy）的教義，暗示了大概有實行的可能，以之傳播於歐羅巴各地。所謂人權宣言，高倡不僅決定政體是個人的權利，選定人民應歸屬的國家，也是個人的權利。換言之，人民主權的教義（the doctrine of popular sovereignty）與民權自決的教義（the doctrine of national self-determination），是由法國革命胎內呱呱墮地的雙生兒。依文藝復興而發見，依十八世紀之合理主義而精製了的「我」的自覺，在法國革命中，始發展到「民族我」的自覺了。以確立「個我」爲內容的個人主義，始發展到以確立「民族我」爲目的的集團的個人主義或社會的個人主義之民族主義了。而事實上，法國革命在史上始呈現了民族意識最初的標本。法國人依倒壞專制王權，國王逃竄，貴族亡命外國等，纔明瞭自覺他們國民自身的。法國同時遇到外國反革命勢力的壓迫，使極度燃着了其民族的感情。這種民族感情迸馳國外，成了國民軍隊的外征，特別由拿破崙的野心與軍事的才能領導着，遂化作征服的侵略，反而又成了燃着歐羅巴各地民族意識的結果。所以法國人可稱爲傳播民族的民主主義(national democracy)民族自決主義(national self-determination)福音的解放者，與燃起各地民族感情之烈焰的征服者。

第三章　國際政治與外交

一　國際政治的起源

國際政治是在最近纔於人類社會中發達來的，也就是近代社會進化的產物。觀念的情緒的人道主義，若由世界主義的見地看來，世界國家或國際組織的理想國計畫，由古昔已在個人胸中浮映過的。若認這就是國際政治，其理由過於薄弱，因爲實現其思想應備的手段，多少也總得具備一點。又如羅馬曾在一國家下統一當時的世界，不能說這就是國際政治的組織。在這意義上，國際政治的起源決無須遠溯，認爲由中世紀發端，可信爲無大錯誤。所謂中世紀，是羅馬帝國瓦解後，在其領土內，或在其邊境，又或在其領土外，許多日耳曼及其他民族，樹立了種族的國家，更在神聖羅馬皇帝下，發達了封建制度，約由五世紀到十五世紀的期間，稱之爲中世紀。在這時代，可求國際政治的起源，嚴格說來，不是說在這時代發生了今日國際政治的萌芽，寧可說是構成今日國際政治要素的近代國家本身，在這時代準備而形成了的。不待說，在這時代因交通機關未發達，事實上的接觸甚少，各國人民互在孤立封鎖的狀態。但是若不因國家形成的實現而構成民族意識之精神的障壁時，在宗教藝術文學等精神的領域中，也可說互存着一種共同意識。並且因保持羅馬教會的世界主義及其奴隸哲學等思想，也可說是一個原因。而這些事因今日所謂中世主義的復活，更有增高的傾向，可是應十分注意這些事與今日新國際主義，決沒有直接的關係。

二　文藝復興時代

中世紀時代，雖是近代一切制度的母胎，可是近代人毫未覺醒其肉親的所在，却遠依古典時代希臘羅馬的文明，喚起了「我」的自覺——所謂文藝復興時代。這時代對國際政治的發達，纔有深一層的關係。但是雖說有深切關係，若用嚴格解釋，也不過是在最消極的意義。因爲近代國家的專制君主及其官僚，依人種言語風俗宗教等相同，以有結合的意識之地方的集團爲根據，建立了與自我意識共通的國家獨立性，在這基點上，纔存立了近代國家的根底。各個人覺醒自我的意識，不過是與覺醒國家的個別性爲同一現象的反面而已。附纏這獨立性與個別性的許多習俗與信仰，是構成近代國家的精髓，各人依此在明確地域的結合上，把具明瞭目的與客體之社會的思想，纔樹立在文學教育宗教或政治上的。

三　國際法的社會

由這時代到今日，約經了五百年的歲月，近代的國家纔完成了。人們把這時代稱為近代，在這時代起始，國際法的社會之概念，由偉大的法制家確認出了。而這國際法的社會，雖說只有消極的效用，總算設立了規律各自行動的法則，由國際政治上看來，無疑的是一種進展。爾後五百年中，國際政治徐徐發達起來了，但在今日仍不能加一種確定不移的意義。因此，我們自己對國際政治就不能不限定其意義。

四　國際團體的發達

在最近國際思想的發達上，最顯著的現象，是由幼稚的國際共同社會（Volkergemeinschaft）狀態，進步而形成了國際團體（Volkergesellschaft），要言之，就是國際法的社會漸次發達了。所謂國際團體，是多數國家維持其獨立而相對峙，且互有政治的通商的其他各種各樣的交通關係，互相受經濟的文化的影響，其間有以國際連帶作用為基礎的利害共同關係，因而可說是統制於某種程度的法的秩序下之國際社會。在國際團體的觀念上，須有多數獨立存在的國家，以這些獨立國家形成一個團體為要件；就是立於兩個相反的原則上，以全部的統一與各部的獨立而成立的。而在國際團體，較之所謂全部統一方面，寧是所謂部分獨立方面較顯著，以統一的微弱為其特徵。國際團體，由法律的說來，其簡單標準，是國際法適用的範圍。奧本漢（Oppenheim）說：承認一國為國際團體的一員須有三條件：（一）須與國際團體各國常交通的文明國；（二）依明示或默認承諾其將來的國際行爲須依國際法規制裁；（三）須受已屬於國際團體的各國依明示或默諾承認其加入（Oppenheim. International law,1,27.）。但由政治的看來，不必一定限於獨立國，在事實上難以認作獨立主權國的如巴拿馬如古巴都包含在內，又如國際聯盟的加入國中也包含着如坎拿大及南澳大利亞等主權國以外的自治領或殖民地。又國家的主權，在法律上不待說是絕對無限，可是由政治上看來，束縛國家行動的國際法規，逐年其量增加其質擴大，國家的主權，在對外的事實上難以稱爲絕對無限了。而團體中的强國，依然要求絕對無限的活動，所以難期外國之獨立自由的安全，不過僅依幼稚的國際道德觀念與不完全的法的秩序，保障其獨立自由狀態而已。

五　基督教的共同團體之崩潰

國際團體原來是歷史發達的成果，經了多年進化，纔構成今日的體系。中世紀的歐羅巴，在其農業的封建的性質上，在其人口稀少交通機關不完全的點上，在其支配力軟弱的點上，又在其好戰的精神上，與同世紀世界其他部分相類似。然而中世歐羅巴，以羅馬正教的集中力統一力而結合了。其結果在理論上在實際上，形成超國民的世界的宗教政治而出現了。但歐洲各國民漸次得了緊密結合，形成民族國家，隨着經濟發達進步，基督教國的統一就解體了。而這弛緩的共同團體，漸次使其結合鞏固，成了强固的王國，由世界的基督教國的支配，始把自己解放了。

宗教改革的驍將威克里夫，是國民主義者。他生在百年戰爭中羅馬法皇恰作法國王傀儡的時代，似沒有人類全體統一於基督教國世界的教會之概念。他的理想，是民族國家與屬於民族國家的國民的教會。他與聖奧古斯丁(Saint Augustine)及一般教父一樣，也說人類的墮落有使設置國家的必要。他緣聖保羅(Saint Paul)尊重羅馬皇帝尼祿(Nero)之權威的樣子，主張雖係暴君背德的權威也須尊重，是基督教徒的義務。「人們應服從立於人們以上的諸權。因為權力全由神出，現存的權力是由神決定的。所以反背權力就是反背神的法則，反背的人則得罪。」(告羅馬人書)關於神法支配下的無辜狀態，如在士師記中描寫的貴族政治——神政，雖是理想的，可是在罪孽深的現實世界，有立強大王政的必要。他認國王在僧侶教會財產及教會法庭以上有至上權；教會不過表示基督的人間性，而國家表示其神性。國王為神的代表統治其人民，僧正僅由國王纔受他們能享有的一切權威。威克里夫主張不問國家為現世的或精神的，關於一切事項都有全能的權力。

以民族為單位的現世國家誕生以後，神的國就失了人民的歸順。到了查理八世侵入意大利後，在歐洲各國民中想維持勢力均衡的爭鬥就開始了。由教會的支配權釋放自己，在某種程度使種種宗教團體成為國家的團體，這種自主的國家近代政治組織就發生了；而進軍於世界的各隅，幾使宇宙全部屈服於歐洲支配下，以開拓世界為其殖民地的運命者，實是這國際競爭的世界。這種形勢，遂得了理論的承認。照這樣，國際團體當初只限於歐羅巴基督教國，漸次加入歐羅巴以外的基督教國，更加入異教國土耳其，以後中國日本波斯暹羅等亞細亞各國，也都加入了。於是承認其加入國際團體的國家，主要置其標準於一般文化的高低，至於宗教異同，就全不問了。所以羅馬正教會世界統一的神教政治破壞以後，基督教國這名詞，就全失其意義，是當然的結果。因此，若以基督教為國教的國稱為基督教國的時候，如美國現在就難成為基督教國，又若以臣民多數是基督徒為基督教國的時候，如包涵多數東西異教徒為臣民的英國，就不能說是基督教國。因而在今日基督教國這名詞，全然成了歷史上比喻或文飾的死語，在國際團體的觀念中不能用了。

六　國際社會與國際團體

國際社會與國際團體不同，不問其適用國際法與否，事實上遠在過去已有過的。在政治上意識出國際社會，僅是過去三四百年的事，稍明晰的解釋這觀念者，是葡萄牙神學者柯姆普拉(Coimbra)大學哲學教授沙拉茲(Franciscus Suarez, 1548-1617.)。其人他在其著的法律及法律論 (Tractatus de Legibus et Des Legislatore,1612.)中曾說：「凡人類無論其國不相同民族各異，其間不僅常有作單一人類的協和結合性，而且有某種道德的思惟及政治的統一性。這種和合統一，發於互相愛鄰的自然的箴規，不問其人屬國內國外而都博及於衆。大約完全的國家，不問其為共和國或為王國，其自身都組織一種由特定國民成立的完全特定社會，而其各國由人類觀看來，在某種意義上無不是世界的共存團體的一點。因為特定社會，自古無一能自足者，都需要互相共通共助共存，仍依此圖其生活狀態的向上，有時且須藉以充足其道德的需要。」而社會進化的性質，不是能一概簡單說明的那樣單純人類創造的作用，順其環境而呈複雜微妙的反應，經營所謂創造的進化。

如由國際社會生出國際政治組織的過程，就是一例。對這問題，先論一般政治組織怎樣成立，其次須究明國際政治組織的特殊事情。政治組織，在國家有二方面的性質，其一是個人或其他許多結社的統制的性質，其他是其本身爲一個結社，有經營積極的事業之結合體的性質。國際社會的共同生活，發達到某程度時，就向人類的協力，生出給與一定組織統制及輔導的必要，人類試努力充實其必要，是情勢自然的結果。於是其努力是向前述兩方面發現的，其結果徐徐或急激成立國際的政治組織。若在政治組織的國際組織上，求政治組織的民族國家怎樣成立的類比，就更容易明瞭這種情形吧。

七　國際社會的本質

國際社會，在全體社會的恆狀上，其形態及內容，茫乎難以捉摸的趣處，具其特色。因而關於考察國際社會，不能不由考察一般全體社會時應取的見地來試行。

全體社會，除過綜合個人原子的部分以外，由兩個部分社會成立的。一是基礎社會；一是派生社會。在國際社會中，全人類原子的結合之部分，因各種物質的原因，阻止其實現與發達，所以暫且不論。

國際社會的一大部分，是基礎社會，可別爲種族社會民族社會及國民社會。所謂種族社會，是指未開化的土人的社會，是說尙未發展到民族社會的社會。所謂民族社會，因民族的語意若何而異其內容，可是通常指說種族及環境等自然的要素，及宗教言語風俗傳統等文化的要素相同而成立的共同社會。所謂國民社會，大體上與民族社會同其內包及外延，可是依加了國民這政治的概念，其內包稍增複雜，其外延稍增廣汎些就是了。

構成國際社會的其他大要素，是股份公司，學會，實業公會，勞動工會，及行政團體等各種派生社會。這些派生社會，各依克行其存立目的爲職分，與前述的基礎社會，同是使全體社會能成立能發展的有力客觀的要素。

八 外交政策

以國家與國家的關係或數國的關係爲中心而發生的政治現象，稱之爲外交政策（diplomatic politics）或對外政策(foreign politics)。由這立脚點，第一所謂國家中心，是其一種特色。即以某一國爲中心，考究其己國與各外國的交涉，及己國與世界的關係。現實政治家實際外交官或一般民衆，都由這見地考察對外關係而行動，是不待說，政治學者也作爲研究學問的指導原理，無意識或有意識的以國家爲中心，普通都不認其以上的上層概念。在哲學者中且有人進而主張在現今文化進展的程度上，依一般意思的體現者——自治政府的執權者，不能認有國家以上的聯合體或世界國家的事。第二所謂國家本位也感覺到是其特色了。任何現實政治家實際外交官及一般民衆，在現代雖固信國家以外沒有最高絕對的結合體，可是統制於其國家的國民，互相接觸交通的結果，却不能無視這些事實。於是其交涉的態度或方針，就生出所謂國家本位的事。這樣態度或方針，由近代國家成立的當初到今日，就漸形成所謂外交政策的基調了。

九 國際政治

照這樣，反對具有所謂國家中心或國家本位這兩種國家觀的基礎之外交政策或對外政策，新漸抬起頭者是國際政治(international politics)。但國際政治的概念，尚在少數識者腦中初生芽的狀態，現實政治家實際外交官及一般民衆是不待說，即研究社會科學的學者間，尚沒有一種通說能夠採用。國際政治的概念雖未確定，但國際政治的事實已久存在，且不斷生長而增大起來。說明這事實，若用向來外交政策或對外政策的概念，就使我們往往感覺矛盾。於是爲新建設國際政治概念，第一必要的，先須離開向來採用的立脚地。第二必要的，是放闊我們觀察的視線，看各國利害互相共通的方面。他國的經濟不發達，購買力缺乏之時，己國的經濟也不能暢旺，失了救濟失業的路徑。某一國民，在壓制政治下或在秩序紊亂的狀態中，其國民生活陷於貧困，也決不是其他一般各國的利益。某一國民，衞生不修，傳染病時時發生，其禍害所及，也決不限於其國內，因爲國境決不能障蔽住這些事。這就是所謂國際連帶作用(international solidarity)。對這些事，若不十分自覺，己國利益也是得不到的。第三應注意的事，是國際政治上各國共通的利害，不能僅由人道主義或世界主義的情緒的或觀念意識可理解得來，同時且要明瞭也不能由現行成法或通說解釋來的。現實的世相，使承認各國家的內容，各有相異的條件，各有似是而非的事情。對這問題，供給估定各國家共通利害的具體的尺度，是需要新國際政治的一大任務。

十　外交與國際政治

照這樣，生出由外交政策區別國際政治的必要了。要言之，把外交政策與在國內政治上比較的時候，不外是國內政治上的地方主義(provincialism)或閥族主義(clannishism)。第一，外交政策的目的，通常在獲得與他國相反而且不相容的自國本位的個別利益。第二，國際政治不是一國以對他一國的關係爲目的，是以國家共通的關係爲目的。換言之，國際政治，在各國各有相異的條件，尙且保持其互相接觸而進行時，纔以自發生自進展而實現來的國際社會爲目的爲對象的。

第四章　勢力均衡原則的發達

一　國際團體與勢力均衡

至近代新成立之國際團體的特色，第一是許多獨立主權國家，維持其平等權利及地位而相對立的事；第二是屬於國際團體的各國間，有團體的觀念及國際連帶作用，他們自覺其成立了普遍的一個組織。就是可以看出中世紀的統一觀念，在新形式上，包含在國際團體的觀念內的。照這樣國際團體的特徵，是在維持各國獨立平等，所以排斥如中世紀的普遍的支配，各國都防衛其獨立自存，更進而積極的計畫己國勢力發展，爲其最高的目的了。其結果：（一）因對於追求霸制地位的優勢國家，引起他國防衛的奮鬥，遂常使戰爭勃發；（二）對於希望霸制地位的國家之行動，欲確保國際和平的勢力均衡思想與其實行；（三）制定規律國家間對外關係的國際法；（四）爲圖國際交通的便宜且使之緊密，設置常駐外交機關等事。因而由國際團體成立到法國大革命時代，稱之爲勢力均衡時代。這時代的特色，是勢力均衡的流行與幾無停歇的戰爭。郗爾(Hill)的歐洲外交史，稱這時代爲專制時代的外交(the diplomacy of the age of absolutism)，又稱爲權謀術數的流行時代(period as a reign of machiavellism)。一般歷史家說這時代是大王時代(age of the grand monarch)，都是表現了這時代的特色。一四一四年依法國查理八世計畫的意大利侵入，開了民族國家勢力競爭，及其後不斷武力爭鬥的初幕。以後三百年間，歐洲人享受和平的歲月極少，因而世人就感覺戰爭成了國際間的常態。而且這時代的戰爭，比之中世紀的私戰其規模宏大，戰術悲慘，相差不可以道里計，看見中世紀基督教共和團體(republic christiano）崩潰而現出四分五裂不可收拾的狀態，當時渴仰中世紀的哲學者，慨嘆西洋文明破產及基督教世界沒落，不是無理由的。這其間法國與西班牙各欲得霸制地位，其他諸國爲勢力均衡同盟聯合以與之對抗，他方面在殖民地也成了英法兩國的決戰，在政治經濟上成了以富國强兵爲目的之重商主義的全盛時代。

二　勢力均衡的意義

世界若僅有一國的時候，勢力均衡的問題，當然不會發生。在羅馬帝國下，未曾起這問題，是當然的結果。但在兩國或兩國以上的對峙狀態，始有所謂均衡。三個國家並存，任何一國，沒有足以壓倒其他二國的强力的時候，爲妨阻一國優强，其他勢弱的兩國常生同盟聯合，是事物自然之勢。因而假若數個政治團體相對立時，這種政策常存在的。丹尼賴思克（Danilevsky）說：「近世勢力均衡的原則，不是由外交家意識的發見了人爲的結合，寧是事物自然的通常的秩序」，這是我們可以贊同的見解。這原則恐怕與原始社會羣間開始外交關係時，同時發生的吧？在個人間，看見稍有强力的人出而將有壓迫他人的形勢時，其他個人聯合而對抗之，這也是普通常有的事。更由自然科學上說明時，宇宙間森羅萬象能各得其所的原因，是由引力與斥力相平均的結果，物體的靜止狀態，由力學上說來，也是勢力均衡的狀態(gleichgwicht, equilibrium)。

三　歷史上的勢力均衡

二個以上的社會羣或部族，若其間發生外交關係，當然就有了勢力均衡的事實。有史以來埃及巴比倫等小國割據時代，乃至埃及迦叠巴比倫等對立時代，新巴比倫美底亞（Media—古亞洲國名，在今波斯西南）利底亞（Lydia—古小亞細亞國名）與埃及等四國對立時代，都行過勢力均衡的事實。惟埃及與巴比倫在其統一前，各小國家都有特殊的神，沒有共通的信仰，所以互相合縱連衡，在相當程度也承認了勢力均衡的原則，可是沒有發達到國際團體的狀態。在這點，可說印度與希臘纔是東西兩洋國際團體發達的先進國。這兩民族內的各部族中間，會發展了國際團體原始的模型（參照淺野利三郎著國際思想發達史。）近世最先行勢力均衡政策者，是佛羅稜薩市的君主洛稜騷（Lorenzo the Magnificent），他於一四八〇年始以佛羅稜薩米蘭（Milan）那波里（Napoli）三國同盟，對抗勢強的威尼斯（Venetia）欲確保意大利半島的和平，是均勢之始，爾來稱他爲勢力均衡政策的元祖。此後均勢政策，成了政治上外交上慣用的政策，羅馬法皇爲維持教會國家的存立，認這方策爲最有意義而常使用了的。到近代勢力均衡成了國際系統的基礎原則，可說是大受意大利均勢政策的影響。近代國際團體略如前述，與中世的世界統一主義相反，以獨立平等爲原則，以個別主義爲其生命。因而各國遵守馬基雅弗利（Machiavelli）倡的理論及政策，爲國家獨立及擴張勢力的最高目的，不擇手段，實行了無限制的實利之義。各國使其國的活動能力發展到極限，都努力想把己國勢力盡量的在廣汎範圍，强制着擴張到弱國上去。認這樣目的與努力爲當然的國家，同時多數並存，却不照中世紀，如羅馬皇帝有可以指揮裁決的優越政治權力，及羅馬法皇的宗教權力，又沒有可以規律各國關係的什麼道德的制裁，國際法規也極幼稚，所以這些各國間的關係，結局只有依物質的勢力決定。

四 近世初期均勢的三形態

這時代的均勢，就其形狀說來，大體可別爲三種。其最簡單而且普通者，是國勢略相同的兩國，特立的或與其同盟國共同牽制一方優勢的國家。這均勢恰像天秤的兩盤一時得着平準的狀態，但一邊稍一加重就忽然失其平衡，所以對立國互相苦心防止對方國的加重，若獨力不繼時，誘別國造同盟，同盟復誘起對抗同盟，均勢遂由小規模進而爲中規模，遂化作大規模了。對壘的兩個國家團體常感着不安的相對峙，遂至有機會時，成了較優勢的方面對於較劣勢的方面，乘其未復平衡以前先猛加以重大打擊的趨勢。這種均勢，是最簡單而且普通，可是同時對國際和平的危險率最高。第二種均勢是兩個對峙國自己不支配均勢，有中立的第三國，握着對峙國間均勢的鑰匙。在兩個對峙國間因常稍有輕重，於是其偏重國欲加打擊於偏輕國時，因第三國左袒偏輕國而造成均勢，使無輕重的差別而不與偏重國以可乘的機會，這就是均勢的支持權握於第三國掌中的。比如英王顯理八世，看見法王法蘭西斯一世的權勢偏重起來，遂左袒神聖羅馬皇帝查理五世（Charles V）以抑法王（一五二一年），當查理五世勢强起來，復假力於法蘭西斯一世以圖恢復均勢（一五二六年）至法蘭西斯勢力稍盛，又與查理相結以牽制之（一五四三年）是其顯例。這第二種均勢，也是時常見的，且比第一種均勢維持和平的效果較大，可是並不限於第三國常偏袒正義，其去就常不免由己國的利害打算，所以對峙國有時互相結托以對抗第三國。這時均勢忽破，和平又失了。其次第三種的均勢，是列國的勢力略相同，不造同盟對抗的集團，恰如等邊多角形的樣子互相並立，以維持均勢的狀態，比較的富於繼續性，在維持和平的點上，是較勝於前兩種。

五　維持勢力均衡的困難

恰像謨耳(Thomas More)在其理想國(Utopia)中描寫的樣子，中世紀的世界統一破壞以後，在歐羅巴沒有什麼法規能規律各國的國際關係了，各國努力擴張其勢力，因之與他國同樣的努力相衝突，必然成了演出武劇的狀態。又像孟德斯鳩(Montesquieu)指摘的樣子，外交政策的精神，僅成了戰爭與膨脹兩種了。外國的優越權，任何時候都竭力否認，可是總想在他國以上建立霸權，這似各國都認爲當然的了。神聖羅馬皇帝羅馬法皇都依然存在，理論上不待說，在實際上也不捨對優越地位的努力，可是威嚴與實力不相伴，因而新出現懷同樣野心的許多競爭國，其競爭的結果，任何國都不能造成强大勢力，足以壓倒其他一切的國家聯合。照這樣，昔日統一世界的野心及基督教會統一的迷夢，都驚破了，世界的支配，已經不能成現實問題了。因而各國外交政策的目的，變化成想得比較優越的霸制地位，務必擴大己國的勢力範圍，想於政治的對他國可以命令，而經濟的可以搾取他國。卽在這霸權的努力上，也沒有像神聖羅馬皇帝借羅馬法皇力量的樣子，全在無視宗教的勢力上，有近代外交政策的新特徵。國家的活動，已經不依賴宗教的教會的動機而決定，純然是依賴國家的世俗的野心支配着，教會單利用作政治的手段，已經不似中世紀以其作政治的最高目的了。在近代追求這種優越的地位，尚且被他國目爲威脅其獨立保全，必定要現出對抗者。於是國際的必然要提倡勢力均衡主義。但是勢力均衡，會如前述是力學上的問題，以之應用於國際間的實生活，頗屬困難。就是在國際間，立測定同一勢力的標準，全屬不可能的事，如普通以國土大小人口多寡等外部標準去測定，可是僅這方法不能定其國力的價值。國土不僅依其面積的大小，氣候良否地質良否地下有無鑛物，也都大可以左右其價值。僅依人口多寡也不能決定國力，不待說依其國民性國民體力智力能力等不同，也生價值的相異。更對其國家組織政治能力愛國心及對國家的使命之信念等，也是發展國力的重要要素，可是測定這些要素則尤其困難。因而雖說是勢力均衡，確定說是同一的力量也是不可能的。又假令在一定時間能測定同一勢力，因時日的經過，不識不知間國家的實力有變遷，所以嚴密說來，均勢常是動搖而不確定的。其次再假定各國有同一勢力而在勢力與勢力之間，行所謂合力——協力，所以無限的有生勢力變動的可能性。因而欲在國際生活上，實現純粹形式的均勢，終局也只是一個競爭，實現仍是不可能的。在國際政治上稱為均勢原則者，是在國際團體內，某一國欲增大勢力欲占優勝的地位，若脅迫他國的獨立及保全時，他國聯合而造反對的勢力，在兩者間使均衡其勢力，以防勢力關係的變動，而想維持國際和平，若果兩者間同一勢力平均與否不明時，雖暫時若能維持國際和平，也就是達了其目的。照這樣均勢政策是為防備某國勃興或膨脹以及侵略，遂現為感覺恐怖的各國間之同盟及聯合。一旦依同盟聯合的勢力打倒共同敵人時，更為恢復及確立勢力均衡，普通是對聯合國間分配戰敗國的領土，所謂國家的併吞解體瓜分，是由均勢作用當然結果而起，所謂瓜分主義 (systeme copartagent) 代償主義 (systeme de compensation) 是作為均勢原則的傍系而生的。

六　勢力均衡原則理論的構成

勢力均衡的意義及發達，曾如前述，可是其理論的構成，到十六世紀末葉始出現的。最初現於法國人摩爾奈

(Du Plessis Mornay)的論集(Discours, 1584)中，是爲打破西班牙之霸權而確保各國民的獨立，對顯理三世(Henri III)條陳意見而寫的。依他的見解，說基督教世界的文明，是懸在法國及德西合君國兩王朝的肩上。離間兩王朝的不和及戰爭，當然要擴大到一切國家去，反之結合兩王朝使一致，是對世界全體可祝福的。和平的條件是勢力的均衡。但法國依最近的戰爭，大被削減其領土，天秤是傾重於西班牙方面了。所以顯理三世應糾合諸侯與西班牙王戰，若使法國能與西班牙達到同一勢力，則英國丹麥荷蘭瑞士威尼斯及德意志帝國內的新教諸侯，自然將要爲其同盟者來援助法國。

摩爾奈的建議書是以後發見了的，向來一般人都曉得的；認爲理論的主張均勢政策之鼻祖，是法國將軍洛安公爵(Duc Henri de Rohan, 1579-1638)。他在其戰死之年，曾寫有關於基督教諸侯及各國的利益一小冊子，呈於法國宰相黎塞留 (Richelieu)，其大體論旨與摩爾奈相同。論歐洲各國，無論若何不能不分屬於法國或西班牙，而且指導各國的要點，務須使這兩大國之一，不能依武力或交涉得顯著的增强，就是使兩王國中間保持着均衡，僅在這均勢上，纔能得其他一切國家的安全及寧謐。但就均勢政策最論究得精確周到者，要算法國大僧正而且是哲學者的費奈龍(Fénelon, 1651-1715)。

費奈龍在其研究關於王國義務的良心 (L'examen de conscience sur les devoirs de la royauté ocuvre choisies de Fénelon Paris. Hachette, 1872. + IV P.361)一書的附錄中，曾論及對於均勢政策的動機及賢明君主應守的慣行，曾說：

「互相鄰接的各國家不僅應從正義與誠意(honne foi)的規則互相對待，尚且為他們特別的保障(sureté)，應於共同利害的範圍內形成一種聯合(société)與一般的團體(republigue générale)。」

「若其他各國家組織反對重力(la contre-poids)不能成功時，應覺悟最大强國結局常占優越地位，將要顛覆其他各國的。在人類中，對於優越的强國希望常止於精確節制(modération)的範圍內是其常情。强國依自己力量由最弱國應獲得者雖希望不欲獲得也有所不能。縱令一個君主是非常完全的賢君，僅依可敬服的方法，利用自己的繁隆，可是這可敬服的行為，也只與他的治世一同告終。君主本然的野心輔弼者的諂諛，全國民的偏見等，決不能使信其可自抑制數百年。正義異常履行的治世，不過是歷史上的美觀，已經成人們再不能期待的奇蹟了。」

「各國人常計量怎樣優勝過周圍其他國民，是通常實際的事，因而各國常不能不警戒鄰邦過度的膨脹及己國的安全。防阻鄰邦過强，決不是為惡(un mal)，這是為保障自己和其他鄰邦不使作隸屬的行為。換言之，就是為自由為寧謐為公安而活動的，因為一國超過一定範圍的膨脹，可使變更與其國家有關係的一切國家一般的系統。構成所謂基督教世界一大團體的一切成負，為共同的利益互相為祖國的安寧，各自有防衛成負中某一國的發展而顛覆均勢的義務，若不然，將要使團體中其他一切成負陷於不能避的沒落。改變歐洲一般系統，是過於危險而生無限害惡的。」

費奈龍更進而想調和政治與道德，為維持均勢，論其應使若何方法若何手段的問題時，主張其手段務必適於正義而爲和平的，無論何時，其手段是適應其欲達的目的而不可使超過之，於是說：

「若有一强國，其隆盛已達到任何其他一切隣邦不能抵抗時，一切這些國家爲阻止其膨脹，權力上當然(en droit)應互相聯合，及至强國過於膨脹以後，已經就沒有防衛共同自由的餘裕了。但這種聯盟，其目的在防止一國過大的膨脹，所以爲適法的造成這聯盟，須在眞實而且緊急的時際，並且須爲防禦的聯盟（une ligue défensive）。至少非爲正當且必要的防衛，或被攻擊計畫鎖閉其前途時，決不可使聯盟爲攻擊的。而且須在攻擊的聯盟條約中，須置不可以抑制一國的口實而破壞其國家的精確界限。

防禦的聯盟，若只在眞正防禦過大强國的侵擊時，是正當而且必要。這優勢的强國，只以締結防禦聯盟的理由，權利上當然不能與劣勢諸國斷絕和平，因爲這些各國，無論爲權利或爲義務，當然都不能不形成聯盟。

關於攻擊聯盟，雖繫諸當時的事情，惟只宜限於侵害和平或不法占領（détention）同盟國領土，又或與之相類似的基礎確實的事情。尙且以防止如上述屢易起各事的條件，不能不局限這條約。因爲常有一國家欲自起而代之，必利用着打倒企圖普遍專制(tyrannie universelle)的一國的原故。締結同盟條約時，極嚴密的除去一切曖昧語句，應精確局限你所欲引出的一定的結果，這正是正義誠意所要求的。若非注意這些趣處，恐怕你所結條款轉而向你，過於懲治你的敵人，反使助長你同盟國的勃興吧。你又需要你已打破了的國家嗎？又或硬忍受其苦痛嗎？若不然，恐怕要陷於不能不破條約的困境，這都是很悲痛的事。（Charles Dupuis, Le principe déquilibre et le concert européen. P. 100 Suis.）」

勢力均衡的原則，最初認為國際團體內各國家應執之外交政策的基調，可是因慣用這政策的結果，漸次就被認為維持國際政治秩序的基本原則了。在上述的各論述中，一方面認均勢政策為各國家對外方針的眼目，同時隱然又看作規制國際政局的根本原則了。這原則作歐洲國際政局的基本原則，已於終結三十年戰爭的威斯特發里亞（Westphalia）條約可看出的。同條約直可稱為「歐洲國際團體最初的憲法法典」，以勢力均衡的原則為標準改造國際關係，樹立了新國際系統。同條約以抑制神聖羅馬帝國哈布思堡（Habsburg）王家的勢力為目的，在德國內，或廢舊教諸侯，或具體的減殺其勢力，擴張新教諸侯的領土以增大其勢力，使新舊兩教派的勢力歸於平衡，其均衡破時，法國及瑞典可以加干涉，擴張法瑞兩國的領土，使防備神聖羅馬皇帝的勢力再增大，欲以此保障歐洲全局的和平。

但威斯特發里亞條約，雖以均勢原則為基礎，却未明示其為國際政治的原則，及至西班牙承繼戰爭告終的烏特勒希（Utrecht）條約，明示以正當的勢力均衡（justum potentiae aequilibirium）為鞏固基督教世界的和平及靜謐，是互相的友誼及一般求續的一致之最良最固的基礎（ad firmandam stabiler sdaurque Pacem ac Tranquillitatem Christiani Orbis, justo Potentiae Aequilibris quod optimum et maxime solidum mutae Auricitiae et duraturae undiquaque concerdiae fundamentum est— 一七一三年七月在烏特勒希英法兩國間締結的和平條約第二條。）

烏特勒希條約以後，學者中多討論均勢，愈讚揚其效果，不僅以之為國際政治上的原則，而且有認為國際公法上原則的傾向。

賴滿(Johann Ja hob Lehmann)於其一七一六年出版的勢力均衡論(Trutina Vulgo bilaux Europ:e, norma belli Pacisque hactenus a Summis imperautibus pabita)中,認歐洲的均勢,是與各國民以休息及安全的制度。於是說:

「國民或君侯,如由上述的一般國民社會(Allgememeine gesellschaft der Vőiker)約以保持各種利益的樣子,他們進而也有應貢獻保持社會安寧一切事的義務。……」

「國民或君侯,不應保有過大的勢力,至少應小心翼翼不訴諸武力以希求勢力,對這危險的企圖,雖由他國民加入障礙,凡認作一般安寧的手段的事,也應在法前宣言,是維持一切國民及促進己國本身幸福的事。……由均勢生的利益,不只與唯一國家的,是給與一切鄰邦的,所以依此方法,能保障全國際社會的幸福及安全是毫無疑的事。」

魏體希(Wittich)亦於一七二三年寫的論文(Dissertatio juris gentium, de tuendo acquilibrio Europae)中,述了同樣思想,他一方面排斥世界帝國思想,又排斥一大國際和平聯盟的思想,在他方面,高張依正直遵奉均勢原則應保障歐洲安寧。而各國家力量雖不均等,可是可以依同盟的力量,以武力抑制陷歐洲安寧於危險的國家。而且一個國家將要過於强大時,可使現出聯合的,僅依聯合的事實,大概就可以維持和平。

胡登堡(Huldenberg)也以均勢制度爲維持和平唯一的手段,唯定何人爲仲裁者(arbiter)很屬困難,可是假若能給與以仲裁權(arbitrium legale)，那麽掌執權者，當然不爲自己利益，應以一般福祉爲最高的法則而行動的。又論戰爭在一切和平手段不能奏效時，方可用作最後手段。

法律家喀萊(Kahle)的均勢法論(Commentatio juris publici de trutina Europae quae vulgo appellatu "die Balance von Europa" 1744.)中，把均勢認作一種「貝殼投票放逐主義」(Ostrazismus)主張各國家爲歐洲一般的安寧及和平，應自抑制而避過大的強力，對於成了優勢將威脅他國的國家應加以壓迫使其削弱；這方法並不是刑罰的意義，是以減輕反目軋轢削弱大勢力爲目的的(Ter Meulen, Der gedank der Internationalen Organisation in seiner Entwicklung, 1300-1800 S. 38 ff.)。

七　勢力均衡原則實際的效果

勢力均衡的原則在國際政治上實際現了若何效果，關於這事，有看爲輕的與重的兩方面。國際法學者奧本漢認這原則是使國際公法有效的一大原因，他說：

「國際公法，是僅限於國際團體間存着均勢時纔成立的。列國不能加以互相牽制時，法規將無任何效力。何以言之，因優勢國易隨己國意之所欲而行動，所以易於蔑視法規。世間沒有可使勵行國際法的超國家的中央國家，而且也決不能有，所以欲國際團體的一員，牽制其具萬能力者，惟有均勢而已。路易十四世及拿破崙一世時代的歷史，是十分證明了這主義的」(Oppenheim, International law, 1. §51.)

又如其他國際法學者法退爾(Vattel)，認現在歐洲是依國際法統制的一共和團，均勢原則是其間自然發生的一種不文憲法說：

「在歐洲現在構成的政治組織上，任何物事，無不依各國間密切關係及各種利害束縛着的。在昔日的歐洲，一國可不關心他國的消長，對於直接無影響的事物，都可以超然不管的態度過得去，在今日已不然，歐洲已不是孤立的斷片雜然湊合成的集合體，可認作一種共和團，其團員的各國，原來是互相獨立的，他們依共同利害互相結合，關於維持秩序與自由，是互相依賴幫助，所謂均勢這顯著的原則，自然在此中胚胎了的。」（Vattel, Droit des Gens III, P.40)

然政治家及一般世人，不僅都漠然的想均勢是國際和平上安全的保障，歷史上大體且能證明的。英國勞動黨領袖馬克唐納（J. A. Macdonald—與現在英國內閣總理不同，是另外一人）曾論：

「關於均勢，世間曾有許多議論，且有批評其根本上爲戰爭工具的見解，這實是誤解了均勢之歷史的意義。均勢與以不能公表於世界而懷不正侵略的意圖所締結之秘密條約大異其類，其目的是天下人所共知。均勢原來是爲其他列國獨立的利益，想牽制專制國的優勢而發生的。」（J. A. Macdonald, International Relations p.188)

徵諸最近歷史的事實，歐洲和平在世界大戰前，也依三國同盟與三國協商的均勢，維持了約五十年。要言之，依均勢抑制强大國霸權的事，不僅只限於維持國際法，規由國際政治健全的發達上看來，歷來也得了相當的功績。不待說有時强大國藉名維持均勢，欲達已國的野望，事實上不自然的顛覆均勢，在歷史上也不乏其例。於是如前美國大總統威爾遜，以打破同盟對峙及勢力均衡的意義，新倡勢力的協調（Concert of Powers），主張依各國勢力協調，想維持世界的和平。這意見具體化了的事，是國際聯盟的組織，但雖說這組織成立了，就依之可使將來的均勢歸於絕對不可能，仍是做不到的事。所以反對均勢論者，不僅在現代政治家中不少，即由其發生的當初也常看見過的。腓特力大王嘲笑的批評了均勢政策；亞丹繆拉（Adam müller）攻擊均勢是各國政府顛覆其要求無饜的無意義的行動；施惠夫特（Jonathan Swift）嘲笑均勢是僅一隻雀落在上邊就會崩壞的微妙的建築物；康德也說想依均勢維持恆久和平，不過只是個幻想。施惠夫特把均勢比諸房屋，說工程師根據均勢法則完全建築成了，可是一隻雀落在上邊，即刻就會顛覆，這是很有趣的比方。因而在最近國際政治學者中，也常能聽到均勢反對論。如保恩施（Delisle Burns）會論：

「均勢主義是適應往昔各國間的關係，經濟上思想上都沒有今日這樣密接，且不是繼續文藝復興時代的狀勢。若適用到促其發生的時代狀勢時，並不是錯誤的主義，可是今日這狀勢已完全消滅了。」（D.Burns, The Morality of Nations, p. 100.）

這是指摘均勢主義已經陳腐。霍布遜（J. A. Hobson）雖承認適用均勢的狀勢尚未消滅，却主張應速使消滅的，他攻擊着說「均勢這話，不過是虛偽外交的核心，所以使用這話的政治家，決不想維持正當的均勢，沒有不是利用均勢欲使己國有利的」（Towards International Government p-p. 15.23. 182.）要言之，主張以均勢原則作國際公法上的權利，乃至原則，不是正當的見解。均勢的原則，若作國際法上的法規時，當然在許多同樣的事例上可以適用，且當然可與以正確的解決。然而勢力均衡的原則，是形式的，其內容上是不正確不明瞭且是流動的，在同樣事例上沒有與過同樣的決定。依這原則的解決方法，與國際生活的變動同時變動去。比如勢力均衡的思想，在波蘭滅亡以前已有的，然而波蘭的瓜分是依勢力均衡的名義行了的，以後依然維持了勢力均衡。在以後的維也納會議，雖說幾乎完全採用了均勢的原則，其結果成立的維也納條約中大體實現了的主張，是英奧法制勝了俄普兩國，依其主張雖說改善了歐洲的狀態，可是勢力均衡仍然同樣的實現了。

其次若舉勢力均衡保障國際法上權利的實例，則應以尊重維持現狀（status quo）爲眼目，但在前述國際間的實際上，維持原狀是不可能的。領土的境界雖不變，因各國的國民性，天然資源及主權者手腕的變動等，在時間經過中，國際間的勢力關係也變動着向前行。勢力關係若變動了，强國常依犧牲弱國而恢復勢力均衡。因而均勢政策，較之保障各國權利，寧多成助長强國代償主義分轄主義的結果。若不犧牲强國，爲恢復破壞了的勢力均衡，壓迫作破壞原因的新興國勢力使之歸於弱小，這不僅可說是破壞人民道德性及能力，與努力發現的國際和平思想的發達，也可說是干涉且蹂躪了向來國際法基礎原則之國家主權的結果。所以勢力均衡，作爲國際法上的原則是不適當的，可是作爲國際政治上的原則，始適合其正當地位與實際的行動。

八　國際政治上一原則的勢力均衡

勢力均衡爲國際政治上的原則，前已述之。至其國際政治上的效用，是國際政局陷於危殆時，供給使開談判的機會，雖不能自指定其解決方法，也可與當事者講妥協以收拾時局的機會。又可作認爲不能承諾的過酷要求而拒絕的時候，或硬忍受難堪的犧牲的時候，都可供給有名譽的理由(Raisons honorables)，以作國際間樽俎折衝的便宜工具。而且均勢政策雖不能確立國際間永續的和平，對付擁有優越國力使他國安全受危險的國家，使這些感覺危險的國家，也各無阻礙其自由發達，也不供給難堪的犧牲，互相聯合形成對抗力，可以保持國際和平。照這樣，不幸一旦和平破裂戰爭勃發時，國際間的勢力生大變動，所以戰爭不僅限於交戰國間的關係事項，且在國際團體一般的利害關係事項上，也痛切的感得到，因而維持勢力均衡，不僅只是各個國家利益關係事項，且明瞭的是國際政治上的公益事項，是有使發達國際連帶(solidarite internationale)觀念的消極的效果。又如前述惟於國際間存有勢力均衡時，國際法始能遵行。若沒有勢力均衡，某一國占絕對的優勢時，國際法規常被蹂躪，所以在歷史的實際上，可說均勢原則是國際法的實行上最有力的保障。

照這樣，勢力均衡的原則，是國際政治上的原則，用之欲確立一般恆久和平是不可能的。這原則其所以不能得一般恆久和平的原因，第一這原則是防止戰爭一時的姑息手段，對於排除戰爭根本的原因沒有什麼貢獻。國際和平不僅依防止戰爭而能確立的，只有依積極的排除一切戰爭的根本原因，纔能充分的得着保證。但是對這事，勢力均衡的原則全然無力。當戰爭將勃發時，依武力對抗武力只能支持一時；因而勢力均衡一旦將弛緩的時候，就難避戰爭的破裂。第二照這樣勢力均衡的原則，只着眼於武力的均衡，只依賴物質勢力的政策，毫沒有道德的束縛力。在國際道德的人間理性上，缺乏有根底的道義勢力之支持，到底不能確實保障世界的一般恆久和平。第三勢力均衡的原則，對國際法的實行，雖供給相當程度的保障，可是在均勢本身，全未備什麼法的根據(Rechatsgrund）或法的組織。因而這原則不能依時勢與各國的自由意思制約，不能爲有規律的且有計畫的，有時也能維持國際和平，却不能常這樣期待。結局均勢的原則，作國際政治上的原則，不能不說是極其幼稚。於是對戰爭的根本原因，就生起應論述的必要。

第五章　戰爭的原因

一　人類的文化與戰爭

戰爭確是人類歷史上最顯著最重大的一個現象；人類的歷史，與其說是和平的歷史，寧可說是戰爭的歷史。由紀元前一四九六年起，到紀元後一八六一年止，在這三千三百五十七年中，和平之年僅有二百二十七年，而戰爭之年達到三千一百三十年以上，就是對一年和平，示明十三年戰爭的比例，是歷史的事實明白證明了的（Muméro du 30 ou dú 31 Mars 1894 de Gazette de Moscou. Cité á "la guerre et ses prétendus bienfaits" par Novicow, P.24-25.）。又由紀元前一五〇〇年起，到紀元後一八六〇年止，在這三千三百六十年中，締結講和條約達八千以上；凡這些條約，都期待其有永久效力，但其效力平均繼續期間，都僅不足二年（G. Valbert, dans la Revue des deux Mondes du I er. April, 1894. p.692. Cité á Navicow Ibid.）。有人說在文化史上，較之戰爭現象再沒有留大痕跡的事物，可說並非過言。人類文化以戰爭始，與戰爭共進步的；文化與戰爭有密切不可分的關係，說文化卽戰爭，戰爭卽文化，也無大錯誤吧，至少也可說戰爭是文化最大的標幟。不明瞭戰爭的本質，就不能明解文化的性質，這不待馬克思主義者解釋，也是十分明瞭的。

然則何謂戰爭？依霍思體（R. Holsti）的見解，所謂戰爭是人類集團間敵對的狀態，在這狀態中多使用武力，有時也用迷信的手段，伴着（或不伴）殺害捕獲掠奪或征服等行爲之謂（The Relation of War to the Origin of the State, p. 14）。這界說大體可認爲妥當的，所以根據這界說更簡明的可解釋：戰爭是人類社會集團中間的鬥爭狀態，必然的隨着使用集團的組織的武力之集團現象（關於戰爭的文獻中提出戰爭的界說者並不多，唯用常識的意義作爲當然的前提而論述的人很多。）

戰爭是社會集團間的鬥爭狀態，個人與個人間的鬥爭狀態，不能列入戰爭範圍。縱令在這時，行爲者雖是複數，可是其行爲的目的全屬個人的，所以不能以其鬥爭行爲稱爲戰爭；因而決鬥也不是戰爭。拉丁語所謂戰爭(bellum)這名詞，是由兩個人的決鬥（duellum）這名詞變化出的；同樣戰爭原來也是由人類鬥爭行爲起的，固不能疑，可是個人間的鬥爭，在今日已由戰爭中除去，是一般人認爲妥當的。只要是社會集團的鬥爭狀態，就不問其爲一國家內社會集團間的鬥爭狀態，抑或是各國家間的鬥爭狀態。國家內的戰爭，有稱爲內亂(civil war)私戰（private war）革命（revolution）等，在國家間行的戰爭，普通稱爲國際戰爭，或只稱爲戰爭。

戰爭必隨着使用武力，所謂武力的使用，是戰爭的特色，是與其他鬥爭區別的一要點。武力雖稱爲人的腕力，各種武器之力，及其他物質力，可是其本質的部分，實是人的暴力。在戰爭中武力的使用，是集團的而不是個人的。

武力普通是由衆多的力結成的；而且通常有一定組織，具着所謂軍隊的形式。原來所謂軍隊，不似今日文明國備的所謂正規或不正規的軍隊那樣狹義的，是指稱一般有組織的集團的武力。

戰爭普通伴着殺傷行爲捕獲掠奪征服等，可是這不一定是一種要件。但殺傷及其他野蠻且殘虐的行爲，幾乎常如影之隨形，這也可說是戰爭的一個特色。

二 生存競爭與戰爭

戰爭是人類生存競爭的一形態，戰爭的根本原因，也可說在生存競爭。

生存競爭，是宇宙的大法則；這不僅在生物界通行，在天文界及化學的物理的無機物質界，也是同樣通行的法則。宇宙是天文的，化學的，地質的，生物的，心理的及社會的各種鬥爭的舞台。普通說競爭或鬥爭（Struggle, lutte, Kampf）時，是指示爲達到一定結果或目的而試行的努力。鬥爭的基本要素，是關於什麽目的之認識及欲實現其目的之意思。至於說生存競爭，是指爲使保存或發展自己生命而行的鬥爭。但這種意義的生存競爭，失之稍狹。生存競爭，不僅行於生物間，在原子與原子間，在分子與分子間，在物體與物體間，在天體與天體間，也是通行的；所以汎稱宇宙現象的生存競爭，須擴張上述的意義以比喩的廣汎的意義去解釋。（J. Novicow, Les luttes entre sociétés humaines, 1904. 3e ed. p. 18-19.）

關於生物間生存競爭的意義，學者中用法都不同。達爾文關於生存競爭的意義，述之如次：「我以廣汎的比喩的意義，用生存競爭這名詞。所以豫先須限定一生物與其他生物的依存關係或更重要的點，是含着繼續保持其個體生命及遺留子孫。在飢饉時覓食而生存的兩匹犬，可以眞說是互相競爭。在沙漠中的一株樹，適切的說來，不能不說是依存於濕氣，可是也可說與旱魃作生存競爭。年年生一千種子，而平均其中僅能成育一個的植物，更適切的可說與已蔽其土地的同種類或異種類的植物相競爭。寄生木是依存於林檎及其他兩三種植物，可是强說時，也可謂與這些植物相競爭。何以言之，因爲這種寄生木過多生長於同一植物上的時候，其植物就會衰弱而枯死的。但同一樹枝上密生的許多寄生木，可以更適切的說是互相競爭着。寄生木依鳥類撒布其種子，其生存是依存於鳥類的。那麽，比喩的也可說誘鳥類使食其種子，藉以使之撒布，遂得與其他結實植物競爭。我爲便利，在這些互通的許多意義上用這所謂生存競爭的普通語。」(Darwin, The Origin of Species)

爲什麽起生存競爭？依達爾文的說明，因爲一切有機物有以高度比率增殖的天性，所以必然要起的。人類以幾何學級數的比率增加，是由馬爾薩斯以來公認的假定。一切生物，其生涯間產非常多的卵或種子，而生物的生活資料是以數學級數的比率增加，決趕不到生物的增加率。就是較之生活資料能維持的數目以上，非常的多生了個體，所以某個體與同種或異種的其他個體間，或與其周圍物理的自然狀態間，必然要起生存競爭。

依達爾文的說明，各個有機物以非常高的比率自然的增殖，假若不夭折的時候，全世界不多年將要由一對配偶的子孫掩盡。在這法則上是沒有例外。生殖較遲緩的人類，尙且有每二十五年增加一倍的實例，若以這比例行去，不經一千年中全世界會由人類充滿。依有名的人類學者林奈（Linnaeus）計算，若假定一株一年生的植物僅生兩粒種子，其種子翌年復各生兩粒種子，每年以此比例進行，僅二十年中可生一百萬株的植物。據說一切動物中繁殖最遲的象。假定三十歲時始生殖，繼續到九十歲，其間產六頭仔象，生存一百歲，計算到七百五十年後，將要生存一千九百萬頭的象。

轉而若觀察人類世界生存競爭的現象，生存競爭是宇宙的普遍法則，是生物界的定律，所以不待說人類世界也決不能免此法則的支配。人類行的生存競爭，概可想爲三種：第一是人類個體間及集團間行的生存競爭；第二是人類對其他生物行的生存競爭；第三是人類對物理的自然的環境行的生存競爭。現在只就第一種簡單的述一下。

人類對人類行的生存競爭，與一般的生存競爭相同，可分爲有攝取目的之生存競爭與有驅逐目的之生存競爭，又可分爲攻擊的生存競爭與防禦的生存競爭，是不待說；可是特別重要的區別，是一集團內部行的生存競爭與一集團及其他集團間行的生存競爭。如大氏族，部族，部族同盟，民族，國家等集團，在其內部又分爲許多相對立的個人及社會集團。爲易於理解，以國家作個例的時候，在一國家的內部不僅於個人中間，而且於各團體中間，也行着經濟的政治的社會的知識的道德的各種競爭。各種的社會階級，各種的結社及政黨等，在國家內部也行着不斷的鬥爭。在專制政治時代，庶民階級與貴族僧侶等特權階級中間，行着激烈的鬥爭；在今日勞動者與資本家中間，王黨與共和黨中間，保守黨與共產黨中間，都通行着鬥爭。但在國家內部因爲較之鬥爭尙顯著的行着連帶的事實，所以時常有輕視內部生存競爭的傾向。可是在國家內的各個人或各團體間行着生存競爭，因此促進了社會的進步，是毫無容致疑的事。

但在人類世界，對於集團內部行的生存競爭，寧是集團與集團間的生存競爭，更覺得特別顯著的發現。所以可說人類歷史是集團與集團間生存競爭的歷史。在集團與集團間，與在集團內部大不相同，連帶原則的運行極其微弱，因而反對方面生存競爭的現象，就極激烈的行起來了。

人類中生存競爭的目的，也與一般生物相同，第一先在獲得生活資料與種族保存的手段，自不待說。但人類生存競爭與其他生物的生存競爭，其所以相異者，因爲生存競爭的目的，不僅限於這兩種，而且以獲得由人類理性生來的各種精神的財爲目的，也是重要的一點。在人類社會，由人類生物的性質來的生存競爭以外，且有由人類理性的性質來的各種生存競爭。人類不僅爲獲得食料而努力，爲滿足其道德的智識的宗教的諸要求，也很努力的。人類生存競爭原始的目的，固然可說是經濟的，可是以生存競爭的目的，只認爲經濟的目的，却屬大謬。人類活動的目的，必須由經濟的政治的道德的智識的各方面，加以觀察。人類世界的生存競爭，不是常取着戰爭的形態，戰爭只是人類中生存競爭的一種形態。人類的集團與集團行生存競爭時，有以和平的方法與以武力的腕力的方法兩種；僅在用武力的腕力的方法時，纔有戰爭現象。

三　國民的生存及向上的慾望

遠古以來，許多戰爭的原因，多由於不滿足國民生存及向上慾望的現狀纔發生的，要言之，戰爭是由人類生存競爭的鬥爭本能而起的（參照淺野利三郎著的國際思想發達史。）近代的戰爭，大概亦莫不然。在已往百年的近代史上，僅歐洲已有九次戰爭，合計東西兩半球的大戰小戰，約有二十餘次。若由史實歸納其動機時：（一）

的爭奪領土，（二）由王家爭霸或承繼王統的紛糾，（三）由工商業利益的衝突，（四）由對假想敵國的侵略加以先發制人的攻擊，（五）由履行同盟條約上的義務，以上五種，概由國家間利害問題惹起的；更由國民感情發作的尚有六種，（一）由宗敎的憎惡，（二）由人種的忌刻，（三）由對凌辱或戰敗的復仇，（四）由對受虐政壓迫的同民族異民族起的同情，（五）由國民的自負心，（六）由國民的驕矜。此外尚有為避免政爭，轉使國民注意向外的國內政策而惹起的戰爭，這又當別論。任何戰爭發生於單一動機的很少，多半是由幾個動機的交錯作用而惹起的。唯某戰爭重於甲動機而薄於乙動機，若因其動機作區別，國際紛爭，概不能超出上述的各種原因。

四　宗敎的軋轢及王統的紛爭

若將已往三四百年中的國際紛爭，及其結果引起的國際紛爭，橫斷的以歷史家眼光觀察的時候，雖稍有例外，大體在十七世紀的戰爭，多發於宗敎軋轢，在十八世紀多由王統紛爭而起，至十九世紀民族問題為其禍因，及到二十世紀則可看作由民族關係與經濟關係交互錯綜而生的，其前次的世界大戰，很明瞭的是由此發了戰端。往昔史乘上常見的宗敎黨同伐異的戰爭，近代幾已絕跡，特在歐美，自入十九世紀以後，已全無其例了。唯在東洋如土耳其波斯印度等，尚有一宗敎對他宗敎起的熱狂反感，延而釀起政治騷擾，更進而化為國際紛爭的原因，如已往的先例，雖將來也難斷定其必無。但在今日國際的親疎，專依利害輕重而不同，宗敎的異同幾乎已無關係，利害一致，則異敎國間也可結攻守同盟，如平時的日英同盟及戰時德土同盟，就是明例。古來宗敎相異，則不能結同盟，況王家的姻戚關係，當然更是做不到的。宗教相異的王家中間，不僅在古昔，即今日也很難結婚姻關係。特別在羅馬教王家中，這限制更嚴，如舊哈布斯堡王家，只限定王妃的選訂範圍於羅馬教王家的公主。至於羅馬教的王國，廣在歐洲也只有屈指能算來的幾家。在舊家中，奧地利的哈布斯堡家，巴威的維特斯巴哈家（Wittelsbach）西班牙的布爾朋家（Bourbon）意大利的薩伏阿家（Savoy）薩克遜的奧爾培丁家（Albertine）等五王家，以外僅有譜系稍新的比利時的柯堡（Coburg）王家而已。其中因政治的理由，哈布斯堡家與薩伏阿家多年有不能聯結姻戚的關係，所以選擇王妃，向來只限於其餘四王家，不得已加柯堡家，而局限在這五王家範圍內的，所以勢不得不結血族婚姻。哈布斯堡王家昔日曾依婚姻政策大擴張其領土，直到大戰前，奧國皇族仍被推重於歐洲的原因，大半是往古婚姻政策的餘榮。而往古的婚姻政策，且不行於異宗教國，其範圍過狹的結果，關於血族婚姻之心理的及生理的影響，在羅馬教王家中，有許多議論，特在哈布斯堡王家，由此胚胎的悲慘歷史，在已往不知曾反覆過多次。婚姻關係暫置勿論，宗教的爭奪權勢，在國內今仍未絕痕跡，現在德奧法比荷蘭各國教會勢力尚不可侮，有依宗教而成立的數派政黨。至於土耳其，耶回兩教徒互於政治上相軋轢，延而釀成國際戰爭，其多直不堪枚舉。回教徒熱狂的與異教徒相爭鬥，不以殺戮異教徒為罪惡，不僅回教徒如是，昔日西班牙人也是基督教徒，在南美洲目土民為異教徒，常加之以了無忌憚的暴戾恣睢以至於虐殺。但到今日，因宗教的黨同伐異惹起國際戰爭的事，先可以說沒有了。有時回教國仍假藉神聖戰爭的名義，其意在敵本主義，概言之，不過是藉口征伐異教徒而已。提劍宣傳教旨的事，今後大可說是難以想見的事了。

由王家爭霸及承繼糾紛而惹起戰爭，在昔日是常有的事。因往日在宮廷外交時代，所謂外交，除過宮室及廷臣的交驩以外，再無其他意義，和戰多由王家私事而決定，且在昔日王家私事是左右國際治亂的一個最大勢力。哈布斯堡，霍亨索倫(Hohenzollern)維特斯巴哈，羅馬諾夫，(Romanoff)布爾朋等各王家，古來若何的翻雲覆雨，互相爭霸，以反復造成和戰的危機，史乘載之甚詳。有名的西班牙承繼戰爭，使西班牙擁戴布爾朋家的王族，使法國更增加了西班牙的勢力，遂使歐洲起了均勢將要破裂的危懼。但布爾朋家的承繼王位成功後，更行權勢爭奪戰，生民塗炭，仍是了末在意。一八七〇年的普法戰爭，裏面的經緯暫不說，表面紛爭的原因，也關於在西班牙王位承繼問題的爭奪權勢上的。依王家的結婚政策，也有一時避開國際危機的例，可是這事極少。

五　文化外征的勢力之衝突

照這樣，往昔國際紛爭重要原因的宗教相異及王室私事，在現在及將來，對國際治亂上幾不生交涉了；反之由不滿國民生存及向上慾望之現狀而發生的紛爭，今後依然不僅仍舊反復，却比諸已往，且具有增而無減的傾向。對現狀不滿足，也有不得已的不滿足與可以已的不滿足兩種。由可以已的不滿足引起國際紛爭最顯著的事，是文化外征的超勢力之衝突。

國家得某種程度的文化，其存立目的達某程度時，卽可謂使命已終，爾後可拱手無爲，但世間沒有這樣就可滿足的國家。凡國家都是築起自己文化以後，更延長其文化可及的範圍，不擴展至他國民的上邊不止。也不問其動機爲利己的或利他的，有時恰如個人的仁慈，不獨占由生存慾受的利益，欲與別人分有，可是無論何種，都是一國欲使他國民均霑己國的文化，或欲强使其領受己國文化，結果是欲使全世界承受己國的文化。換言之，是欲以己國信爲正義的標準規律世界，使世界都鎔鑄成己國文化的模型。一國如斯行動，他國亦然。但正義觀念的標語雖同，其標準依時代依國情依見地的異同却各異其趣，所以當適用正義觀念的時候，常有兩不相容的現象；由此就生起了利害的衝突。想强賣文化的國家與被强賣給文化的國家間，以及互想强賣文化的各國家間，就都起了利害的衝突。想强賣思想，也是一個例。比如俄國的共產主義，僅在己國實行就不滿足，也强向他國宣傳其實行。其結果能於若何程度風靡世界，固不能逆睹，可是各國現在的政府，在目前及將來都像免不了恐怖的念頭，若獨力不能對抗時，將聯合利害相同的各國想法抵抗，或者又現出百年前變形的神聖同盟也未可必。若到這時，一國內的共產主義，也將成國際離合向背的一個原因，恐怕又要成左右國際治亂的一種勢力吧？

由强賣文化生的利害衝突，不一定常是野望慾心的衝突。在文化世界中決沒有確信我見解非他主張是而且固執這成見的國家。互各固執的利害，多是互信自己主張有理的利害，其衝突多由正義觀念的標準不同而發的。這一類的衝突，畢竟不外濫發揮國民道德的結果；而更使文化外征的勢力衝突具體化的原因，重要是國際間的經濟競爭。因爲一國民豐富的良善生活，僅由一國的國內政策不能希望做得到，這是自古以來世界各國的普遍現象。換言之，國民生活必需品的分配，在各國間甚缺均等，非有無相通不能達成豐富的國民生活，這是普遍的法則。於是國際間起了經濟競爭，其間自然撒布而且培養了國際紛爭的種子。現代國際紛爭的大部分，實發端於依經濟競爭代表的文化外征的勢力衝突。

可是代表文化外征的勢力之衝突者，不僅是經濟競爭，如慢性的擴大國家領土的慾望，民族自決主義與同化主義的互相反撥，也是一個重要原因。這些雖不常爲文化外征的勢力之象徵，有時却可看作其代表的現象；而且這些都是現代國際紛爭的基本原因。

第六章　永久和平論與縮減軍備論

一　戰爭記錄的世界歷史

如前所述，世界歷史幾乎可稱爲戰爭的記錄。在近代歐洲，由一四七〇年到一七二一年中間，每年約有一次戰爭，由一七二一年到一八一四年中，有過奧國王位繼承戰爭，七年戰爭，法國革命戰爭，拿破崙戰爭等。依史家的計算，由一八二一年到一九一四年中，曾說有四十次戰爭。歷史上戰爭的次數漸像減少，因其程度激烈範圍擴大，其災害愈慘酷了。主戰論者以爲原樣保持着國土，是對永久和平計畫，不能期待其滿足的效果。國土的所有，歸結是社會經營上必需不可缺的獨占。若在國際不公平的現狀下，不顧原料的支配，是原料豐富國對於貧窮國，維持着絕對優越權，將以高壓的態度臨貧窮國，所以甘於無力的生活者，就是懦弱卑屈，懦弱卑屈纔是人類的墮落，較之戰爭尤惡。人類若有鬥爭本能，戰爭就難以避免，這種見解足表現其識見淺薄。可是這種思想，却常被主戰論者用作根據的原理。誠然鬥爭本能是支配慾，是權力慾，可是爲充足這慾望，並不限於暴力。人類欲支配環境的意志，進向文藝復興以前未能經驗的方面發展着去。比如依科學征服宇宙，依醫療方法進步絕滅殺人的病菌等是。又鬥爭的形態以至方法也與實業革命前後大不相同了。由以武力欲征服支配他人的方法，轉化成用產業作武器而支配他人的方法了。支配慾强烈鬥志旺盛的人，橫行於產業界而爲霸者，他們擁有巨富已超過經濟的必要，成了只爲權力慾而活動了。由奮然拔劍砍去的鬥爭方法，轉化以細繩縊頸的方法，是實業時代一個特徵，而利用廣布於世界之民族主義的潮流爲鬥爭武器也是顯著的一面。實業的搾取與民族主義，若被利用作鬥爭武器時，其鬥爭的分野無限擴大，其破壞力也無限增加。機械的發明，愈使破壞力加强烈，永年蓄積的文化，一瞬間會使變成灰燼。今日的人類比之原始社會的人類，隨着鬥爭戰線的擴大而鬥志愈趨旺盛，其結果破壞力也就越發强大了。鬥爭不是創造的，是破壞的，因而就成了反社會的了。人類的鬥爭本能，現作最大規模的戰爭時，其破壞也就成了最大規模的了。這忽然成了導人類社會趨於退步的危機，於是就達到須滅絕戰爭的結論了。但是依怎樣的過程，可使戰爭終熄？若把很遠的將來，拉到我們的眼界內說來，普及與澈底教育，使人類發達同情心，知的方面使增加聰明，且依戰爭慘禍的實物教育，漸次造成忌避戰爭的習性，或可把戰爭損害太大的利害打算，也許能形成人類的本能吧。而且鬥爭的方法，也隨社會的發達，由武力的而轉化成產業的，且更可轉化到文化的方面去。我不是理想家，到了可稱爲地球國家出現後，人類鬥爭本能，漸次馴致於文化的方面，人類對人類的一切鬥爭力，將要由人類對自然的鬥爭替代去。然而這是在人類很遠的未來，或可實現的豫測事實；現實問題上，期待戰爭終熄於這樣遠的時代，是不能滿足的，絕對要有什麼意識的努力，以使戰爭終熄爲目的的運動。這努力在現在若有限制戰爭次數的力量，只這力量已就貢獻人類文化的健全生育不少，可是向來所聞見的防止戰爭運動，不能肯定其都以這意義的目的爲目的。爲什麼要使戰爭終熄？研究這問題的意義，就是肯定這運動存在的最大要件。由這意義說來，永久和平運動也是很缺乏深刻的內容。但是其次也得把十七世紀以來的國際和平論與軍備縮減的事實，隨着時代研究一下。

二　克魯賽的國際和平方案

入了十七世紀，法國人克魯賽(Emerie Crucé)的國際和平方案，是最初發表了的。克魯賽於一六二三年著的一般和平論——新西奈 (Le nouveau cynée ou Discours d'Etat représéntant les occasions et Moyens d'etablir une Paix genérale et la liberté du commerce par tout la Monde.)，中寓意帖撒利亞(Thessalia——古希臘小國名)的政治家西奈阿斯(Cineas——Cynée)，曾出仕伊庇魯斯 (Epirus——古希臘小國名)的皮魯斯 (Pyrrhus 318-298 B.C.) 王廷，出使羅馬，在外交上立大功績，假作第二西奈阿斯的主張，提議了和平策。大意是說皮魯斯王專心計畫征討羅馬策略的一天，西奈阿斯曾對王說：「陛下，據聞羅馬人非常驍勇，所幸天賦王以武運，假若王把羅馬戰勝後，將何以利用王的勝利？」皮魯斯王答：「那不待說，朕支配全意大利，將大舉其福利了。」西奈阿斯又問：「王征服意大利後，其次將向何方？」王答「其次使西西里待朕軍去吧。」「更其次？」「奪回馬其頓，使希臘全成朕的領土。」「以後將若何？」「大張筵宴，慶祝泰平，以送愉快的餘年吧。」西奈阿斯遂說：「那麼，無須流血糜財，使億兆人民陷於塗炭，然後待其愉快的餘年；陛下若欲泰平，現在世已泰平，從今就可愉快的樂餘年了。」克魯賽在這傳說中採了這種意思，以爲假若人欲恆久和平只要有決心時，現在就不難使之實現。以這寓意寫出的著作就是新西奈。他的永久和平方案要言之，是使各國對其紛爭，在決定訴諸干戈以前先依特定的審議機關解決之；其審議機關，應以常設在某一都會的使節團體充任，並且他認這都會以威尼斯爲最適中的地位。可是專代表己國利害的各國使節團體，期待其離開利害作公平無私的審議裁定，直是緣木求魚。總言之，他的理想是在設定國際紛爭的審議機關，以後具體的論述這問題的人，是十九世紀的杜播亞（Du Bois），更其次立於戰爭與經濟關係的見地上論國際和平者，不僅應推他爲先輩，並且他是恩格爾(Norman Angell) 名著大幻想的先導。

克魯賽的新西奈出版後二年，格洛秀斯(Grotius) 有名的戰爭及和平的法律也出現於世。他在這書中論：「基督教各國應時常開國際會議，在會議中使無利害關係的他國裁定各國問題的紛爭，且使紛爭當事國在衡平條件之下承諾和平，不僅較多便利，且屬必要的事」(W. Whewell; The Laws of War and Peace Vol. II,P. 406.)，這是永久和平案的骨子，其着想多繼承了克魯賽的意見。不過克魯賽主張以常設使節團體作紛爭的審理機關，而格洛秀斯主張以定期或臨時的國際會議處理這些紛爭，稍不相同而已。

三　顯理四世的大計畫與縮減軍備

十七世紀以後，有各種維持和平的方案出現了，可是其中提出軍備縮減案者極少。對於這點最有名的是法國王顯理四世(Henri IV)的所謂大計畫(Grand Design)，可是這大計畫，事實上並不是國王自己想出的，仍是其宰相修禮（Duc de Sully）公爵爲之計畫成的。依這計畫，第一把當時的歐洲各國分爲：（一）英國法國丹麥瑞典西班牙倫巴底等六個世襲王國，（二）那波里威尼斯德意志波蘭匈牙利波希米亞等六選舉王國，（三）（A）包含瑞士提洛爾(Tyrol)法蘭斯孔德(Francé-Comte)阿爾薩斯（Alsace）等的赫爾微細亞(Helvetia)與（B）領有低地全體的比利時，以及（C）由熱諾亞(Genoa)盧加(Lucca)佛羅稜薩摩德那(Modena)帕馬(Parma)皮阿散紮(Piacenza)等成的意大利等三個聯邦共和國，結合以上三種十五個國作一大基督教共和團，在團內羅馬正教派路德派及喀爾文派(Calvinists)等三基督教派，都能自由布教；第二設歐洲總會議，以各國派的代表者總額四十名，每年順次在各國都會開會，調和國際間的利害，調停國際間的紛爭，審議其他重大事項；第三取範於古代希臘的神會同盟，在總會議監督之下，設置北歐羅巴羅馬帝國東方諸國南北兩意大利及西部歐洲六部分的地方會議，作地方事項的審議機關，對地方會議的決定有不服時，可以上訴於總會議；第四共和團所屬國，根據總會議決定的各國資力查定標準，提出一定的海陸軍作共同的軍備組織所謂國際軍隊；第五是照這樣組織一大共和團，依基督教的主義，期望維持歐洲的統一及和平；這是所謂大計畫的趣旨。這大計畫雖是標榜着爲國際全局的永久和平而立案的，可是其骨子裏邊有排斥哈布斯堡王家的政治的偏見，且在擁護基督教的誓約下，把異教國土耳其驅逐於國際的範圍外，況以俄國的領土大部分在亞細亞，認其支配下有許多未沐基督教教化的半開民族爲理由，未招請俄國加入，這都是表現其囿於偏狹思想，不過隱然想以法國爲盟主，作一武裝的大同盟，所以理想上是使各國撤去軍備組織所謂國際軍隊，定其步兵數爲九萬七千人，騎兵數爲二萬二千五百人，大砲百十六門可是實際上撤兵不容易，結局較了軍備縮減，不能不成軍備擴張了。

四　威廉潘恩的恆久和平案

其次出現者，是威廉潘恩(William Penn)的恆久和平案。他憤慨路易十四世攪亂了歐洲和平，當一六九三年戰亂正酣的時候，他發表了他一代的名著「關於現在及將來歐洲和平的論文」(Essay towards the Present and Future Peace of Europe)，在其第四章中論：「達到和平希望的眞正方法，不是戰爭而是正義。政府是期待和平生活互相結合爲社會的成果，所以正義即是政府的成果。代表社會與獨立人格的國君，因與人類所以構成社會的理由相同之理由，愛好秩序與和平，應互相會合組織歐洲元首會議。」並主張應强制的使列國加盟這歐洲元首會議，依其協力而維持歐洲和平。且提倡了設立國際仲裁院，可是除過在北美的新世界尋出少許的贊成者以外，在當時歐洲，就沒有聽到一點反響。

五　聖比耶的恆久和平大同盟與國際軍隊

(a)恆久和平方案

聖比耶(Abbe de Saint Pièrre)隨着出席烏特勒希講和會議的法國全權波利拿(Cardinal de polignac)，到該會議地後，深對將來的國際和平有所感觸，遂推敲他多年懷抱的恆久和平案，於一七一二年以匿名出版了對歐洲永久和平的備忘錄(Ménoires pour rendre la Paix Perpétuelle en Europe)一書。他更於會議時，陳述各種意見，努力斡旋奔走。一七一一年十二月二十二日烏特勒希條約前文，及一七一三年三月三十一日烏特勒希英法講和條約第二十四條，都特記恆久和平的事，這恐怕是參加他的意見之結果吧。聖比耶更於一七一三年以本名公表了歐洲永久和平計畫(Projet pour rendre la Paix Perpétuelle en Europe)一書，後於一七二九年更著了恆久和平計畫要綱。在這些著作中表現了他的主張，要言之也不過依基督教的道德使結合國際團體的人云亦云的話，可是其具體方案，是由威斯特發利亞條約設定的德意志聯邦，得了其着想點，計畫成恆久和平理想下的歐洲大同盟，是可以作參攷的好標本。而且他認以德意志聯邦各國的國際的法則，作歐洲全體的法則很適當，所以大體上欲改造歐洲像擴大了德意志聯邦的樣子，這就是他恆久和平方案的骨子。以這骨子作基礎，立了具體方案在他一七一七年的著作中，全文是十二條，可是一七二九年的書中，縮短成五條綱領。其第一條的目的如左。

第一條　署名下列諸項的各君主：

一　對於由將來國際戰爭生的不幸務必力避，且互相確保國交充分安固；

二　對於由內亂生的不幸務必力避，且互相確保國情充分安固；

三　以將來完全維持其國家的目的，互相確保其充分的安固；

四　當君權衰微時，互相確保各國王及其王族在其領土內的充分安固；

五　節約各君主的軍事費，而互相確保其安固的增大；

六　依通商的繼續及安全，互相確保其逐年增進利益；

七　依法律的完成及各種良好的設施，互相確保各國內的發達或改善容易及成就迅速；

八　對將來各君主間若惹起紛爭及危險，以務必不要損費而使速消散的目的，互相確保其充分的安固；

九　以將來各君主間迅速正確履行條約及約束爲目的，應互相確保充分的安固；

以上列各種目的，各君主組織恆久大同盟。

上列九條，是例示歐洲恆久大同盟的建設與其目的的九大利益，若與修禮的大計畫比較時，是很顯著的對照。修禮以構成歐洲基督敎聯合(Republique christienne)爲前提，決行改變各國領土改正地圖，欲分歐洲爲略具同等力量的十五個國；聖比耶的提案和這正反對，是嚴密的維持現狀主義(status quo)以保障各國領土的現狀維持爲歐洲恆久同盟的基本點，欲作一切現行條約不可侵的誓約。聖比耶辯護自己的方策着說，承認向來的不正義，較之由急激的現狀大改正必然發生的戰爭，給與人類全體慘酷的害毒，倘覺易忍。依承認向來的條約，某國雖失了要求權而受損失，可是由這大同盟應受的前述九大利益，仍補償之而有餘。其次在修禮案中由歐洲基督敎聯合，當然要除外俄國與土耳其，可是聖比耶不僅欲包括聯合全基督敎國，而且對土耳其，也很可看出費了種種的苦心。或以之作準同盟員，雖無投票權也可以使之送代表者於議會，或置之於圈外，應維持其友好關係，時常更改主張，遂使全然與大同盟放了沒關係的了。

（b）恆久和平大同盟與國際聯盟的比較

大同盟的目的，與現在國際聯盟的目的，大體相同。國際聯盟的目的，在促進維持國際和平與國際協力（international co-operation），這大同盟的九條目的，約要說來也不外增進同盟各君主間的和平與各國間的協力兩點。而大同盟成立的基本點，也在維持現狀，保障同盟與國的領土保全及政治的獨立，可是有因時代不同而生的根本差異；在現在國際聯盟，其組織的成員是國民的國家，不是其元首的君主或大總統，反之聖比耶的大同盟，其成員與其說是國家寧是各諸侯各王室，因而擁護其政治的獨立，就不外保護王家或諸侯的家系，所以在國際聯盟規約第十條，僅對由外來的侵略，擁護聯盟國的保全，對於由內部起的危險——內亂，未規定什麼防護方法；但聖比耶方案中，對外部來的侵略不僅擁護聯盟員（第一條第一項），而且對於不幸的內亂，且保障聯盟員的安全（第二項第三項），也就是所以特別置重保障王室及君主身體的安全（第四項）。這是反映時代差異最顯著的點。

其次關於聯盟的範圍，兩者間也大有逕庭。如前所述，聖比耶的方案中，大同盟的加盟者，結局只限於基督敎國，不僅除外回敎國，且關於亞細亞的各國，也全未提及。這是當時國際社會尚幼稚，曾未超出歐洲基督敎國的範圍，是事實當然的結果。但在現在國際聯盟規約中，凡在世界表面成爲國家者，不問其宗敎人種若何，也不論其洋的東西，都得爲聯盟員。不僅有獨立主權的完全國家，就是國及領地或殖民地而有完全自治權者，雖非獨立國家，也得爲聯盟員。這是國際團體已擴大成世界團體事實當然的結果，由兩者的差異看來，就可以想到國際社會進化若何之大了。

聖比耶的和平方案否認一切戰爭，主張一切國際紛爭應由和平手段解決，較之現在國際聯盟規約的規定，似較進步。現在的聯盟規約，其前文用「締約國承認不訴諸戰爭的義務」之文句，可是沒有絕對的否認戰爭。聯盟國在聯盟國間慮其要生斷絕國交的紛爭時，有付該事件於仲裁裁判或司法裁判以及聯盟理事會審查的義務。而且仲裁裁判官或司法裁判官判決後，或聯盟理事會報告後未經三個月，有不訴之於戰爭的義務。可是對其判決，當事者一方面若服從時，或其報告除過紛爭當事國的代表者以外，得了其他聯盟理事會員全部同意時，非其當事者一方面服從時，其三個月停止期間經過後，得適法訴之於戰爭。不過國際聯盟規約比較向來國際法進一步，因爲向來戰爭的適法性未成問題，而聯盟規約曾定有一定性質的戰爭認爲不法，是較不同的。又在聖比耶案中，凡仲裁裁判是義務的束縛的且是執行的，反之在聯盟規約中仲裁裁判不是純然義務的，不待說也不是束縛的，並且也不能說是執行的。聯盟國應忠實履行一切仲裁裁判的判決，可是某國若不履行判決時的制裁方法，也不是確實而具體的。在這點聖比耶案明示了聯盟規約將來應進行的方向及方法，可看爲與巴黎和會和平議定書的規定頗接近了。

大同盟主在和平的解決各成員間生的紛爭，若成員拒絕服從其判決，或一般的談判特殊同盟的條約，又或與大同盟的宗旨不相容而作戰爭準備行爲時，同盟不僅爲防禦的訴諸武力而且進而行攻擊的戰爭；非達到判決或裁判實行及得了賠償損害的保障以後，決不停止其行動。依本條約擁護自由與正義的大同盟在同盟成立前，奪去各國個別有作戰的權利，使大同盟成爲專有。

（c）提倡國際軍隊

大同盟之有同盟軍，並不是常備的，是於必要時，隨時編成的。同盟國不論其國土大小人口多寡，都應派同數的軍隊。依這方法生的各國負擔的不均衡，由分擔軍費的按排可以匡正的。使大國多出軍費，以補償小國過度的負擔。同盟軍的司令官以常設議會的多數決行任命或罷免，而司令官不能以任何國王室血統的人充任。

各國軍備平等的原則，戰時與平時都同樣實行，聯盟國不論其大小，都應保有六千名額的軍隊，一國不能擁有較他國優越的軍隊。假若有廣大領土的國家，以六千軍隊不能充分維持國內治安時，其國得大同盟的許可，能由其他同盟國傭兵，可是不得由己國民間徵募。他國的傭兵隊，與其雇傭的國家，不能設定什麽利益關係。

這同盟軍的問題，是今日喧囂的國際軍(international force)或國際警察軍(international police)，是關於國際聯盟意見紛歧的問題。聖比耶對這事的提案，過於成理論的而不是實行的，只可對主張國際軍者稍作一種參攷。

六 邊沁對於永久和平的計畫

聖比耶不屈不撓的終生宣傳其主義，在其本國却未得到豫期的同情，却在海外得到了知己。英國的哲學者邊沁(Jeremy Bentham 1748-1832)就是其中有力的一個人。邊沁的對於一般且永久的和平方案 (Plan for Universal and Perpetual Peace)，是死後經過七年的一八三九年出版。他關於永久和平的意見，其要旨已載於一七八九年刊行的國際法原理(Principles of International Law)中。他在對於一般且永久的和平方案中列了十四條和平案其前提的根本綱領，在國際法原理中已舉出兩條，就是縮減軍備與放棄殖民地兩事。他想到英法兩國多年為競爭通商掌握海權爭奪殖民地，互相干戈相爭累年不解的情形，感到要斷絕爭因，非先放棄殖民地不可。一旦斷絕爭因再不使仍操干戈，依之使維持永久和平，同時要決行軍備的大縮減。但他着目永久和平的這兩件事，是最難實行的問題。邊沁的方案中，此外尚有設置仲裁裁判的意見，並有排斥秘密外交的一條，恰當法國大革命的時候，未得時機，世人目為哲人的空理空論，在世間沒有生多大的影響。

七　康德的永久和平論與撤廢軍備

（a）康德的政治思想

入了近世紀發源於英國的啓蒙運動產生霍布思（Hobbse）洛克（Locke），其次波及到法國產生了福祿特爾（Voltaire）孟德斯鳩（Montesquieu）盧梭（Rousseau），更到了德意志又生出康德（Kant）費希特（Fichte）黑格兒（Hegel）一方面組織了哲學思想的大體系，他方面又大成了國家學說。

這樣思想史發展以後，自然就餘下了兩條軌道。一是以希臘為淵叢而流來的希臘主義（Hellenism）的系統，一是由希伯來流出的希伯來主義（Hebrewism）。前者是以融合實體論中內在的汎神論之傾向與倫理思想中個人本位的傾向為特色，反之，後者常以融合超實在的唯神論之傾向與個人本位的傾向為特色。普通說前者向着後者的傾向時是墮落，同時後者採用前者傾向時也同樣是墮落。思想史上這兩種思想的葛藤，在國家學說上織出許多花紋，於各時代各民族性各個人的特性中，造出千差萬別的形狀，脈脈相傳，發展出兩種思想的潮流，不能由歐美思想中淘去盡的。康德與黑格兒是提倡限定的國家觀（der limitaierende Staatszweck）與包括的國家觀(der expansive Staatszweck)的人，可稱爲兩個對峙的現代國家學說之代表者，若追求產出這相異的兩大國家學說之哲學系統時，一定可以看出是希臘主義與希伯來主義的對峙。由書齋出到通衢的啓蒙期的傾向，又是康德學問的大體系發展的道程。如希臘哲學由探求自然起的樣子，康德學究的生活，也先以無機的自然界作了對象；其次入了哲學的研究，大成後始以國家政治等問題作了對象。因而康德的政治思想，是其晚年二十年中的思想。所以一般都說壯年康德的特色已經失掉，只可認爲圓熟了寧且是老衰了康德的面孔，可是由政治思想史上看來，仍不能不認其具有不恥爲大哲學家的學說存留着。康德的政治學說，實是鮮明了現代立憲國家的意義，對於自然法及社會契約說崩壞後國家學說的祖述者之地位，仍不能不與康德吧。

（b）聖比耶的永遠和平方案的影響

康德在其和平論中，受許多前人的影響，可是其中有最重要關係者，要算是聖比耶。康德受聖比耶的大影響，由內的外的證據，都能充分的曉得。在一七八〇到九〇年的十年中間，以永遠和平爲主要問題，直接在康德接觸這問題的著作中，常言及聖比耶及其國際聯盟的提案，且不僅在這些著作中提及，在一七五〇年以後對這問題全無直接關係的種種書中，也於各種機會引用了聖比耶的話，而且康德對於蔑視聖比耶爲幻想家（Schwämer）的論者，努力辯護了聖比耶，由最近康德研究者闡明了的（Karl Vorlander, Kant und der Gedanke des Voelkerbundes. S. 13-2）。更由其思想內容看來，我們直接可以看出康德受聖比耶的影響，而聖比耶的思想，可以看作集以前法理學者的論述與實際政治家的考察之大成，所以爲曉得康德和平論的特徵在什麼趣處是受聖比耶的影響，什麼趣處是康德自己的見解，最便利的方法，是應對照的研究。以下可述其要旨。

聖比耶以其前人格洛秀斯及霍布思關於國家成立的契約說爲出發點，論其提案的國際聯盟不可不成立。關於人類生活自然狀態，與格洛秀斯及霍布思具正反對的意見。格洛秀斯以社交的衝動 (appetitus socie-tati)爲人類本性，霍布思以利己的非社交的衝動爲人類本性，以自然狀態爲「一切對一切的戰爭」(bellum omnium contra omnes) 狀態。依格氏的見解，國家是人類本能的有社交的衝動，隨認識的進步，是有意的整理精練了的結果；依霍氏的主張，國家是爲緩和人類原來的戰爭狀態，欲給與利己的衝動以滿足而起的。但兩人都主張國家是由自然狀態進而根據契約以成立的。聖比耶以這契約說爲出發點，主張若個人同志互相敵視（依霍氏的見解，）或爲求協同調和的生活（依格氏的見解，）而由其衝動極不完全的無法的自然狀態，進而起了依法支配的公民社會——國家的時候，當然同樣的發展，或在國家間以許多國家爲成員的協同體，沒有不能成立的理由吧？不僅如此，而且這樣的國家聯合，小規模的在歷史上都出現了，如瑞士，尼德蘭合衆國及德意志帝國等都是。自己的計畫，只想把這更大規模的且澈底的實行去就是了。他是這樣的想法，所以提倡了所謂「永遠的和平案。」

今在這提案中，認爲與康德的和平論有關係的重要各點，條舉之如下：

（一）歐洲二十四個基督敎國，形造永遠的和平大同盟（所謂永遠，只是對於使一戰後終結的締結曾通和平條約而言，）若更能做到時使回教國的君主也參加，作為聯盟國的代表機關，在這恰作和平會議議場的烏特勒希地方，置常設國際評議會(Senat)。

（二）屬於大同盟的國家，若不違反其定規，不可干涉其內政。

（三）各同盟國的常備軍，不得超過六千名以上。

（四）一切領土的變化，侵略的結果是不待說，即由繼承贈與讓與等的結果，也須絕對禁止。

（五）一切國際的爭議，均應受國際評議會之公斷機關的調停。

（c）康德的永遠和平論

康德討論永遠和平的問題，或與這問題接觸的重要著作，曾如前述，在其中以康德就這問題為主的唯一著述為永遠的和平為中心，補其議論的不備，或在與其他有對照必要的範圍內，參酌其他著作。

康德的和平論，大體可分為三段。第一論和平主義哲學的基礎，主張戰爭不論其在個人間與國家間，都是道德上的惡，「不可戰爭」的禁令，是實踐理性的要求；第二是考察永遠的和平在若何制約下方可能？又須以若何形式使之實現？第三是考察這樣形式永遠的和平果能實現嗎？又怎樣在歷史的進行中能實現呢？但第一條是構成康德和平論最深基礎的最重要條項，可是他在為永遠的和平中未曾論述。而這論述，對康德不僅與其法及國家概念有最密切的關聯，而且他關於法及國家的思想，是構成他和平論全體的基礎，可是他在這著述中，未充分的闡明。論述這些事的重要著述，是較為永遠的和平以後出版的道德的形而上學中法理學之形而上學的基礎，可是他以前的著作，關於這些事的見解，已經斷片的而且以明確的形式曾散見着，而且是常豫想着爲永遠的和平的論述。因此，對這點先把爲永遠的和平以外的著作，略得研究一下。

戰爭爲什麼要防止？我們爲什麼須以追求和平爲目的？依康德的見解，戰爭第一是毀損法的權威，更深想來，是背反我們人類道德的本分。爲明瞭這旨趣，先須由康德的道德學及法理學的關係加以研究。

（d）道德性與適法性的關係

人類的理性，是自然的及德道的（廣義）二種立法的淵源。悟性或理論的理性，是自然的立法者；意志或實踐理性是自由的立法者。自然的法則及自由的法則，就是廣義上兩種道德法，都有必然性，可是前者是可不可的意義，而後者是當爲的意義。因而人類的行動有與道德法合致的時候，也有不合的時候（在自然法——可不可的法則時，事實全與法則合致者相反。）行動與法則合致的時候，是合法則的（gesetzmässig）或合義務的(pflichtmassig)，不合致的時候，是反法則的(gesetzwidrig)或反義務的(pflichtwidrig)。但在同樣合法則的合義務的行動中，有由動機是合法則的，就是有以法則爲動機的與非以法則爲動機的。行動在狹義或嚴密的意義上可稱爲道德的者，只限於爲法則而行動時，或由尊敬法則或由義務感情起的行動的時候。在後者法則只規定行動的內容，不規定其形式或動機，就是僅法則與行動外表的合致而已。在這時行動只止於適法的（legal），在嚴密的意義上不能說是道德的。

道道德性（Moralitat）與適法性（Lagalität）的區別，凡對康德的道德哲學具有初步智識的人，大概都曉得，而康德的法理學，也以這區別發其端。康德在嚴密的意義上，把自由的法則——要求廣義道德的法則中行動之嚴密意義的道德性——稱爲倫理的(Ethisch)，把要求單純適法性的事，稱爲法律的（Juridisch）。自由的法則，是要求一切可以行的事，就是義務，可是其中又有不問動機或心術(gesinnung）若何，只就外面可以行的事，與僅依動機或心術方可以行的事兩種。比如履行契約和需要鄰人，都是自由的法則，就是義務，可是前者只是依法則就可以行的，而後者非依心術就不能行。外面行動是可以强制，而心術是不能强制的，所以前者是可以强制的，而後者是不可以强制的；前者是法的法則（Rechtsgesetz）或法的義務（Rechtspflicht），而後者是德的法則（Tugendgesetz）或德的義務（Tugendpflicht）。這種法的法則之總體，名之曰法（Recht）。成狹義的道德學的問題時，只是後者不可强制的內的意志或心術的義務；成法理學的問題時，只是前者可强制的外面行動的義務。我們以怎樣意志或心術行這外面義務或違反這義務的道德問題，不是法的問題。

（e）法也是實踐理性的要求

照這樣，在康德峻別道德性與適法性，倫理的法則與法律的法則，德的義務——心術的義務與法的義務——行動的義務和這些相對應的，又峻別了法理學與道德學或倫理學，可是他的法理學，也與道德學同樣以其道德哲學中心概念的自由概念人格自律的理念爲基礎，在這點形成廣義道德學的一部。依康德的見解，法也與道德同樣是實踐理性的要求，先天的在實踐理性內有妥當的原理。比如獲得幸福這事，不是經驗的關心之結果所能導出的，是由人類普遍之理性的本分所導出的。何謂其本分？就是依法的法則規律自己的事。根據這人格自律的理念，人作為道德的行動之主體(Subjekt des sittlichen Handelus)是自己目的(Selbstzweck)或目的自體(Zweck am sich)，決不為其他的單純手段，同時又作道德的待遇之客體(Objekt der sittlichen Behandlung)，也當然是同樣的。因而由這理念或共同生活的理念，人不只以手段的待遇他人，當待遇為目的自體，於是經營共同生活時實踐的法則就成立了。但在人間的自然狀態——無法狀態，人被恣意(Willkur)所支配，衝動的而行動，所以其活動圈互相有侵犯，就引起暴力之爭。訴諸暴力的結果，因一方面人無限制的自由，就蹂躪了他方面人的自由，目的自體之後者的品位受毀損，後者只作了前者的手段被使用了，於是就反悖共同生活的理念違背道德的根本原理了。法實是調停這無限制的自由之互相侵犯，除去道德的自由之障礙，為擁護目的自體之人格品位而成立的。借康德自己的話說來：「所謂法是一人的恣意與他人的恣意隨着一般的自由之法則(對自然法說)結合而並存。」(Des recht ist also der Inbegriff der Bedingungen, unter denen die Willkur des einen mit der Willkur der andern nach einem allgemeinen gesetze der Freiheit zusamman vereinigt werden kann,——Werke III, Rechtsl. S. 34-5.)照這樣，法為擁護自由以「抑制妨害」自由為義務，必然的不能不是可强制的，所以只關係於可强制的外的行動，與不可强制的心術或意志毫無關係。這只在行動的適法性以外無所要求，就是在前邊限定的意義上，依實踐理性而要求了的。

但法的這種可强制性，僅於個人的互相關係上，不能有充分的效驗；因更有超越了個人意志的團體全體的集合意志(gesammtwille)，使個人自由的活動，在不使停止其他衆多個人自由活動的一定限界加以制裁，始能有充分的效驗而這樣團體，就是國家。這樣嚴密意義的法，在國家內依國家，始可能的。依康德的見解，法在團體內關於個的人格對個的人格之關係時，是私法；關於個的人格對團體全體的關係時，是公法。而康德認私法的關係在自然狀態——無國家狀態——雖成立了，但這只是豫備的(Provisorisch)要得完全(Peremptorisch)仍須待國家纔能做到。照這樣國家也是由實踐理性要求了的。

(f)國家職分的規範

照這樣，國家在其本性上，必然的不能不有強制力，可是在他方面原來是為擁護人格的自由與品位而成立的，所以其強制力決不是根據一人或一部分人的恣意，當然是根據成員自身的共同立法(Gemeinsame gesetzgebung)。國家在其本性上應有強制力，同時對其成員認其人的(即自己對自己得為立法者)自由與公民的(即為參與所屬團體的立法者)平等，僅從他們自己的共同立法，不能不強制他們；在這意味上，可說國家是根據其成員互相契約而成立的。但康德的契約說，與他以前的霍布思格洛秀斯盧梭等不同，不認契約為人類發展一定階層上起的現實史的事實。康德以前的國家契約說，是說明國家之經驗的史的起原而出現的；就是說人間的原始是無法無國家的自然狀態，可是曉得生活的不便，到某一定時期互結契約組織國家而服從了集合意志。但在康德，契約不是時間成就的事，是超時間的理念，是關於政治的「統整的理念」(regulative idea)。康德不認自然狀態與國家契約或國家狀態，立於時間的繼起之關係上，國家契約是常在自然狀態中不能的「理念。」因此我們就能曉得國家於若何程度上適合擁護其臣民自由的本分。理性要求國家，唯作為確保人民自由的機關；因而國家的本分，不外擁護其人民的自由自律，違背這本義的國家行動，雖任何作爲都是惡。康德所謂國家根據契約成立的意味，是說國家的正義之標準，若假定國家事實上根據契約成立，認爲恐怕不能決定的事，決不要決定；換言之，決定國家正當法律的規準，是立法者對人民決不要決定全人民對他們自身不決定的事。康德的契約說，不是國家經驗的成立之說明，是對於國家職分的規範。

（g）國家成立的目的在脫出自然的戰爭狀態

照這樣，依康德的說法：（一）國家根據實踐理性的要求，以防止調停人間的恣意之衝突與乖離，而擁護人格的自由與品位爲目的而存在的；（二）因而其政治就不能不認其根據契約而存立；（三）在無國家狀態中，法不帶强制力，所以任何時也不能保護人與他人的衝突。因而雖不像霍布思說的常在不斷的戰爭狀態，却也在不斷感着戰爭威脅的狀態，所以對於不斷的戰爭不能稍怠其注意。在這意義上，無國家狀態轉瞬就可說是戰爭狀態。因而在語言上，似和霍布思的說明相同，可說國家成立的目的，在脫出這自然的戰爭狀態。但是照這樣成立的國家互相的關係，今日仍在自然狀態——無法狀態，也就是在上述意義的戰爭狀態。那麽，個人間的戰爭，雖在道德是惡，而國際戰爭却不是嗎？康德則斷然的答以不然。何以言之，國家若是自律的根據目的自體的多數人格之共同立法而成立的自主的存在者，那麽國家自身又對其他國家不能不是目的自體。在這意義上，國家儼然是道德的人格。於是「對其他國家」或「在這意義上」的限制語句是必要的。爲什麽？因爲康德在其國家論中，尙未脫去十八世紀的個人主義。在嚴密的意義上，依康德所謂目的自體只是人格，國家是爲確保或擁護這人格的本領，作爲機關或方便而存立的。在康德尙不似黑格兒的樣子，猶未明確的表現民族精神的概念或國家有超個人的意義之思想。國家必須是目的自體的理由，不外是根據目的自體的多數人格之共同立法而已。

（h）國際戰爭也是罪惡

不依自身參與立法的法，而依戰爭決定國家間要求的正邪時，結果交戰國的一方面，受暴力的壓迫不得不枉其意志，被他方面不認爲目的自體，只被認爲手段。照這樣，國際戰爭也與個人間的戰爭一樣，不能不認爲違背實踐理性的要求。依康德的主張，戰爭不論其爲個人的或國際的，都是道德上的惡，其理由是在毀損自由而破壞人格的品位，不在與人類福祉相背馳的觀點上。在這點，可說康德和平主義的基礎，全在其非幸福主義的倫理說上，與一般功利主義或博愛主義的和平論，全然異其理論的基礎；但他自已却再三的辯解這事。

本節主要是依據Ester Teil: Metaphysische Anfangsgrunde der Rechtslehre(2 Aulf.S. 299-242, 305-308, 343-355)。其他依據 Ueber den Gemeinspruch: Das meg in der Theorie richtig sein, taugt aber nicht für die praxis (1793)中的：

Verhältnis der Theoris zur praxis im Staatrecht;

Kritik der reinen Vernunft (2 Aulf. S. 373);

Kritik der urteilskraft. (Aulf. S. 294. Anmerkung)地方也很多。

（i）永遠的和平在若何的制約下纔可能

前邊已說明了康德的法及國家的概念，以及他以永遠的和平爲道德的要求之理由。其次可考查永遠的和平，在若何的制約下方可能？應當以若何的形式纔能實現？主要論述這事的，是爲永遠的和平一書。在這著述中，康德所謂「哲學的計畫」是擬普通和平條約而作成的，其主要部分是由六個「豫備條項」(Preliminalartikel)三個「確定條項」(Definitivartikel)及兩個「附說」（其中一個題爲祕密條項）構成的。對這並附加了關於政治與道德關係的一般的考察兩節，以禁止使永遠的和平不可能的事件爲目的者是豫備條項，示明積極的實現永遠和平之形式者是確定條項。又可說前者是示明永遠的和平之消極的制約，而後者是示明其積極的制約。「豫備條項」及「確定條項」如下：

豫備條項

（一）祕密保留對於將來戰爭的材料而造成的一切和平應無效。

（二）獨立的國家不問其大小，不得依繼承交換買賣或贈與而爲其他國家的所得。

（三）常備軍按時可以全廢。

（四）關係國家對外的紛爭，任何國債都不准借。

（五）任何國家，不得以暴力干涉其他國家的憲法或政府。

（六）雖戰爭中任何國家，也不得行使對將來和平互相陷於不能信賴的行動，如使暗殺者或毒殺者，違反降服條約，鼓動敵國內的謀叛等行動。

確定條項

（一）各國家的憲法，必須爲共和的(republikanisch)

（二）國際法須在自由國家的聯合(Federalismus freier Staaten)上安置基礎。

（三）世界公民法(Weltbürgerrecht)應由普遍的善遇(allgemeine Hospitalität oder Wistbarkeit)之制約受限制。

現在把這各條項，和以前撮要聖比耶提案的內容相對照，聖比耶的第一及第五兩條，在康德「確定條項」的第二項中表現着；可是由康德提出的「豫備條項」第一第四及第六等項，「確定條項」第一及第三等項，在聖比耶的提案中並沒有。只就提案的條項看來，大體上康德與聖比耶的關係是這樣的。

（j）豫備條項

先從「爲永遠的和平」之順序，研究豫備條項。這些條項，爲什麼是永遠的和平之消極的制約所必要呢？又是怎樣組織的引導出來的？

康德明白的解答了第一問題，對第二問題却不然。他沒有組織的導出這些條項，至少這事在他的著書中沒有說明。他像只表現在向來的和平論中，或他自己偶然想起的事項，毫無次序的列舉出而已。他尊重組織的傾向，曾受了衒學的誹謗，而他對這問題奇怪的却沒有表現什麼組織。谷諾費歇(Fischer)綜合康德各條項下的論述，把康德列舉的條項使組織化，依其次的方法而使之論理的展布開(geschichte der neueren Philosophie.

5. Aulf. Band V. S. 165 ff.）。馴致國際戰爭攪亂和平者，是國民互相的憎惡嫉視恐怖，一言以蔽之，是敵意（Hostiltät）的感情，欲導來永遠的和平，有詮索必然的刺激或醞釀這感情的一切可能的原因而排除之的必要；爲全無遺漏的尋求這些原因，要考慮國家間成立的一切可能的關係，且須就各個關係加以考查。國家間可能的關係，（一）是否在自然的即一時的（非永遠的）和平狀態?（二）是否在互相交戰?或（三）在講和?大體上決不能出這三種。他認康德的豫備條項，是就這些各個可能的關係，考查可刺激或醞釀國家間敵意的結果。我也認這大體上是未傷康德的眞意而組織了其思想的。可是就各個的點上看來，却常有不適合這形式的事。康德自己在認這些條項的理由中，不單說禁止事項，其結果是刺激國家的敵意，且說這事項本身包含着違背道德或法的事。康德在其應當禁止某事的理由中，認其事給與我們傾向性（Neigung）以不滿而刺激敵意的感情，同時其事自身是反悖實踐理性的法則，而且認這兩者相並立有時且相結合的。但費歇的組織化，大體上可說未謬解康德的思想而且極其巧妙，所以下邊從其見解再加以敘述吧。

就前舉的國家間三個可能的關係順其次序考查時，我們論理的可展開豫備條項如下：

關於第一可能的關係時，要求由第二至第五的四個豫備條項。國家互相的關係在自然的和平的狀態時，互相中間必然的刺激或醞釀敵意的事項，是毀損或侵害一國家政治的獨立。但毀損國家的政治獨立也有兩樣，就是（一）一國家對他國家的權利加事實的侵害，與（二）一國家在使他國家感覺威脅的狀態。

事實的侵害又有兩種：第一，比如只依君主專斷的意志，或根據其親族關係的傳統的理由等，一國家反背其國民意志而被他國家合併的事。假若認國家政治的權利依存於私法契約，那麼這是正當的事而不是侵害，可是國家決不是君主的私有財產，是根據成員的共同立法而成立的自律的存在者，不是物件（Sache）儼然是道德的人格，決不能依私法的契約違反其國民的意志由繼承交換買賣或贈與而合併於其他國家的（這是康德時代歐洲常起的事實。）照這樣要求了豫備條項的第二項，與前述聖比耶提案的第一條第四項幾乎完全相同。唯在此被禁止的事項，其結果不僅刺激國家間敵意的感情，而且把道德的人格之國家視爲物件，這是道德上及法律上的不正，因是不正，所以卽刻就成刺激起敵意的感情之原因，在這點表現了康德特有的論法。康德尙且主張國民的義務與其權利相同，也不是依私法的契約可左右的，例如把一國家的軍隊約以幾何代價而貸與他國，使與非敵對己國之敵而戰，就是蔑視這理由的。

事實的侵害之第二種，是一國干涉他國的內政。國家是各自自主的存在者，他國干涉其內事，是侵害這種自主權。這種干涉是乘其國有內亂時常行的事，其所據的理由，第一是說其國內政上的惡弊無秩序，與己國臣民示以「惡例」（用現在的話說來是危險思想或向己國傳播危險行動）；可是所謂「惡例」，其實依對該國家引起有害的結果，却對己國可示以殷鑑。這種理由，不過是爲文飾其不法的口實而已。不僅如此，一般的說來，一個自由人格與其他自由人格的所謂「惡例」，唯以所謂「惡例」的這理由，不能認作卽對後者將有什麼損害，卽讓一步，一國的這樣惡例，假令有與他國以惡影響時，那也不能看作就是毀損他國的權利。但一個國家因內亂的結果分裂爲二，各自爲一國家對全體要求權利的時候，其他國家決不可援助自信爲正當的一方面而干涉他方面的憲法，何以言之，因爲認前者爲正當時，就是說後者是無政府狀態，這樣的立論是可以成立的。但其內亂未能怎樣終結的中間，其國家僅煩惱於內的病患，而是努力想早一天脫離這病患以求恢復統一的一獨立國家（可以解釋以當時革命的法國爲其實例，）所以援助其分裂的一方面可說分明是侵害其國家的自律。照這樣，豫備條項第五項是必要的。這條項，也以剷除刺激國際間敵意的原因爲宗旨，若問這些原因爲什麼刺激國際間的敵意？因爲這是不法；若問爲什麼是不法？是歸結到因爲毀損道德的人格之國家的自律與品位，而且畢竟是毀損構成其國家的人民之自律與品位的原故。

其次一國家使其他國家感覺威脅的事項，主要在兩種有對外意義的國家的設施。其一是軍備，其二是國債。先就軍備看來，任何國家不能不有擁護自己政治的獨立之力量，所以有採用民兵制度或護鄉兵的必要，在一定時期對力堪兵役的國民施以軍隊的敎育及訓練。但常備軍（須要注意到康德時的常備軍非依徵兵制度，是由職業的兵士之傭兵構成的，）對外常示爲開戰而武裝的態度，對他國就成了威脅，其結果各國互相競爭兵數，平時濫費極大的國帑使國民的負擔過重，更進而馴致增大國債，結局就認較之和平寧依短時間的戰爭侵害對方國，而可減輕國民的負擔，就馴致起戰爭。不僅如此，常備軍制度畢竟是殺人或被殺的工具，依給餉而使用了人民，就是視人民爲物品而蹂躪人格品位的事（這理由不能含在刺激敵意的感情中，只在說是道德上的不正）。於是豫備條項的第三項，就不能不成立了。

國債制度，爲實業發展是極重要的事，由這點說來，是現代最有益的一種發明。比如改善道路，經營新殖民地，防備歉荒等，爲國內經濟而利用內外債是最賢明的方法，可是爲對外戰爭起國債，就成了攪亂和平的重大原因。何以言之，第一因此容易籌得戰爭用費，大使易於開戰，一方面刺激君主或一部分野心家的好戰慾（這是人性一般的弱點不能免的傾向性，）同時他方面常醞釀一種不安恐怖猜疑的念頭。不僅如此，爲戰爭起不生產的多額國債的結果使其國瀕於破產，而一國的這種狀態，實如前述是對他國重大的威脅。照這樣，我們就碰見一個循環的問題。就是戰爭需要國債，達其極導使一國破產而恐怕其破產又引起戰爭。想脫去這循環問題的唯一方法，是絕對禁止對外國戰爭的國債。因此豫備條項的第四項就不能不成立了。

以上是對國家間的關係在和平狀態時，考察其消極的制約了，其次若考察交戰狀態時，在戰爭中以平時不許用的手段，努力務與敵國加以大損害，是不待說，可是其手段也有限界。就是不能不絕對禁止卑劣破廉恥的手段，比如使暗殺者毒殺者及使用間諜，以及敎唆敵國內的謀叛等行動，都應絕對禁止。因爲這種方法，第一破壞關係國中間道德的信賴，使過度昂進憎惡輕侮的念頭，即在和平恢復後尚危及永續和平的基礎。第二這種手段在平時尚可以行，若一旦使用後，其習慣很不容易絕根，有在和平回復後尚被使用難達和平目的之憂慮。因此就要求了豫備條項的第六項。

最後就講和時加以考察，眞正和平由一切敵意的終熄而始能得到，所以和平條約必須全然掃去交戰國間的敵意，因而在條約中不能使藏伏將來戰爭的禍根。依這樣條約成立的和平，不是眞和平，只不過是休戰。照這樣，豫備條項的第一項就不能不成立。曾如前述，這一項沒包含在聖比耶提案中，可是暗示康德以這條項者在歷史上的實例，可說是與爲永遠的和平一書出版之年相同，或稍在前成立的巴塞爾(Bassel)和平條約。

照這樣，列舉了以掃盪使永遠的和平不可能的諸害惡爲目的之各條項，且被證明其必要了。其次研究確定條項。

(k)確定條項

「確定條項」是最重要的部分，其導出法也是組織的。康德把這適用於其法理哲學的三部公法，就是組織的導出了國內法(Staatsrecht)國際法(康德倣普通慣例常用 Völkerrecht 這名詞，嚴密的說來用 Staatsrecht 較切當，因爲 Volk 這名詞也能適用於自然狀態的團體，而 Staat 是唯用於其成員在有强制力的集合意志下結合的名稱，且嚴密意義的法唯在後者中間是可以成立的)及世界公民法(Weltbürgerrecht)三部。第一條項是關係國內法，第二是關係國際法，而第三是關係世界公民法。或又可說第一是以國內政治爲主題，第二以聯邦政治——更具體的說大體以歐洲政治爲主題，而第三是以世界政治爲主題的。

第一項「各國家的憲法不可不爲共和的(republikanisch)」言其實際，倘與豫備條項相同，其本身並未形造永遠和平的內容，只不過是對永遠和平的豫想，可是這是最重要的豫想。這條項如前所述，在聖比耶的提案中全然沒有。在此我們應先注意的事，是向來出現的和平論——不僅只限於聖比耶，且包含修禮威廉潘等——沒有的確說明內政與外政間密切的關係，而康德認出這事，列在確定條項的開首。

康德所謂共和的，與今日普通用的意義不同，唯嚴密的由執行權中區別了立法權，是說這權通過代議士而在一切公民手中。我們看康德的政體論時，不能依普通的慣用法而解釋他的用語。他在國家的形式上峻別了支配的形式（Form der Beherrschung, forma imperii）與施政的形式（Form der Regierung, forma regiminis）。區別國家形式的方法有兩樣，一是依有國家最高權力的人員的數目，二是依人民由施政者（不管其人員若何）統治的方法。在第一支配的形式上可有三個形式。就是一人命令國家中其他一切人的所謂獨裁政治(Oligarchie)；與有平等權力的少數者合同而命令其他一切人的所謂貴族政治（Aristokratie）；以及一切人合同而命令各人以及其自身的，所謂民主政治(Demorkrotie)等。是在第二統治的形式上可有共和政體(Republik)及專制政體（Dispotismus）兩種。

共和政體是由執行權嚴密的區別了立法權，執行者只止於執行依立法機關成立的法律，專制政體是立法權與執行權在同一人的掌握而不能分離的。依康德的見解，在專制政體上，執行常隨着依私意而行的危險，所以不能不排斥之。共和政體是唯一適當的施政形式。在共和政體上，對其成員始能認出作人的自由與作公民的和平，單根據人民自己的自由，僅從共同立法强制人民的國家的理念，纔能實現。支配的三形式中，獨裁制及貴族制，依採用代議制，不僅能成共和的，而且雖其形式是專制的，其精神却也能成共和的。所謂不以天下爲一人之天下，以天下爲天下之天下的專制政治，如腓特力大王自稱爲「國家最高的僕役，」就是這意思。但在民主制，一切人不僅是立法者，且欲爲執行者，所以形式上精神上都不能爲共和的，必然不得不爲專制的。照這樣，康德在以前限定的意義上，排斥了民主制。康德所謂共和政體，不僅與君主政體毫不矛盾，依康德的見解，立法權的所有者務必多而最高執行權的所有者務必少的政體——代議的君主政體，是最適合於結合自由與强制的法的理念，因而又最適合以確保法爲職務的國家的理念（但對這點，康德的思想稍有不明瞭處及矛盾，現在不深入的考察。）

照這樣，康德以他所謂共和政體是最適合於國家的理念，且認確保和平也在這種政體的國家中始能安固。何以言之，因爲由戰爭受悲慘的犧牲者先是人民而不是君長由戰爭納重稅爲恢復戰後荒廢狀況而不能不勞苦的也是臣民而不是治者，所以和戰的決定權在人民手中時，決沒有輕開戰端或使戰爭延長以及汲汲作無用戰備的憂慮，可是和戰若依君長或少數者的獨裁決定時，常有由些細的原因，或由君主或一部分人的名譽慾所有慾以及遊戲衝動，使起戰爭或延長戰爭，又浪費國力於無用的戰備。因此，欲求永遠的和平，關係國家須得爲共和政體，是重要的條件。

八　縮減軍備最初的實現

其他，福蘭克林(Benjamin Franklin 1706-90) 當作駐法大使時，也曾倡導常備軍廢止的意見。

以上的提案，寧可說是理想案，可是以外有依各國政府提議最初實現了軍備縮減的例。最初的縮減軍備，是七年戰役後（一七六六年）奧國宰相柯尼芝(Kaunitz) 公爵向普國腓特力大王提議減少兩國軍備四分之三，但是腓特力大王拒絕了。一七六九年奧國再試提議，仍被普國拒絕了。一七八七年英法兩國相約在常備編製以上不使增加其軍備，且限制軍艦只止於已服現役的六隻以下。這由一七八七年八月三十日在凡爾塞締結協定及同年十月二十七日的宣言實行了的。

如上所述，限制軍備或縮減軍備的問題，決不是新問題。但軍備縮減或限制，直到最近纔得了國際和平案樞要的地位。在今日依軍備限制或縮減企圖減少戰爭的可能性而欲確立國際和平、看成最容易實現的永久和平案了。國際聯盟的規約第八條設有關於軍縮的規定，這與關於其他國際紛爭的和平解決之規定同看作最主要的條項。

向來常論了軍備限制或縮減，可是多說其可能不可能或贊否的抽象論。過信軍備限制或縮減的結果之和平論者多傾於理想論，反對縮減或限制軍備的軍國主義者，又過輕視其結果。我們不能依限制或縮減軍備而信人類可沒有戰鬥性了。但是依限制武器可使人類戰鬥性鈍起來，是不能不承認的。所以縮減軍備或限制軍備時，可以認為訴諸戰爭的可能性大要減少。

第七章　保護主義思想的完成

一　獲得殖民地的競爭

和前述流行的國際和平論相對照，却矛盾的在事實上國際間的競爭，入了十八世紀又開了一新生面。向來作戰爭原因的獲得領土，只行於歐洲內部狹小的天地，可是到十八世紀，五大殖民國西班牙葡萄牙法國英國及荷蘭，都努力競爭想在海外獲得殖民地。

促進殖民的動機在近代或由民族的發展，或由過剩人口的調節，或由獲得原料品及擴張製造品的販路，或由連絡軍事的根據地等，以其一種或數種構成殖民的原因；可是在十八世紀的時候，却以掘出土地中的金銀，榨取土民的財寶爲其主要的動機。特別西葡兩國在海外殖民的目的，純粹是這樣的。西班牙始樹殖民地於美大陸時，務求於短日月中奪取金銀珠寶以外，幾乎再無目的，貿易的思想不待說沒有，何況振興產業的遠大企圖，更全未夢想到。至於葡萄牙開拓殖民地，一因葡人長於航海業，對各地產物的集散多少具有相當的見識及便宜，一由其殖民地的情勢自然而然的，比較西班牙人稍眞摯的從事了貿易。轉瞬間西葡兩國，互相侵其殖民地——特別對南美的領土競事利益的爭奪，互相排擠軋轢，其結果羅馬法皇亞歷山大六世（Alexand VI）居中調停，在大西洋上西經五六十度之間劃一直線，其東屬於葡領，其西屬於西班牙領，始告了一個段落。恰由這時，學航海及貿易於葡人的荷蘭人，來參加殖民競爭，法國也只在坎拿大不能滿足，想縱斷美大陸，收達到墨西哥灣一帶地方於其掌握。

至於英國在一四九七年依喀保特（John Cabot）的美大陸探險，占據了北美一角，約一世紀間全無所爲的過了，可是到十六世紀末葉在紐芳蘭（Newfoundland）開始試行殖民至十七世紀初於北美的維基尼阿（Virginia）馬薩諸塞（Massachusetts），始建設了若干殖民地。英國當時雖沒有什麼人口問題的困難，可是做一攫千金的夢者，在新天地求信仰的自由者，都相繼渡美，加之王室爲償還負債，或以論功行賞的意思，也有分新天地之王領地於臣下的事，因而北美東岸各地，到處點綴了英人的殖民地，特於一六六四年英國取得北美荷蘭領新尼德蘭（New Netherland 卽今紐約省）以來，東岸一帶地方幾乎全化成英人的殖民地了。更轉而再看東洋，一六一五年以後，西葡兩國在印度的勢力漸就式微，當這前後，法國的探險家代而注目印度的時候，英國率先伸手印度，一五五九年僅以三萬鎊的資本創立了東印度公司，翌年增資本到六萬八千鎊，新購船舶數隻，伊利薩白女皇特許其一手獨占的經營印度貿易，於是大在印度活躍起來，遂與一六〇四年創立的法國東印度公司，開始了激烈的競爭，以後的殖民戰，可說生於西葡兩國在美大陸的競爭，而成長於英法兩國在印度角逐的期間吧。

法國路易十四世將通商殖民，半蹈襲了西班牙人的殖民政策，半用了柯伯爾（J. B. Colbert）的建議，採了新機軸的商國主義。柯伯爾採取極端經濟上的保護政策，如英荷兩國，對東印度及非洲各設殖民公司，其中先使經略北美地方，以現今聖羅棱斯（Saint Lawrence）河流域為基礎，取五大湖地方及密士西比(Mississippi)河畔地方，稱為新法蘭西及路易斯安那（Louisiana）。今日繁盛的美國都市如聖路易斯（Saint Louis）新奧爾良(New Orleans)等，都是法國人經營成的遺跡。

照這樣，法國起了重商主義，其主要的組織，多發於柯伯爾獨特的政策，世人稱之為柯伯爾主義（Colbertism)。路易十四世時財政，依之一時成了功。可是終歸失敗的原因，一方面依他數次反覆了大戰爭的損費，其重要的原因，仍由這柯伯爾主義是極端保護政策，過度干涉，而國民不能追隨的結果。英國與法正相反，海外殖民較之君主及政府，寧是作了國民全體的事業而發展了的。在十七世紀政治的革命時代，清教徒為求政治的自由，大規模的始經營了美國殖民。這事業早幾乎成舉國一致的事業，熱心而經營之，遂壓倒法人而奪其殖民地，建設了今日的坎拿大及北美合衆國。要言之，英國以自治政策爲殖民地經營的根本方針，保持母國與子國的關係，在親密的觀點上是漸收大成功，可是殖民地漸次强大以後，如北美合衆國起了獨立運動，卽不然，在商工業的競爭上，使母國也是受了威脅。

二　保護主義的思想

近代國家在對於封建國家的意義上，是與古代及中世紀世界的國家不同，農業的封建國家與商業的都市國家，是在唯一主權下統合起來的所謂「統一國家」的意義。

近代國民的完成，經了三個階層。第一是國民的權力由羅馬正教會獨立起來，第二是在君主的玉座前集中國民的統一權，第三是對君權集中的反動而勃發了民權運動。當第一國民的獨立運動時，國民採用的政治思想，是君權神授說，到第二國民的統一運動時，其主張是「社會一般的福祉」，爲社會全體的福祉，而抑壓犧牲個人的自由是毫無顧慮的。因而到第三的民權運動，個人自由解放的要求與民族意識的發達，成了主要思潮。關於君權神授說，在拙著國際思想發達史中詳述過，保護主義的政治思想，是隨着這第二國家統一運動起的。

所謂保護主義，會如上述，不以個人的幸福與自由爲主，專以社會或國家全體的福祉作標準，因此國家的活動是統一集權的，保護主義就成了國家政治政策上的主義或原理了。

因而爲社會全體的福祉，蔑視或蹂躪個人的自由，認爲無關緊要。然而什麼是社會全體的福祉？對這事却沒有一定嚴格的觀念也不是依社會全體的合議來決定的。但是在大體上能作國家對外的意義，就認爲國家伸張國際的勢力結局就似乎是社會的福祉。因而其政策是國家至上主義，就不得不陷於國家的利己主義。

但這也是爲完成統一的國民，是必要的方針。

因而這主義就很包含了矛盾的思想，在內政政策上，取了極端的集權主義，而在外交政策上取了利己主義。然而認外交關係是所謂「自然狀態，」所以在內政外交中間，起了這樣的差異，原是不得已的事。

在這種意義上，回顧「保護主義」政治思想的發展，就不得不溯諸文藝復興的政治思想。就是馬基雅弗利最明白的解釋了外交政策上利己的「國家權謀術數論，」波汀(Jean Bodin)在內政政策上表現統一的集權主義之思想，謨耳(Thomas More) 在其烏托邦文學中，主張了以「社會全體的福祉」爲經濟政策的標準之保護主義政策。

此處想說的保護主義的政治思想，第一是說「社會全體福祉」的觀念，而第二是運用了國民統一運動的實際政策。在這種意義上，馬基雅弗利及波汀倘雖認爲建築了這思想的基礎。「烏托邦」文學不過是一種諷刺文學，也難認作實際政策。

依此意由這些「烏托邦」文學發達起，到盧梭以後越發盛行了的社會思想的系統，也不能不除外。因爲烏托邦文學也好，其後的社會思想也好，雖都有集權主義的傾向，可是這些決不是辯護國民統一的勢力，寧是根據了「人類解放運動」的人道思想。此處欲述的保護主義之思想，與這正相反，是國家主義，決不是有什麼人道主義的思想。

依這意義的「保護主義」之政治思想，就形成法國路易十四的時代重商主義的政策，也就得了鞏固的基礎。我們由此看見經濟政策上保護主義最發達的事。這政策依英國的克林威爾與普魯士的腓特力威廉一世採用了的結果，都使國民的經濟隆昌起來。

這思想決不只是經濟政策上的原理，在國家論上也表現了一個顯著的傾向。在德國由萊布尼茲（Leibnitz)烏爾夫（Christian Wolff）及嘉斯體（Justi）等祖述了「警察的國家觀」（Polizeistaat），代表了保護主義的思潮，以「社會全體的福祉」(Public interest, Gemeinwohl)作其國家論的基礎。在德國依「官房學」(Cameralia)的科學的研究，特別這思想發達到經濟財政的方面去，可是到了腓特力二世(Friedrich II)「的政治聖典」(Politische Testament)出世後，可說保護主義的政治思想是完成了。又在意大利，拜喀利亞的刑法論(Cesare Becaaria, Dei Delitti elle Pene, On Crime and Punishment, 1764)中，也發展了這種思想。

其次我們先概觀法國重商主義的政治思想，再研究德國「官房學」的政治思想吧。

三　法國的重商主義(Mercantilism)

黎塞留的政治思想

法國王顯理四世軍事政治的才能，很能抑制羅馬教會，掣肘神聖羅馬皇帝，鞏固了法國國民的基礎。黎塞留在路易十三世下蹈襲同樣政策，增進了國家的安固與繁榮。但他的武斷政策，壓制國民自由而助長了反動的勢力。

黎塞留（Armand Jean du Plessis de Richelieu 1585-1642）於一六〇六年以來，在顯理四世下作了僧正，一六一六年後在路易十四世下充國務大臣，到一六二四年任爲宰相，努力鞏固了法蘭西王國的基礎。

他政治上的方針，爲發揚法國的王權，在國內主張王權的專制，對外在幫助新興的勃蘭登堡（Brandenburg）侯國（以後的普魯士王國，）抵禦神聖羅馬皇帝，對內在壓抑舊教，計畫懾服封建諸侯。前者依拉洛歇萊（La Rochelle）戰爭而打破其勢力，更使承認一時失效的「南特勅令」（Edict of Nantes）的效力，就把新教徒引到自己勢力圈內了。對於後者依一六二六年的勅令，關於防衛外敵且度外視之，嚴命諸侯都破壞撤去其城砦，努力實行了中央集權。又關於宗教，爲對羅馬法皇助勃蘭登堡侯國及法國新教徒，更助主張限制法皇權的加利堪派（Gallicanisme）敎徒以抵制法皇。

黎塞留的著書，今日傳述者甚多，但多不是他自己執筆，是使別人記錄下的。所以雖說是他的著作，却甚可疑，可是政治思想史上必要的兩種著作，一般都認爲大概是確實的。其一是黎塞留的政治聖典（Testament Politique d'Armand du Plessis Cardinal de Richelieu, Amsterdam 1687），其二是國家原理（Etude sur les Maximes d, Etat et les fragments Politiques ine'dits du Cardinal de Richelieu, Journal des Savants. 1879）。

這些著書中表現黎塞留的政治思想如次：

他和馬基雅弗利一樣，不承認政治技術上的原則，他說君主依據書本上讀得的政治知識而行政治，是再危險不過的事，因爲歷史時常變化，所謂原則，因時因地因人都各不同，不能一概論斷。

因而他說國家最必要的是「偉大君主與政治的隆盛」，所以求「君主的好名譽好軍隊及豐足財產」(une bonne réputation, une bonne Armée, de serieux revenus) 是必要的。因此他的政治思想，又陷到一種功利主義了。就是說君主及宰相，都須向「國家利益」(intérêts de l'Etat) 或「公共福利」(intérêts publics) 而努力，爲達成這目的，要離開一切私意以純眞的態度從事，爲國家一切政務，須鞠躬盡瘁死而後已。

這思想到以後，普國的腓特力大王也說了，古代希臘的芝諾芬（Xenophon）已對斯巴達王亞偈西勞 (Agesilaus) 也說過，不外是開明的專制主義，主張善政的政治思想而已。但在黎塞留特說了「福利」的觀念，其中潛伏着他的重商主義思想。邁乃克說黎塞留的思想是把「公共福利」(Öffentliches Interesse) 當作「理性的女神」(Gottin Vernunft)安置在君主玉座上的，可謂適當的批評。這觀念是黎塞留的思想及政治上根本的指導原理，所以黎塞留說不可混同「公共福利」與「特殊利益」，認君權是絕對而無限的。因而他雖求否定宗教上精神的權力之獨立，可是不許依此侵害國家權力，所以也不承認服從法皇的專。並且對一般會議 (Etats Généraux)，他說這只是「計畫國家權力安定的錘」(Contre-poids)，認這是代表人民對抗君主的機關。不僅如此，他且排斥這種思想，認爲足以危害國家的統一，他主張君主權絕對無限，是爲國家最善的事。

而且他說：「對君主其所以盡自己職務者……是使人民守其本分，對各國增高君主的名譽，」他竟能如所言，增高了法國國威，鞏固了路易十四世時代法國的基礎，可是他自己也住於盧森堡宮殿內，當他作大臣時僅有二萬五千法國幣的財產，而他死時却與遺族留了三千萬法國幣的遺產，這也是他爲自己增高了的福利。

黎塞留「國家利益」的思想，依他的承繼者洛安(Duc Henri de Rohan)更明白表現了重商主義的傾向。洛安在其著作的開首就說「君主統御人民而利益統御君主」（Die Fürsten Kommandieren den Völkern und das Interesse Kommandiert den Fürsten），「君主可以欺瞞，君主的會議也可以腐敗，可是利益決不可錯誤。根據利益就可以了解或善或惡，國家也依利益可分或存或亡。」

黎塞留死後依其遺囑就宰相之職者是馬查林（Cardinal Mazarin），輔佐少年路易十四世，伸張了法國的國威。他的政策也是蹈襲了黎塞留的遺策，可是不像黎塞留那樣武斷，以圓滑的才能十分抑壓了封建諸侯(Frondes）的反抗。不過他用的外交政策，依然是根據國家術數論。

馬查林死後，路易十四世躬裁政治，拔擢柯伯爾（Jean Baptiste Colbert 1619-1683）委以財政。柯伯爾是商人的兒子，幼時學於羅馬正教派設的學校，成長後曾從事過商業上的實務。馬查林生存中，由一六五五年以來給他以政務上監督的地位，馬氏死後，承乏福蒯(Fouquet)而掌理國家的財政。他爲君主與國家，和地方勢力奮鬥，努力完成了中央集權。柯伯爾爲實現中央集權而取的策略，在劃一的規則下整理各部，諸侯中有的被廢止，有的被限制其權力，努力完備了中央國家的警察制度。又對司法權也作統一的組織，制定民事刑事法規，改革財政制度，更實行了經濟上的保護政策。他成就的改革事業中最重要者，不待說是經濟政策。他的經濟政策的方針，是國民經濟上的中央集權，於是先統一了貨幣及度量衡制度，更改修了道路河川港灣以計畫交通的便利，布關稅制度對一切產業行了國家的統制。因此，法國的工業勃興，國家的歲入每年由一億一千萬增高到一億一千二百萬。

這政策名之曰重商主義（Mercantilisme, Mercantile System），其特徵可約為其次四點：

一　尊重貴金屬；

二　較之國內商業，重視外國貿易與原料生產工業；

三　為國家強大而獎勵增殖人口；

四　為實行以上的方針，主張國家極度干涉。

柯伯爾的著述，流傳於今日仍最有名的，是柯伯爾政治聖典（Testament Politique de Jean Baptiste Colbert, deer Haag; 1693）。在這書中，他說君主應當字撫其人民，較之「以威服人」不若「以德服人」，主張了善政主義；在其別的書中，說國家的立法權，「僅存於君主的人格中，習慣法非經君主的承認，不得生效力」，唯君主纔是公正的司法官，法不過是其命令而已。所以個人無自由與權利，應絕對的服從君主。特關於納稅的義務，主張是根據君主的權利，君主應常注意這事，依其全權力，對給與「國民生活的安易（La facilité de viver）及租稅的繳納，不可不時常留心。」與柯伯爾同時擔任路易十四時代的軍政者為路勿阿（Marquis de Louvois 1641-1691），他的父親爲軍務大臣，他是繼其父而掌這政務的。

柯伯爾死後，他並擔任了教育行政，文武兩權都在他的支配下，也可說是這時代的特徵。

由一六六八年到一六七二年間，財政有柯伯爾，外交有梁奶（Lionne），軍政有路勿阿，都是名相。

四　德國的官房學派

在德國重商主義的保護政策之思想，是以「官房」（Cameralia）爲中心而發展的。「官房」的特質是在國家公的財政與君主私的經濟中間不立區別，君主私的「官房，」同時就是國家公的「官房。」在法國也如上述，君主私的財務官與國家公的財政大臣沒有區別，與德國具有相同的傾向。特在德國，於君主側近聘用學者，使研究國家必要的技術，以政治經濟司法等爲討論的問題，因而以官房爲中心的御用學發達了，就成立了官房學派的一派。

這派由十六世紀末葉已大盛起來，政治思想上這學派的代表者，是塞坎道夫（Veit Ludwig Seckendorf 1626-1692）。

塞坎道夫的著作，知名的是德國君主國家（Der Deutsche Fursten staat. 1655）與其約要的基督教國家（Der Christen Staat, Leipzig. 1686）。這書中表現的他的政治思想，尚是根據神意說代表着德國路德派神學思想的政治思想，但是其內容與前述的君權神授說却不相同。

塞坎道夫對國家的統制述之如次。他說：「君主的主權，是神權的代理，君主根據神法應執行其政務。因而君主對神負有責任，就不能不促進被治者一般人民的福祉（Wohlfahrt）」而他以爲自然法是由法的理性發出的，依人的良心可以解得，可是因人類精神的墮落，所以生出自然法與現實法中間的差異，因而在現實法中有規定不正的事故。愈接近自然法的現實法，愈有正常的內容。結局是說自然法是神法，所以愈近自然法，就是順從神意了。

這是塞坎道夫的政治思想，根據他這種思想，他主張增殖人口與保護貿易，並主張了經濟上的保護政策。

其次霍尼基（Hörnigk）曾著有國家自給自足的法則（Rules for making a nation self-sufficient, 1684）一書，闡明了官房學派的重商主義政策。霍尼基說：「國家的強盛，不能不說依賴充實金銀與供給生活以必要便宜的物資，而且這些務須由國內的資源獲求，對其正當的使用及適用，尤須注意週到。」他的經濟政策的骨幹，在其次列舉的綱要中表現出的。

一　充分研究關於地上地下的東西，怎樣能對國家最有用；特別關於金銀，有不惜費用及勞力而研究的必要。

二　一切國內用的財貨及須精製的原料品，務須在國內工加製造。

三　爲行上述的原則，人民不能不提出應精製的原料品，國家監督人民無用的貯藏，更獎勵其發達，有必要時，更須由外國聘技術家，使教其研磨技術。

四　金銀一旦流到國內以後，務須極力防止其復流出，可是決不死藏，應當不斷的使其流通；又不可投資於不利益的事業。

五　國民須用國產品，特別務必注意輸出其剩餘。

六　萬一有輸入必要的時候，其代價不以金銀支付，須以國產品償還。

七　輸入原料品使在國內加工。

八　一切實業應注意輸出剩餘精製品以換得金銀，爲這目的，應在地球任何處伸張貿易的販路。

九　國內有餘剩的物資，縱令較之國產品能廉價購求，也不能許其由外國輸入。

霍尼基想照這樣樹立自給自足的經濟組織，並且這思想更發展而成了行政上的議論。重要的就是完備警察組織。在法國這事現於柯伯爾的改革上，他以爲抑壓諸侯封建的武力與維持民族國家的統一，對外是確立了國民軍（National Army），而對內是完備了司法警察組織。官房學派的警察學先由達理思（Joachim Georg Daries）著的官房學派科學的第一原理一書構成了。依他的思想，充君主的人物是國家的主權者，而且爲國家歲入的所得者。所以「君主的收入是國家的富，同時也是人民的富」。但他說爲得這收入決不可脅迫人民的生活，因爲君主個人的裕福與人民的裕福，具着不可分離的關係。達理思分官房學派的科學爲四類：第一是農業或地方經濟；第二是工業或都市經濟；第三是警察學（Polizei），所謂警察學，是人口教育救貧獎勵實業等，換言之，就是計畫增殖人民所得的政策；第四是宮中經濟，這雖是君主私的經濟，可是作了官房學派研究的中心問題。關於警察學，達理思明白區別宗教及法律的研究與富的研究。但雖是宗教及法律，若關係救貧問題與增殖富時，那就是警察學，可是警察學決不與倫理道德相矛盾，這是說增殖國富的方策，怎樣受倫理的允許或指導的問題。所以說人類本來根據理性可以自由行動，可是警察政策是限制人民這自由的。因而警察的目的，由其次兩句話可說盡的，就是「正規的警察結果生出善良而富裕的臣民，善良而富裕的臣民，纔成就富而有力的君主（A regular police makes good and consequently rich subjects, good and rich subjects makes rich and powerful princes）。」德國保護主義的政治思想，遂樹立了警察學，可是這新科學，又構成國家論上「警察國家觀」（Polizeistaat）的思想。官房學派的學者中，與祖述這種國家觀有關係的人，是嘉斯體，而對嘉斯體的思想與以基礎的思想家，是萊布尼茲與烏爾夫兩個人。但是運用這思想學說於實際政治上的人，却是腓特力二世（大王）。

五　腓特力大王的政治思想

勃蘭登堡侯腓特力三世，以一七一三年烏特勒希條約的結果，成了普魯士王腓特力一世了，由此成立了普魯士王國。其後腓特力威廉一世與腓特力二世等名君繼出，普魯士的國威愈形發展，近世民族國家的基礎就成立了。

腓特力二世（Friedrich II., der grosse, b. 1712., r. 1740-1786），與盧梭同年生，當其即普魯士王位時，烏爾夫已六十一歲了。他受了福祿特爾的教育，修養成一個啓蒙的君主，他少年最初的著述，是反馬基雅弗利論（Antimachiaveli），當他即位之年，在哈革（Haag）福祿特爾經手出版了。他重要的著述，倣照重商主義者出版有稱爲「政治聖典」(Das Politische Testament)的兩種著述，也是根據重商主義的思想。一個是「一七五二年政治聖典」一個是「一七六八年政治聖典，」其構想內容也都同樣的一貫，而且兩種都是用法蘭西語寫了的。

腓特力二世的政治思想，是啓蒙的專制主義。他說：「馬基雅弗利以爲介在利己的各强國中，沒有利己的强力者就要滅亡(君主論第十五章。)雖很覺得遺憾，我却也不能不同意。君主在必要時須得有利己性，但這利己性既須妥當，尤須依理性指導。若統治者達不到膨脹國家的希望時，至少須要保持他的力量。因爲他對攻擊的行動，當其不得已時，常爲防衞國家，不得不備其所必要的手段。因此就有了國家膨脹的兩種手段，若不是繼承國富，一定就是占領。」

腓特力二世不承認馬基雅弗利的威嚇與詐欺，但他依然是主張了「實利主義」(Realpolitik)，惟他的思想與「馬基雅弗利主義」不同的點，是在重商主義的思想。他在「君主是否應當親政」的一節中，述之如次：

「善治的國政，恰如哲學的體系，當然有堅固整飭的組織，一切方策都須充分籌思，財政軍制內政都須有統一的目的，特別要向國家的强大及其勢力的發展而努力。一個組織只應由一個頭腦生出，就是由統治者頭腦生出的。怠惰遊樂及愚鈍三者，是使君主抛棄其貴重的職務，爲國民幸福的障礙，這種君主是應當排斥的，是值得受時代的嘲笑及惡評，是由歷史應當抹殺的，是沒有登玉座的價值，可認爲僅愛其自己而已。君主對其義務怠慢時，值得在國民前處罰；這樣統治者不應當捧之使占其尊貴的地位，決不可委以最高權力。他是依人民的血汗自肥其腹，自求享樂的柔弱者，是使全體人民挨餓的（Der Herrscher ist der erste Diener des Staates）。君主不能不注意其尊貴有價值的地位，爲國家的福祉不可不努力作有效的活動，至少要注意指揮其主要事務。」腓特力關於政治述之如次：

「政治是技術。就是政治根據有統一的手段，常努力求自己利益的技術。所以爲先知道何爲利益，要有研究博學及勤勉的努力。統治者的政治分爲二部：第一是內政，包含國家利益與政治組織維持的問題；第二是關於歐洲全體政治的問題，包含爲研究歐洲政治的目的，保障國家的安全及增高君主的權力及威光，若何而後，又於若何程度，始可以占領。」

所以腓特力二世最注意的，是財政（Finanzen）內政政策（Politik）及軍制（Heerwesen）。他認國力的基礎，「不存於國內的力量上，只在對實業的勤勉」，又說「最一般的最正當的第一根本原理存於國家眞正的力量，也就是存於人口衆多的基點上。」這是他重商主義的思想，其次就財政的根本原理，更寫了其次多條。

一　不能不由鄰國購入的物資，務必只在國內夠適用就可，若如此，金貨就可留於國內。

二　務必輸出國產品於鄰國，如波蘭俄國瑞典丹麥等，因此就對我國內的實業，能得依自由意思支付的納稅者。

三　誘導鄰國人民於我國內，使由其本國送生活費於我國。

四　獎勵國產品而輸出之，逐年可增殖國富。

五、設法使人口增加，得新臣民，臣民是君主眞實的富。

六　依新勞動者的消費，增高間接稅的收入，但這並不是主要的事。

腓特力二世的經濟政策，以增殖人口爲根據，其手段「第一在開拓適於耕種的農作地，以之獎勵殖民，第二是獎勵製造業，」主張務必使國民充裕財產所得，且說海外殖民也很必要。

其次他主張警察行政中，除過維持公共治安以外，包含道路，橋梁，郵傳，公定價格，限制利息，取締旅宿遊興場酒飯館等之全社會生活，都應依法規規定。關於刑罰與倫理問題同樣看待，關於宗教說這「在形而上的信念問題的範圍，國家不加干涉。只要各個國民是善良而恭順的公民就好了。」這是他對羅馬教會反國家的態度加以警告。

第二編　近代國際思想的發達

第一章　自由主義的發達

一　近代自由主義的淵源

近代入了十七世紀，纔形成了近代思想的特質，以「啓蒙主義」「合理主義」等稱呼，專賴人類理智的能力，從悟性的規律想構成有秩序法則的世界，是這時代之特徵。這時代完全脫離中世神學的人生觀及世界觀，是由文藝復興喚起了人類智見最高原理必然的要求。文藝復興時代，尙含着過渡時代的意義，是近代的思惟內容，尙與古形式的各要素相結合而作用了的，可是由十七世紀到十八世紀，近代的精神，始脫離了古要素而獲得近代明瞭的形式。關於「自然」與「人間」兩個時期，各有偏重的觀察法，就是說明這種推移的過程。在文藝復興時代，自然的世界，尙被認爲生命充溢心靈歸宿的莊嚴無邊的神殿，通遍自然想在自然裏看見神。當代有許多偉大的藝術思想家，其中布魯諾（Giordano Bruno 1548-1600）的自然哲學，大概可看作當時最雄大的思想吧。這些思想，實際不外復興了古代斯多噶派（Stoic）汎神論的世界觀之形式，可是在其基督教情操的點上，又是繼續了中世的精神，又在包藏生生創造精神的點上，都作了向近代的渡橋。其次在文藝復興時代高倡的「人們」，是有卓越精神偉大欲求能十分充滿生活的人，不只是單純的個人，寧是傑出的大個人。若就宗教的或道德的說來，像布魯諾的說法，是僅依苦難爭鬬而得最高善的人格的勇者，又像他自己實行的樣子，在迫害與苦死之中，尚是欽敬神信眞理的殉教者的典型。若在外的現實世界時，感覺世界中偉大的工作，也表現為超羣絕倫的英雄事業。人們成業的國家，已不只歸屬教會而信奉不可見的世界，是在現實世界，自身負了廣大獨立任務而興起的國家強力的價值，替代了中世教會的權威，君主「較之被愛慕，寧是被恐怖」的巨人而降臨的。馬基雅弗利的君主論，述了這種英雄君主及權力的功業，正是這時代典型的政治教科書。布魯諾的人格觀，有基督教的風格，一面與古代希臘斯多噶哲學示教的王者道德有相通的地方，馬基雅弗利的君主論與古代羅馬強大帝王保持着密切的關涉，却還是新時代創造的技術的作品，稍微沈潛些研究思想史的人，都容易看得出。這是文藝復興對中世人生觀的意義，同時又涵育了新人生觀的萌芽。

這種過渡思想，雖其內容的意義很重大，却不能長久繼續，其中包含蘊藏的新精神，當然要達到自己發展的必然的歸結。「自然」的世界，已經不能思惟為神祕的世界，却觀察為由無數微小原子構成的一大機構。照這樣觀察自然，是近世啓蒙的合理主義一大收穫，自然科學的發達與近代文明生活的進步，都是這樣觀察的成果。但是他們以自然科學的方法解釋人們，想人不是人格的個性而是原子的「一個」。人們把自己鑲鉗在自然的大機構裏，尚且主張自己支配萬有，想依自然科學的法則攫住一切的事象。我們對這事可引霍布思的例；依霍布思的見解，世界不過是物體與其多種運動而已。萬物都是由物理必然的因果生起的。他不僅只認自然世界是如此，並且推而擴充到人間及其經營的一切事業，以機械的自然論爲唯一的學問知識，在這點，他正是樹立合理主義哲學體系最初的人。把「人們」置於純然物理的機械的必然之法則下，說明靈魂畢竟不外物質，良心也只是身體某部分的運動。各個人都是依自己保存的衝動而活動之自然的個體，互相中間沒有什麼價值的差別。於自然均是平等，各人爲保存自己，都有能爲萬事的「自然權」(Jus naturale)。認個人依取得個人的平等與自由，可由馬基雅弗利式的君主強力得解放，同時認人們機械化，成了平均的個人，已經也認不出像布魯諾那樣情熱與崇高了。人們互相中間沒有內心的什麼關聯，人生只各爲自己生存，直到死不過是一場鬥爭的戰場。因此，爲造出人類外面關係的制度與結合的必要上，纔構想出他的「政治社會論」，是世人周知的事實。他這種構想，是依「自然法」(Lex naturalis)的觀念——凡人類作同一事，須放棄各人的自然權，遵守在共同權力下結合的契約——而發生的。但他計畫出的國家，表現成一個龐大自然的「怪物」(Leviathan)。這怪物爲「地上的神」(Mortal God)，範律道德，規定宗教，以絕大權力干涉個人內心生活，雖由個人主義出發，倘想建築文藝復興的國家絕對主義之形而上學的基礎。但他這種雄大的構想，同時仍不失爲一個反說(Paradox)。

解說霍布思這種反說，鞏固個人的位置，試在個人上建造新國家社會者，爲有名的哲學者洛克。洛克反對霍布思主張的世界，並反對以形而上學的思辨解決實在問題；他是由檢察人們悟性，及因果法則若何，知識如何成立等問題而出發的。但他欲達到的目標，在了解人們個人生活與其社會共同生活，及闡明道德宗教及政治的根本原理。就現實而論人們及社會，正可謂劃出啓蒙思想的一個轉機，從此替代了思辨的形而上學的問題，把人的悟性，更由經驗的實際的社會生活問題加以批評，顯出所謂狹義的啓蒙思潮。避開像霍布思形而上學的構成，而稱爲洛克的經驗哲學那東西實際也是霍布思合理主義哲學的發展，其根本是自然的機械觀，其人生觀中也可看出潛伏着要求離開感性的傾向而獨立之理性的要素，尙與霍布思觀察的人們並沒有本質的差異，認人們是以快樂與苦痛爲標準而行爲之心理的經驗的存在者。但洛克描出的人間自然狀態，不是霍布思那樣鬥爭狀態，是和平的狀態。所以沒有放棄自然的自由平等而創設政治生活的必要，國家只爲保障各人這自然的權利，同樣依自然法能容認的個人中間自由的結合。霍布思雖認國家是人們全部的結合，而洛克認是小限度的自由的結合，因而主張道德在共同生活範圍外，專滲入人們的內心，人依其悟性，也能論證神的存在。

因此個人在自己本身內有人們的本質，在道德宗教及政治的一切領域中，表現爲想脫離歷史與社會權威而得自由之啓蒙的自由人。洛克果於若何程度能使世人透澈這主張，是另一問題，而他較之客觀的全體秩序，先重視了個人的自由。他根據其固有的哲學方法，在精神生活上，在實際生活上，爲自由若何奮鬥，依他的生活足以十分證明；因而洛克成了近代「自由主義」(Liberalism)的鼻祖。自由主義是近代啓蒙的合理主義的產物，其根底是自然法的個人主義思想。文藝復興時發見了「人們的」自覺其意義，是已由中世的思惟完全得了自由，同時對過渡的文藝復興期國家的權力與偉大的人生觀宣布了獨立。

洛克以後，自由主義復依邊沁更新其哲學的基礎。這是隨着十七八世紀啓蒙的合理主義，一方面與德國盛行的浪漫主義相對峙，主要是十九世紀英法勃興的實證主義哲學之結果。專根據現實給與的經驗，這道路已由洛克指示了，更由休謨(Hume,)築平了。所以邊沁就全排斥了自然及世界形而上學的思辨，又對於像洛克的認識論；認為沒有深究明的必要，專以人們及社會的現實問題作了中心。要求人們在感覺的存在之地盤上，使豐富其生活，並要求其為此須作有效的活動。認人們只為求幸福而生存，把不可見的世界置在背後，以現實世界的快樂與苦痛，作了行為的標準。道德是為各人的利益而積行的，不是為道德而行道德。人在社會營生活，所以肯定他人的利益又成了發達自己利益的方法。照這樣，人們的能力，較之向內心的，寧是集中於外面的事業，於是政治的社會的關係，就越發成了興味的中心。

從此，先天的自然法的觀念已不能指導政治社會，「最大多數的最大幸福」(the greatest happiness of the greatest number)之「功利」思想，新成了指導政治社會的目的原理了。其所指示，全在各人的利益幸福，個人的權利自由與啓蒙的合理主義，又新在功利主義上強力的主張了。依邊沁熱心立法事業，為個人的權利自由痛論須改革社會的事，就可證明這種思想。合理主義並不與功利主義相矛盾，却在功利主義上得了強固的基礎，功利主義也依合理主義得了高價的批評。十七八世紀英國的啓蒙哲學，已在霍布思的人們及國家論上有了功利主義的傾向，依洛克的經驗哲學，更鞏固其認識論的基礎，到邊沁完全建立功利哲學，以人類經驗的幸福利益作了人們及社會的目的。這是把十七八世紀自然法理論主張了的個人「自由」，依功利主義的目的，更由實際效果方面給與了幫助。這些理論的批評以後再述，自由主義在主張個人天賦的自由與平等權之自然法的構成上，留下作政治原理的偉大影響，卽在現代論自由較之在功利主義的根據上，依然可認爲在自然法的基礎上，自由有當爲或規範的意義。

邊沁以後，功利主義哲學怎樣依穆勒（J. S. Mill 1806-73）更得了賅博的論理的構造及精神的深化？同時經過十九世紀政治經濟狀態變化的刺激，由個人主義向團體主義怎樣形成了過渡的橋梁？更有不滿足英國正統的功利哲學，在新倡的理想主義哲學學派中，格林（T. H. Green）怎樣結合了康德批評的方法和黑格兒浪漫的方法，去努力建設理想主義的體系？但格林的倫理及社會思想，根本上尙包含英國固有之功利主義的要素等，敍述以上這些問題，不是這書的目的，在此處只曉得近代自由主義在若何的基礎上形成起來，就好了。唯自由主義，隨着這些根本思想的發展，必然要有新的構造及綱領，所以現在把自由主義有名爲「社會自由主義」「社會政策」或「新自由主義」等；在這些名稱上雖認有社會的更新之義，可是無論用那一個名稱，自由主義之爲自由主義，其根本尙立在個人主義的世界觀上，並沒有變化。照這樣，現在的自由主義，一方面反對淵源於文藝復興之權力國家的保守主義，同時他方面對於新興團體主義之社會主義的世界觀，主張在這兩者中間占有獨自的位置；又在實際上，自由主義成現代政治社會組織基礎的事實，也不能夠否認。自由主義，不僅爲近代文化的產物而成就環繞吾人的制度，又是在我們內心生活下了深根的精神。任何人非由自由主義的門徑，就不能思惟現代政治及其歸趨。

與自由主義相結合，在近代政治思想上，帶重要任務的「民主主義，」其成立與自由主義相同，民主主義理論的根據同時又成自由主義的根據，因而兩者是同一類型的政治原理，不過稍有程度之差，許多人都是這樣觀察了的；然而民主主義承認與個人主義不同的新團體主義的要素，所以其思想的根底上，與自由主義存着差異。

二　政治的自由主義之批評

中世學院派哲學（Scholasticism）——特別由托瑪斯（Thomas）發展了的自然法，想連結自然的世界與超自然的天國，向神祕的世界秩序發展，先作了自然的初步之職務。這是在綜合神的啓示與理性的原理之神學的形而上學的構想上，安置着基礎。近代自然法的特色，由這中世的自然法中除去超自然的宗教的要素，是使獨立了人本身中潛藏之理性的法則。這不待說仍是復興了古代斯多噶哲學的自然法觀念，像格洛秀斯說的樣子，至此以「自然」本身爲母體的自然法，始達到與基督敎的神法分離的意義，同時自然法成了人類普遍的法則，而超出國家實證的法律之意義了。這又在都市國家時代的末期，與斯多噶哲學的自然法思想——位於各國家人的實定法以上認作「自然的正義」之普遍的法則——如出一轍。

近代自然法也與之相同，其根據是合理的個人主義，以人的理智爲基礎，通遍一切時間空間，主張是普遍妥當的理想的法之實在。而近代仍以自然法這名詞，稱呼這理想的規範，無論若何，都不能不認爲一種混淆。他們使本來沒價値的「自然」之法，享受理想的法之榮譽，也由斯多噶哲學的世界觀來的。在包括萬有的因果必然的秩序中，同時認有宇宙理性（Logos）支配的斯多噶派一元的世界觀，決不是透徹了自然客觀化的世界觀，其汎神論的歸結，也與其本來的立脚地不相容。然在斯多噶派的倫理及政治的實踐哲學中，却現出像使豫想二元的理想主義的傾向。因為在斯多噶哲學一元的客觀主義的世界觀上，稱道德及法律的正義之根本法則為「自然」之法，是不得已的辦法，在道德及政治之實踐的意想上，置重對於「自然」的「理性」之法，也能解釋的。近代「自然法」漸次帶着「理性法」的形體而發展，全根據這種理由，而且依理性法的觀念，超越一時代一國家實定法的諸相，欲自由想定一定內容的法而普遍適用，這也是對近代特質的人間理智表明其過信的程度，也就是說個人自由主義的法律思想之影響吧。

自然法所要求的，是個人政治的「自由」與「平等」，認這是先天的天賦之權利。個人的「自由」，是唯一本質的生活條件，限制這自由，是與本來自由的概念相違背的。各人要求意欲與行動的任意，因而由外的強制想解放，是其消極的必然之要求。唯承認自由，方使各人能互相得自由的生活，又為確保自由生活的必要及目的，纔能容許自由的。因而主張其社會生活，於個人互相自由的最小限度制限之下，除非得各人的同意，不服從這樣限制與強制的。然而人都是理性的所有者，各人都是平等，但這平等並不是人格的固有性之問題，寧是抽象的原子的「個」之平等。因而主張依同等限制或放棄其自由，各人立於同一強制法之下，決不是「一」不歸屬於「他」的公民的平等。政治的社會，依平等成員的結合而成立，生出一切平等的政治個體之公民。自由與平等，是自由主義的政治社會構造的基礎。但若極端主張平等，關於執行政治要求一切公民絕對平等參與的時候，恰如詭辯派批評的樣子，將要現出「製造下機器的技術的平等」吧。又若解釋自由為恣意，以各個人經驗的具體的意思作標準時，社會恐怕又像斯提納（Stirner）提倡的樣子，成了「利己主義者的結合，」而陷到無政府主義的結局吧！

若把政治上個人的自由平等觀念，認爲基督敎的主張，其誤謬恰與認道德的人格之平等自由爲基督敎自身的產物一樣。純粹福音主義的原始基督敎，因以後的發達而引起社會的改革，特別近代宗敎改革之政治的效果，各處都依淸敎徒作了政治革命而表現的，可是這並不是示明與基督敎的本質有內在必然的關係。基督敎本身並未提示構成社會的理念，也未相約政治的自由與平等。其所以與政治社會理論有牽涉的原因，是與自然法常相結合的結果，特別因喀爾文（Calrin）給與基督敎的信仰內容以倫理的規範化，作了近世政治及法律生活之宗敎的倫理的基礎；因此基督敎的政治社會理想生了新的典型。然這典型尙混合了不平等保守主義與民主的自由平等之兩種原理，喀爾文以後，只民主的自由平等這原理發展了的原因，也是依斯多噶哲學的自然法思想的結果（Hasback, Die Modecne Demokratie, 2 Aufl, Einleitung I. Troeltsch, Ite Schriften I. ss. 82, 671-4.）。

什麼是實證主義？其中根據英國功利主義的自由主義之政治理論是什麼？這派專守住「經驗」的地盤，對政治社會用新的觀察法，所以排斥自然法的觀念，是很易見的事實。凡站在實證的立脚地方面的人，因國家權力本身是强力的秩序，法律也由强力能命令的，所以主張有效力至於像超絕的自由平等之權利觀念，及國家契約說的理論，都是極力排斥的。但照這樣承認現實法的絕對化，容許實證的法律形態之絕對妥當，恐怕對於超經驗的所與之哲學的效力問題，終不能解決吧。

功利主義標榜的終局之原理，是構成邊沁理論的「最大多數之最大幸福。」包含把這對於事實對於存在作一個規範或當爲的意義時，已與其出發點有了乖離。即令把這作個規範也不外經驗的「幸福」主義而已，不値作個普遍的原理，以前在倫理觀念上會述了的。且這學派說「最大多數的……」時候，尤顯出其不能隱蔽住個人主義的根底。他們想以區別各個人的最大幸福與「最大多數」的最大幸福作社會客觀的標準，但這無論若何先是個人數量的積累之意義。這時候「各人只應數作一，任何人都不可數作一以上，」這是明白表示了量的個人之平等觀（J. S. Mill, Utilitarianism, [Everyman's Library] p. 50）。這「最大多數……」的原理中，理論上與個人的自由不相容，含着以團體主義爲理由的樞紐，由邊沁到穆勒，漸次可看出由自由主義向民主主義更向社會主義而推移的傾向，可是其基礎尙在高唱着個人的平等與自由，這是英國實證主義的特色。在這點，自然法的合理哲學與功利主義哲學理論的根據之形式雖不同，其於主張個人自由主義，依然屬於同一系統，而且功利主義哲學不外是變相的自然法的合理哲學，更應當特別注意。

不問其具自然法的形式或功利主義的形式，凡自由主義的政治理論，在國家的性質及個人對國家的關係上，都表顯其特徵。在自然法說，認先天的自由平等權之結果，以國家是個人互相尊重自由最小限度的制度化之意義，以法律爲共同生活最小限度的規則之意義（Suann, Der wahre Staat. 1921. ss. 105-6.）；這是「不可避的禍害」(necessary evil)之國家觀。在功利主義中純粹自由貿易主義派（Manchester Schoo）認於各人有用而幸福的事，是規定社會生活唯一的標準，而什麼爲有用是幸福，這是各人自己最能認識能決定的，因而主張「自由放任」(Laisser faire, laisser aller) 是政治的最高原理，認國家不過爲防止他人的侵害掠奪而組織的「警察國家」(Nachtwachterstaat)。社會只存於個人機械的並存關係上，國家不是共同社會，是利益社會的結合。個人是終局的目的，國家制度只認其爲手段的價値。由國家概念中切開倫理的理念，使歸於個人道德的判斷，政治制度變成本身沒有價値的一個生硬外形的機構了。

三　經濟的自由主義之發達

在經濟上主張個人利己的活動之自由主義，無以名之，暫名之爲經濟的自由主義(Economic liberalism)。本節的目的，是研究這種自由主義的來歷。這種思想對近代實業發達，生很偉大影響的地方，不待說是英國。但英國以前尚有荷蘭，可是荷蘭不轉瞬間復趨於衰落，而英國由十七世末到現在二百餘年中，掌握了世界經濟的霸權，所以由近世實業發達的見地說來，可以把荷蘭置之不論。至於法國及德國，到十八世紀末，尚存留着各種中世的束縛，很妨礙了實業革命的進行，可是在英國已由十七世紀很明顯的勃興了自由主義。不待說當時的自由主義，重要是宗敎上及政治上的自由主義，經濟活動的自由，尚未占到中心。那是當然的，因爲十七世紀英國的實業尚極幼稚，世人尚未達到要求經濟自由活動的意識之程度。在十七世紀初期，原料品的輸出，甚超過製造品的輸出，且當時屬於重要實業的事業，漸由法國荷蘭及意大利方面的移住者，纔開始移殖，因而這些重要實業，行上等品的生產及輸出時，已到了該世紀中葉以後。由當時英人筆寫的記錄看來，對於外國職工技術的優秀熟練及勤勉，頻加賞讚，由此觀之，就可曉得當時英國實業是若何的幼稚。這是十七世紀英國的自由思想，重要在宗敎及政治的問題，而未以經濟自由活動爲中心的原因。可是最初起的宗教上自由的要求，到十七世紀中葉以後，不僅已混起經濟上的動機，其宗教上的自由思想，更引起政治上的自由思想，於是以後起的經濟上的自由主義，受這些宗教上政治上自由思想的益處不少，宗教上自由的要求，到一六五〇年以後，遂混交起經濟上的動機了。這無其他理由，因爲當時許多異端者，重要屬於商工業者階級，及由外國來的移住者，且都爲實業發達的中心勢力份子；而且這些份子，因宗教上的理由被徵收苛重罰金，且拘束其他營業自由，遂被妨礙了事業的發展，延及一國實業進步上也起了很多的障礙。因這樣理由，在經濟上自由的要求，與宗教上自由的要求有了密切關係；在這以外，經濟上自由思想，尚有與宗教問題或政治問題沒有直接關係而發生的事情。這事就是對根據王權的特許而生的獨占業，起了國民的反感。

在英國資本主義企業的萌芽，已於十七世紀初期發生了，其主要者，第一是鑛山業，第二是紡織業，第三是關於製造玻璃食鹽明礬石鹼鐵絲等業，這些都是新由外國輸入了的新事實。這類許多資本家的事業，都是根據國王的特許，受法律上的保護，排斥內地及外國的競爭者，而獨占着內地的市場。但這獨占的結果，石炭玻璃食鹽石鹼鐵絲等的價格異常騰貴，大使一般消費者受苦，所以漸次起了反對獨占業的思想，特別到十七世紀的中葉，世論的反對越發喧囂起來了。反對這獨占業的運動，以後漸次得了成功，照這樣，在十七世紀的末葉，根據法律上的特權而獨占國內市場的事業家，幾乎全然絕跡。要言之，在英國經濟的自由主義，一方面隨着宗教上政治上自由的要求而發生，同時他方面與宗教問題及政治問題沒有直接關係，全由對獨占業者專橫起的反感而發生的。那麼，經濟的自由主義是由如上述的事情起的，因而當時學者中，對這種思想生出一定理論的說明，是自然之趨勢。我們仍舉大哲學者洛克的意見來說明吧。

洛克關於一六八九至一七〇六年中間的事情，發表了關於寬容的信札（Letters on Toleration），其第一信中，曾有意見如次：

「依余的見解，所謂國家，只是各人為獲得維持並增進他們自己個人利益（Civil interest）而組織了的社會。」

「余所謂個人利益，是生命，自由，健康與身體安全以及外界物——如貨幣土地家屋器具等，及其他類似這些東西的所有。」

「對於一般人民，特別對其各個臣民的所有物，依公平施行平等的法律，確保其屬於生命的這些物的正當所有權，是官吏的義務。」（Works of John Locke, Four Letters, p. 5.）

他以保護個人利益為國家的義務，同時認國家的權力不能超出這以上或以外的。由此，我們可曉得以後亞丹斯密（Adam Smith）極力主張的自由放任主義，已在這時代發生了萌芽。但各個人自由尋求各人的利益，同時是增進社會全體公共的利益，這種思想極顯明有力的倡出以後，與當時社會以很大影響而最初提倡這思想的人，是曼德維(Mandeville)，其次是休謨。

曼德維寫的「蜜蜂故事」，一名「私罪惡是公利益」(Private Vices, Public Benefits)，由這標題，就可曉得他主張了各個人的罪惡轉瞬成社會公共的利益。他所謂「公共的利益」(public benefits)，是社會經濟的發達，更切言之，是社會富的生產增加。社會的富增加，其物質的繁昌增進，不待說是認為「公共的利益。」至於他所謂「私的罪惡」(private vices)是指各個人尋求自己的快樂及利益。依他的意見各個人若自由作利己的活動，其結果不期而增進社會繁昌，其利益較之最初以非利己的目的而計畫者猶大。

那麽，「私罪惡是公利益」這話是一個「反說」(paradox)，我們在這「反說」中，極有趣的可以看出時代的大勢。原來言語的意義，在一定的思想通行於社會全體後，纔生變化。所以在某時代看作新思想的東西，以向來的言語表現的時候，在言語上動輒就成了個反說。於是由以後的變遷，來解決這反說。可是社會富的增殖，是公共的利益，這事在當時因為已經成了無人懷疑的時代，結局所謂罪惡(vices)這觀念的改造，當然以後要漸次暢行開的。如所謂營利，貨殖乃至奢侈等，關於獲得財富及消費等個人利己的自由活動——這是資本家為發展生產而不可缺的條件——在倫理道德上都是被承認了的事，這就是以後社會思潮變遷的大勢，像曼德維只偶然作了這種大勢的先導者而已。

休謨的認識論在哲學史上占很重要的地位，可是他的道德論對功利主義的發達也貢獻很大，是我們在經濟學史上很有興味的問題。

英國功利主義的萌芽，在前述洛克的學說中可以尋得出。依洛克的見解「希求幸福而厭惡不幸」(a desire of happiness and an aversion to misery, Locke's Essay, book 1. ch. III, sec. 3.)是人類共同的動

機。因而人類道德的發動，其一切動機也應歸着於此；就是說「所謂善或惡，不外是快樂與苦痛，或惹起我們快樂與苦痛的事而已」(Good or evil are nothing but pleasure and pain, or that which occasions pleasure or pain to us. Locke's Essay, book II ch. XXVIII. sec. 5.)。這種思想，以後發達成功利主義的基礎，雖很應當注意，可是洛克自己却未十分把這說明透澈。以後繼承這種思想而使之發展，始明瞭且澈底的敍述了可作功利主義要素的學說，要算是休謨。

在當時思想界，一方面有克拉克(Clarke)一派學說，想在純粹理性的直覺上求道德的淵源；他方面有布脫勒(Butler)一派學說，把道德的淵源想歸於神的目的之實現。而休謨却在「利」(utility)上想求道德的淵源。

他的功利說，在他一七五一年公表的關於道德原理的研究(An Enquiry Concerning the Principles of Morals.)中，詳細述了的。這書依他自己的估值，說是他一生著作中最有價值的書，其言當否姑置不論，而全篇中都努力闡明了功利主義。

前述「私罪惡是公利益」，是曼德維倡說的，他以為組織社會的個人，只為自己利益或快樂，而作種種經濟的活動是罪惡，可是因助長社會實業發達的結果，在這點也可說是公益。不過這分明是一個反說，如前所說，解決這反說的責任，是後繼學者的工作，採用功利主義的休謨，就很容易的解決了這反說。因為休謨主張若某種行為對社會全體貢獻利益的時候，這行為就是「德」(virture)而不是「惡」(vice)。

但是這樣解決了曼德維的反說同時不外倫理的全認經濟上利己的活動，這在以後經濟思想的發達上，成了極有重要關係的思想。

休謨著的道德政治及文學論集，(Essays, Morals, Political and Literary Works, vol. III) 第二部收的論文大部分是經濟論。現在看其中「關於商業」(of Commerce) 的論文中，先述在「事物一般的進行」(the general course of things) 中發見「一般的原則」(general principles)，是哲學者的任務，其次在「商業」「貨幣」「利息」「貿易均衡」(commerce, money, interest, balance of trade.) 等各論文中述了他自己想建設某種原理 (principles) 的趣旨，以下的議論，就是他樹立的一個原理。(建設原理是科學的任務。我們在休謨的思想中，可看出經濟學將成科學的一個萌芽。巴東 (Burton) 主張休謨是近代經濟學的鼻祖，並不是無稽之談。)

「一國的偉大與臣民的幸福，……與商業有密切不可離的關係，是一般人都承認的。如私人依公家權力的庇護使其事業及富的所有，更多得着安固的樣子，國家也與私人的繁隆及商業的擴張，相比例着益趨有力。這種公式的格律，是普遍的眞理。不待說我也不能不承認有例外的可能性，及以極少的保留與限制而樹立一種原理，這是當然的事。」(Essays, vol. I. pp. 288-289.)

「在經濟上，各個人尋求利益，其結果是增進一般社會公共的利益；這就是個人利益與社會利益，普通是一致的，」這種思想，成了個人主義放任主義的經濟學的一個根本思想，可是依上述的例，這樣主張已由休謨建設

成一個原理 (principle) 了。

四　法國的政治自由主義及革新思想

重商主義的「福祉國家」理想本甚好，可是唯有人格完全的君主，纔能實行，作個政治組織，却不大充分；其保護政策，常把人民放在總動員的狀態，爲全體也就不能顧及個人的自由了。在這種組織下，人類只成了繁殖人口的機器，不過作了增進國富的手段。近代實業的發達，同時個人生了經濟的餘裕，隨着當然不能不起反動的思想。重商主義的國家經濟統一政策，無論政治的或經濟的，都是打破了中世封建制度，所以可說準備着自然將要來的自由主義運動。

自由主義，初由詩聖但丁安置了基礎，以後在國家契約論與其自然法論中，漸次發達來的。但丁的國家論，打破了希臘思想上的享樂國家觀，把一切社會機能由幸福轉向到自由方面去了。同樣近代重商主義思想的「福祉」觀念，也被重農主義的「自由放任」思想打破了。這並且是重農主義唯心的個人本位思想，對於重商主義唯心的社會本位思想得了勝利。

若看文藝復興時代的傾向，會有以前說的馬基雅弗利唯物的個人本位思想。對這思想，宗教改革論者的傾向，偏於唯心的個人本位。這兩思想體系的爭鬥，在十七及十八世紀，互相極其錯綜紛糾，可是將到近世紀後期，又復整理起來了。在近世紀前期，獨斷的學說尚大倡行，一方面有君權神授說，他方面又有國家契約論，這可說是思想上的獨斷時代；此後隨着科學研究的發達，漸次受了嚴格的評判，又復歸到正當論理的基礎上去。近世後期，由這意義說來，是科學時代。將近這科學時代的前後，思想離開獨斷，又復取了重商主義唯心的社會本位與重農主義唯心的個人本位對峙的形式；而唯心的個人本位戰勝了，於是近世紀後期的自由主義，纔確立起來了。所以自由主義思想的勝利，也可認作仍是文藝復與與宗教改革時人道主義及人類解放運動的發展。

在這樣個人本位與社會本位的論爭中，會有過如影隨形的一個思想體系；這就是理想社會的文學（Utopian literature）。在唯心的社會本位上，在享樂主義上，理想社會的文學都與重商主義思想相同，可是不能把兩者全然同一視的。那麼，相異點若何？可說重商主義是國家主義，是帝國主義，而理想社會的文學是人道主義，是解放的。所以理想社會的文學，是人道主義，在解放人類的點上，不是國家主義而是博愛主義，不是强制的，也不是膨脹的，而在都市國家的點上，寧近於重農主義的自由主義個人主義。重商主義是近代的或是羅馬帝國式的，而理想社會的文學，却以小而美的社會中能嘗家庭生活風味的希臘民主式的理想，爲其理想了。

在近世紀初期，大體有過這三個思想傾向，其中重商主義，完成了民族國家，整備了國家政治的政策，打破重商主義而出現的重農主義，更把基礎已成的民族國家，引到民主國家來了；於是就完成了資本主義國家。但到現代，當這資本主義國家將要達到極點的時候，理想社會的文學，發見了的社會思想，其實際職務纔起了眞正的必要。

照這樣，在歷史的發展上，成一條鎖練的自由主義思想，當構成其基礎時，重農主義的政治思想，會與有大力，以下把這政治思想略微研究一下。

重商主義起於法蘭西，同樣重農主義也起於法蘭西。重商主義在德國的官房學派中最發達，而重農主義在英國也非常發達，後由亞丹斯密集其大成。但是在政治思想上，依然是德國啓蒙哲學者占了完成自由主義的重要位置，其代表者要算是康德。法國孟德斯鳩主張的政治的自由也由康德集其大成，「自由主義立憲法治國家」一從此算是完成了。所以亞丹斯密算是經濟思想上自由主義的集大成者，而康德是政治思想上自由主義的集大成者。

但是我們在此處，不能論及自由主義政治思想的完成，因爲這由十八世紀末葉跨到十九世紀，是近世紀後期的問題。所以在此處只說自由主義若何建立其基礎的由來而已。在這意義上，想先敍孟德斯鳩的政治思想，更述助其發展的重農主義之政治思想，以完結近世紀前期。

孟德斯鳩是法國波爾多（Bordeaux）省一個小貴族的兒子。少年時對法律學有興趣，常努力想發見一種原則。一七一六年承繼其伯父的遺產，其伯父曾充波爾多省議會的議長，因而他也得承襲其地位。但他的性格，不適於政治，寧是靜坐書齋研究的性質。

一七二一年以匿名由凱恩（Köln）出版了波斯人的信（Letters Persans），盛譏諷了當時法國的政治宗教及社會制度。這書取着波斯人滯在巴黎時寫的信札之形式而發表了的，其著作非常聳動了世論，因此他的才學，被世公認，一七二八年後遂被推爲法蘭西學士院（French Academy）的會員。

一七二八年到一七三一年中，他遍遊歐洲各國，最後西渡英國，滯留三年後，復歸波爾多，他的智識見聞大增，遂表現了以下三種著作第一是羅馬興亡論(Considerations sur les causes de la grandeur des Romains et de leur decandence, Amsterdam, 1734.)第二是歐洲世界君主論(Reflexions sur la monarchie Universelle en Europe)第三是萬法精理(De Esprit des Lois, Geneve, 1748.)

波斯人的信，是集錄了由一七一一年到一七二〇年附月日的許多信札，其內容以政治問題爲主，痛駡法國人的自負心，稱讚新教排斥天主教，論土耳其的腐敗，攻擊路易十四世的失政，豫言將來德意志帝國的勃興；在他的著作中，這書是最精神充溢的一種。傳說腓特力二世讀了這書，稱讚着說在一小冊子中竟然包含這麼多的思想，恐怕要算世界第一吧。

其次在羅馬興亡論中，他以論理的溯求羅馬共和國興亡的原因，以爲羅馬的勃興，不只是根據現代民族國家想的那樣「大國民軍」(die grossen Nationen Heere)，是在國民全體上平等的安置了國家的基礎；說其衰滅的原因，較之黨爭，寧是因爲羅馬突然的勃興，國民生了自負心而精神陷於墮落的原故。而其根本的原因，認爲結局是國家組織的問題，以下更反駁了重商主義的富國論。

「無論歐羅巴與亞細亞，一切國民漸以羅馬人的富有，成了他們羨望之的了。因爲一切國民與君主的金銀，都流入羅馬，所以羅馬人偉大起來，當然的結果，他們要隨着沈衰下去了。何以故？因爲他們的金銀，把其他一切物品都運到羅馬一處。羅馬政治家犯的過失，不一定由自由意志發生，是由其人不能避的環境起的，因爲罪惡生出的仍是罪惡。軍隊已對國家，成了過重的負擔，軍人較之其他人民有三倍以上的所得，常得的餉銀以外，有戰功又得賞與且時常又受其他的賜物。人民原來有同樣的權利，可是人民已經不能忍受這過重的負擔了。其結果將如何？於是與傭金較廉的野蠻人結契約，開始傭兵制度了。這是使羅馬軍人起自負心與遊樂心的原因。」

孟德斯鳩這種反軍國主義的態度，更表現成他的歐洲世界君主國論。這書是批評了勢力均衡的國際狀態，豫言武裝的關係，結局要使世界趨於唯武力是視的狀態。他述了武裝競爭的弊病，可是這著作決不是提倡世界國家的理想方案，是說民族國家鬥爭歷史發展上的必然性，這與他的方法論是一致的。他在這書的一節中，述之如下：

「今日若某君主遣軍隊入敵國，同時爲支持軍隊的生活，不能不隨着送出國富的一部分於敵國。其結果，使他想占領的敵國增加了富，結局他自己陷到被驅逐的地位。」

又說：「依經驗的教訓，商業及工業的發達，自有遏止其社會福祉發達的特性。國內金銀的堆積，使一切物價騰貴。勞動者爲自己福祉，雖得了較高的工資，却成了使他國民能廉價得貨財的結果。」這也是攻擊了重商主義的話。

他對軍國主義攻擊的態度充溢全篇，現摘出數節如次：

「假若大規模的侵略愈甚，就愈益危險，越作這樣無益的努力，我們就越不能不維持龐大的軍隊。這是痛切使人感到的現代的弊病。這弊病必然的愈是惡而愈益激烈的要擴張去。因爲一個國家擴大了武力，同時其他國家即刻也隨着擴張武力，於是各國互相愈陷於這弊病，却都了無所得。各國的統治者，一旦有緩急時，爲救國家危機，常要準備龐大的軍隊，而說這武力鬥爭的狀態，是別人違反全體的和平。於是在歐羅巴構成從來沒有過的地上三個最富的强國，成立了三個人民的基礎。我們在世界中，於富及商業是很貧，然而我們都有軍隊，因爲我們有軍隊，我們纔像韃靼人的貧窮。」

「列强的君主，不只收買弱小國的君主，就可滿足。而且在任何處，都想以金銀購得同盟的國家。照這樣他們（事實上）常是浪費着金銀。」

「這種狀態必然的結果，要提高租稅，雖有怎樣巧妙的改革，已經是陷財政於不可挽救的狀態。任何人爲所得已經不能作經濟活動，只爲戰爭需要的資本而勞動的。於是國家在平時，以其基本財產作抵押，想根本的整理財政，就用了非常的手段，爲尋出整理財政的方策，使最放蕩的兒子，也疲勞了身心。」

萬法精理是孟德斯鳩非常苦心的結果，纔完成了的著作。聽說他爲這書費了二十年的歲月。

現代普通都承認孟德斯鳩是立憲政治論的祖述者，並且這實際也應當歸功於他的勞績不少。但這決不是根據於他的「三權分立論」，寧可說應當歸於以下三種理由，就是他：

第一　介紹英國憲法於世界；

第二　以三權分立制度爲確保政治自由的方法；

第三　以現代自由主義的思潮作了基礎。

英國憲法之應當注意，已在孟德斯鳩歸國前，由福祿特爾的英國見聞錄(Lettes sur les Anglais, 1728.)

曾介紹過。可是這事遂被誤傳爲孟德斯鳩介紹了的，但是在這點引起世界人士的注意，也不能不認是他的功績。而且這種介紹對北美合衆國獨立的政治思想，給與很大的影響。孟德斯鳩的三權分立論，受洛克的影響不少，但也說很受了施惠夫特（Swift）的暗示。但他以三權分立的制度爲獲得政治自由的目的，在這點給與後世的反響極大。他的方法與其自由主義，由重農學派的大成者杜果（Turgot）祖述了的。而依重農學派，廣在現代民族國家中，建設起自由主義的基礎。由這三層意義，可發見孟德斯鳩在國際政治思想史上正當的地位。其次重農學派(Physiocrates)的政治思想，大致與孟德斯鳩相同，與國家契約論者的思想，有其次諸點的相異：

一　脫去自然觀念。所謂「自然的秩序，」不是哲學的而是科學的，這已經不與「自然法」的概念相合。且與斯賓挪莎（Spinoza）的自然法論不同，因爲斯賓挪莎的自然法論，根據唯物論是宿命的哲學的。但重農學派的「自然的秩序」是歸納的科學的，根據二元的方法論，而且是實證的。

二　在國家論上，脫化了國家契約說，不認國家狀態是自然的完成，寧以國家狀態，是拋棄自然權，想樹立國家的法的限制的自由平等爲目的。

三　不是民主的革命的，而又不是獨裁專制的，寧是中庸的啓蒙的君主主義。

想其重要的差異，大體如上。但在主張自由平等的觀點上，與國家契約論者有同樣的傾向。在啓蒙的君主主義的觀點上，有像重商主義的思想傾向。可是在放任政策的點上，與重商主義不同，離開商工立國論與富國强兵論。就其立脚於農業立國論及自由競爭論的點上，也與重商主義相異。

在這種意義上，於孟德斯鳩的思想及重農學派的思想中，已能認出近世後期民主主義民族國家的曙光。盧梭的國家契約論養成破壞舊時代（l'ancien regime）的力量，而重農學派助成了新時代的建設。法國大革命，與馬爾薩斯的人口論（Essay on the Principle of Population, 1798.）同時出現，向重商主義帝國主義論的破壞與論駁，也是同時行了的，其次達爾文進化論的理論發展了，康德的立憲自由主義法治國家觀也進展了，於是生出了十九世紀自由主義民族國家勃興的時代。但是在國家經濟政策上，完成自由主義的學說者，不待說是亞丹斯密。

重農學派的起源，可溯之於孟德斯鳩時代，其祖述者是有名的傀奈（Francois Quesnay,）。傀奈是法國一個小地主的兒子，曾爲巴黎的外科醫師，一七四四年得了醫學博士，作了宮廷的侍醫；但他對於經濟問題有興趣，一七五〇年與古爾奈（Jean C. M. V. de Gournay）知交以後，發行百科全書（Encyklopedie, 1763-1772），構成了一個學派。其中杜果一七七四年身當了革命前法國財政的難局，其事業雖歸於失敗，可是對法國財政的實際政策上貢獻不少。

重農學派科學的方法，其名稱爲 Physiocrates，像以「物理的」(physique) 文字表現其意義的樣子，是物理的方法。但這並不是以物理的觀察自然現象，是以物理的究研社會現象爲其特色。就是由人類社會現象中，想發見出「物理的秩序」(order physique)爲其目的；想社會的秩序是「物理的必然」(phys quement necessaires)，因而對於倫理的法的政治的規範，也稱爲物理的精神（moral physique）所以又看社會是一

個大「自然的秩序」(Order natural)

這種觀察法是自然科學的看了社會，也可說是僅想看其必至的關係而已。但這方法在不是哲學上唯物論的點上有其特徵。就是所謂重農學派的「物理的法則」(loi physique)，決不是宿命的，與「自然法則」(Naturgesetz)決不相同。因人類的社會秩序，是根據人類自由意志根據對自然法則人類理念的意識之確定行爲而生的。所以人類的選擇行爲，決不是自然的行爲，同時一切自然的物事，也決不是根據人類的理念而發生的。社會現象，是依自然與理念的協同作用而生的，所以在孟德斯鳩尚未明瞭的二元的方法，由密拉波(Mirabeau)明白區別開了。密拉波攻擊孟德斯鳩，說孟德斯鳩想研究萬法的精神，却墮於考察立法政策的傾向。而且他說：「這兩者並不是同一種東西。天才與博學，或者是他的指導書也未可知，可是我的指導書是自然的秩序。」由此話看來，他是採了實證的立場。

照這樣，承認社會現象二元的構成，却總以實證的方法研究了自然的法則，重農學派在這點有其地位。

重農學派的社會觀，與國家契約論者的社會觀不同，並不是造作的社會觀。他們認社會不外自然狀態，所以社會又不外是在必然的「自然的秩序」發生了人類生活的形式。因而重農學派始明白的區別了社會與國家。在契約論者，以爲脫離自然狀態而入社會狀態的契約，同時又是構成國家的契約，到了國家構成以後，始成了社會狀態；認國家狀態是爲補社會狀態的缺陷而發生了社會的構成。

就重農學派的政策說來，堪體龍(Richard Cantillon)說明重農學派以土地爲唯一富源的理由在第一食料最重要;第二土地是增加國富唯一的源泉;第三投資少而所得大;第四其生產與奢侈品無關係等四個條件。

由這見地,重農學派的經濟政策是自由放任("laissez faire, laissez passer" "laissez faire laissez aller")的主要是古爾奈及密拉波提倡出的。在這意義上,重農學派心目中的國家是經濟的國家(monarchie economique),是農業國家(etat agricole)。

並且他們的教育政策,說國家的教育,要使國民政治家行政官司法官等,都不得違背而且須順從「社會的秩序」的法則。這可說是重農主義必然的結論。杜果也曾論過,他說:「土地是唯一的富源,由土地產出的物產上應直接課以租稅。土地的總生產額中,除去耕作費及土地改良費,支付對勞動者生活相當的報酬等以外,剩餘的實利,可以作國家與個人地主間共有的財產而處分的。而國家應要求的分配額,可以依理論與確證而協定。製造工業及商業,都生產不了富,不過只作了分配的職務。所以對工商業歷來賦加所有的租稅及限制,都可以免去。

回顧法國當時的實況,其狀態是各種職業都因都市地以及同業工會的特權,大妨礙其進步發展,內地的商業,也因各地方行的內國關稅的障礙,陷於萎靡不振的狀態。所以重農主義者,認製造工業及商業不過做了分配的職務,高倡「任其自然」(Laissez faire et laissez passer)這有名的格言,信為可以救濟這些經濟上的弊害。他們又依自然的法則算定工資及利益,主張物的自然價值就是其結果。他們的議論雖較之根據實際經驗,寧帶着學究的空論,但是對於墨守慣例的法國向來社會的政治的制度,已是晴天霹靂,其打擊却非常的痛切。英國經濟學的鼻祖亞丹斯密,一七六三年遊歷巴黎時,與這些法國經濟學派的先覺者會見,得了很大的啓示。他的名著富國論（The Wealth of Nations, 1776），很受了重農學派的影響，遂成了近世英國經濟學的先導。照這樣，這些重農學派的主張，漸次實現，誘起英法兩國間的自由貿易（一七八六——七年；）這事雖屬曇花一現，轉瞬復又廢止，可是一時開了兩國商業接近的端緒。傀奈等的重農經濟學說，雖屬一知半解，其聳動法國當時多數人的思想，徵諸當代囂然的政論，都以租稅不公平的理財論為中心，就可容易曉得的。所以不數年，傀奈及杜果的門徒遍及法國各處，愚昧而缺乏政治及理財思想的路易十五世，全不料這學說將要成革命的一大原因，一七五八年尚使傀奈將其主義及理論以數字解釋的經濟表（Tableau Economique），用了王室費用刊印而公布於世。二年後傀奈門下最熱心倡道其主義的密拉波侯（有名的密拉波伯爵之父）重刊了這經濟表，由此就可看出傀奈學說勢力的偉大了。

這些法國的政治經濟學者，根本以自由主義的見地，舉筆齊對當時信仰習慣及社會中一切制度文物下了攻擊，可是以先在文藝方面以尖利的筆鋒，深刻的論旨，及痛切的諷刺，對當時思想界起深大的影響者，要算是福祿特爾。福祿特爾的著述，是法國革命的精神，最大膽最有力的告白了時人心中醞鬱的思想及感情。他原來生於貴族家庭，夙出入宮廷與上流社會交遊，寧是忠誠於王室的人。他作一個歷史家戲曲家詩人或哲學者科學者，都是缺乏創造的才能，可是富於機智諧謔的暢達文筆，與英國流的常識相調和，易入俗耳，以短句透出深遠學理，速能使人了解，特別是他的長處。他的目的，在掃除關於人事的無條理偏見迷信等，想建設以正理公道為基礎的社會。他常攻擊高官惹起筆禍，曾依特別逮捕票作過數次巴斯底（Bastille）監獄的囚犯。他在法國不能保[illegible]身的安全，把生涯的大部分送在異鄉。他自己是富豪，所以尊重社會秩序及政府的安固，其改革意見因之也很穩健。推究他的議論，結局不能不變更法國的政治組織，但他的目的不一定要顛覆法國王政。他以爲王室對當時弊害中心的教會及貴族的特權若加限制，特別若能匡正政府被攻擊的租稅及其他經濟上的弊害，則他原不是反背王室的人。福祿特爾又認民衆愚昧，信民主政治只在特別好境遇的國家纔能行去。但他仍說民主政治雖易有黨派對峙軋轢及政策錯誤等弊，尙較專制政治公平，因爲可以斷言不會有新教徒大虐殺（一五七二年八月二十四日〔Bartholomew Day〕巴黎行了新教徒大虐殺）那樣的事。其次福祿特爾也不是絕對的無神論者，他主張排斥天啓的宗教，却勸人歸依內心正邪觀念的教。他攻擊天主教雖極其痛切激烈，其論旨都關係現時的問題，却未深究教義。要之福祿特爾是常識的人，雖排斥玄理空論，爲時代大勢所驅，不能不說及自然與自然的法則，可是其議論決沒有離開過現實。

福祿特爾得了腓特力大王的知遇，常出入其宮廷，爲大王添改詩文，自稱與大王「兩分十八世紀的知識世界各保其一，」互相發抒其豪宕的胸懷。所以他文筆的力量，聳動法國以外的歐洲各國明君賢相，對歐洲的思想界，給與了一大變化。歷史家杜律伊（Victor Duruy 1811-1894.）說「福祿特爾掌握了五十年中歐洲知識界的霸權。」他自己也說「我在現代較之路德或喀爾文在十六世紀作過的事，更成就了偉大的事業，」也不可評爲自畫自讚的妄言。

比較福祿特爾對法國社會的弊害更懷極大的不平者，要算是盧梭。他是貧農之子，早與世途艱難奮鬥，幾次陷於逆境，對社會懷着應根底改造的不平。他的議論常有矛盾，理義粗笨，但是富於文藻情熱，對於情境悲慘的多數人民，表示眞摯的同情，所以民衆都爭着傾聽他的學說。他雖高倡着「復歸自然」，可是猶認成立政府勝似野蠻的自然狀態，他說使愚蠢無能的動物變成有理性的人類，這是政府的恩惠，所以須要祝福。他在他的著作中，想研究現在人類社會可以成立的法律，究竟能使確實正當的政治組織可能與否，但他忽忘掉其當初的目的，實際只不過論了政權一般抽象的基礎。這就是他有名的社會契約論。

五　社會契約論及民主主義思想的發達

社會契約論，到十八世紀後半期，纔藉了盧梭的文筆，激成法國革命那樣歷史上的大事變，成了近代民主主義思想的叢薈，至今日尙有信奉其學說者，可是若追溯其思想的淵源，也可知其由來甚遠。

古代希臘是民主主義的發祥地，其哲學者已有倡社會契約說者，依柏拉圖的國家論及亞里士多德的政治論中所記的事實，就可以曉得的。柏拉圖國家論第二卷中，記有蘇格拉底與格老空 (Glaucon) 的談論，格老空論正義的性質及起原如此：

「據人言，行不正義者，由自然說來是善，受不正義者是惡。但是惡大於善，所以人若行不正義，或受他人不正義之行，兩者俱有經驗以後，若取其一而不能避其他的時候，各人相約，不如使兩者均無之爲妙，這是可以想像來的。於是法律生，互相中間的規約起，稱法律所命爲適法爲正義。」(Plato's Republic, 359; Jowett's translation. p. 38.)

亞里士多德在其政治論中，先說國家以道德爲基礎，其次說「若國家無此目的時，其團體不過是單純的同盟，與不成羣團而散居的個人之同盟相異者，唯在地域相同之點而已。而法律不過像詭辯家李可扶龍（Lycophron）說的樣子，只是互相擔保正義的契約，並沒有使市民趨於至善的實力。」由此觀之，可知當時學者中特別像詭辯派，已經認國家及法律是一種契約了。

西塞羅（Cicero 106-43 B. C.）也在其國家論中，倡說類似社會契約論的學說。他論國家的性質，說「國家是人民的國家，而人民不論其方法若何，不只是指人類的集合體，是說以法律及利益的共通爲基礎的團體。」而把作這團體歸諸「人類自然的團結」（naturalis hominum congragtio）。所以西塞羅的國家論的基礎是人性論，至於人之所以建設國家，是根據其稟性，其直接原因，大概在以共受正義及利益爲目的的合意上吧。因此，西塞羅的學說，或者可看作以後成熟了社會思想的萌芽，但不能說他是社會契約論者。聖奧古斯丁（353-430）對國民下個定義，說「是人類爲法律的共諾及利益的共同而集合的團體」（Coetus hominum juris consensu et utilitatis Communione Sociatus），可說他幾乎原樣用了西塞羅的話。

社會契約論開端的思想，不僅在古代學者中可以看出，歷史上往往根據這思想的事例很不少。比如聖經中記有大衞在愛和華神前與以色列族長老作契約，以色列族在希伯來行灑油式後使大衞即王位的事（11. Samuel v. 3）。在羅馬王政時代，王由人民代表者開的「寇里亞會議」（Comitia Curiata）中承受王權；在帝政時代，皇帝即位時行頒布帝權法（Lex regia）的儀式，表示帝權是由人民讓與皇帝的意思（“Lex regia quae de imperio ejus lata est populas ei et in cum omne suum imperium et potestatem Concessit." L. i Dig 1. 4. Inst. 1. ii. 6.)。

中世的法學者，由阿克修（Accursius 1182-1258）等註釋派，始都從羅馬法的傳統，因羅馬帝國，人民依帝權法讓統治權（imperium）於皇帝，所以說中世皇帝的權力，也是由人民讓與，選帝侯（Kurfuersten）依人民的授權（Concessio populi）始有選舉權的。馬西留（Marsilius Patavinus, circ. 1325. Tractatus de Translatione imperii.）窩略姆（Guilelmus Occam. ob. 1347. Dialogus.）及西爾維幽（Aeneas Sylvius Piccolomini, 1405-64. De ortu et anctoritate imperii Romani. 1446.）等，都以帝權起於人民的任意服從（subjectio Voluntaria），依征服篡奪及其他方法得君位者，非人民事後承諾，不得稱爲正當的君主。其中如尼古祿（Nicolaus von Cue）說一切權力，都「起於任意臣服及承諾」（per Viam Voluntaria subjectionis et consensus），所以法的效力是由臣服者的合意生的。（De concordantia catholica. iii. c. 4. 8. 10.; Marsilius Patavinus. ii c. 26.; Occam, Dialogus. 1342. iii.）這種君權起源是讓與的思想，就是契約思想的端緒。如英格伯（Engelbert Von Volkerdorf,）於十四世紀時，已論了君權是根據服從契約（De Ortu, progressu et fine Romani imperii liber. c. 2.）。因爲「讓與」「任意服從」「承諾」「合意」等，都是類似觀念，由一種順次推演出來，所以可說統治契約說是由君權讓與說培育成的。

在英國十四世紀時已有可稱爲民約思想的萌芽，由前舉窩略姆的書，及可稱爲英國法律書中古典的勃泰斯古(Sir John Fortescue. circ 1394.)的讚美英國論（De Laudibus Legum Angliae.），都可以曉得。在這書中他說：「任何國民，其所以依契約及承諾創建王國者，不外由其創立以前想依更確實的方法，享受其所有而防止其危害的目的而已。所以後來若被他們擁戴的國王，奪他們財產的時候，他們必定失望。」由此觀之，茀泰斯古明認契約是國家及統治權的起原。

在中世，王權根據契約的思想，曾實際存在過。如在阿拉功（Aragon）貴族選舉國王時，其開會辭中有：

「你與我們同等，以你確守我們的法律及特權為條件，我們方推選你為我們的國王及君主，若不然，就不推選你。」

關於這開會辭可憑信的價值，不能說無可疑之點，但哈拉姆(Hallam)認這是表現了當時的思想(Middle Ages, Vol. I ch. ii)。其他如歐洲封建制度時的君臣盟約式，都依合意定君臣之分，可以說因此促進了立法行法之權力淵源於合意思想的發達。

如洛克國政論第二篇中引用英王詹姆斯一世的上諭，也可說表現了民約的思想。一六〇九年王對議會下的上諭中說：「國王依二層盟誓負應遵守其王國憲法的義務。其一是默示的，因其為國王，應負保護其王國的人民及法律；其二是明示的，就是即位時的宣誓。所以善良的國王，應堅守遵從契約統治其國內法律上的義務。」(Two Treatises on Civil Government, s. 200.)

如前所述，把社會起原君權基礎法律淵源歸於民衆合意的思想，其萌芽發生於古代，可是這思想漸次發達，構成學說的體系，却在近世初民權論勃興的時候。當時過激的民權論者都熱中的討論有無革命權及誅伐暴君的當否等問題，爲對抗向來行的神權國家論及神授權論，競爭着想發見一種確實的民權基礎。一五七七年有以Junius Brutus 的假名，公表了「暴政抗議書」(Vindicia contra Tyrannos)的人。後人多疑這書是法人藍蓋(Hubert Languet, 1518-1581)手著的，可是這著者指示本書的目的，在「論君權及民權正當的基礎，說明兩者的範圍，勿使互踰其境界。」(Vindiciae contra Tyrannos, anctore Stepháno Junio Bruto Celta, 1579.)其書的要旨，大概說：「向來倡民主主義的政治學者，概以君主爲人民所創造，說羅馬皇帝依人民讓與主權而得其帝權。但他們的結論，以人民因讓與或不行使而失其主權，這是錯誤。君主雖死而人民不死，人民恰如滔滔江水，千載流而不絕，所以決沒有對於人民的時效。人民移讓君主行使主權，畢竟不外欲圖各自的利益。設立政權在國內依法律行個人互相中間的防衞，對外依兵力以防禦其團體爲目的。所以政治非榮譽而是負擔，非特權而是責任，非閑暇而是職務(“Non honos sed onus; non immunitas sed munus; non vacatio sed vocatio.”)政權起原在君民的契約，人民以君主保護增進其人民的福祉安寧爲條件，而移主權於君主，約之以服從。所以這契約雖是雙務契約(Contractus mutuns obligatorius)，而人民是要約者(stipulator)，君主是約定者(promissor)，君主絕對的受這契約的束縛，而人民是條件的受着束縛。所以人民違背這契約時成了叛民(Populus seditiosus)，君主不守這契約時就成了暴君(rex tyrannus)。暴君有二種：其一是『無權原的暴君』(tyrannus absque titulo)，是不依契約而爲君的簒奪者；其他是『事實上的暴君』(tyrannus quoad exercitium)，依正權原而得君位，却濫用其君權而施行虐政者。篡奪者非眞正君主而是匹夫，所以任何人都有誅伐之權；可是依契約而居君位者，假令施行虐政，私人對之不能擅行舉兵反抗。何以故？因爲君主雖在全體人民之下，却居於各個人民之上。所以君主若行暴政時，人民務必努力矯正，使之遵守契約；但暴君若固執其虐政毫不知改，則人民全體以這樣君主爲違約者，卽可看作反逆而改廢之。」

藍蓋的著書，主要是政治論，不是以論述學理爲目的，可是他在其緒論中會記此書的基礎在學理論，所以把他看做民約論的始祖，也不一定是不當。

關於民約論的創倡者，學者中的見解多不一致。如嘉奈（Janet, Histoire de la Science Politique p. 158.）海倫（Heron, History of Jurisprudence. p. 260）等推藍蓋；修爾澤（Schulze, Einleit. s. 45. N i,）李奥（Lioy, Filosofia del diritto. ii. iv.）等推格洛秀斯；而紀爾楷（Gierke）以奥賽修（Johannes Althusius）爲學理的論述民約論者的始祖。因爲奥賽修的政治論（Politik 1603）較之藍蓋的暴政抗議書，不僅注重學理論，且向來民約論重要在說君民中間的契約——統治契約，而他置重人民中間的契約——社會契約，同時並說這兩種契約，所以紀爾楷以他爲民約論的創倡者，也可謂有一理。但如後說，他在十七世紀初著政治論時，統治契約已稍成了學說的體裁，社會契約論也不是他創始，在數世紀前已有，所以他在民約論的地位，與其說是創始者，倘不如看作集成者的一人，尤爲妥當。

又格洛秀斯是國際法的鼻祖，認理性的社交性爲民約的原因；在這點，他不僅在民約論歷史上占着顯著的地位，並且是擴充民約於國際思想上的人但是把他當作民約論的創倡者可說是失當的見解。

民約論已於古代開其端緒由藍蓋與賽修及布嗒南（Buchanan）等非君主專制論者（Monarchomachen）大倡社會契約論以來漸次構成學說的體裁，以後柯發魯維亞（Covaruvias）維多利亞（Victoria）索圖（Soto）發斯塊芝（Vasquez）蘇萊芝（Suarez）等宗敎法律家也採用之，其他如宗敎家邁蘭克東（Melanchton）政治家腓特力大王（Friedrich der Grosse），私法家裘嘉斯（Cujas）公法家波汀（Bodin）等均以此說爲其國家論法律論的根據。特別格洛秀斯霍布思蒲芬道爾夫（Pufendorf）等提倡以後，以結社契約爲國家的起原以服從契約爲統治權的基礎，幾乎成了自然法的典範，偶然雖有以社會起原爲家族的發達，認君權基礎由神授或依强力想反抗民約說的人其勢力亦極微弱難振（Gierke, Johannes Althusius. s. 80. ff.）。

最初作政治論的民約說，到後來構成學理論的體系，是由合體於自然法說的結果。而作其合體的媒介者，是在中世紀發達了自然狀態的想像。聖奧古斯丁在其著的神之國（De Civitate Dei）中，說國家是起原於人類墮落「不得已的惡事」以來，敎會派的法學者，都以人類原始狀態爲清淨無垢的自然生活狀態，自然法（lex naturalis）是永久法（lex aeterna）——神法（lex dwina）的一部，是行於這自然狀態的法。

照這樣分過去的人類生活爲自然狀態及國家狀態二期的時候，關於人類離第一期自然狀態移於第二期國家狀態的方法，應惹起疑問，是自然的順序。

先隨着民權論而發達的民約論後成了自然法說的同伴者，說明自然法論者所謂自然狀態與國家狀態的關係時，民約說也成了絕不可缺少的材料了。所以多數自然法論者就是民約論者，現在爲避煩就簡，不列舉其學說，只就其中最著名者述其梗概如次。

蘇格蘭的布喀南，是一個民約說的先導者。他在一五七九年——即 Brutus 的暴政抗議書出版之年，著了蘇格蘭人的統治權（De Jure Regni apud Scotos.）一書，說統治權是由人民移交於君主的，所以君主須遵守其移交條件，若有違背這條件的君主，就是暴君，對暴君可反抗或懲罰之。因爲他爲當時蘇格蘭王詹姆斯六世的侍講，是王常敬畏的嚴師，想把自己確信爲正當的主義灌輸於王，而著了這書。但是王後來作了英王詹姆斯第一世，一六〇九年在英國議會演說，不過是僞善的背誦了其師的教訓。

布喀南認君權基礎由於民約，作國王侍講而毫無忌憚的倡這激烈的民約論之原因，大概是由中世以來蘇格蘭的社會狀態刺激起的吧？當時蘇格蘭沒有强固的政府，內亂屢起，殺傷掠奪所在皆是，人民因爲不能安居，遂羣起而立私約「結社」（"Band"）以自衞。而這「結社」行於各階級間，雖國王亦可加入其同盟。在有這樣慣例的國家，發生國家及君權由於契約的思想，可說是自然的趨勢。

胡凱爾（Richard Hooker）是不關係誅伐暴君論而首倡民約論的一個先導的學者。他於一五九四年著了有名的教會政治論（Ecclesiastical policy）四卷（第五卷一五九七年出版），認國家及法律起原由於民衆契約，不問法律的種類若何，論人定法的效力都根據於承諾，主張立法議會定的法，都是人民代表者承諾了的法。獨裁君主定的法，因爲人民承諾服從君主命令纔有效力。習慣法是吾人祖先承諾了的法。說「吾人曾於吾人祖先時生活了，而祖先仍在現在吾人中生活的，」所以法都是根據於我們的承諾。

如前所述十六世紀的民約論是隨着誅伐暴君的當否論而起的，所以其論旨重在以契約爲君權及民權的基礎，認契約是國家及社會起原的學說，不過僅有其端緒。所以民約論在其初期，僅成就主權契約論的形式，倡社會契約論者尙極少。但西班牙的馬利亞那(Mariana 1536-1623.)於一五九八年（有說是一五九九年［Encyclopaedia Britannica］又有說是一六〇三年［Heron, History of Jurisprudence. p. 309.］）公表他著的君主論（De Rege, et Regis Institutione. 1598.），採人類未建國家以前的狀態——自然狀態，爲其契約說的基礎，以人類在自然狀態都是自由平等，沒有一人以他人爲自己君主的道理，也沒有個人服從衆人的道理。所以在這時，尙無國家，也未生君臣的區別。論人類脫離自然狀態移入國家狀態以至有君臣之分的正當理由，唯有依各人的承諾而已。在自然狀態，各人雖都自由獨立，但因人類增加，生出各種弊害，「特別苦於强者的壓迫，人類遂依契約組織社會，在其中擇公平正直的人託以保護之任，以防止內外的不正，且定公平的法律，約束最高級最下級及中級的人。這是生國家君權及人權的原因。」

馬利亞那也像法國的藍蓋及霍特滿（Hotman），蘇格蘭的布喀南，英國的波奈（Poynet）等，屬於十六世紀末起的非君主專制論者，其書的目的雖在論君權的基礎，但他的民約論，與其他論者比較時，更進一步，稍成社會契約論的形式，不僅認君權的起原由契約，且依此想說明社會及國家的起原了。

馬利亞那的著作立脚於契約論，所以主張革命權及放誅權是由違反原約而發生的。他這書出版以後在歐洲各國弑逆者接踵而起，奧蘭吉侯威廉 (William III, Prince of Orange)，法蘭西王顯理三世及顯理四世都被弑，在英國伊利薩白女皇及詹姆斯王都相繼遭難，他的書成了各國政府衆惡之的，到出版後十一年度法國國王嚴命燒燬而禁止了。

奧賽修在民約論的歷史上占着很重要的地位，前已述過。他在其政治論(Politik, 1603)的第一章，論社會的本質以爲人類因生活的需要組成社會團體，其結社的手續爲明示的或暗示的契約，依這社會契約 (Contractus sociatatis)作共同生活的人(symbiotici)互負有對其社會生活共通其必要的及有利益的事物之義務，而其共通包含物質勞工及權利三項，依兩種「社會的規範」 (Leges Consocationis) 而規定的。其一是「共通規定」(Leges Communicationis)，定共通之內容及界限，其二是「管理規定」(Leges directionis et gubernationis)，支配這共通的事務。而在各社會的團體有統治者服從者的區別；所謂統治，是指爲其團體的安寧幸福而服從及注意，所謂服從，是對其保護及防衛而行的報酬。所以設立社會及作成君民關係的原因(causa efficiens) 是當事者的承諾，其目的是公益。而其最終原因，是現於自然界的神的世界秩序(Gierke, Johannes Althusius, s. 21.)。

格洛秀斯以人類的社交性爲國家及法律的基礎，認社交性驅人類去自然狀態而作國家狀態的生活，主張建設國家唯一的方法是契約。他說「遵守契約是自然的法則，……國家的淵源，也不外是互相契約。何以言之因爲組織社會，服從一人或數人時，是服從其社會的多數或服從移交其權力者的決意，不是明約，便是依其社會狀況而默約的，這可以推斷得來」(Grotius, De Jure Belli et Pacis. 1625. Proleg. 15.)。所以格洛秀斯的社會契約論以人的社交性爲基礎，社交性依在自然法可作拘束原因的唯一方法之契約，使建國家而作法律的。

霍布思也以人性論爲基礎而倡社會契約說，可是他的見地全與格洛秀斯不同。格洛秀斯以社交性爲社會的基礎，以「愛他心」爲人的本性；而他以「自保的切望」(sui conservandi studii) 爲社會的基礎，以「利己心」爲人的本性。他倣培根(Bacon)以物理學爲各科學之母，用物質的觀察人類，認人類爲感情的動物，感情的極端在欲生惡死，故生是最大善而死是最大惡，避死求生是人的通性，所以可說人生目的亦在此。但在自然狀態，各人平等，萬物共同，其結果各人雖對一切物都有占有使用收益的權利，但鄰人對同一物也有同等的權利，因而互相利益衝突，竟生出「萬人對萬人的戰爭」(Bellum omnium contra omnes)。所以戰爭是人類的自然狀態。這戰爭的勝敗，固由各人的智力體力而決定，可是今日的勝者又爲他日的敗者，又有勝於一人而敗於數人的事，於是智者強者亦未必能安枕無憂。因此各人在自然狀態雖對一切物都有權利，可是其實等於對一切物都沒權利。所以依人類欲生怕死的性情，想避開恆久戰爭的自然狀態而求和平狀態，就生了如下述的自然法的原則。

第一原則　各人爲得和平都不能不努力求之，唯限於終不能和平時，方得行戰爭。

由這第一原則，生出第二的自然法原則。

第二原則　各人與自己承認別人的自由限度，約略由別人得同限度的自由，就不能不滿足。

這第二原則的實行，在交讓權利，而權利的交讓，就是契約。

第三原則　各人不可不履行其契約。

這第三原則，就是正義的淵源。

霍布思照這樣歸國家及法律的淵源於契約，依其契約建國家作法律，是想避免人生最大惡事的死。就是想離開恆久戰鬬的自然狀態，而作和平狀態的國家生活，所以違背這契約，就是復歸於恐怖的戰爭狀態。所以各人權利的交讓是絕對的，因而主權是無限的，遵守的義務也是絕對的。於是他的結論，所謂革命權是沒有存在的餘地。(De Cive, Paris 1642; Leviathan, London 1651; Complete works by Molesworth.)

斯賓挪莎在其著的「神學的政治論」(Theologico politicus. 1670.) 中提倡了民約說。依他的見解，人類的自然狀態，是各人從其天性而生活的，所以各人的權利，與各人的實力範圍相同，人各依其所欲所能而可以取得物，於是因之生了競爭，競爭的結果，就生了爭鬥。照這樣，在自然狀態，各人動輒被情慾支配，爭亂遂無已時，因而人各恐懼災害，希望幸福，欲捨去情慾生活而將移於道理生活了。這就是理性之力導人使依契約組織社會建設國家的原因。所以組織社會的目的，畢竟不外依團結而欲得安寧。其團結的範圍愈大，其安寧自由愈加倍的增大，其團結愈鞏固，權利自由亦隨之加倍的鞏固，所以依契約欲建設國家，當然是不違自然法的。

蒲芬道爾夫折衷格洛秀斯的利他說與霍布思的利己說，以自愛為人的固有性質，可是人亦需要神及他人的輔助，所以由自保的必要，也能起社交性；又以自然狀態，非如霍布思想像的戰爭狀態，也行着愛的法則，可是由此生的和平狀態，極不確實，動輒由憎惡猜忌等生出禍亂，所以爲避這災害，人類依兩個原約而建設了國家。第一稱爲「結社原約」(pactum unionis)是依全員一致的合意而組織團體的原約。依此原約，衆人已爲一團體時，依其團員的多數決 (decretum) 可以決定政體。依這決議定了政體時，奉其政體，而作應服從主權的契約。這就是第二的「服從原約」(pactum subjectionis)。有這兩種原約，與中間多數的決議，國家的組織始能完成的。

蒲芬道爾夫關於民約論的基礎，不能說特出心裁，可是折衷格洛秀斯及霍布思兩說，詳述結社契約與服從契約的區別，以中間決議維繫這兩契約，民約說的體裁遂大整備；後出的安瑪修斯(Tomasius)等自然法學者，都是祖述了他的學說。

密爾敦(John Milton, 1608-1674)也倡民約論，歸因國家及君權的起原於人類的墮落。他說：「若稍解事理者，雖愚恐怕也不否定其次的事項。人是神的形像，所以生來是自由的。人有萬物靈長的特權，生來雖可命令，但決不是應服從而生的。唯因亞當(Adam)的罪業，使人作惡暴行，趨於墮落，所以人類豫見如此狀態必導全人類於滅亡，因而會盟互約不相侵犯，若有妨礙或侵犯這契約者，必協力而防止之。」(The Tenure of King and Magistrates, 1649.)

密爾敦在這書中，記載蘇格蘭人廢除女王瑪麗時，遣使向英女皇伊利薩白陳情；說蘇格蘭人是自由之民，古來會自由廢立國王或放逐或處死刑，現在蘇格蘭人仍不失其權利，有正當理由時，仍可以廢立女王。他認這是「明示王權是君民互立契約的證據。」

洛克是民約論中最有力的一個人，在他的「國家論二篇」(Two Treatises on Civil Government. 1689.)中述的國家起原論，與盧梭社會契約說，並對人類歷史遺下宏深的印象。他主張自然狀態事實的存在，在自然狀態中行着自然法支配各個人。理性就是這自然法。這法指示人類的原則，是各人都是獨立且平等，所以任何人不能侵害他人的生命健康自由及所有。但在自然狀態，各人平等且獨立的結果，各人各自爲自然法的執行者，又是自己的裁判官。這樣狀態雖不能說是戰爭狀態，但易陷於戰爭，則毫無庸疑。所以想脫離這不安狀態，人類由自然狀態的生活，就移於社會狀態的生活了。而這生活狀態的移轉，不能不依各人的契約。因爲人在自然狀態都是自由的，所以若無承諾，同等者中的一人，無能爲別人的君長或裁判官的道理。照這樣，民衆依各人互相承諾設立一團體的時候，其結果這團體成了一個體而有權力，得作一個體的活動。其行使權力的方向，是依多數組成員的意向——同意而定的，這與物體的運動方向，依加最大力的方向而決定恰相同。所以各個人依設立團體的契約，應服從多數決 (ch. VIII)。

盧梭是社會契約論者中最著名的一個人，世人常有誤認他爲社會契約論的創倡者，其實他却是社會契約論的殿軍。因爲社會契約論的勢力，到盧梭已達絕頂，他的社會契約說，做了法國大革命的旗號，在歷史上行了大實驗，此後這學說生了大頓挫，其勢力被民主主義思想奪去，遂一蹶而不振了。由此觀之，民約論不是由盧梭而開始，實是由盧梭而告終，比較是正當的見解吧？

一七五三年盧梭著了人類不平等的本源 (De l'origine et des fondaments des l'inégalité parmi les hommes.）一書，說人類自然狀態，是自由平等的有幸福而無災禍的黃金世界，到了澆季之世，人智漸失醇樸，隨之發生了種種災害。他又於一七六二年著了有名的社會契約論，述了社會的起源。他對社會起源，先提出問題如次：

「以聚合者全部的力量，防護各聚合員的身體及財產，且各聚合員在聚合以後，仍能如聚合以前，各人只服從自己而不服從別人，能保有其固有的自由，這種合同的形狀究竟若何？」

他認這問題，依社會契約說可以解決的。他論各人依原約讓其權利全部於共同體，又由共同體承受同一的權利，所以自己讓與的部分和其承受的部分相同，毫無所失，而且依共同體的力量，能得其應受的部分之保護。所以這問題就極易解決了。

依此社會契約，其契約者中生出「總意」(volonte generale)，這總意就是「總我」(moi commun)；到了表現爲有秩序的政治團體之形體時，就是所謂「國家；」由其作用而觀察的時候，就可說是「主權。」「這恰如自然與人以對其肢體有絕對權力的樣子，社會契約與政治體以對其支員也有絕對的權力。這權力由總意指導，就是所謂主權」(II. ch. 4.)。但這總意，並不是各個契約者意思的總和 (volonte de tous)。何以故？因爲各個人意思中存的差異，互相消殺以後，成了共同原素而存的部分纔是總意 (ôtez des volontés particulieres les plus et les moins qui dentredetruisent, reste, pour sommes des differences, la volonte generale, II. 3.)。所以總意雖是由各人意思生的，却與各人的意思不相同。各人的意思以私益爲目的，其私益與其他各人利益不調和的部分依相殺而消滅，所以合意的結果存的總意，可說是以公益爲目的。所謂社會契約，是指生這總意的契約，如建設政府委政權於君長等事，是任命官吏的行爲，不過只是單純的委任，決沒有義務契約的性質，所以任何時都可隨意解去變更或限制其委任。

人依契約不能放棄其固有的權利，拋棄自由就是拋棄人格。所以如格洛秀斯及其他學者的主張，以爲依社會契約拋棄自由，是錯誤的。人民總體，依契約組織國家以後，尙自爲主權者，盧梭由這理論說主權的性質如左：

一　主權是不可讓渡的。權力雖能轉移或委任於他人，而意思却不能轉讓或委任。所以主權的總意不能讓於個人或個體(II. ch.1.)。君主及其他的執政者，不過是主權者的屬吏　(simple officiers du souverain.)。

二　主權是不可分割的。因爲主權者是人民的總體，主權是其總意。所以把主權分爲立法權行政權，或分爲稅務法務軍務，又或分爲內務外務等，可說是誤解了主權的性質。「日本的魔術家在看客面前，寸斷小兒的身體，把這分割了的肢體投上空中，肢體在空中復接攏，仍成活着的小兒落下來」(II 2.)，主權可分論者，是學了這日本魔術家的手段。

三　主權一定是公正善良的，常是增進公益，因爲總意沒有希望人民全體不利的理由(II 3.)。

四　主權是無限制的。依社會契約生的總意，爲其社會公益，若沒有無限的强制力，就不能達其目的(II 4.)。

盧梭由上述的理論，以爲法是總意的表示(Elles sout des actes de la volonté générale)。說「人類

在自然狀態，一切物是共通的，非對他人作契約，則無義務可負，非自己不用之物，則不認爲他人所有。但在社會狀態却不同，是以法律定各人的權利」(日6.)故法的淵源是契約，法是「我們意思的記錄」(registres de nos volontes.)。要言之，他的議論不外是兩個錯誤的推斷，一是一部分的利益常與全體利益一致；一是民衆能識別社會全體的利益，常想努力實行。照這樣各人均以自由而且平等的條件，新締結社會契約，由此法國大革命口號的自由平等博愛等思想，遂繼續的勃興了。但盧梭主張共同意思就是權利，就是公共利益；且倡說國民總意的國家，依其社會全體最適當的方法，有運用且處分國家各部分的普遍權力；且說爲平等應犧牲自由。所以盧梭的自然復歸說，自是助長國家專制的發達，又因其理論的嚴酷與易使別人誤解的草率，不免成了忘却實際的空論，因之激起法國革命家過激的行動，且惹起與其他歐洲各國的大衝突。

六　法國大革命的動因

福祿特爾以透明的機智與推理魅住讀者，是以才勝，而盧梭以刺人肺腑的直情見重於世，是以氣勝。盧梭反覆勸說民衆，以爲社會極容易復歸黃金時代，恰如一舉手一投足就可以做到的事。把他這種草率的信念，盲信爲金科玉律的聖鞠斯特(Saint Just)及羅伯斯庇(Robespierre)等，使法國現出了恐怖時代。結局使法國拜倒在拿破崙足下的原因，不外是由這空想引起的失望。要言之，若分法國大革命爲二期，可說前期是福祿特爾時代，而後期是盧梭時代。

盧梭等以外，倡道共產社會主義的摩萊利(Morelly)馬布里(Mably)等，夢想全然破壞舊制度而現出理想的國家，其中所謂「百科全書編纂家」(Encyclopediste)一派，專鼓吹破壞的消極的敎訓，替代直覺的命令，想以道理作道義的標準。然他們所主張的前提，是極端的個人主義，他們所謂道理，臨到危機常有被情熱及利己心所左右的。

當時法國思想界，不僅在形而上的學問界起大變革，即在形而下的學問，也漸起了研究的端緒，就是天文物理化學地質學等學問，都以新奇的形式加以研究；而對這些新研究給與以極大刺激者，是狄戴羅(Diderot 1713-1784)與達蘭拜爾(Jean le Rond D'Ambert 1717-1783)等，協力得許多同志學者的贊助，一七六五年編輯刊行了有名的法國百科全書(Encyclopedie raisonce des Sciences des Arts et des Metiers)。這書全部二十八冊，是極浩瀚的著作，網羅關於宇宙人生所有哲理及歷史上科學上各般的知識，整理而排列之，想由根本破壞依據向來權威與傳說的舊式思想及信仰，對於法國思想界的影響極大，特別狄戴羅的唯物說及無神論，與福祿特爾的學說相呼應，對敎會成了極痛切的打擊。

原來法國人感情熱强想像豐富，且是極易衝動的國民，所謂這些革新思想，一旦奪去這易感的民心，恰如燎原之火，非燃燒盡舊國家與敎會組織及一切文物制度弗已，這是時勢必然的趨勢。拉馬丁(Lamartine)說：「人的思想猶如神的精魂，把一切事物照自己想像而構造的。」這話說的很對，我們由法國的革命哲學，可以曉得是照自己想像而造成歷史的。洛克休謨代表的英國思想，對法國革命生了間接的影響，依英國思想惹起美國獨立的思想，却與法國大革命生了直接且宏大的思想。

一七七六年北美十三州聯邦憤慨英國的暴政，發布獨立宣言，動了數年干戈以後，終達到獨立目的而建設了一大共和國，這與法國革命以極深刻的刺激。

楊格(Arthur Young)當法國大革命未破裂以前，已警告法國政府，說美國獨立已安置了法國革命的基礎，法政府若不警戒，將要發生大亂。斯提芬(Stevens)教授也說美國獨立戰爭若不成功，法國革命或者也不能成功，甚至於或者當初就不發生也未可必。讀了盧梭的書，看了馬布里的著作，已經夢想自由平等而且略解何爲共和政治的法國人，聽到北美十三州的獨立宣言，即刻熱誠的歡迎，像拉斐夷特(Lafayette)將軍首先組織義勇軍，特遠渡大西洋去參加了美國獨立軍。這固含着由十八世紀數次大戰被英國奪去殖民地的復讎的意思，可是出於羨慕自由獨立憎惡專制政治的大義，是毫無疑義的。當時法國人對美國獨立若何的熱中，依福蘭克林一七七七年五月由法國致其本國的信中，就可以曉得個大概。

「歐洲對於美國獨立賞讚希望的言論，關於英美間的問題，可以曉得全歐羅巴都是袒護美國，生活於專制政治下的國民，尤其稱讚自由希望自由，但他們在歐羅巴恢復自由的事幾成絕望。他們譯讀美國各殖民地的憲法，都是熱狂的心醉：我們美國人的主張，畢竟是全人類的主張，我們爲護自由而戰，同時也是爲他們的自由而戰，這是此地一般人的觀察。」

美國獨立戰爭與法國人的刺激，決不是一時的，其影響所及宏深而且久遠。苦於路易王朝的虐政，憤慨不平等的社會組織，切望國家生大變革的法國人，讀了美國獨立宣言書，受怎樣痛切的印象，是不難想像得到的。美國獨立宣言中的辭句，與他們學了盧梭馬布里等的見解，若合符節。看見全然脫去像法國人為的階級傳說束縛等，而以自由平等博愛三大主義為基礎的共和政體新建設於大西洋對岸，法國人遂羨慕不已，希望於法國也早實現這種國家。

法國人羨慕合衆國的獨立，在法國也想設立共和政治的理想，雖很明切，可是他們也不是全不顧兩國的國體非常不同。新組織的美國聯邦各州，從來都未經封建制度，又是過去不受拘束的淸敎徒殖民地發達來的，人民夙富自治獨立心，英國派去的總督，幾乎不為他們所承認。各殖民地實際都早行了共和政治，唯與母國政府交干戈時，方聯合起各殖民地得了共和政治的名義。但法國革命是國民的統一的，像北美合衆國聯邦制度的共和政治，不是其究極的目的，徵之後來主張在法國設立聯邦制度的山岳黨之失敗，就可以曉得。但是共和政治也不是理想國，在新世界已建立起來了，而且法國人也提着頭顱熱血幫助着設立了。把這友邦的政體原樣輸入法國，固然不可能，但於法國歷史及現狀不相扞格的限度上，採其長處美點，以補法國王政之短，曾作了法國革命家的理想。徵諸一七八九年的國民議會，當制定有名的「人權宣言書」時，一委員提議倣傚北美合衆國的成例而作宣言，就可以曉得的。

法國大革命，尙有其他許多的特殊原因。比如其財政的紊亂，其專制政治較諸世界任何國都極端，其國民性情容易偏趨於理想等，可是由根本的說來，第三階級的勃興及隨帶着發生了革新思想，是其最大的原因。

第二章　法國大革命對國際思想的影響

一　法國大革命的特質

法國大革命，不僅限於法國，是人類全體的革命，世界史也依這大革命畫了一個新紀元。這革命的特質，是第三階級(Le tiers-état)對專制主義及封建制度的革命，主要是資產階級(Bourgeoisie)的革命。

在歐洲，宗教革命是反抗羅馬法皇的權勢，以個人的判斷爲信仰的基礎；同樣，法國大革命顚覆封建的專制，樹起人類自然權的原則。這兩個近世史上的事象，固不可看作各是獨特的現象，可是我們也不能傚麥法遜(Hector Macpherson)遽斷定前者代表精神的方面而後者代表現世生活的方面，卽承認其爲人心解放的兩大運動。資產階級勃興，隨着文藝復興，湊成宗教改革的原因，而資產階級對封建制度第一次反抗，也可看作對當時封建制度國際大中心的羅馬教會，在宗教的假裝下行了叛逆。這樣看來，與其說宗教改革與法國大革命是新興資產階級的雙生兒，寧可說宗教改革是法國大革命的先導。

資產階級，在封建制度中作新生產階級而誕生的時候，同時有文藝復興與科學的發達。科學發達，與其說科學本身的發達，寧是生產階級的「思想學」(ideology)立脚於科學上，所以資產階級的勃興引起了科學的發達，是妥當的見解吧。中世的科學，是敎會的奴僕，不許超過一定信仰的範圍，所以把科學作爲生產階級的科學欲使之生存，就不能不對教會起叛逆。於是科學對教會舉起了叛旗，資產階級與科學向教會就進攻起來了。

宗教改革後，出現了法國大革命。法國大革命可以看作資產階級第三次的勃興，這時全脫去宗教面帚，而着手政治的鬥爭，就是到掃盡封建制度使資產階級獲全勝以前完全澈底的鬥爭。我們觀察法國大革命的勃發，是依上述之解釋出發的。

法國大革命的理論是自然權說，但自然權說不只是法國理論的標幟，也可看作新興資產階級革命的政治理論，又由這看法，纔現出史的意義。

在最廣義上，法國大革命可說是近代之自由主義民主主義及社會主義等運動的本源。因爲「自由」的思想向着自由主義，「平等」的思想在政治上向着民主主義，在經濟上向着社會主義，各都發展去的。但是這革命第一的事業，在掃盪封建制度。革命領袖，不是共產主義者，也不是社會主義者。在這革命中雖能尋出社會主義的發動，但不是關於經濟的形式或財產所有上物質的結果，是只在帶着精神的外觀之平等思想而已。又雖有抱共產主義思想的哲學者，可是在十八世紀的理論與實際中間，不能認出有近代意義之社會主義運動的形像。共產主義在當時不能成爲問題，因爲除過少數例外，任何人對共產主義沒有感過興味。

這些少數的例外，也只是些夢想家(Utopian)，他們不是看到未來，只是固執着過去，不是向着社會的民主主義，寧是回顧着自然的狀態。所謂自然狀態，只是哲學上的概念，不過想像純朴野蠻人生活的黃金時代，直承認這是人間實際眞正的生活。然而在法國大革命期資產階級勃興的中間，縱可說沒有超出空想範圍，却也不能全不承認其胚胎了社會主義的思想。在法國大革命期，若强求其當時適用的經濟學，就可尋出重農主義者(Physiocrat) 哲學的理論吧。這學派認定富能增進幸福，以為獎勵生產——特別獎勵農業是增大國富的方法。照這樣，重農主義者的理論成了當時的經濟學說。在路易十六世(Louis XVI)治世初期「自由放任」(Lesser faire)成了重農主義者標榜的口號，依適用重農主義的理論，想打開政局困難。當時杜果 (Turgot) 的經濟政策雖說不適當，却也是根據了「自由放任」的理論。革命理論雖沒有經濟的基礎，可是在其政治的要求上潛伏着資本主義自由競爭時代的原則之「自由放任」的概念，依這例就可曉得不可忽視過的。但是法國大革命結局是政治運動，其根本原則在政治哲學以外。因法國大革命時，一切人所希望的社會救濟是政治的變革；「草定憲法」是當時新人的喊聲。近代意義的所謂社會主義運動的動力之無產階級，在十八世紀末葉，法國社會尚沒有看見。因為當時土地制度及產業上的財閥政治，尚未奪去法國大衆經濟的源泉，而且有土地的農民尚居多數。但是這些人同都在封建的暴政及苛稅下受着痛苦。立在保護農民地位的領主，大部分居在京城，以他們的領土認為他們在凡爾塞作放蕩生活的手段。而農民手中最後餘的一錢，都由領主之代理或代表政府的苛稅强要着去。這些苛稅不僅徵收貨幣及生產物，並且强徵了勞動。大革命時，土地問題雖是最重大的一個問題，而農民本身却未參與。例如穀物暴動或一七八九年的直接行動事件上雖與社會以重要影響，農民自身却是不明瞭的部分並不是依革命之名由自己意思奮起而參與了的。

最陷在悲慘狀態的人，是農業勞動者，這些人分散於全國各地方，是作了當時「最善的近代思想」——重農主義的哲學理想——之「自由契約」的人。在革命前數年繼續的飢饉，實際這些人因餓而壓倒了。貧而無助的地方無產者，流入於各都市——特別於巴黎，成了市街上的無產者。這樣過程，不是在革命爆發的一七八九年就終了的。在大革命中這階級盡了相當職務，但多半都是間接的。暴力的行動雖常成功，可是沒有能力在事前準備這些行動的組織。就是他們本身不能組織，由他們儕輩中不能選出他們都喜歡服從的人，連指導者尚且選不出，所以各種政治家，都能提出這些勞動者所必要的事；而他們也就即刻集到需要他們的政治家命令下去了。

但是第三階級，由革命勃發到最後勝利，自始至終繼續最初的態度而突進了的。這第三階級可大別為兩要素，就是資產階級與專門家（Professionals）。前者與貴族階級沒有什麼交涉，與勞動者更是緣遠；而後者立在貴族與資產階級中間，像占着天堂的地位。專門家多是學者或富者，所以在革命初期，出了許多革命的指導者，其勢力直支持到和平共和黨（Girondin Party）失敗的前後。但在革命進行中，隨着過激共和黨（Mountain Party）的反對黨蠭起，而統制力就全歸到代表資產階級的人的手中。公安委員會（Committee of Public Safety）的領袖及新軍隊的將帥，都是由這階級出身的。

二　第三階級——資產階級的勃興

向來在法國，於一七八九年革命以前有稱為一般會議（Etats generaux）的一個會，在一三〇二年由法國王腓力（Philip）始行召集，以後直到一六一四年，雖無定規，却開了多次會議。這會議較之立法機關，寧可說是諮詢機關。在這會議出席的代表者，因其由貴族僧侶及平民三個階級選出，所以依這會議，代表其時代社會階級鬥爭之實狀的點上，有極重要的意義。起初在這會議代表的平民，所謂第三階級民，在社會上政治上都占着極低劣的地位。像腓力王對平民階級說，汝等聽國王的命令只應贊成喝采助其完成而已。但由十四世紀到十八世紀中間，法國社會的形勢全然一變。這其間，平民——第三階級民，非常勃興，其數目增多，富力也增加，文化大進，實業也大發展了。其結果於一般會議第三階級民的勢力大爲增加，成了自然的趨勢。就是第三階級民社會勢力的增進，於是又表現出政治勢力的增進；政治的勢力達到最高潮時，要算一七八九年革命時的一般會議。其時指導這第三級的人，是密拉波(Mirabeau 1749-91)與歇儀（Sieyes 1748—1836），這兩人雖屬於貴族階級，却喜受第三階級民的選舉而充其指導者。歇儀說：「什麼是第三階級民？第三階級就是全部人民。」由此可知第三階級意氣若何之盛。一七八九年六月十七日，第三階級的代表者，宣言自開國民會議（National Assembly）。從此這些代表者於全月二十二日，在密拉波及歇儀的指導下，集於凡爾塞宮網球場，宣誓不制定法國憲法而不解散。這就是有名的「網球場之誓」，而成了法國大革命的第一步。

第三階級的代表者，三分之二是律師及法官，其他是學者，可是他們自己都是第三階級民，又是第三階級的代表者。所以可說法國大革命的第一步，是由這第三階級的勃興而導出的。赫伊(Hayes)在他著的近代歐洲政治及社會史中說，舊政治制度假若依然維持住的時候，最不利益者是第三階級，對舊制度行改革時，最受利益者也是第三階級。這是十分說出法國大革命的精神。

法國大革命，一方面是第三階級民與其他特權階級的貴族僧侶之爭，又是第三階級民與專制君主之爭；他方面是法國政府財政極度窮乏，巴黎市民因飢餓而時有倒斃於市街者，因而巴黎市民都左袒第三階級。依有力的新聞記者德睦鄰(Camille Desmoulin)的指導，巴黎市民自武裝起，作了第三階級代表者國民會議的幫手。因而巴黎秩序混亂了三天以後，七月十四日巴黎的暴民，破壞了表現專制主義的巴斯底（Bastilles）監獄。在這點，可說法國大革命是由第三階級民起的革命，同時又由第四階級民（Parisian Proletariat）援助成的革命。不僅如是，在十月五日巴黎貧窮婦人的示威運動，延長由巴黎到凡爾塞中十二哩路，高唱給與麵包吃的口號，由這看來，革命也受了貧民很多的援助和指導。但是這些事，都不能否定法國大革命立脚於第三階級的原則，革命的中心勢力，事實上總在第三階級。法國大革命，在法國特別有革命的動因，固如前述。但一般的原因，是亙全歐洲勃興了新階級，及其隨着發生了新思想。所謂新階級，是在中世都市發達了的第三階級——即資產階級。這第三階級，在法國大革命中當然要占了重要的地位。

三　法國大革命的二大宣言

事實上代表法國主權者第三階級的國民會議，依一七八九年八月四日的決議，以八月十一日公布的封建廢止令及同月二十六日的「人權及公民權宣言」(Declaration des droits de l'homme et du citoyen)，定爲新制度的基礎。封建廢止令共十九條，其第一條起首先記國民會議全然廢絕封建制度，其他應廢絕的一切事，分別項目而列舉之，大概是農奴狩獵權（貴族的特權）地主裁判權，庶民權，官職賣買，僧侶的采邑特權，階級的免稅權，地方的法律之差異等。

「人權及公民權宣言」一共十七條，規定了公民生活的根本主義。第一條說，人於其出生及生存有平等自由之權，除爲公共利益，不能有社會上的不平等。依此所謂各人有天賦不可讓之權利：第一是自由；第二是所有權的安全；第三是反抗專制之權利。第三條說全主權之淵源，必存於國民。這是承認主權不在君主而在國民的大原則。第六條說，法律是總意的發表。一切公民，依其本身或依其代表者有參與制定法律之權利，……法律對一切須均等。這是規定公民有參政權，在法律前萬民均平等。第十條說，任何人在不侵害公共秩序的範圍內，不能妨害其發表意見；對宗教上的意見亦同。這是確立言論及信仰的自由。第十三條說，爲維持公共權力及行政費用，不能避免公共的課稅，在一切公民中，依其能力應平等使分擔租稅。這是宣明平等課稅的原則。

人權及公民權宣言，在歐洲歷史上最有重大的意義。這宣言以前，在英國及美國，也公表過承認一般人民之自由權利，可是英國憲法半屬成文半屬不文法，而且成文的部分，概只規定英國特別實際的事實，對一般原理原則少有記載。美國的獨立宣言，雖於一七七六年八月四日布告天下，可是這全屬掉上製造的議論，而作新共和國建國的精神，不像法國是爲拂除歷史上傳襲的積弊，所以其性質不同。這因爲法國人與美國人的境遇不同，美國人久殖民於新世界，行慣了自治的生活，而法國人處在數百年專制之下，一旦打破其長年的歷史開創了新制度的。

照這樣，「人權及公民權宣言」，對世界歷史劃出一新時期，是近代精神的精髓。然而法國大革命的所謂人民，尙是公民，而不是指一般人民。在人權及公民權宣言上，所謂主權之淵源，並不是全人民而是公民。所以一七九一年最初憲法規定納一定的直接國稅而不是別人的雇人者有選舉權，且要作公民的宣誓。其後在一七九三年的共和國憲法上定平等普通選舉制度，又作直接民主主義的方法定了複決權(referendum)的制度，可是這憲法沒得見諸實施，其後在一七九五年的憲法，採用限制選舉制度，在一八一四年的欽定憲法（Charte Constitutionalle)規定非納年額三百法郎以上的直接稅者不能作選舉人。依這些制度看來，法國大革命宣言的所謂人民，不是全體人民，是第三階級民的公民，所以法國大革命的自由平等，只是這第三階級的自由與平等而已。因而法國大革命，對貴族僧侶的專制政治與封建政治，宣告其破產，同時可知是紀念新社會階級——第三階級——的資產階級之勃興及其政權的革命。

四　法國大革命與近代民族主義

法國大革命中大放其光彩者，是「人權及公民權宣言」。盧梭說人生來是自由平等的思想，至此始直截明瞭的標榜出了。不待說，以前英國有大憲章（Magna Carta），美國有獨立宣言，都標榜了相類似的事，可是這兩者較之法國人權宣言無大光輝的原因，因爲人權宣言具着世界的源泉的性質；就是現代世界文化有的自由平等思想，不是直接發源於英美，是由法國人權宣言直接流露出的。而其有名的原則，又培養了民族主義的根底。民衆應選擇自己的爲政者，其事已決定了，延而又生出民族應擇政治而生活的原則。民衆覺醒與民族覺醒，常具有這樣的聯絡，是應注意的事。强使徹底這自由平等思想而活動的，是「嘉可賓黨」與「山嶽黨」等急進派。他們的中心集中於巴黎，其運動向各方面如怒濤的樣子傳播，小冊子報紙散布於極廣的範圍，當然不只限於法國國內（據說法國印刷品最盛行者要算這時候）他們且傳檄於外國友人，遂宣言「苦惱於專制政治的民族，請來訴諸法國民，法國民將救爾衆」於是最驚懼的，是君主專制的各國，他們都憂革命波及到己國，因而都汲汲講求對付的方法。當時歐洲大陸各國都是由帝王神權成的國家，唯英國是立憲代議制度。英國在革命之初，以對岸法國做已頗同情於革命，及至看到澈底運動平等思想因而引起暴動，於是對法國革命纔生了恐怖的感情。表現這感情的第一聲，是巴克(Burke)有名的法國革命論。英國如此，其他專制君主國，特別與法國王室有關係的君主國，也都非常恐怖革命的波及。西班牙與西西里（與法王室同一血統）以及奧大利（路易十六世皇后的母國）特別像脚下起了火的樣兒駭怕。就是山河遠隔沒有關係的俄國，也都同樣怕這革命。其中奧大利當時領有尼柔蘭，大部分與法國連境，利害關係特別大。一七九三年一月，路易十六世被革命黨處刑以後各國的恐怖達到了極點。所以各國一齊聯合開始抑制法國，奧俄兩國先動兵，其後英國荷蘭西班牙及薩基尼(Sardinia)都加入，成了第一回對法同盟。同盟軍占領比利時及萊茵河沿岸地方，以包圍之勢向巴黎進軍。環境如斯，法國民心不期而團結了。形成法蘭西民族這樣明確的得了建築基礎的運命。法國民恰像忘了革命的混亂，決然應戰外敵。有名的馬賽國歌，是這時法國民的進軍歌。他們唱着愛國歌，高舉自由平等的大旗而上前綫。此時若被外敵侵入，好容易由革命得來社會的經濟的改革，不能不被外敵蹂躪，資產階級儘量獻出智慧與軍備，眞舉國一致的作了國民的防禦。恰如窮鼠嚙貓，外敵的壓迫愈烈，愈使民族的團結強固起來。法國革命後若無外敵壓迫民族團結的動機，究能何時起來？甚至果能得到民族團結否？還是個疑問。

法國於一七九五年事實上使第一回對法同盟瓦解了。他們在尼柔蘭及萊茵河畔的各方面都戰勝了，使西班牙查理四世乞降，使普魯士割讓了萊茵左岸，使荷蘭王威廉五世去位。惟英奧及薩基尼尚抵抗着但對法國一籌莫展。照這樣，法國更增高了民族的自信心，越發强固的團結了。

但是外憂去後，又因革命後的整理，復生紛亂，隨着內政改革，繼起紛擾，經濟組織社會組織隨之混亂，現出所謂恐怖時代，而救這種危機的，仍是外敵，於是法國又不能不與第一次聯軍殘黨的英奧及薩基尼繼續作戰。戰爭在萊茵沿岸及意大利行了的，特別遠征意大利的軍隊，由意大利驅逐了奧軍，使薩基尼割讓尼斯等地方，長驅維也納作城下盟，使割讓尼柔蘭及伊奧尼羣島與舊威尼斯於奧，而使以後誓不干涉意大利；這勇將却是當時僅二十七歲的拿破崙。他的名望漸大，而法國的意氣愈强，逐次降服了歐洲各國，始終不屈者只賸了英國。拿破崙日夜圖謀總想屈服英國，終未成功。一七九八年遠征埃及，幾至全軍覆沒。

照這樣，革命後的法國，頻受外敵壓迫，不能安枕，一日內政將就安定之時，即有外敵侵入的脅迫，因而其對策第一先起安固國境的必要，所以於荷蘭，倫巴底，羅馬，法皇領地，西西里島，瑞士等地方，均布共和政，使與革命的法國作同樣的政治，以與之同盟。對這同盟大起驚慌者，是英奧俄等舊國。晚近革命的俄國，以蘇俄爲中心作一個大聯邦，欲鞏固其蘇維埃制，使鄰國恐怖的樣子；同樣當時國境安定不如今日的歐洲，其恐怖更甚。他們遂結合第二次對法聯軍，一七九九年齊與法國開戰。到處以破竹之勢攻破法軍，奪回意大利，而使其他共和國瓦解。拿破崙在埃及聞此敗耗，巧避英海軍的監視，遁歸巴黎，推倒政府，布新憲法，自爲第一執政，使法國民心機一轉，民族的自尊心被外敵挫傷的法國民，翕然在這英雄的脚下，誓了一致的團結，認這英雄是法國民族的唯一救星。所以革命精神雖是自由平等，爲這英雄而忘掉了一切，較之革命的成果，遂專心驅逐外敵，因而民族的團結，較之革命，較之一切，都成了痛切的問題了。

五　拿破崙與民族主義

拿破崙的歷史，由一七九九年以武力推倒政府開始。以後十五年中的歐洲史，是法國的歷史；同時法國歷史，又是拿破崙的歷史。最初五年中，因革命空氣濃厚，拿破崙的政治處心積慮專想做出革命的成績。在這時代他自稱爲「革命兒」，嚴格的撤廢向來的一切特權，廢止農奴制度，樹立平等的權利機會；政體在形式上是共和制，但目爲革命精神的自由思想，不知不覺的被他完全奪了去。他雖自稱爲「革命兒」，却對言論報章大加壓迫，甚至對學校教科書及教會的說教也加干涉，所以法國革命思想的潮流，以後現出一種奇形。這變態到一八〇四年更伸張，以後十年中成了不劣於路易十四世治下專制的帝國，使人疑革命究竟在何處。所以像民族思想，雖最强烈最確實，却也沒有根本要求之自決的自由。若更適切的說，不與以自由，却使民族的自覺更形急激的膨脹了。他自稱爲「革命兒」，極尊重革命的事業，是他看透了時勢的趨向，但他的行動，一半向着保護革命的成績，一半是向着打破革命的成績。因而他表現暴君的面目，使人幾乎疑爲什麽法國要行大革命。而法國人向慕他的心情却無已時，使後世人不能不感着詫異。他的英才確像看破了當時世人的心竅，亂雖時代合理主義較之浪漫主義有力，像治宗教改革後的亂世，是合理主義的樣子，拿破崙救法國革命混亂的政策，也是合理主義。他恐怕是適用了這原理，暫時排斥了趨於浪漫的自由由民衆遵從他的政策看來，放棄自由，大概不是拿破崙一人的利己政策，把這看作時代的趨勢，恐怕也無大差吧。他後年被流於聖赫倫那島(St Helena)時，嘆說：「予的目的在依民族主義改造歐洲，這事不行，歐洲斷得不了永久的和平。」由這感慨更覺得有深味。他漠然的有完成民族自覺的企圖，與他大帝國主義的宏業對照，很是有趣的現象。一般人只認他是專制的英雄的獨裁帝王，可是他由羅馬古典學了法典及政治組織，在行政教育等各方面行大改革，這樣看來也不能信他是不理解民族思想的人物。原來法國在聲名赫然的英雄下，鞏固了國民的團結，其餘勢進一步征服其他民族，後年作了民族的帝國主義之先驅，遺下民族史上可唾棄的污點，可是拿破崙由意大利及波蘭民族崇之若神，這事實是因他使各强國解放了這些民族，所以不能不認拿破崙一面行着帝國主義，而他面斷行了民族解放的事業。拿破崙的態度，對一般人民，對各民族，全然立於同一主義上，與了平等而沒與自由。他的獨裁的專制癖，對民族創了最大的禍，晚年的失敗也主要是因這理由。對於以一民族成的一國行專制，若有發揚國威的安慰來替代，一時可以不使民怨沸騰而渡過，但是壓迫異民族時，雖是一時也不能不搆怨而給局的。因此民族的帝國主義，一面使增高一民族的意氣，同時又不能不受被征服弱小民族的一切反抗。其次作考察的資料，對拿破崙民族帝國主義及民族解放的簡略史實稍加以研究。

六　拿破崙與意大利民族精神

十八世紀後，米蘭公國——倫巴底平原的主要部分，由西班牙歸於奧大利掌有，於是奧大利皇家開了支配意大利的端緒。爲擊破奧大利在此地方的勢力，拿破崙承法政府命，間道越阿爾卑斯山的險要，出奧國人的意表而迅達其目的。擊破意大利的奧軍而使之乞和。因此，拿破崙在意大利時與其人民以極大的感化。拿破崙原出身於意大利，在其滯留於意大利軍中的期間，向其同胞國民，剴切鼓吹了古羅馬時代英雄的榮輝，使追憶愷撒布魯斯西塞羅等的威名，巧收攬了人心。其建國之古與羅馬法皇之國相競的中古威尼斯共和國，在此時亦觸拿破崙的鐵腕而粉碎了。羅馬法皇的領土，其北部亦被削去。以這些新征服地方作基礎而創設的國家，冠以有聯想偉大歷史的意大利之名稱，以後拿破崙自己昇居意大利的王位。因文藝復興以來的人心由外國人支配而被壓伏，至此三百年來，意大利新又喚起國民的精神，對統一國家的熱望復油然湧出者正是此時。和這同樣，國民精神的餘波更越過亞德利亞海(Adriatic Sea)而波及到希臘人，成了詩人李嘉思 (Constantinos Rhigas) 的獨立運動；這運動雖然失敗了，可是由這時就種下希臘獨立的種子。

拿破崙的出身，相當文藝復興時代意大利傭兵隊長的階級，其使命也正是啓蒙時代「有光榮的專制者」之一人，而且是這樣人物中的最偉大者。他於遠征意大利時，為鞏固自己權力，當時法蘭西共和國最必要的內部統一及對外勝利，他都對法蘭西人贏得了。他一旦掌握了權力，務必壟斷住不肯分給別人，因而他於一七九九年改廢無能的法國政府，設立古羅馬共和國的執政治，自當首席執政，實際握了和愷撒一樣的權力。

他尊重法蘭西共和國的憲法，而事實上化作自己一個人的專制君主國了。他這專制國依三種方法維持：第一根據十八世紀的新思想編纂法典，在法律上實現一切人民的平等，尚於其征服力所及之處，使普遍的受同樣恩惠，意大利及西南德意志地方，直接間接因此都受了拿破崙法典的恩澤；第二大革命以來陷於兩統分立的法國教會使之復舊為統一人民的信仰，一八〇一年與羅馬法皇結宗教上的妥協，一面使一切僧侶服從法皇，以恢復人民信仰的歸趨，他方面使僧侶由說教壇上謳歌拿破崙新政治的功德；第三拿破崙以法蘭西共和國為基礎，征服國外的土地人民，如古愷撒建設羅馬人帝國的樣子，建成法蘭西人的帝國，更如查理曼(Charlemagne)大帝的樣子，形式上自己也登了皇帝的榮位(一八〇四年)。

七　拿破崙與德意志民族精神

德意志在拿破崙時代的前半期，尚未發揮國民的精神，所以腓特烈大王遺留的軍國——將來可以成就德意志統一的普魯士王國，第一次聯合對拿破崙戰爭中，早單獨講和(一七九五年)而中途脫退了。以後約十年中只貪圖中立與休養，在對抗拿破崙統一天下的各國眼中，很是顯得懦弱。普魯士中立期，乘拿破崙遠征埃及之隙，奧大利等二次起聯軍又被擊破了(一七九九——一八〇一年)。於是由拿破崙指揮，德意志各國各地的代表者開會議於奧格斯堡(Augsburg)，不得不議定改造領土關係。照這樣一八〇三年成立了奧格斯堡帝國代表者的決議。由此，法國的征服及於萊茵河左岸全部，其受損害的德意志各國，不得不於右岸內求賠償，因而沒收了宗教上君主的領地及多數騎士的領地，而充作受損國的賠償。宜乎以聯軍中堅自任的奧大利帝國，一時也不能不與拿破崙講和了。

但拿破崙的要求過奢且專制自為，及其登帝位的時候，英國首唱再與之戰，奧國三次復起，與俄提攜，海陸共發以當拿破崙。在海上法國海軍終不能欺英國海軍提督訥爾遜(Nelson)，最後終成就了德拉法峽(Trafalgar

Cape)的悲劇，可是在陸上奧大利受了拿破崙復仇的襲擊，首都維也納被占領，一八〇五年奧特立（Austerlitz)的三帝會戰，結局大敗而請降。至此，德國改造的事全成了確定而不能更動的了。奧大利皇帝先自動取消皇帝尊號，即刻棄去其祖先三百年來神聖羅馬帝國的帝位。有千年歷史的神聖羅馬帝國，至此（一八〇六年）名實俱亡。從此以後，德意志大體分作三大勢力——奧大利普魯士及南德意志，其中南德意志的巴威（Bavaria)威坦堡（Württemberg）及巴坦(Baden)三國比較的最擴大，成了拿破崙組織萊茵同盟的中心勢力，所以對抗奧普兩强，形成了第三種勢力。

及至一八〇五——六年，成了德意志改造的最大危機。十年間偷安中立的普魯士，到這危機時，纔感到拿破崙的壓迫，一八〇六年遂決然蹶起而戰。開戰之初，即大敗於耶納(Jena)，始實際證明了故腓特烈大王軍國組織的老朽無用，王室遠逃於東北邊境，雖得了俄國的援軍戰仍不利。翌年只得受屈辱而講和，失去愛爾伯(Elbe)河迤西的土地。

要言之，上述的都是拿破崙時代前半期德意志的改造。這改造以十八世紀的新思想與法蘭西的利益為標準，其傾向頗是法蘭西化，尚且於人道上對德國得了許多的幸福。因此，德國西南部非常受了法國思想法律及制度的影響，特別在法律上輸入了平等的精神，從來呻吟於封建君主割據及暴虐的地方，都歡迎了這樣的改造及革新。

十七世紀以來，歸屬法國的阿爾薩斯及洛林兩地方，到法國大革命拿破崙時代，始全然法國化。特別阿爾薩斯地方以首府斯特拉斯堡(Strasburg)爲中心，由中古到宗敎改革時代全屬德國領土，且是當時德國文化一個中心地方，以後被法國蠶食，遂被路易十四世確實領有，但是在言語風俗感情上，仍久未法國化，直到這時代，兩州住民纔深受大革命「自由平等博愛」的思想感化，受宣傳這些思想的法國軍隊赫赫戰功的眩惑，因之這地方的人心全醉心於法蘭西「祖國的榮光」而始同化了。在拿破崙部下活動的名將中，有多數阿爾薩斯及洛林人，如由阿爾薩斯出身的凱勒滿(Kellermann)及克賴伯(Kléber)，由洛林出身的奈衣(Ney)及奧津(Oudinot)等，都是出身平民，一躍而爲赫赫的武將。

這時斯特拉斯堡駐軍的一士官里爾(Rouget de Lisle)，爲該地駐紮的萊茵守備隊，鼓舞其對德的敵愾心，作了悲歌慷慨的名曲。這作品後由馬賽的愛國健兒當國家危急存亡之秋北上赴國難的時候高歌宣傳，因而普遍流行起來，後遂成了法國國歌——有名的馬賽歌。

原來德意志是神聖羅馬帝國的殘骸，不待說沒有今日的統一，奧大利的王朝，當時也不過是歷史的名稱。封建遺孽的各王侯，都割據自守，雜亂的蟠踞着，尙未得社會的自覺，法國大革命的思想，只感動了先覺的思想家，實際的政治及社會，尙仍舊保持着中世的狀態。與奧大利並立的普魯士，雖說比較的整頓，但也無一長可見。這地方人民的特長，耽心思索，疎於世事，雖對學問及宗敎的研究甚盛，而不爲實際社會所需。因之，他們非常成了世界思想的所有者，靜蟄居在書齋，作人道的夢想，認政治是蠢物作的事，所以政治依然如昔是舊式專制，社會仍存着階級的奴隸制度。早在十六世紀成就了宗敎改革，長於思索的德意志，却在政治及社會方面，遙不及法蘭西人，所以使拿破崙自由的長驅直入第一回對法同盟時，普魯士人就最先俯首乞和了。因而拿破崙毫不困難的分合領土，廢立王侯，在德國大行其改造。傍觀的德國人，對拿破崙不感覺敵愾心且冷笑這是政治家及軍人做的愚事；不滿意舊式政治的德國人且熱心的歡迎了拿破崙的侵入。拿破崙是個「革命兒」破壞一切舊時代的制度布新政於征服地，解放農奴，使人民參政，德國人以之與其王侯的虐政比較，寧是心悅誠服。「愛國主義」（Patriotism）毫沒有人在意，當時的思想家尼古萊（Nicolai）評所謂「德意志魂」不過是一種政治的畸形名詞，有名的詩人賴辛（Lessing）說：「彼愛國者嘵嘵不休，欲使予斷念為世界的公民，」他是最憎惡愛國者的一個人。當時的政治家雖竭力鼓吹民族團結以對抗法國，可是民衆多認為狂人囈語，且有報以反感的惡聲。當時最有名的詩人及思想家歌德（Goethe）和席勒（Schiller）等也都抱着這樣的思想。歌德說：「若吾人尋出惠養吾人土地與吾人家族共能遊憩，吾人無須要什麽祖國。」席勒說：「予將大書予為世界的公民，為大世界而捨了祖國。」這種世界的思想，由思想史上看來，是代表着十八九世紀流行的理想主義。以後由這分流出浪漫主義，民族思想就是這浪漫主義的別動隊。由此推之，這樣抱世界的思想之德意志人具着以後猛烈振興民族精神的素質，而煽起民族思想狂烈熱炎的人，却是拿破崙自己。當國家危急存亡之秋能使康德（Kant 1724—1804）大成的德意志人，仍能成非打倒拿破崙不已的原因，是因大受了拿破崙的刺激壓迫。

「革命兒」拿破崙治下，再沒有像自由那樣貴重的事。法國內不待說，對異民族也是一樣。拿破崙麾下的法國兵，常撑着自由平等博愛的大旆，以使普及大革命的思想於各國為戰爭的中心目的，恰與蘇俄紅軍的綱領一樣兵士的精神隨其前進常傳播了新思想。所以當初民衆非常感激革命思想的傳播，更因之而迅速。但拿破崙無自由之理解，兵士更以戰勝之醉狂，隨便欺辱其他民族，口雖倡自由平等博愛，却劣等視征服地的人民而壓迫之；這樣矛盾的行動，當然激起被征服民須與「吾人以自由」的思想，遂使憤怒了世界的德意志人。

當初對於拿破崙的侵入毫無關心的德國人，遂驚天動地的一變其氣質。政治界出了有名的斯坦（Stein）及哈登堡（Hardenberg），處心積慮挽回國恥，改革內政，整頓軍備，並盡全力而喚起民心。德人對拿破崙的壓迫，漸懷怨恨的時候，政治界人材輩出，遂捉住舉國一致的機運。靜觀實際社會，深隱於書齋的學者思想家，都立在十字街頭，追憶祖國歷史，憤慨現時悲況，高唱國民一致團結，而振興了國民精神。思想界的第一人，是有名的費希特（Fichte），他「告德意志國民」一書，現在尚是躍動青年熱血的文字。最初他是世界思想的一個人，當普魯士耶納戰敗時，他發表了「現代的特質」一論文，尚說：「眞開化的歐洲人之祖國在何處？仍是在歐洲，詳言之，就是在文化達到最頂點的國家。」可是到了拿破崙的鐵騎蹂躪過酷的時候，他一變而爲愛國主義者，毫不避易柏林駐屯拿破崙的軍隊，賭其生命而作了「告德意志國民」的大演說。他先說：「同胞們！余忠告德意志人幾百年來一切不幸的事，都由單一德意志民族中立出許多差別生來的！今日應捨去這差別吧！先爲諸君作這講演，同樣對全國也要講的。」繼續諄諄的說了德意志各民族大同團結的必要。這種民族團結運動，因而在各地發生，向來無關心國難的德國人，深受刺激，遍地起了「護衛祖國」之聲。

敏感的拿破崙，十分能看出各國民對他的反感。但他過大的勝利，使他雖生反省。最呼吸着新思想的法國人，爲他且不談自由顧供驅策，使他誤解其他民族也必如是。因之，收拾了法國革命擾亂的他，忘其分限，走了必要以上的帝國主義的路。但這也是路易十四以來法國傳統的精神。他最初的戰爭，是護衛祖國，護衛法國由革命生的文化；所以他守他「革命兒」本分的任務，或者不至失敗。可是他征服普魯士以後，以爲天下無敵，在柏林發布了大陸封鎖令（一八〇六年十一月）想征服法國帝國主義唯一敵國的英國。這宣言翌年一月於波蘭的華沙(Warsaw)，十二月於意大利的米蘭，都重復公布且擴張了範圍。這封鎖令，强制大陸各國受了非常的苦痛，僅爲征服與法國爲敵的英國，使各國受這樣苦痛，是他受各國包圍而失脚的一個大原因。英國是立在島國的地位，且是民族團結已久的國家，其團結力頗鞏固。所以由大陸封鎖令經濟上雖受了很大打擊，可是決不能因此就屈服於拿破崙。遠在十世紀以來有民族可誇的榮光，依宗教戰爭以後常與外敵戰的事實，英格蘭島民愛國的團結力，較之屈膝外敵寧忍辛酸苦痛，是英民族的心思。所以拿破崙雖若何威嚇，英民族總是團結着想法把他打倒。因而對封鎖令公布航海條例加以逆襲，禁絕敵國及中立國的船舶入英國港灣。受這逆襲的苦痛者，實是大陸各國民，大陸封鎖令已對各國是很大的苦痛，加之海上貿易之雄的英國，阻止各國與其殖民地的貿易，使各國的苦痛更其增大。而拿破崙的羞憤愈加秋霜烈日之威，更延長封鎖令於西葡兩國，遂使各國民的怨嗟，日加無已。在法本國，他支配教會，壓迫言論及印刷品，甚至干涉演劇，出了史上有名的巴黎亡命者。亡命者流浪遍歷歐洲，在各地思想界，煽起反拿破崙的烈焰，鼓吹了民族精神。這亡命的代表者是思帖爾夫人 (Madam de Stael) 與謝安蘭 (Chateaubriand) 兩個人。下了法國大革命種子的自由思想與民族精神，照這樣更强力的掀動了被征服民族，胚胎出十九世紀特有的浪漫主義的思想。衷心不願受外來強者的蹂躪，探求自己民族的起源，歷史傳說言語等凡關於民族的研究成了一般的思潮而抬起頭了。不僅德意志急劇的生了變化，全歐洲都是一樣的變化起來。輕視古典及外來思想的意義，澈悟專制的統一制度之非，尊重民族自我的意思，研究了民族自身的問題。照這樣，拿破崙內外都遇到了敵人。這種新思想抬頭的時候，就是大陸封鎖令嚴行的時候，所以其失敗是很明白的。失敗的第一幕，是由西班牙及葡萄牙人揭開的。因拿破崙為完全封鎖大陸，一八〇八年春廢了西班牙王，統立其兄約瑟(Joseph)為西王，西人憤慨齊起以不正規的戰法，苦惱了法國守備軍而鼓起各國人的敵愾心。

於是英國為鼓勵西人國民的反抗，出兵上陸援助，使拿破崙當得注意這方面的軍事。同時東方，俄國亞歷山大一世，原不滿意拿破崙帝國的擴大，復加以大陸封鎖的痛苦，遂密與英國通款而不實行。拿破崙震怒，於一八一二年親帶大軍遠征俄國，及其敗退，第一與追躡拿破崙南下的哥薩克兵相呼應的是普魯士，奧大利也接踵而起，成立了第五次的聯軍，起了所謂自由戰役。兩軍於一八一三年秋決戰於萊比錫(Leipzig)平野，歐洲各民族都參加了這戰役，因而稱為「各國民的會戰」。結局拿破崙敗走，翌年聯軍長驅入巴黎，由此纔終結了二十三年中歐洲的大戰爭。

拿破崙倘於維也納會議時，乘各國議見的紛爭，翌年春再舉入巴黎，大敗於滑鐵盧(Waterloo)，未得成功，不過是百日的天下，後被流於聖赫倫那島而鬱鬱以終。

八　維也納會議與正統主義

二十年來長期的拿破崙戰亂後，以維持均勢爲旗幟的同盟軍，一八一四年三月遂陷了巴黎，拿破崙被流於愛爾巴(Elba)島，路易十八世入巴黎卽了王位，同盟各國與路易王結了講和條約。這是世人所謂巴黎第一講和條約，爲與以後成的巴黎第二講和條約區別的。在第一講和條約中，法國大體復歸了一七九二年一月一日當時的領域（第二條第三條，）依二十年的戰爭——特別由拿破崙戰爭，征服得的土地，仍被收去（因第二次巴黎講和條約，把法國的領域，復限到一七九〇年當日的境界。）賠款可以不出（第十八條。）（惟巴黎第二講和條約使法國出了七億佛郎賠款）與英國以馬耳他島（第七條）及其他島嶼（第八條，）而殖民地（一七九二年一月一日當時法國有的在美亞非三洲的殖民地）被英國奪去。對荷蘭德意志瑞士及意大利各國的獨立也有規定（第六條，但同條只規定個大綱：對荷蘭認爲主權國應增加土地；對德意志以聯邦的形式，應結合許多獨立國；對瑞士承認其獨立自治；對意大利除過應歸還奧國的地方以外，許其成立若干獨立國，其詳細規定讓於秘密條項及維也納會議。）這樣的講和條件，由同盟國說來是極寬大的條件，只爲滿足了勝利的愉快，其他苛細的事（如不要求交還拿破崙軍奪去西歐各國美術館的美術品等）大眼看過都不追究。但是由法國看來，這些條件頗爲苛酷。特別比利時及萊茵地方，二十年來已歸法國領有，法人已認爲法國的一部，而這次被割去（比利時後與荷蘭，萊茵左岸地方爲「荷蘭的膨脹，普國及德意志其他各國應得的賠償」而保留起來；）更就其他各國特別看俄普奧的時候，不僅恢復舊領地而且得新領地，把這各國的勢力與法國相比較，不待說是法國的大打擊。法國不久雖恢復了國力，仍保持着强國地位，可是沒有前世紀那樣的隆盛了；法國若不出現個拿破崙，或者領土已擴張到萊茵河流域。在巴黎條約的祕密條款中，規定奧國得倫巴底及威尼斯，與薩基尼王以熱諾阿，將南部尼柔蘭（比利時）與荷蘭（英國最希望荷蘭的恢復及擴張因對法國可作英的屏障。）在其他方面由拿破崙手內奪來的地方也不少同盟國中應當怎樣處分，却成了大問題了。在第一巴黎和平條約簽字以前未能解決這大問題，於是決定移到兩個月內在維也納召集的國際會中再解決。維也納會議，爲補充巴黎條約未盡事宜及其實施，欲更加討論決定（巴黎條約三十二條）而召集了的。所以維也納會議，可看作改造歐洲的會議，却不是講和會議，講和已在第一巴黎和平條約告成了，由這點看，維也納會議至少與巴黎會議（一九二九年）的性質不同。

維也納會議的問題中心點，在應當怎樣調和大革命前支配歐洲的君主專制主義，與革命中發生的——特於自由戰役增高氣焰的——自由主義及民族主義。各國政府都深感着利害關係甚大，其中奧相梅特涅因奧國版圖不僅包含德國民並且擴張到意大利，斯拉夫，馬扎兒，羅馬尼等民族中，爲統治維持這些民族，遂抑壓新思想而希望復舊保守主義。這時法國的代表達賴蘭 Talleyrand)看出各國政府想復與君主主義的傾向，乘着聯合各國中的利害衝突，巧事樽俎折衝，區別拿破崙與法蘭西，主張簒奪主義與正統主義不同，遊說各國，自稱法蘭西的代表者，巧擠入各國間占了對等的位置。他對大革命及拿破崙戰役的善後問題，主張應承認正統主義，爲討伐簒奪者的根本主義，根據這主義的標準，應恢復向來君主——主權者的位置及領土。照這樣，會議在梅特涅的指導下，從達賴蘭正統主義的主張而進行了議事。

正統主義（Principle of Legitimacy）原則上主張權利不由單純征服的事實發生，軍事的征服，不是獲得領土適法的原因；領土的喪失，王位的歸屬等問題，依正統君主與正統君主的合意始可決定。所以由國際的看正統主義，在否認强國的權利而作了保護小國的職務；可是由國內的看這主義，就全是尊重歷史與傳統庇護向來的王朝，蔑視人民之希望與意思，成了抑壓當時勃興的民族主義與民主主義的作用。

因此，認拿破崙爲簒奪者而排斥之，使法國西班牙意大利的舊王家都復了王位。其中代表法國的君主稱爲路易十八世，一八一五年歸巴黎，以其年爲卽位二十一年。

可是徵諸歷史的發展，正統主義及復古主義，不過是便宜上設定的政治主義。以前在自由戰役中間，聯合各國會一度與拿破崙妥協，將要承認其帝位及世襲；卽在維也納會議的決議，也不是全澈底的履行了正統主義，於法國舊王家以外，唯限於德國有力的王家履行了的。一八〇三年沒收了德國宗教上的領地及弱小騎士支配的領地，終不能享受這恩惠，結局都作了有力者的犧牲。威尼斯共和國也免不了同樣的運命。

特別應注意的，波蘭王國也是這樣。波蘭王國第一回瓜分固是法國大革命前已成的事實，可是第二第三次的瓜分實與大革命同時，這恰和法共和國在陸上英帝國在海上都平均擴大的樣子，是普奧俄三大强國爲均勢行了的悲劇。但是維也納會議，對這事並未計畫到復古，這亡國國民依然受着瓜分以來三大國的支配。會議結果，割歸俄國的部分，更較以前向西南擴大，直包含華沙，賜與憲法，使戴俄國君主成立了波蘭立憲王國。

要之，維也納會議及決議，是表明君主專制主義復古主義，認人民的自由主義及國民的民族主義爲想改造社會及國家的新思想，而表示了竭力壓伏的傾向。在此點，就潛伏了十九世紀的大問題。

巴黎條約規定凡參加拿破崙戰爭的一切國家，都可參加維也納會議（第三二條，）並沒有限定某國應出代表者，簽字巴黎條約的八個國自不待說，即未簽字國的丹麥，荷蘭，薩基尼，熱諾阿，西西里，瑞士等也都派代表，德意志各小邦及已失領地的小諸侯爲想恢復舊領也都派了代表出席。此外各種團體及私人抱各種希望目的蒞會者也不少，代表的數目達二百十六人之多。俄普兩國全權代表以外皇帝且親自出席（一八一四年九月二十五日以前俄英普三國全權已早到維也納。）英國全權爲外交大臣卡斯頼里(Castlereagh)（後由惠靈頓替代）等四人，普魯士全權爲宰相哈登堡等兩人，俄國的全權爲外交大臣奈塞洛及拉茲摩夫斯克等三人，而奈塞洛不見重於俄皇，俄皇在會議中常是親自發言。奧國全權爲梅特涅等兩人，法國全權爲外交大臣達賴蘭等四人。各大國的全權代表，都隨着許多有力的隨員。達賴蘭較之別國全權遲到維也納（九月二十三日。）各國代表中攜帶夫人以外的婦人者很多，奧國政府日夜開宴會跳舞會演劇等以歡迎，於是維也納社交界頗極一時之盛。奧國當時財政雖甚拮据，而招待費日用十萬，就可曉得當時維也納的繁華雜踏。

最初，因爲沒有適當的成例，對於會議應當怎樣成立，應當怎樣組織，意見很是紛歧。

英奧俄普四大國，是拿破崙戰爭中的同盟國，是歐洲均勢的擁護者，共同抗抵了拿破崙相結而爲歐洲和平努力，依一八一四年三月一日曉門同盟條約早已有過約誓。又在巴黎條約祕密條款第一條有「關於處分意大利剩餘的土地；及應維持歐洲均勢的關係，應依同盟强國互相協定的基礎 (Sur les bases arretees par les puissances alliees entre elles)及下數條列的一般規定在會議（維也納會議）時規定之」的條文，法國也同意了是曉得的；所以英奧普俄四國，引用這條項，想把法國除外，僅由他們討論維也納會議的重要問題而作最後的決定。這當然免不了些爭論，可是四國全權在豫備會議——九月二十二日的議定書——席上，決定了除外法國。既然把法國除外，當然其他如西班牙葡萄牙瑞典等巴黎條約簽字國，也都不能不除外。但這四國論，被達賴蘭破壞了，四國全權（及俄帝）中間，以交換文書及非公式的會議進行了重要問題的討論。

九月三十日梅特涅請西班牙全權與達賴蘭，和四大國全權代表開了會議（瑞典及葡萄牙也是巴黎條約簽字國，當時連像法西兩國那樣發言權，都沒被承認，所以瑞葡兩國全權沒有參與。）在這有名的會議中，達賴蘭運用很巧妙的手段，終使梅特涅拿出四大國九月廿二日的議定書致他看，他看出這文書中，數用同盟國（Pur-ssances alliees）這名詞，他就發問：「所謂同盟國，究竟是對誰的同盟？若是對拿破崙，拿破崙已經充流於愛爾巴島，我想總不至於對法王（路易十八世）的同盟吧！諸君若不以坦懷商議，今猶有什麼同盟國云云，恐怕我停在此處也是無益吧。」達賴蘭更進一步詰問何時可開總會議；認總會議應當速開，且主張依巴黎條約凡參加戰爭的國家，都有參加的權利，縱令巴黎條約簽字國（八國）執行理事會的職務，而理事會不能不受總會的委任。後又經許多曲折，達賴蘭終與其他四大國全權立在對等的地位，入了他們的團體，遂對總會議及小國權利也再噤口不題了。此後五頭委員會（Committee of Five），處理了各種重要問題——波蘭問題，撒克遜問題，那波里問題等。這五頭委員會纔是真正的維也納會議，到最後簽字議定書時，會合了四十一回；而總會議始終是沒有開。維也納會議結局只成了大國會議（A Congress of the Great Powers）而告終；小國的代表者，僅由大國的便宜，有時招其出席而已。五大國優越的地位(ascendency)，在這會議中明確的被承認了；法國也與四大國同受了大國的待遇，可是西班牙以下簽字巴黎條約的各國，在維也納會議沒得受大國的待遇。「大國」的觀念及意義，實由維也納會議開始了的。

五頭委員會雖是維也納會議的中心，而簽字巴黎條約的八國委員會(Committee of Eight)也與之並存，時常會合，可是到簽字最終議定書的時候，只會合了九回。關於處分領土問題以外的問題——如國際河川問題，大公使的位次問題，禁止奴隸問題等，由特別委員會聽取報告，且作了三月十三日對拿破崙發宣言（以全歐洲的名義）的機關。總會議延期又延期，自十一月一日審查各國全權的委任狀後，總會議的議事一回也沒開而直到閉了會。

最後議定書（世稱為維也納條約的文書，）於一八一五年六月九日，依五大國簽了字，葡萄牙西班牙瑞典的全權拒絕簽字，可是西班牙以後仍參加了（一八一七年五月七日。）這八國以外的國家，都是以後受了參加的勸誘而已。維也納條約——最後議定書共百二十一條，其內容的事件如左：

關於處分波蘭的事件（一——一四條）

關於配合普魯士奧大利及撒克森的土地之事件（一五——二五條）

關於漢諾威王國的事件（二六——三三條）

關於其他德國各邦的事件（三四——五二條）

關於德意志聯邦的事件（五三——六四條）

關於荷蘭及盧森堡的事件（六五——七三條）

關於瑞士的事件（七四——八四條）

關於意大利的事件（八五——一〇四條）

關於葡萄牙的事件（一〇五——一〇七條）

關於國際河川的事件（一〇八——一一七條）

關於一般的規定（一一八——一二一條）

對這議定書，添加附屬文件十七種，議定書第百十八條列舉了這些文件的名目。其中，關於瑞士中立問題，廢止奴隸商業，國際河川航行規則，外交官位次規則等，都在這附屬文件中規定了的。

九　維也納會議與勢力均衡的原則

拿破崙的專制與征服，破壞全歐洲的秩序，蹂躪了國際系統；所以為救正這些事，維也納會議最有力主張的指導原則，是正統主義與勢力均衡的原則。均勢原則，已由威斯特發利亞會議以來，成了國際政治的原則，又被維也納會議確認為指導原則，爾來導示了十九世紀的外交政策，國際聯盟成立後，其餘力尚存，所以詳述如下。

近代的民族國家，是以民族主義為原則的國家，以同一民族為軀幹的國家。民族國家，是感情的理性的實在，雖不能看作恰如一個生物的純粹有機體，却與有機體極類似，是一種準有機體。國家有單一獨立的生命；其行動能獨立自主的國家對外是主張所謂獨立主權。因此，國家與國家間，起生存競爭的現象。國家在競爭場裏欲爲優者，以增大自己勢力爲最高目的，以自己利益爲最重要事，遂實行不擇手段不受拘束的實利主義。各國家均極度的想伸張自己勢力盡力所能想展開自己活動的範圍，信自己勢力優越的國家，對勢弱的國家，想強制其服從自己意思，勢弱的國家不能以獨立對抗勢優國家進攻的態度，遂與感覺同樣威脅的弱勢國家，進行互相扶助的聯合。生存競爭行的地方，就現出存着互相扶助的自然法則，在國際社會中也可看出其同樣的適用。力與力相競時，即刻表現起均衡狀態的自然法則，也同樣能見其適用於國際社會。在國際社會中，對於優勢國家的攻勢，生出勢弱各國家的同盟聯合，其間自然發生均衡的狀態。這種均衡狀態，也有在和平時生的，多半是經過戰爭，依戰爭產生是個常例。互助原則作用的結果，在國際間自然有生均勢狀態的傾向，可是各國家自覺的且有意的實行均勢政策，是近世國際社會的特徵。古代國際社會的均勢和近代國際社會的均勢，在這點有很大的差異；所以近世國際社會的均勢，不僅純是自然法則作用的結果，且是各國家外交政策的結果。均勢原則行了以後，在國際社會，也可看出相當程度的和平秩序，爲便宜把國際社會這種均勢原則，稱爲「國際均勢社會」。

行生存競爭的地方，同時也行連帶的原則，這是自然及社會通行的普遍法則。所謂互相扶助的原則，不過是這連帶的一個式樣。連帶的原則，在生存競爭中不僅行於立在守勢的國家間，在攻勢國家和守勢國家中間也行的。守勢國家間行的連帶的原則，不外互相扶助；攻勢國家與守勢國家間，也有種種連帶關係。國際社會中的國家，互相軋轢紛爭以至於戰爭，同時也互相來往交易而相親睦；其間常行着經濟的道德的及知的交通。因這些交通的結果各國文化發達，國際社會全體的文化也因之向上。國際經濟，使各國經濟的利害相密接，學術的溝通，促進人類知識的發達，國際道德幫助各國人交情的融洽，國際法律使各國的權利義務更加明確。這些社會的紐帶，原來是國家社會調整原則的作用，對國際社會維持秩序保持和平也有很大的貢獻。助長國際社會的調整，不待說不僅限於均勢的原則，可是由政治的看來，不能不認均勢原則，是國際均勢社會中最高而且最重要的調整原則。

十　國際政治上勢力均衡之原則的意義

國際均勢社會，以均勢原則爲最高的調整原則，所以國際社會的組織及機能，當然極幼稚且不完備。國際社會內各國家爲壓倒他國征服他國，以武力鬥爭爲最高的使命，因而國際社會的結合，就不能不極其薄弱。國際社會，主要是依經濟的道德的法律的及知識的紐帶而團結，至於政治的紐帶，却極其微弱。由政治的看來，在國際均勢社會中，部分的獨立之力，較之全部的統一之力强大得多，團結力弱而分離力强，所以國際社會的結合及統一當然是微弱的。國際社會的秩序，在政治上依均勢的原則維持着，但是勢力的均衡，其安定很難，以傾向不安定爲普通的法則。那麼在國際均勢社會，其均勢常傾於破壞或將破壞國際社會時常不免動搖。因而國際和平，似保持住了，却不知何時又復破裂。

在國際均勢社會中，規律國際關係的法的成規，是國際法。國際法，依國際團體中各國家的承認而成立，規定各國家國際上的權利義務。但在均勢社會的國際法，因沒有國際權力及國際裁判機關來運用這法，所以其拘束力當然極薄弱。所以國際法，僅依國際道德國際團體內的輿論國際間的均勢作用而推行的。强大國家認爲與己國利害不一致的時候，任何時不惜而且不憚蹂躪國際法。腓特烈大王說國際法像是「空虛的幻影」(Un vain fantome) 恰是適切的批評。國際法是由近世國際團體初成立而發達的，其束縛力雖甚微弱，而近世國際社會依此也得保持了相當程度的國際秩序。

國際均勢社會中政治的機關，是常設外交使節與國際會議。國際團體內各國家，為增進恆常的來往，解決紛爭，偵探他國的事情，互相交換常設使節，是其常例。這制度也於近世國際團體始發生而發達的。常設外交使節以外，各國又互交換領事。這制度主要是使管各國私人間的交涉關係而發達了的。在國際均勢社會中，尚未設有關於國際團體常設的統制機關，由國際團體內全部或多數國家的代表者成的國際機關，僅有非常設的國際會議 (International Conference; Conférence internationale; Internationale Konferenz.) 而已。國際團體內各國家，或為清算戰爭的勝負，或為和平的解決國際事件，臨時開國際會議，各派代表者使之協議。僅依這種國際會議，標示了國際團體的存在是一體。國際會議，是為臨時特定目的而開，因而其作用也極狹小，僅於解決特定事件有效，對於維持或貢獻國際團體一般的恆常的秩序，當然是效力極小。

國際政治上稱為第二的均勢原則者，是指國際社會中行的均勢政策。國際政治中的均勢政策，也可區別為兩種。

第一所謂純粹形式的均式政策，是以數學的力學的解釋均勢，為國際社會的存立及發達，使國際社會內各國家的勢力趨於均等；排列各國家使一國不感他國壓迫的政策。依此義的均勢政策，各國都有均等勢力相對峙，所以在各國內生均勢狀態，國際秩序可望整頓，國際和平可望確立。但這樣均勢政策，具體的適用於現實國際生活是不可能的。因爲先要問所謂均等之力，果若何而測定？普通測定國力的標準，以國土廣狹人口多少等國家自然的要素爲衡。但是縱依這標準，國土的價值，僅依面積廣狹却不能計量，依地質肥瘠鑛物多少氣候良否水利便否等，也可分出高低。人民的價值，也不能僅依人口多少就可測定，一國的勢力，不僅依這樣外部可見的事象來決定，也常由內部不能見的事象可左右的。一國人民的知識經驗組織能力政治技倆犧牲心，愛國心，對國家大使命的信念等各種文化的要素構成一國國力的重要要素自不待說，而且想測定這些文化的勢力，尤屬至難。那麽，想使各國家的國力均等，第一嚴密的測定，先是不可能的；其次卽令能測定均等的國力，而國家的力的要素，極其複雜，且時常變化無窮，所以力的總量，時常不免變動，而均勢也就時常不免動搖。最後，縱令各國家間能樹立起均勢，可是國家間行着多數組合成的合力，均等國力間的均衡，常存着無限可以破壞的可能性。因此，可說純粹形式的均勢政策，不過只是一種理念，在國際實際生活上是不能夠實現的。

第二所謂在國際社會中現實行的均勢政策，是爲保持國際社會的秩序及和平，努力使各國間起勢力均衡狀態，若某國家勢力增大，將危害他國的獨立及安全時，數國聯合而對抗之，以防止勢力關係變動的國際政治上的政策（參照法國政府對派赴維也納會議全權的訓令。）

近世國際團體中的均勢政策，在國際社會中均勢定則上存其根據。爲達國際社會的秩序及和平之目的，利用了這定則而已。國家與國家相競爭相對峙的地方，常存有均勢，均勢存的時候，確保了國際的和平，這事實由歷史的經驗可以曉得不過各國政治家自覺的把這適用到對外政策上，就是近世國際團體顯著表現的均勢政策而已。丹諾斯克(Danowski)說，所謂均勢的組織，不是由外交家有意的發見出人爲的結合，寧是事物通常自然的秩序，可認爲看破了均勢定則和均勢政策的關係。

均勢政策的主體，是國際團體內的各國家，均勢政策的計畫及運用，是各國政府，並不是國際社會本身。那麼，均勢政策第一是國際團體內各國家的對外政策(Foreign policy, Politique extérieure, Auswärtige politik.)。各國政府，以本國利益爲標準，爲本國的存立及發展與鄰邦，計畫勢力的均衡，以期豫防鄰國的攻擊。各國政府的一切對外政策，都以這均勢政策爲樞紐而迴轉。所謂國際均勢社會，是各國以均勢政策爲中心而運轉，不使之或上或下爲其特色。

均勢政策在第一步是國際社會內各國家的對外政策；各國同樣採用均勢政策約結果，均勢政策成了國際團體內各國共通的政策，於是各國共同的採用了這政策，實行了這政策。至此，均勢政策入了第二步，成了國際社會的國際政策(International policy, Politique internationale, Internationale politik.)。在國際會議時，各國全權宣言自稱爲國際團體的全體而行動，爲國際團體本身運用均勢政策，是一種常例。均勢常看做不只以甲國或乙國的利益作標準，以國際團體全體的利益安全爲目標而計畫的。由國際團體全體的利益觀察，對於確立國際團體全體的和平安寧可認爲適當的均勢，纔稱爲正當均勢(Just balance of power, Justum potentiaae aequilibrium)；認樹立這正當均勢，纔爲國際政治的目的。均勢政策，照這樣在一面是國際政策，可是其主體依然是國際團體內的各國家而不是國際團體本身。國際均勢社會，是極幼稚的國際社會，缺少統一的組織與統制的機關，所以不是把國際政策當作己物而採用的唯一運用者。國際會議，不是國際社會本身的代表機關，運用國際政策者，結局仍是各國家。在這點，可謂作國際政策的均勢政策，也與作對外政策的均勢政策一樣，一國依其外交當局，或單獨或依國際會議，共同行了均勢政策。

均勢政策的目的，依其為一國的對外政策或國際政策而生差異。作對外政策的均勢政策之目的，原來是求該國家的存立及發展。國家在國際競爭場中欲十分維持其生存，確保其安全，行均勢政策；此目的若遂，進而計畫己國的膨脹發展，而利用了均勢政策。作國際政策的均勢政策其本來面目，應以國際社會全體的利益為目的，以保持國際秩序國際和平為目的，更進而應計畫國際社會全體的進步發展為目的，若不然，就失了國際政策的價值。但是作國際政策的均勢政策之運用者，與作對外政策的均勢政策之運用者，同是一個國家，當然的結果，作國際政策的均勢政策也失其本來面目，不免也以該國家的利益為中心了。所以各國政府直接常以本國的利益安全為第一，唯間接考慮國際團體全部的利益而已。

因而在一強大國與聯合國的戰爭上，聯合國一旦得到勝利，打倒強敵，就計畫樹立新的勢力均衡，而均勢的恢復，常在犧牲戰敗國及弱小國而成就了的。於是均勢政策的結果，常行了國家的合併(absorption)解體(démembrement)瓜分(partage)。所謂瓜分主義(Systéme copartageant)代償主義(Systéme des compensations)，不過也是均勢主義必然的系統。所謂瓜分主義，是數個國家名為樹立均勢，互相分割他國領土的政策。戰勝國在講和會議中實行這政策，是古來的慣例。所謂代償主義，是甲國若擴張了領土，乙國為恢復均勢，在他國獲得相當領土的政策。

均勢政策的結果，常生國家的合併解體瓜分，可是有時也能得這政策本來的目的——維持國際秩序確保國際和平。國際間確立了均勢狀態的結果任何國不能壓倒他國，遂選了和平解決國際紛爭的方法。所謂武裝的和平(Armed peace, Paix armee, Bewaffneter Friede)，也不外依均勢而得和平的一個形式。

十一　國際法上原則的均勢主義

均勢的原則，不僅為國際政治上的原則，且有主張為國際法上的原則者，特別在十八世紀及十九世紀初期自然法派的國際法學者中，多有此種論者。前述費奈龍(Fénelon)賴滿 (Lehmann)魏體希(Wittich)胡登堡(Huldenberg)喀萊(Kahle)等的議論，都屬於這一類。依這派的思想，均勢原則，是歐洲各國的憲法，是歐洲國際法的根本原則。屬於歐洲國際團體的各國家，既為各團體的一成員，享有各種權利利益，也對團體及其他成員，應服一定的義務。各國家依團體能保護其獨立及安全，當然也有尊重他國的獨立及安全不敢侵犯的義務，因而一國家企圖勢力過大的膨脹，即足以威脅他國，所以有抑制的義務，特別想依詐術或依武力求勢力的膨脹者，當然是不法行為，對這些不法的企圖，當然他國有防阻的權利，對其使用武力，也可以武力抵抗的。任何國家，雖在對自己有危險時，也不得侵害他國的獨立及重大權利。均勢的原則，在國際團體中任何優勢的國家，也不能對他國指揮命令及為之立法。他們都是這樣解釋了的。

在近時的國際法學者中，幾無人明說均勢的原則是國際法上的原則，可是因過重視均勢原則的效果，恰像論爲國際法上的原則那樣著述也不是沒有（Pillet Recherches, Sur les droits fondamentaux des Etats 1898）。

若研究國際聯盟以前，均勢的原則在國際法上怎樣被採用了的時候，像近時許多國際法學者承認的樣子，不外斷定均勢原則，是國際政治上的政策，不是國際法的原則，應屬於政治學的領域，不應列入國際法的範圍。

先就均勢原則，是國際團體內的一國沒有對他國立法或下命令的權利來說，這種意義的說明，不待說是不當。因爲國際法上各國家，都被承認有其基本權的主權，若違反自己意思，有不受他國指揮命令的權利。這是已被承認了國際法上的原則，不待說不待均勢的原則而始如是。

其次，以均勢的原則，解作一國家不得膨脹過大勢力的義務，這種說明的不當，也容易曉得。

第一假設均勢的原則，已成國際法上的定則，適用時有明確的標準，那麼在同樣的例，當然要與以同樣的決定。然在實際均勢原則的方式，極不精確不明瞭，且是流動的，沒有測定上的標準，所以對同樣的例，不能與以同一的解決。其解決方法，因國際生活的現象種類多，常不免有變動，所以解決方法同時也有多種，因主張者的不同也就隨之而異。

第二適用均勢的原則，當然要與明確的力的測定，應將各國與以均等之力。但是國家的勢力極難測定，前已述過了。

第三，若對各國不能分配均等的勢力，自然是除過尊重維持各國現狀外，再無他法。然而國家的勢力，時刻變動無已，所以維持各國現狀，只可言而不可行。領土的境界雖無變化，依各國的國民性，勤惰，天然資源，政治及經濟的手腕等，各國的實力，自不免有變動。

第四，假令能行領土的整理，除過削減作破壞均勢的原因之新興國的勢力外，再無他法的時候，這可說是剝奪其國民道德的知識的身體的優秀能力之結果，阻礙其進步發達，不僅與正義公平的觀念矛盾，且是侵害了其國家的生存權。

但上述者，只論所謂均勢主義是否構成向來國際法的內容而已，並不是就國際聯盟成立後的國際法說的。均勢主義無論若何解釋，在國際聯盟前的國際法上，是沒有採用過的，可是像自然法派學者論的均勢主義，已於現在聯盟下的國際法中採用了的。均勢的原則，若解釋為尊重國際團體中各國家的獨立及領土保全，防護外部對獨立及領土的侵略，各國家共同防禦强大國的侵略等意義時，這實在是目下國際法的一個原則，且不能不成將來國際法的根本原則（參照國際聯盟規約第十條。）

十二　勢力均衡政策的種類

國際政治上政策的均勢原則，想由種種見地企圖着分類，曾屢經行過，原來當作這種計畫時，常看見把均勢主義這名詞，或用為政策的意義，或解作事實的意義，有種種觀念上的混亂，可是在此處，是就國際政治原則的均勢政策，想考察其種類。

均勢政策，可別爲大陸均勢政策與海上均勢政策，更分大陸均勢政策爲一般的大陸均勢政策與特殊的大陸均勢政策兩種，是自古以來通行的分法。大陸均勢政策（équilibre continental）行於位置大陸各國家的中間，是注目陸上國力的均勢政策。而一般的大陸均勢政策（équilibre continental général），是行於大陸一般國家間的均勢政策之綜合；特殊的大陸均勢政策（équilibre continental particalier），是在大陸的一地方數國家間行的均勢政策。比如東歐的均勢，中歐的均勢，西歐的均勢，巴耳幹的均勢，德意志各邦間的均勢，意大利各邦間的均勢等，都是特殊均勢的例。在歷史的發展上特殊的均勢，先在大陸各處成立，以後到國際關係密切國際舞台擴張時，一般的大陸均勢纔樹立起了。

至於海上均勢政策，有主張的論者與否認的論者兩派。所謂海上均勢政策（équilibre maritime），是適用於海上國的均勢政策，是爲防禦海上國中的一國，擅握海上的霸權，將在海上壓迫其他海上國而行的均勢政策。主張海上均勢政策的國際法學者中，有馬坦思（G. F. Martens）及佛戴熱（Paadier Fodéré）等，依他們的議論，凡均勢不僅於大陸爲重要，在海上尤其重要。在大陸，一國得了優越權，也不能同樣壓迫世界一切國家，可是假若在海上，一國掌握霸權的時候，獨占世界海洋，妨害他國利用航運，對萬國可加壓迫。向來海洋霸者英國的行動，正如此例。國家在大陸若有防衛獨立自由的必要，更於強度上不能不擁護海上行動的自由，不連帶海上均勢的大陸均勢，不完全而且效果薄弱。而海上均勢政策在史乘上也不難求由俄女皇喀德隣二世（Catherine II）提倡，爲抵抗橫行海上的英國，而結了一七八〇年第一武裝中立同盟（l'Alliance de neutralite armee），及由俄帝保羅一世（Paul I）提倡的第二武裝中立同盟，可說是適當的例。一八五四年英法兩國的中立國權利之承認，一八五六年的巴黎宣言，都可說是確立海上均勢的第一步。

對於海上均勢政策的承認說有阿馬利（Carnazza Amari）柯喜（Cauchy）及何德弗（Hautefeuille）等，想否認海上均勢政策。這些論者的理由，是海洋與大陸不同，以自由使用自由航行爲原則，任何國也不得獨占，想永續的領有或分割海洋，也是不可能而且不當。徵諸史乘的實際，歐洲各國向來爲大陸的均勢而作過許多戰爭，倘沒有一次爲海上均勢行過戰爭。

照這樣，對海上均勢政策有主張的論者與否認的論者，可是不待說承認論是正當。凡國家的活動，在陸上行同時在海上也行，是當然的事。國家勢力所及的地方，生力與力的競爭，因競爭而生衝突，因之現出均勢，這是當然的結果。從古以來，海上國的競爭，常行於海上，也在海上決了勝敗的。拿破崙治下的法國，倂合西班牙荷蘭及其他屬國的海軍，想打破英國海軍的優勢，是海上均勢政策的適例。特別在世界任何處都有領土的所謂世界帝國羣相出現，國際舞台離開大陸而成了全世界的時代，國際均勢不僅只存於大陸，同樣也存於海上，是極明白的事實，世界列國的勝敗結局在海上決定，是近時歷史所證明的。如華盛頓會議限制五大海上國海軍的協定，也可說海上均勢政策顯著的表現。

其次，對均勢政策屢行的分類，又有政治的均勢政策及經濟的均勢政策之區別。政治的均勢政策(equilibre politique)，是關於國家間政治的勢力之均衡問題，而經濟的均勢政策(equilibre economique)，是關於國家間經濟力的均衡問題。經濟的均勢之思想，已由重商主義(Mercantilism)興盛的時代，被世人注意了的，當時國家的經濟力，認爲表現在該國的外國貿易決算表（Handelsbilanz），以獎勵輸出，限制或禁止輸入爲發展經濟力的秘訣。到近時，這種謬想已不能行，認爲國家間不僅應樹立政治的均勢，而且要確立經濟的均勢。

大凡一切社會力，都是相競爭相合力，所以國家的經濟力，當然也是互相競爭衝突，恰像國家間政治的均勢那樣子，也可以想國家有經濟的均勢，是不待論而明白的。特別在資本主義經濟的現代，各國經濟競爭異常激烈，均勢成了重大問題，更覺明瞭。在經濟力的競爭上，存着將生均衡的傾向，各國家也都爲樹立經濟上的均勢而努力，這是類似政治均勢的例。但是經濟力是政治力的重要要素，兩者難於分離，是要注意的。

第三章　十九世紀國際協調的發達

一　法國大革命前的國際和平思想

十七世紀以前，承認國際戰爭狀態爲理之當然的思想，尙支配着人心，在序論中曾述過了。眞正的國際協調思想，是入了十八世紀，對路易十四世的侵略戰爭起了反動，纔發生的。至於顯理四世的外交大臣修理侯（Duc de Sully）寫的回顧錄(Memoire)，克魯塞(Emerice Cruce)著的新西奈(Le Nouveau Cynee, 1623)等書，不能認爲當時的輿論，可以說是類似啓蒙思想的一種例外。

受路易十四世異常寵信，負作皇太子師傅的重任，集君權神授說之大成的高僧波緒亞（Jacques Benigne Bossuet 1627-1704）為皇太子寫的政治教科書中，曾論：「生命是神賜與的，若奪去一個人的生命，也就等於對神加害；況且把幾萬無辜的人民小孩，使為自己個人野心犧牲，由神眼看來，是若何無恥而可惡的事？」（Bossuet, Politique tiré des propres paroles de l'Ecriture Sainte á Monseigneur le Dauphin, Paris, 1709, Liv. 9. art. 1. Prop. 2. P. 440—441.）唯在受不正當侵略時的自衛戰，是聖經中為神的子民而戰爭，方可以允許的。所以說：「有兩個正當的動機，可以使開戰爭：一個是以正當條件要求假道而受了不當的拒絕時，一個是表示露骨的敵意於陛下而行不當侵略的時候。而且第二的動機，是使人民脫離不當羈絆，對壓迫了的自由復仇，當然與依神命而防衛宗教者有關聯的。」

二　費奈龍的國際正義論

名僧費奈龍（Lamotte Fenelon 1651-1715.）曾為路易十四世夭折之皇子布珂紐（Bourgogne）公的師傅，固執君權神授說，提倡恩情之義，主張啓蒙的和平，攻擊路易十四的虐政，遂觸逆鱗而被左遷。曾為皇子寫的譏諷寓言得來馬克的冒險（Aventures de Télémaque, P. 238）中，曾說：「神自己創造人類，希望人類永遠安全的調和。一切人類不外是散在地上的家族，凡人均是同胞，應該互相親愛。流與自己血一樣的同胞的血，以醜惡慘酷為光榮的人，定有災禍！固然戰爭有時或者有必要也料不定，但是若不戰爭，就安閑不下，豈不是人類的恥辱？王者喲！為光榮而不得不戰爭的話，請不要說了罷！眞正的光榮，在人道以外決不會有的。」又說：「窮困極了的人類人財物就被絞殺，以不正手段屈服隣邦的征服者，却受英雄的待遇；奪私人的農園者就犯大罪，奪別國人民的國家者，不僅無罪且認為光榮的行動！照這樣正義的觀念究在何處？神果下了這樣的判斷嗎？諸君（諸王）都是至上的強者，為使隣國避免更受以上的災害而不得不簽字的時候，那麼所謂和平條約，仍是一文不值。這種簽字，恰與盜賊以手鎗撐在別人胸前使交出錢包是一樣的。」(Examen de Conscience sur les devoirs de la Royaute, XXVI.)「諸君的敵人，是諸君的同胞，若不忘掉人道也就忘不掉這事。不失自己的存在，若有可避的路途，決不許加害敵人。除於極端必要時以外，決不能以兵器求利益於敵國」(Ibid)。

費奈龍為與國際正義觀念樹立哲學的基礎，用了新柏拉圖派的神學體系。他把社會概念配列成六種包括關係的類概念之階級。

（1）至上神　（2）全創造物　（3）全人類

（4）國家　（5）家庭　（6）個人

依新柏拉圖派哲學，「實在」是概念，一切類概念，是由包括萬有的「神」的至上概念，分出包括關係的層級而發生的。那麼，愈近於神而愈增實在性，且愈加理性的完全。換言之，就是概念的外延愈擴大而價值愈增高。固然，較之別人都多愛自己是人情，是理性的。但是「個人」較之包括個人的「家庭」概念要次一等，不侵犯家庭的利益而求自己一身的利益是正當的，可是蔑視家庭的公共利益只求自己的特殊利益是不正當的。同樣效力自己國家，較之敬愛他國，固是自然的義務，可是只為自國利益而破壞全人類的公共利益，是違反正義。「凡所謂法，不外各存在物隨其自然而運動的法則……在道德上所謂自然法，也不外各智者欲為理性的不能不從自由的法則。有限的意思之最完全的法則，不待說是無限者的意思。神是絕對的主權的完全，所以也主權的絕對的愛自己。神依其參與完全性的程度而不平等的愛一切創造物。」照這樣，「順其自然的權威而愛各事物，是普遍的永遠的不能變更的法則」(Fenelon, Essai philosophique sur le gouvernement civil, ch. II.)。因此，「愛秩序及一般的利益」成了自然法的中樞。照這樣，由對全生物的愛生出敬一切上位者及慈愛禽獸的義務；由對全人類的愛生出個人道德的人道慈悲及萬民法，並且生出國際道德及國際法；由國家的愛生出市民與國家的道德及法；由家庭的愛生出父權；由個人的愛生出自己保存的義務。那麼一國的利益，當然若在不侵犯國際公共利益時可以追求，可是若與之矛盾衝突，當然不能不犧牲的。這是費奈龍的國際正義的基礎觀念。所以「侵入隣邦的領土是不正，若隣邦侵入己國也是不正」(Fenelon, Aventure de Telemaque, P. 231.)。

於是由此引出戰爭的權利，他說「引起所有的災禍都不管而戰爭的必要只有一種，就是若固避戰爭，反與不正狡猾而貪慾的敵國更給以過大的獲得與利益，只有這時纔要戰爭。在這時弱者愈想回避戰爭，愈要陷於危險狀態，將要結起似和平而非和平的契約。在這時，無論如何都要排萬難頑強的續行戰爭，方可希望到善良而永續的和平」(Fenelon Examen de conscience etc. XXVIII. P. 93.)。

一六八五年廢止了南特勅令(Edict of Nantes)，不僅路易十四世之隆運告終，且對極端絕對化了的法國王權也擊了晚鐘。因此資產階級的神權說與其他英國派的民主思想，由新教徒口中高叫起來了，而且極度呪咀了路易十四的外征欲。盧發蘇(Levasseur)在他的奴隸的法國之嘆息(Soupirs de la France esclave, 1690.)一書中說征服果爲「人民及各個人的光榮」嗎?不然,這決不是人民的光輝。因爲這只是「王的利益及光榮王照這樣支配着不是自己的人民,擴大其支配權的限界,想作他人財產的主人。」「我們常以與野蠻人相反的精神期待爲人道的市民的正直國民,但是現在由鄰國人想來,法國人直與食人種一樣(Op. cit., P. 311.)。

三 福祿特爾的反對侵略戰爭論

福祿特爾以特有的恢諧,譏諷了侵略戰爭。他說:「一個王是某伯爵家直系子孫,這伯爵家的親族,在三四百年前,又與已無人能記憶的某家結過聯宗契約,這是某譜系學者證明過的。可是這家主人最近急病死了,這王對其領地也有很遠的繼承權。於是王及其重臣,毫不客氣的主張這領地在神權上是應屬於他們的。可是距離非常遠的這地方,並不曉得有這樣的王,也料想不到要受這王的支配,羣起抗爭,以爲欲布法律,至少也要人民同意,可是這些議論,在有不許批評權利的王的耳中,毫聽不進去。王對這事,拉來些不關痛痒的人,都給穿一身官服,給帽子鑲個寬邊,插個白翎,向左右飄着,使向着光榮,就進軍了」(Voltaire, Dictionnaire philosophique, art. de Guerre, P. 204.)。「這是不能解釋的地獄式的企業!殺人的各頭目,當其想滅絕他們鄰人的時候,爲其軍隊祝福,並且誠心在神前祈禱。假若得不到斬首二三千級的幸福,那時對神不說一點感謝話。若因神的恩惠,能燒殺一兩萬人,或使一個城市或些村落全然燬滅,那時這些人分成四部分,長時間合唱着讚美歌。這歌滿篇俗語,却是在戰爭者全不能了解的意思湊成的,結婚時也唱這個歌!殺人時也唱這個歌!……」(ibid, P. 205.)。「可憐的醫國手喲！你們被蚊蟲咬一下，也都不平的喊叫！可是對於把我們撕成粉碎的災禍，却是噤口不提！可憐的道學者喲！燒掉你們的書吧！兩三個人的貪慾就可使殺戮我們數萬同胞獻身英雄主義的一部分人類，在大自然中恐怕是作了最大的罪惡。」「由六百步距離發射的半磅鉛彈，粉碎我的身體，我以二十歲為一生而在數百將死者中絕命的時候，我最後睜開眼看，我生活的城市被鐵火破碎了，我耳中最後的音響，是我妻子在破滅中將死的泣聲！這些慘酷的事若是為與我一面不相識的人的利益，那麼人道慈善謙讓節制和平賢明憐恤等等，究竟都是些什麼？這些與我們有什麼關係？」(ibid: P. 207.)

四　孟德斯鳩的戰爭哲學

孟德斯鳩在他波斯人的信中，提出自由民主的理想，在萬法精理中，撇開宗教想自由創設啓蒙的社會科學。他主張正當的防衛戰爭是「國家的生命」，以為「一國家生命恰與人的生命一樣，個人為自衛有殺人的權利，為己國存亡國家也有戰爭的權利。全然在自衛的時候，攻擊我們的敵人的生命是敵人的。同時我們的生命是我們的，所以我們有殺人權同樣維護國家者與維護其他一切相等，所以國家也可戰爭」(Montesquieu, L'Esprit des lois, Liv. X, ch. 2, P. 151.)。不僅如此，個人對於受的損害可訴之於法庭，國家却沒有法庭可訴。因而「在社會中某國民若無敵國外患過於長久維持和平，就易惹起國民的衰頹，這時防止衰頹的唯一方法只有攻擊。所以自然的自衛權，偶然也有以攻擊為必要的時候」(ibid)。唯於自衛上有必要時，纔允許攻擊戰爭。

結局這成了戰術上的問題了，雖目的在自衛，假令由戰術上的必要須取攻勢，那當然是自衛戰爭，唯失去自衛的目的而行侵略戰爭，纔是不正當的。「戰爭的權利，是由公明正大及嚴格的必要生的，若負答王諮詢導王良心的重任的人若不由此引出戰爭的權利，一切都是錯誤。若根據什麼光榮或便宜或效用等荒謬原則的時候，在地球上恐怕人血要橫流起來王一身的光榮，不過是王的傲慢，並且這是感情而不是合法的權利」(ibid)。

孟德斯鳩對戰爭的批評，是由他的法理論抽出來的。他認人生來非常懦弱，可是各營獨立生活，為避開不便的一切希望，如「和平」「獲得食物」「互助的欲求」(La priere naturelle qu'ils se font toujours l'um a l'antre)及「社會生活慾」(le desire de vivre en societe)等，都是自然法的。一旦人類開始了社會生活，忘却本來懦弱的性質，起了平等的念頭，就開了戰爭狀態。戰爭狀態有兩種，是個人間的爭鬥與國家間的爭鬥；為避免這種爭鬥，纔制定了人定法。地球非常的大，非構成一切的國民不行，可是在這些相異的人民互相關係中也有一定的法，這就是萬民法」(ibid., liv. L, ch. 3, P. 11.)。「萬民法不待說根據了其次的原則：在和平時各國民都盡力所及以企求福祉，在戰時各不放棄其真利益而務必減少戰爭的禍害」(ibid., P. 11-12)。那麼就不許因野心而攪亂和平，卽在戰時，也須努力征服地的福祉，不許作搾取殺戮或以被征服者為奴隸的「破壞。」因為「戰爭目的在征服，而征服是為維護不是為破壞的」(ibid., Liv., X, ch. 3. p. 152.)。

百科全書編纂家中對宗教最下果斷批評的道巴克(D'Holbach)，也與其他論客一樣，把個人關係中正義的觀念移到國際關係上說「……照這樣，各國家也順從自然法。自然法不許各個社會成員互相否定別人的利益，同樣也不許國家互相否定破壞或奪去他國應享受的利益。結局像各個人放棄其獨立的一部分而由社會得利益的樣子，一國民對於其他各國民也應分讓自己一部分權利。假若一個社會只爲維持自己，什麽事都可以做的時候，其他社會也不能不享受同樣的權利」(D'Holbach; La politique naturelles ou discours sur les vrais principes du gouvernement, Londres, 1773. SS. XIX, P. 31.)

他對戰爭的批評是由下述的原則抽出的。「不由自衞的動機而攻擊他國的國民，除過想奪他國民由自然與勤勉得的利益以外再沒有其他目的的國民，自己的貪慾——滿足自己特殊利益——以外不願其他有利益的國民，這種國民與在各個社會內攻奪自己同胞財囊的盜賊有何區別？但在任何時候，被攻擊被迫害被壓服的人民，爲繼續自己的生命，維持自己的利益，獲得必要的物品，總要擊退壓迫者，……不僅如此，還須粉碎這侵略者，因爲要保護自己國家，就不能不對侵略者加以痛擊。這與人類制服獰猛的野獸一樣，這纔是行戰爭的根本原因」(ibid; SS. XX, P. 32-34.)

五　盧梭的民族自決主義之暗示

盧梭反對啓蒙思想冰冷的主智主義，提出情熱如焚的理想，以爲神與人類以至善的情感——良心，而人却以情慾使之攪亂。人認互助爲必要而營社會生活，却因社會生活現出弱肉强食的戰爭狀態。所以要善導良心使充分實現人類的互助，要言之，須導各個人追求特殊利益心使向社會全體的公共利益去努力。因此各個人須全部提出所有的完全自由及自然權利，移交社會手中構成社會本身的意思及力量，使個人爲社會利益而奮鬥。因爲完全的互助，不是在各人追求其特殊利益的集合（全體的利益）中能得到的，個人有機的結合起來，所謂各人的特殊利益，在追求所謂「社會」這個獨立人格者的利益（共同利益）時，纔能得到眞正的互助。依社會契約構成的意思，常是爲[illegible]種公共利益的意思（共同意思。）較之說共同意思常是追求國家本身的利益，寧可說不追求國家本身利益的意思，不是共同意思。何以言之，因爲全人民構成一個獨立的「全體」由滿足全體利益的契約而成者是共同意思，所以這共同意思就是國家的絕對主權。各個人對這主權須絕對服從，同時也不能不法的侵害其他社會自主獨立的主權。他說：「市民社會的本質與其主權的本質，絕不可混爲一談。因爲社會是意思唯一活動的結果，其內繼續着社會契約，所以國家全體纔存續的。社會契約具着活動的力量，若社會不瓦解，其活動決不停止。反之，主權不外是公共意思的作用，全是自由的，不服從任何契約。主權的一切行動，在其活動的瞬間是絕對的，且與常行的任何事不同，是獨立的。主權決不是因從前作用過而作用的，是僅由現在想作用而作用的」(Rousseau, Fragmant de contrat social dans l'oeuvrage de Vaughan, Vol. I. P. 311.)。所以爲國家的自尊爲公共的利益，戰爭當然是正當的 (Vaughan, Political wrightings of Rousseau, P. 291-292.)。

但戰爭必須爲國家的共同利益，若由王的野心或光榮而戰爭，却是極不合理。「人若爲爭論力與富或尊嚴而執劍相鬥，是戰爭的目標與人民的人格距離過遠，在人民無論其爲征服者或被征服者，都不成善或惡的問題。照這樣構成的戰爭，信爲關係人民生活，爲示明自己個人較之別人強而有力，就有殺人的權利，這事誠不可解。人爲征服而殺人，已經可惡，若爲殺人而征服，是再沒有這樣可憎惡的事」(Fragments de contrat social, P.

313.)。

縱令雖能武力征服，若不根據被征服者自由承認的社會契約，也不能合併被征服地。盧梭以雄辯論這原則，他說：「第一征服者不僅沒有實行威嚇的權利，並且連威嚇的權利也沒有由威嚇生的結果，決不是合法的。第二若依强力迫成的宣誓仍然有效的時候，那是强使人服從範圍過廣的契約，人就不能遵守契約了。因此對於使結契約者，能想像其最完全的自由。結合吾人於母國的內部宣誓，在這時使吾人服從其他主權者是無效的，因爲前者是自由行的而後者是依兵器（威嚇）强迫作的，所以當判斷能否强迫人歸化外國的事，常要追溯到政治社會的根源上去。這根源就是所謂人民的幸福。那麼以其次的言語表現，是違反理性法的——汝須反汝所欲，予將望汝幸福」(ibid., P. 313-314.)。

戰爭的結果，不僅不能與征服者以權利，並且戰爭本身原來「可以不傷任何人生而行的。」「不過這事要加以說明，」蓋依社會契約，各人提出其全自然權，更作社會不可分的分子而受回自然權。所以在國家生活中，任何人都是二重關係的生活着，就是以主權者的資格與個人（人民）的資格而生活的。因而土地金錢住民其他包含於國家內的事，都是國家的東西，作主權者的人民，同時又是分屬於人民的各個人。「凡這些物體，都須認有二重關係，就是公的領土之土地與個人所有之土地；在一種意義上是屬於主權者的財產，在他種意義上是屬於所有者的財產；作市民的住民，與作一個人類的住民等。根本上政治團體，不過是精神的人格者，而且不外是理性的存在物。若解除了國家契約，在這瞬間組織國家的一切分子沒有一點變化，而國家却破壞了。人的一切契約，決不能使在物質界起什麼變化。那麼，向主權者的戰爭是什麼?這戰爭不過是攻擊公的契約及由此生的一切結果。爲什麼?因爲國家的本質除過這公的契約以外再沒有什麼。假若以稍微一點打擊能把社會契約破壞了的時候，在這瞬間即刻就沒有戰爭了。且由這種打擊不殺一個人而可以把國家殺了的」(ibid., P. 301.)。

要言之，盧梭由其社會契約論的見地，以爲縱令由武力能征服，若不根據被征服者自由承認的社會契約，也不能合併被征服地。這就是暗示了今日的民族自決主義。

六　聖西門的歐洲改造論

康德的和平論出世後九年，被當時一種人道觀所掀動，竊以歐洲救世主自任的俄皇亞歷山大一世，提出以基督教主義的一大共和聯邦組織改造歐洲國際政局的方案，去詢英國政府的意見，英皇喬治三世在國會開會時的上諭中，以懇切言辭對這方案表示了敬意（一八〇五年一月十五日）。在這種時勢的期間，康德和平論的法譯本一八一四年在巴黎出版，同時法國社會主義家聖西門的歐洲改造方案也出世。聖西門於一八一四年十月把他著的歐洲社會改造論(Reorganisation de la Societe Europeenne)一書公於世，力主張爲國際一般的利益應犧牲各國家的私利，是對歐洲恆久和平最必要的途徑。他的旨趣非常的好，可是他取了當時開的維也納國際會議的例，主張在歐洲作兩院制的國際議會，其上院可由歐洲各國的世襲君主組織之，大受了當時自由主義者的譏笑。總言之，根據亞歷山大一世提倡的歐洲聯盟，更由聖西門的歐洲社會改造論間接促成粗製濫造的產物，就成了一八一五年的歐洲指導政治及有名的神聖同盟。

七　歐洲協調的起原

歐洲各國中國際連帶的觀念在拿破崙戰爭進行中非常的發達了。拿破崙其所以能支配全歐的原因，是所謂同盟國結合常不堅固，因而拿破崙用的離間策孤立策多得成功。同盟國中的某國常有固執自己見地離開同盟國而與法國講和的，這是同盟國方面最大的弱點。但由拿破崙在莫斯科敗退時到一八一三年前後，鑑於向來的苦經驗，成立了一致協力非共同與拿破崙戰到最後決不講和的盟約。這是英奧普俄四國同盟，作了歐洲協調的第一段。略就其經過說來，一八一三年二月二十八日俄普兩國喀利溪(Kalisch)同盟條約第六條中，明載普王及俄帝單獨決不與敵開始交涉，並互約不結任何講和條約休戰條約及其他條約。同年九月九日在稻利芝(Toeplitz)成立普奧俄三國同盟條約，更於十月三日在同處結了英奧兩國的豫備同盟條約，都是定着不單獨講和的盟約。但在一八一三年十月萊比錫大戰後，梅特涅對普俄兩國的野心生畏而欲制止之，有破壞同盟以與法國接近的傾向，幸得英國外交大臣卡斯賴里(Castlereagh)機敏的處置，始避免了這危機。一八一四年二月四日同盟四國與拿破崙的使節談判於卡體倫(Chatillon)時，四國全權會宣言如次:

「同盟國全權，不只是代表四國的全權而派遣來的，是有以全體歐羅巴的名義與法國講和的權限而出席的，四國關於講和應締結的各種決定，有使同盟各國承認的責任。」

這是四國自認爲歐洲全體的代表者，明示欲支配歐洲事變的意思。同年三月一日依曉門(Chaumont)條約，歐洲的指導政治漸得實現，這是入了發展的第二段。這條約是以二十年爲限的同盟條約，四國互約完全一致繼續戰爭，爲得同盟國及歐洲一般和平，任何手段都可採用（第一條。）這盟約不僅禁止休戰及講和，且互約不達到協定的目的決不停戰。

八　歐洲指導政治的成立

曉門條約是以法國爲對象的對法防禦同盟，不是以維持歐洲全體和平爲目的，壓服法國就是維持了歐洲的和平，所以其條約的作用，自然擴大而成了歐洲的指導政治。但同盟的大勢，於拿破崙退位後，其結合漸弛，維也納會議中一方面因同盟四國的利害衝突，他方面因法國外交大臣達賴蘭(Talleyrand)的外交手腕，四國同盟起了分化，一八一五年一月三日英法奧三國間以普俄兩國爲對象的同盟成立了。然因拿破崙再起，四國同盟復活，三月二十五日四國確認曉門條約，更於十一月二十日的第二巴黎條約同時又更新曉門條約，由此就正式實現了歐洲指導政治。第二巴黎條約曾宣言說「爲確保人類全體希望的而且努力求實現的一般和平，四國確立協調制度；又爲確保使本條約容易執行，及爲世界幸福使鞏固四國元首今日結合的親密關係，各締盟國於規定的時期，依君主直接的盡力或大臣的盡力，應開大會而考察其共同利益，且爲各國民的安寧繁榮及維持歐洲和平，認爲最適當的手段在其時亦可考慮。」這是四强國計畫了維持歐洲和平，同時更進一步表示了企圖一般幸福及繁榮的意思。於是英俄普奧四頭政治確定了，而且替代拿破崙一人的獨裁政治在歐洲行了四同盟國的獨裁政治。

九　歐洲協調的理想及機能

歐洲協調，理想上是根據國際連帶(International Solidarity)的觀念，以確保歐洲和平安寧爲目的，使歐洲國際系統內的各國，都作一致的行動；可是在歷史的實際上，是歐洲全部或多數强國，爲處理國際問題，共同開會議而取共同政策及行動的意味。此種國際關係的新制度，到十九世紀中漸次發達，遂成了國際聯盟的組織。這制度的中心點，是爲處理國際問題，由各國至少由各强國的代表者開國際會議而行共同決定；因而這制度的基礎及原則，是凡國際問題非依各强國的共同協定而不得決定。但在實際，强國中間利害有衝突時，就受妨礙而不能得共同協定了。國際會議的職能可分爲三：

(一)是作拘束參加國的協定——國際立法。例如在維也納會議時，初定的國際法規，是決定了外交官的位次，廢止奴隸的原則，自由航行國際河川的原則等。以後在一八五六年的巴黎會議時協定了海戰法規，也是這樣的例。

(二)是審查事實提出意見或作成報告等事。

(三)是關於國際紛爭負和解調停的責任。

可是歐洲協調的活動，主要是政治的，强制他國服從各强國的共同決定，各强國蔑視小國主權平等的原則，事實上占政治的優越權，依此權統御了小弱國。所以歐洲協調的行動，多表現了干涉的形式。這種干涉，有關於國際事件的，也有關於一國內治的，因而歐洲協調的行動，有時在國際法上是不適當，但其效果，爲防止戰爭及處理國際事件，却作了相當的大貢獻。惟事若涉及强國間利害衝突時，就得不了擁護國際和平的效果。其理由是爲歐洲協調的成功，有充分使發達國際連帶觀念的必要，這觀念是共同利害的觀念，不外是證明互相依存的關係；因而各國為歐洲共同利害有限制自己主權的必要，為維持歐洲和平，不能不承認有必要時負應犧牲的義務。但是返顧各強國的態度時，却全不認中小國的主權，而對自己主權的主張絕不稍屈，都務必固執着己國的利益，於是在會議時若一國不贊成，則什麼事就都決定不了。

其次，依向來主權平等的原則，其當然結果，國際會議的協定須全會一致贊成。然所謂全會一致，在多數國家協定的時候，其實現至難，而且多是不可能的。又國際協調的制度，不是永久常設的東西，每遇起了國際事件，其決定應付國際會議與否，是各國政策的問題，不是義務的問題，所以若開國際會議於自己不利，就反對其開會了。

要之，歐洲協調是根據國際連帶與國際正義的觀念，以確保歐洲的和平及安寧為目的，雖未能成立常設的機關，然仍對歐洲內防止戰爭勃發及增進一般和平也貢獻不少。因是所謂歐洲協調非常發達起來，於歐洲各國間始樹立了事實的法律的密接關係。但其組織尚幼穉，結局仍防止不了歐洲的大戰爭，是由世界大戰證明了的。所以在世界大戰中，由多數學者政治家等要求組織國際聯盟，依凡爾賽會議的結果始得實現。這就是歐洲協調，由歷史的意義看來，是國際聯盟的前身，給國際聯盟開拓了地盤，其間直費了一世紀的歲月。

由一八一五年至一八二五年的初期歐洲協調，表現了兩種形態：

（一）是歐洲指導政治（The European Directory）。

（二）是神聖同盟（The Holy Alliance）。

歐洲指導政治，如前所述，是關於歐洲政局各强國的同盟；神聖同盟可說是其道德的聯合。前者是歐洲協調實力的基礎，具有實證的形式；而後者是其精神的基礎，具着神祕的形式。

歐洲協調的機關，有派駐巴黎的四强國的大使會議。特別關於重大事件，四强國的元首或宰相會合而解決歐洲問題。這四强國關於歐洲問題，握着專制的權力，固持不許任何其他國容喙的原則。所以在維也納會議的列國會議中，中小國不派代表者，只有服從四强國的决定。

十　俄帝亞歷山大一世與神聖同盟

研究神聖同盟以前，對於俄帝亞歷山大幼時的敎養，及其長而受師傅的感化，特別由後年複雜環境形成的矛盾性格，先有一瞥的必要。

亞歷山大生於一七七七年，六七歲時，其祖母喀德隣女皇想把他培養成個大人物，力排其父保羅（Paul I）帝的干涉，自任敎養之責，命物色師傅於國內外，遂得寄食於其寵臣親戚家的一瑞士人名拉哈布（Frederiar Cesar de La Harpe）者，使當敎導之責。其時亞歷山大七歲，而拉哈布三十歲了。拉哈布甚崇拜文豪福祿特爾，又是盧梭的高足。喀德隣女皇到法國革命後雖很痛恨了民權論，可是最初是以理解法國自由主義自負的開通人，所以擢用急進思想的拉哈布負敎育將來世襲專制君主帝位的皇太孫之重任，這是無足怪的事。拉哈布深感知遇，熱心盡其師傅之責，充了宮廷敎育諸官的中堅。亞歷山大亦敬其師而勵其業，也相當咀嚼了些盧梭的思想。照這樣，一七九三年亞歷山大十六歲時，與巴坦大公爵的三女路易薩（Marie Louise）郡主結了婚。在這以前，喀德隣女皇爲早　玄孫鞏固皇統，垂簾聽政，欲在宮廷內培植自己勢力，所以急行了亞歷山大的婚禮。但其翌年拉哈布的急進思想，深觸了喀德隣女皇的猜忌，突然被解去師傅的職務，不得不離開俄國。當他將離俄宮廷以前，急於幼君腦中下深種子，於是在亞歷山大柔軟的腦中，十分培植了熱烈的自由主義。但是一七九六年喀德隣女皇突然崩殂，保羅帝即位時，爲儲君亞歷山大新發見了諾西爾左夫(Novosiltsov)及斯妥卡諾夫(Stro-gonov) 伯爵兩個人，使繼承拉哈布爲其師傅，而且這兩人都是勝過拉哈布革命思想的急進自由主義者，於是亞歷山大很受了他們的感化。在獨裁政治的俄國宮廷內，其東宮充溢了自由的空氣，儼然像是巴黎「嘉可賓俱樂部」(Jacobin Club)支部的樣子，因此惹起保守主義的反感，諾西爾左夫及斯妥卡諾夫兩人遂被逐出俄都。這種新舊思想衝突的中間，保羅帝於一八〇一年三月被弒。關於這弒逆事件，亞歷山大應當負若何程度的連坐之責，史論紛紛莫衷一是。原來可認他爲教唆者，却不能認作陰謀的中心人物，唯由他事前聽得陰謀者計畫的事實推察，就可曉得像是知情。總然他以二十三歲即了帝位，包圍他的新思想家都慶賀新時代已到，他的亡命舊儔，也都相繼回了俄京，都以極大的希望與抱負，期待了新帝的內政改革。

十一　亞歷山大的國際聯盟案

亞歷山大即帝位時，俄國政府當面的外交問題頗棘手，幾無暇着手改革內政。因爲以前保羅帝一變向來俄國的外交方針，與拿破崙結了同盟條約，其結果就成了第二次武裝中立，英國政府把其港灣所有的俄國瑞典丹麥的船舶一齊扣留，下令西印度艦隊襲擊墨西哥灣的丹麥領地，奈爾遜(Horatio Nelson)提督另率一艦隊出北海大破丹麥海軍，進而直衝入俄國沿岸。亞歷山大卽位，正在這外寇來襲的時期，所以卽位後卽感到救國難排外患為當務之急。他以為避國難的第一方略，是對關係各國提出關於擁護中立國權利的國際會議，其結果一八〇一年六月在俄都開了北海各國會議。參加的國家，除俄國外有丹麥瑞典普魯士三國，其重要議定條項中：（一）中立國旗不得掩護敵國貨物；（二）對於軍艦護衛的船舶，亦不得妨阻其臨檢；（三）禁止所謂海面封鎖。除過這三條以外，大體是承受了英國的主張。亞歷山大依此等協定，算是對當面的難題告了一個段落，到一八〇四年他任其腹心查多里斯克（Czartoryski）為外交大臣，使向內外宣明了對外和平主義。

隔時無幾，拿破崙向列國通牒，自陞格而稱了皇帝；可是他稱帝的時機很不好。特別他在稱帝的不久以前，命其部下在巴坦（Baden）逮捕伹彊公爵（Duc d'Enghien）拉到巴黎鎗斃了，這事是侵犯中立國的暴行，大受列國攻擊，因而列國對他的通牒不表示好感，亞歷山大也不承認他為皇帝；而且各國相議，計畫新聯合以當法國。查多里斯克進勸亞歷山大帝執這聯合的牛耳，於是帝授意於其寵臣諾西爾左夫使往倫敦送親筆信於英王喬治三世。其時查多里斯克一八〇四年四月五日與諾氏長文的訓令，對以後研究到神聖同盟時的俄國外交方針，是極有興味的公文（其全文在 Czartoryski, Memoires du Prince Adam et Correspondance avec l'Empereur Alexandre I, 1887. II, P. 27.）。其要旨是說英俄相結是期歐洲政局安定的最大保障，以這目的使英俄先攜手，其次勸誘他國聯盟以抵當暴橫的法國。而英俄提攜的基礎條件，是對拿破崙不法奪去王位的薩基尼王，以與其臣民以自由主義的憲法為條件，而承認其復王位；為歐洲和平重要的一個政策，須維持瑞士的中立；對荷蘭使復興其國家的存立，但決定新政體以先要考慮其國民的希望等。這是立憲自由主義以外，已於相當程度，標榜了所謂民族自決主義。且關於以法國爲敵的事也說「我們須明白宣言，我們開戰的對手，不是對法蘭西，是對壓迫法國人民及列國的專橫政府。」這與一百年後威爾遜大總統的「我們敵人是德國軍閥不是德國人民」的口號，完全如出一轍。特別這提案，不僅以討伐拿破崙爲唯一的目的，且期望將來在歐洲列國間組織一大聯盟，遵守國際法的各原則，以居中調停替代戰爭，依之確立恆久和平的保障；這就可看作當年的國際聯盟案。而且不只是羅列了漠然恆久和平的希望，更研究到細目，如說「爲達吾人的目的，有適當劃定各國境界的必要，當其劃定時，不若隨着山脈河海等自然的分界；又爲其生產物及工藝品的交易，應保障各國達到河海的適當方法；若可能時，希望人民互相協和，以同一民族構成一國，各戴相當的一個政府。」把這議論移到百年後的今日，也不見有什麼不妥。

而使亞歷山大最苦慮的事件，是均勢問題及國土分合問題。就是「過去數百年中震動歐洲的紛亂，畢竟由不注意自然的均勢組織。可是均勢主義在若何程度上，可以順應一般和平的新局面，現在却很難以決定，因爲要研究將任何國都應包擁在聯盟內呢？或是只應順從事態之論理的發展呢？而且只要能做到，使二等國都强固起來能夠自衛的必要，在今日是可以看得來的。根據同樣理由，小國過於分立，就不易達成這目的，是很明瞭的事。許多小國缺乏必要的自衛力，不能貢獻一般幸福，徒成了大國奢望的誘惑物。爲除去這種不便，其方法唯有使大國合併小國或使小國結合而組織成聯邦而已。」他總想以均勢主義作維持和平的基礎，以大國並立爲支持均勢的方法。

亞歷山大的國際聯盟計畫因同盟軍戰敗於奧斯特里齊暫時停頓未能具體的發展，可是他總想早使實現的意志很固。英國政府心中很輕笑俄帝的提議，可是表面也表示了相當的好意。英相皮特（William Pitt, 1759—1806）對諸西爾左夫的覆信是示明英國政府的態度及好意的重要文書其要旨說「按俄帝陛下之見解：（一）法蘭西應由法國領土解放革命後征服的各國使法國復歸於從前的境界；（二）對於由法國羈縛解放了的各國，不僅給其恆久的和平與幸福，且為他們須確立對法國此後侵略的障壁；（三）和平恢復後作擁護各國與互相安全的協約及保障，且於歐洲樹立公法之一般的組織。這三種重要的目的，像是俄帝陛下期望的，我陛下的所見亦略同。但我陛下以為這崇高的計畫在和平克復後，非同時有導之使趨於實現的組織保障，認為不大充分。所以望於一般的和平克復後，同時網羅歐洲各大國締結一種條約。若經過這方法，各國現有領土始可劃定而得確認。為達成這目的，列國對於和平的攪亂及權利的侵略須結一互相援助藉賴的條約。這種條約對於鎮壓想攪亂一般和平的一切企圖，其效果將不少。」亞歷山大知道英國的這種態度，愈覺得意，陰然就以國際救世主自任了。

一八〇五年四月英相皮特運用所謂第三次聯合（The Third Coalition）成功，英俄奧瑞典及那波里五國聯合抵抗拿破崙軍。可是拿破崙於同年末在奧斯特里齊大破了奧俄聯軍，使亞歷山大陷到不能不退守國境的苦況；而且於一八〇七年六月因欲援普軍又大敗於福利蘭（Friedland）但他仍不棄組織聯盟的理想。特別拿破崙以同年七月體爾塞（Tilsit）講和條約誘亞歷山大與之同盟制御歐洲，於是兩帝遂相結合，惟其同盟僅屬空名，與亞歷山大的理想距離甚遠，所以翌年九月在愛夫特（Erfurt）兩帝會見後，亞歷山大抑不住與拿破崙絕交的決心，無何和平破裂，拿軍於一八一二年六月渡紐滿河（Niemen R.）侵入俄境，九月占領了莫斯科。拿軍占莫斯科後以至一敗塗地，於是亞歷山大決意作歐洲大聯盟的組織，而且他心想不僅以各國君主爲對象，直接訴諸列國國民，將聲明其負了歐洲救世主的使命。一八一三年一月俄普英三國在萊巴哈（Laibach）成立對法同盟，其次普俄兩元首更於加利修固結盟約，到三月二十日普王於俄帝當面發了向德國民衆保障其獨立自由的佈告。當時在亞歷山大的帷幄中參贊機樞的人，是俄國有名的黑幕外交家底斯特利亞（Capo d'Istria）。亞歷山大依其條陳與自己理想，仍然腐心經營歐洲聯盟案的成立。其計畫先打倒拿破崙，次與各國民以自由權利，然後以大同盟結合各國。依這計畫，先與普奧英同盟軍相呼應以抵禦拿軍。遂於同年十月來比錫之戰，決定了拿破崙的運命，於是同盟軍十二月長驅迫下了巴黎。

當這時際，同盟國的利害衝突，總是免不了。拿軍尚有抵抗力的期間，同盟軍固能步伐合一而抵禦，敵勢稍衰，同盟軍的結束就鬆弛起來了。拿軍雖有一再挽回殘局的氣象，可是大勢終不能支，到一八一四年二月拿軍與聯軍於曉門終開了講和談判。而同盟軍動輒將起內訌，與拿軍以可乘的機會，英國政府深加憂慮，其外交大臣卡斯賴里（Castlereagh）就往法國東部蘭革爾的同盟軍大本營地，努力調和了內部的利害衝突。首相皮特當時與卡斯賴里的訓令——一八一三年十二月二十六日英國內閣會議議決案，詳示英國的態度及其對法方針。其末項說：「同盟條約不僅限於戰時，卽在戰後，一國受法國攻擊時，其他同盟國亦有竭力援助的義務，須共保障歐洲和平。」這可以看作當年歐洲協調的一個基礎案。雖是這樣說，英國也不是願犧牲己國利害而盡力協調主義的。且這時亞歷山大的性格非常變化，成了兼有專制主義與嘉可賓主義，唯理主義與敬神主義，利己主義與愛他主義等互相矛盾的思想感情的兩面人物了。因而在蘭革爾他的空想的國際協調主義與務想掌征服聯軍牛耳的虛榮主義，卡斯賴里的英國利害第一主義，奧國首相梅特涅的對法講和速成主義互相衝突不能調和，終局成立了安協，於一八一四年三月十日纔得簽了曉門（當時同盟軍大本營駐在地）條約的字。曉門條約是對歐洲和平互相保障的條約，同時是作歐洲協調案先導的重要條約，其前文中記有「在杜絕歐洲凶運的有力目的之下，鞏固共同戰鬥的列國團結，恢復正當的均勢，確保歐洲將來的安寧，以維持其恆久秩序」云云。更於第五條規定「締盟國與法國講和後，對於想攪亂將來法國和平的一切企圖，為擁護歐洲各自的領土，應執防禦的措置。」別定有「本條約由簽字日起有滿二年的效力，至期滿時更依情狀得再繼續效力三年。」更於別項祕密條款中，互約使西班牙葡萄牙瑞典荷蘭（歸奧蘭巨公支配作一個王國）加入本同盟，改造德意志聯邦，在列國保障下使瑞士成一獨立國，意大利作為聯邦組織，西班牙復歸法國路易王家支配等，這是改造歐洲及建設聯盟上頗重要的條項。要言之，一方面對法國行澈底的戰爭，他方面在各國共同保障下樹立歐洲將來的恆久和平，是本條約的眼目，以後一八一五年巴黎條約，一八一八年夏倍爾條約都稍有所更新，大體上直到一八四八年的三十餘年中，作了各國外交基礎的所謂歐洲協調，實由那條約發端的。

一八一四年三月三十日，巴黎陷落後，拿破崙辭帝位，五月三十日同盟國與法國中間，成立了所謂第一次巴黎條約。該條約的要旨：（一）承認法國稍增大其領土以外，大體上使仍還原到一七九〇年的境界，（二）使英國領馬耳他島及好望角，（三）使德國構成一個聯邦，（四）使比利時合併於荷蘭；別在祕密條項中（一）對德國的諸侯補償萊茵左岸的領土，（二）對奧大利與以倫巴德及威尼斯，對薩基尼與以熱諾阿；在其他細目中，特別說：「依本條約第三條，為處分法國拋棄的領土以構成眞正恆久歐洲均勢基礎的協定，」列國可續派代表者會合於維也納再行議定。可是大體上第一次巴黎條約除過改曉門條約的四國主義，更加法西葡瑞典四國成八國條約外，關於歐洲協調及恆久和平的希望，仍不過重敘了曉門條約的規定。雖成立了八國條約，其勢力的中心，依然是掌在四國手中。顛覆這四國偏重主義，以所謂正統主義為工具，在列國中使尊重法國發言權，大事折衝於維也納會議席上者，為法國全權達賴蘭。維也納會議是極龐雜的集合，各國全權都以湊熱鬧的心理去列席的，其中惟俄帝亞歷山大以極大的抱負及期待而眞摯的親身出馬。他於戰事告終受文武臣僚的歡迎而歸俄都，始感覺身為皇帝的尊榮，他以為億兆人民都是心悅誠服，仰尊自己為神權的代表者，深感到醉心的快樂。他親臨維也納會議，自負背後有全俄的民衆，歐洲各國當然也以自己征伐拿軍的功大，自然要以會議的中堅相許，頗有得意的自信。俄廷中元帥杜爾斯泰伯爵以皇帝自己出馬非上策，頗事規諫，自得意滿的亞歷山大以為我不出其奈歐洲蒼生何的意氣，全聽不進耳去。百年後威爾遜大總統與其國務長官藍辛，却恰像百年前的俄帝亞歷山大與杜爾斯泰伯爵，正是一種好對照。

可是亞歷山大自己到維也納後，事實却與自己所想大相反，列國代表者不僅不像貓的順從自己，却個個都像虎的威猛。亞歷山大恰如百年後的威爾遜，全不了解歐洲政治的心理，所以看不出維也納的低氣壓。在表面恰如路德喬治和克賴孟梭最初附和威爾遜的樣子，卡斯賴里和梅特涅也是對亞歷山大不吝所有的讚頌。可是善良的亞歷山大，看不出老奸巨猾的外交家的黑心，也恰和正直的威爾遜，猜不透歐洲唯利是視的政治家的臟腑一樣。特別梅特涅，恰像克賴孟梭撥弄威爾遜的樣子，把亞歷山大當作不懂世道人情的紈袴子着看待。假若亞歷山大以征服拿軍領袖的榮譽而滿足，委善後的外交於有為的重臣，自己只在俄京調度，或者也可不傷自己的殊勳，也可不作無為的煩悶而了事。但他過於妄自尊大，自信維也納會議是自己手中的東西，到了目擊列國全權不能照自己意思駕御，就痛感覺到失望。「俄帝頭上久閃的戰勝白光，隨着會議日進而漸次稀薄起來了。他在神聖羅馬帝國的舊都，自以負着決定歐洲事件的職務，並想鞏固同盟開始以來的地位，以很大的抱負威風堂堂的進了維也納，但是舞蹈而歡迎他的，只是貴婦人與貴賓室而已。在會議的舞台上，他被撥弄被欺騙，他的外交棋子，都被梅特涅先下着了。他多年的甜夢都被打破，他的理想於最順的境況下邊也都沒有實現的希望了。」這是法國外交史家芮恩(Pierre Raine)最坦直的批評(見所著 Un Tzar ideologue: Alexandre Ier, P. 259.)

亞歷山大互相矛盾的性格，在維也納會議中全無餘蘊的表示出來了。他一方面高倡極端國際協調主義，他方面固執極端己國利益主義，對於己國軍事的地位一步也不使失去。他想使華沙大公國合併為己國領土，計畫使波蘭王國復原如舊。普國對於自己失去波蘭部分的補償，想掌握撒克遜全部。奧國總想制止普國擴張領土。普俄相結，腐心想各達其目的，而俄普提攜在英奧兩國認為歐洲均勢的偏重，竭力加以防阻。照這樣，波蘭問題及薩克遜問題，恰如百年後阜姆（Fiume）問題的樣子，在亞歷山大與其他列國全權中成了一個爭點；梅特涅與普國全權哈登堡間起了激烈的舌戰；卡斯頼里看見形勢危急，認時局若破裂，英國一定捲入漩渦特別他認由一八一四年十二月甘特講和條約，英國對美國已沒有後顧之憂，遂以本國訓令以上的强硬態度對俄國亞歷山大焦躁萬分，僅依達賴蘭提出的正統主義尋出一條活路，始制止住局勢的破裂。而他方面卡斯頼里及梅特涅於一八一五年一月三日與達賴蘭結密約，以為普國若因令其由撒克遜撤兵而攻擊英法奥三國之任何一國時，其他兩國共來抵當普軍，若俄國應援普國時，亦卽與俄國為敵而戰。這就是英奥兩國，與在列國會議前應受裁判的被告法國，共同攜手以抵當同立原告地位的俄普兩國，於是各國的去就向背遂一變。英本國內閣當局，以卡斯頼里的外交危險，以國民不贊成因東歐問題再執干戈的注意與卡斯頼里，同時對他專斷簽字的密約與以追認。普國認卡斯頼里的强硬態度，一定是得了本國政府的後援，急轉而對撒克遜問題的主張輭化起來。亞歷山大也感到這時傷卡斯頼里的感情非上策，聽到三國成立了密約，也一轉而取了調和的態度，一時四國境上掩的暗雲卽刻消散了。已往百年間的外交史上，一八一四——五年維也納會議中英奥俄普間的謀略，及一八七八年柏林會議時英俄德奥間的術數，可說是虛虛實實不可端倪的權術外交的雙璧。

一八一五年三月，維也納會議暗鬥正酣的時候，拿破崙再入巴黎，作了百日政治，滑鐵盧之戰後，他的政治生命纔完全告終。這戰役中，俄國參加的範圍極狹，出力最少，因而對於歐洲的治亂關係，亞歷山大的地位威信，也過了高嶺而成了下坡路了。拿破崙最後挫折的結果，是同年十一月二十日的第二次巴黎條約。依此條約，法國（一）

將第一次巴黎條約得的薩伏衣一半，讓於薩基尼王國；（二）與瑞士割讓若干的領土；（三）將已往各戰役奪來的美術品仍返還於原主。要之，第二次巴黎條約同盟國援助路易王家永遠打倒拿破崙，並且使法國最嚴格的履行講和條約，且以領土的某種分合爲基礎，依四國聯盟想保障歐洲的和平。可是沒設有可監視實行其保障的機關，也沒備有必要的手段方法使聯盟眞能有力，所以由維持和平的趣處說來，全等於廢文。

第二次巴黎條約成立之日，別於英奧俄普四國間，成立了一個重要條約，就是所謂四國條約。四國條約以從前的曉門條約爲骨幹，更加入些重要新規定。卡斯賴里始以驅逐拿破崙及其同族爲將來歐洲和平的根本要義；四國條約的精神也存於此。特於其第六條是根據卡斯賴里的提議，規定「爲確保且使容易實行本條約，並顧念世界福祉，爲鞏固目下四國元首密接結合的好關係，締盟國今後定期使各元首或其宰臣互相會合商議其共同利害，且於每期之終，爲各國的安寧隆昌及維持歐洲和平，認爲最有益的方策，應當加以考慮。」就是在其合同商議的定期及繼續性上，這四國條約較之向來只於紙上標榜恆久和平的講和條約，可謂進了一步，同時可謂開了實際歐洲協調所謂會議外交的端緒。然而更由其他見地看來，這規定是英國對曉門條約維也納條約立的半永久的同盟，感着受其束縛的不利，於是提議爲各國的安寧隆昌及維持歐洲和平的方策，僅止於其時的考慮，其他半面對法同盟時代的結合力，事實上漸次鬆弛起來，也不能輕看過的。

十二　神聖同盟條約的成立

以前在曉門成立對將來歐洲和平的互相保障條約時，英國把關於擁護領土的防守措置之同盟義務發生條件，局限於法國的攻擊，就是僅由法國來攻擊的時候，纔出兵共同動作，以外對於歐洲大陸內部的角逐，決定取超然不管的態度，英外交大臣卡斯賴里明確的聲明了這宗旨。亞歷山大對英國這種態度大起煩惱，改而苦慮出束縛列國鞏固歐洲協調基礎的新案，其結果與奧普兩國元首急速商議急速製成的條約，就是有名的神聖同盟。神聖同盟是爲對抗法國的帝國主義及其他國的民主主義而產生的時代畸形兒。這畸形兒怎樣宿於亞歷山大的腹中怎樣產生，可說是他多年懷抱的理想半面的表現。可是他因怎樣動機，這時急着策畫實行？有怎樣人物在他背後操縱其促進？對這些事，世人的考證很不同。神聖同盟，在史上往往認爲英國首相皮特先鼓吹的，說皮特在一八〇五年對亞歷山大提出第三次聯合案時，其目的之一是列國對法應締結互相援助的保障條約，在歐洲樹立公法的一般組織，以爲這是使亞歷山大計畫神聖同盟的發端。但是皮特一八〇五年的對法聯合案與一八一五年的神聖同盟其間因緣很薄，卽令有多少可尋的原因，也不過是遠因，而不能說是近因。若强尋繹，當尙有許多遠因，且亞歷山大急於着手神聖同盟的原因，是因英國的態度，把各國共同動作的義務發生條件只限於法國攻擊的時候，顧慮這事情而起的，所以拉扯皮特，可說於事實因緣很遠。

亞歷山大關於神聖同盟，不過是多年漠然的夢想，其胸中方案具體化的時候，不過是維也納會議前後。依他以後（一八二二年二月）對他親友加利金送的信看來，他以開維也納會議爲使實現神聖同盟難得的好機會，若沒有拿破崙逃歸巴黎想再起的事，他像是計畫在維也納會議末期締結這條約的。同時在他背後使他熱中計畫神聖同盟的人，一般認爲他師事的法國哲學者貝爾喀斯。當年祕史的記錄說艷麗的巫女克魯旦娜夫人(Madame de Krüdener）是最有力鼓動亞歷山大的人。克魯旦娜夫人對亞歷山大帝，恰像以後拉斯蒲丁（Rasputin）僧正對亞利山多拉后（Empress Alexandra Feodorovna）的樣子，不過是男女異其地位而已。但由亞歷山大與加利金信中說「神聖同盟的思想，在維也納會議中始胚胎於胸際，可以冠絕會議的事業，將要建設，因拿破崙的再起，遂使這計畫延期。」由此看來，神聖同盟的着想，非僅由克魯旦娜夫人的聳動也很明白。法國外交史家保爾嘉（Emile Baurgeois）也是這樣的主張。

神聖同盟的計畫，其由來在亞歷山大的性格固如前述，可是若說他的性格，是這樣自由而且敬虔的爲人道的勇者，却是過於單純的看了他。有名的拿破崙與亞歷山大（"Napoléon et Alexandre"）的著者閩達（Vandal），品評兩個英雄，說拿破崙是活動的本體，而亞歷山大是夢想的體現（Napoléon c'est l'action, Alexandre c'est le reve.）但這不一定是確評。亞歷山大是不可端倪的複雜性格的所有者，是一方面極神祕，他方面極實際的政治家，又一方是急進的，而他方是保守的人，具有易於由極端走於極端的性癖。他在對拿破崙戰中，過了苦心慘憺的日月，今忽作了歐洲的霸者，自驚動威赫赫權壓一世的意外幸運，遂認這是神對他的偉大恩寵，宗教的感情奔放之餘，始想樹起高遠的大計畫。

一八一五年九月十日，在巴黎東八十里的衞爾丘平原，行了同盟軍的大閱兵式。亞歷山大想誇示俄軍的威容，因滑鐵盧之役俄軍功少，想在和平的閱兵場收回當時下落的俄軍聲譽，於是他把出征的十六萬大部隊集中閱兵場，縱橫行分列式，特請奧帝及普王親臨其旁，與之說明軍旗的戰歷，稚氣充溢的頗形得意。照這樣般般的祝炮及僧侶的聖歌祈禱終了以後，他由懷中取出神聖同盟的條文示及普奧兩元首請其署名。兩元首對這事請求了數日的籌思。奧相梅特涅的回顧錄中說『第二次巴黎條約締結以前，正商議對法策的期間，有一日亞歷山大帝求予會面，會見後他說：「朕現在熱中一個大計劃，特欲與法蘭西斯帝（奧帝）商量，其中有只照親密信仰方可考慮的事項，這信仰全在個人的性質之勢力及商量中起的，若這事項純粹關於國務，朕當先聽卿的意見，但這事應要元首本人的決意，不是要輔弼重臣意見的性質」過了數日，法蘭西斯帝特召予說「俄帝說有應商量的重要案件，求朕單身去訪，朕方纔轉回。會談的要旨，卿一看他求朕籌思的這文件就可了解。朕却認其內容與朕增加一層不安，因而朕不感覺有什麼同情。」予閱後，毫無沈思，即確信這文書除過以宗教的文辭表示包含博愛的熱望以外，沒有什麼意義及價值，予並確信這不值作元首間一個條約的問題，也不至惹起什麼宗教性質的重大誤解。』(Metternich, Memoires I, P. 209.)

奧帝的意向雖如上述，可是普王威廉以不值得傷俄帝的感情，諮詢宰相哈登堡，決定答應其要求。因此神聖同盟，依梅特涅的注意對字句稍加修正以後，九月二十六日三元首都簽了字（只元首簽字，沒有輔弼大臣的署名。）

神聖同盟以一八一六年一月一日在俄京發表，同時俄帝下詔於國內各寺院使行了捧讀式。神聖同盟的宗旨，如其條文所示，與普通外交文書的形式不同，與其說國際條約，寧可看作對於國內政治及國際政治基督教君主應遵奉的宗教及道德的規範之宣言。這同盟在其前文中，宣言三君主關於其國內行政，及與他國的政治實質，都應以基督教教義的正義仁慈及和平，爲其行爲的準則；三君主以眞實不渝的友愛相結合，互認爲同胞常相援助；三君主對其臣民及軍隊，均以慈父的心而字撫之（第一條。）認君主及人民都是歐洲基督教國一團體的成員，三君主爲支配同一家族的三分家——俄奧普三國，受了上帝的囑託（第二條。）各外國欲嚴肅實行本條約精神的神聖原則，且承認這種眞理是爲苦於久亂各國民的幸福很要緊的事時，也可許其加盟（第三條。）

神聖同盟是以基督教的教義想規律國際實體的高遠理想，各國君主認爲無害，小國君主且以之爲對革命的保障，所以都加盟，唯英國土耳其及羅馬法皇沒有參加。

神聖同盟的宣言，是全無前例的驚人舉動，遂成了時人誤解與嘲笑的目標了。當時的政治家卡斯賴里梅特涅等都付之一笑，全不加意計較。甘芝(Gentz)且評爲不僅止於道義的宣言，且成了野心的工具。

時人對亞歷山大平時行動及在維也納會議中行動與這宣言的矛盾，大爲驚詫，遂多方想探索這宣言內隱蔽的奧竅，起了許多邪推誤解。比如說「依眞實不渝的友愛相結合，互認爲同胞常相援助，」若問其在什麼時候援助，就推測這一定是三君主爲實行保守政策，想壓制人民的自由與希望，方這樣約定的。說對「臣民及軍隊以慈父的心而字撫之」的話，是標榜專制主義。所謂「三君主爲支配其國是受了上帝囑託」的話，不是主張帝王神權說嗎？

在實際政治上，神聖同盟離開作歐洲協調道德的基礎，失去應保障其強固永續的原來宗旨，與歐洲指導政治混同起來，而其指導權握在奧俄兩國手中，成了保守反動政策的工具，遂被誤解爲抑壓各國民的手段了。

但神聖同盟當初的精神，表白了在歐洲各國間樹立基督教同胞弟兄，同盟國互相援助，應打作一團而行動的意思，可是其所謂互相援助不過是未具實行手段的一種希望而已。換言之，神聖同盟只是空漠的一種主義一種信仰，並沒有計畫規定什麼國際行動的具體方案，因而在政治上既不成毒而也不成藥。所以梅特涅在其回顧錄中又說：「關於神聖同盟，以後在歐洲任何國的內閣，未起什麼問題，也當然不能起什麼問題。捕捉其文書的字句，以作誹謗工具的人，也不過是反對王政派的一部分人而已。神聖同盟的宗旨，既不是束縛人民的自由，也不是助長專制主義，不過是表白了亞歷山大帝神祕的信仰及想在政治上適用基督教主義的希望就完事。神聖同盟的思想，胚胎於宗教的政治的各理論不可思議的混同，在克魯旦娜夫人及貝爾喀斯的勢力下發育起來的。沒有人能較予更了解這空虛而好聽的同盟的眞意（Metternich, Memoires I, P. 209.）」梅特涅雖是這樣說，但他在其內治外交上想利用他輕視的神聖同盟，所以由這點說來，神聖同盟在他自己的政治上，也不能認爲全無意義。

神聖同盟如梅特涅所述，在締盟國本身，在其他各國政府，以後都沒有取特別重看的態度。最初亞歷山大向普奧兩國元首求贊成神聖同盟以外，曾向英國政府也慫慂其加盟。神聖同盟因其標榜基督教國的結果，由反面說，是對回教國土耳其成了一大威脅，而英國的近東政策，以保全土耳其帝國爲皮特以來傳統的方針，因而以土耳其爲敵的政策非其所願。可是英國認反對俄帝提案而傷其感情爲不當，其十月六日的覆牒大意謂「英國政府對神聖同盟的宗旨很表贊同，唯我英國制度，凡條約在憲法上都要負責任的主管大臣署名，所以未便參加締盟國元首直接締結的這條約。」這是用巧妙的答覆婉辭拒絕了。其實英國外交大臣卡斯賴里由巴黎寄其宰相的私函（一八一五年九月二十八日）中，「說亞歷山大的頭腦像是狂了的樣子，」且評該同盟是「崇高的神祕主義及囈語的一斷片」（"a piece of sublime mysticism and nonsense"），最初就冷笑了的。俄帝對羅馬法皇及土耳其以外的各國，都慫慂其加入神聖同盟，於是由威坦堡始，撒克森，薩基尼，荷蘭等都繼續的承諾了。俄帝又想使美國加入，除其外交大臣底斯特利亞力勸駐俄美公使哈利斯以外，又派特使於華盛頓，使向美大總統馬底遜及國務長官門羅遊說，又對將赴任美國的俄公使杜爾男爵親與這意見的訓令（恰在這時，駐費府的俄國領事被美地方官逮捕，在美法庭受禁錮的判決事件起，美俄外交一時危險，杜爾男爵遂中止其赴任）惟美國當時已決定不干涉歐洲事的固定方針，所以終未承諾加入。

照這樣，英美兩國不爲俄帝的勸誘所動，特別英國政府藉辭憲法關係，婉曲拒絕，且未出不置重神聖同盟的態度，可是英國下院在野的自由黨關於該同盟的意義，特別關於俄帝背後潛藏的眞意若何，起了激烈的質問，曾論「神聖同盟條約，一看像是極概括的性質，似乎沒有什麼明確實際的現世的目的，可是於其表面聲言以外，不能信其再沒有什麼意義。」且有攻擊的論調，以爲「該條約明有壓迫締盟國臣民自由及權利的嫌疑，而外務大臣且對該條約表示贊頌，實是大惑不解。」（一八一六年二月八日及九日下院討論記錄）外交大臣卡斯賴里雖對這些質問，避與明確的答覆，可是俄帝接到這些議論的報告，認爲關於神聖同盟有匡正世人誤解的必要，同年三月十八日訓令駐英俄使，對英政府解釋，說神聖同盟的宗旨，要言之，「在締盟各國的內外政治上，更有效的適用基督教精神的和平協同及慈愛主義以外，再無他意。」當時英國保守黨政府的方針，非到法國政情趨於安定以後，務必與俄普奧等取一致步調，所以雖不重視神聖同盟，同時表面也毫不微表輕視，普通幾句贊頌的應酬話決不吝嗇的。但英國這種好意的中立態度，到一八一八年夏倍爾會議前後，也漸次變化了。

夏倍爾會議，是根據一八一五年十一月四國條約第六條規定的今後定期會合云云的條文，且鑑於南美方面紛擾將起的趨勢，以研究其對付方法的目的而開會的。當開此會議時，亞歷山大以化這會為歐洲國際一大立法議會的理想，欲使西班牙及其他歐洲各小國參加，英國不待說，卽普奧兩國也恐怕法國參加使問題生紛糾而反對，亞歷山大憤慨同盟各國的這種態度，一時表示離普奧英而欲與法相結的態度，結果成立了妥協，仍只四國開會，惟對法國宰相以說明新王朝情狀的名義准予列席。照這樣，這會議時普奧俄各元首仍親出席，俄國奈塞羅及底斯特利亞，奧國梅特涅，普國哈登堡及拜倫斯道夫等都扈從着，英國的卡斯賴里及惠靈頓作了全權而出席。

當時法國大體忠實履行了第二次巴黎條約，一八一八年四月末已繳完對同盟國五億佛郎的軍費，新政府下的國內秩序，也在豫料以上的恢復了，同盟軍在法國內駐屯的理由已經沒有了。不僅如此，過長駐紮的時候，各國駐軍且有感染自由思想的憂慮，所以同盟國在法國政府相當的保障下，決定全部撤兵，關於這事，十二月二日同盟國與法國間成立了協定。於是其次就成了使法國加入歐洲協調團體的問題。與第二次巴黎條約同時成立的四國條約及其前身的曉門條約，元來是以共同擁護同盟國共同利益為目的而對法國訂的，要使當日擬想敵國的法國加入對法同盟，其決行頗要寬容的宏量，可是法國大體忠實履行了第二次巴黎條約，對將來行動的保障，也答應了同盟國的要求在同盟國方面對法國加盟也沒有特別的異議，十月三日卡斯頼里提議依四國條約第六條規定使法國加盟，其他三國也同意十一月一日的議定書中確實聲明了法國加盟的事於是四國條約一變而為五國條約了。史家稱這新協調團體為「精神的五頭政治」(Moral Pentarchy)。

依這五國條約，英俄普奧法的結合頗似增加鞏固，其實際却不然英國此時在同盟各國前另聲明其方針。其要旨說：「英國僅於拿破崙復將歸法或有復興其帝位的企圖時，可認有發生同盟義務的條件，對於其他事情，應任其臨時再加考慮。」這如前述，是英國由曉門條約以來的方針。而英國今又重在列國前聲明，是離開同盟漸次復歸到昔日的孤立政策了。當時俄帝想提出設立統帥同盟國軍隊的國際參謀本部案，普國王贊成了，可是因惠靈頓極力反對，遂中止其提議。而且當時西班牙的南美殖民地大舉叛旗，風雲漸急，西王菲迭南請四國政府居中調停，並對這會議要求參加。俄帝主張承諾，法國宰相也贊成，而英國恐怕俄法西三國提攜使歐洲均勢偏重利於俄國，居中調停以外極力反對使西班牙參加會議，普奧兩國全權也贊成英國卡斯頼里的反對論，全出乎俄帝意料之外，俄帝希望的西班牙參加論，遂因之而挫折了。照這樣五國同盟關於對時局策往往意見生扞格，其結合力已起了鬆弛的徵象。可是這會議在以上各問題以外，議定禁止買賣奴隸及追加使臣制等，締結了四種條約，也算收了相當的成果而閉會。

當此時，由拿破崙攪亂的歐洲混沌狀態，以維也納會議及第二次巴黎條約，先恢復了秩序，同時當時認為過激思想的自由民主思想，由法國當時的死灰中復發餘焰，復以燎原之火的氣勢，將要燒遍全歐，在自由主義者中，深感覺了神聖同盟是鼓吹所謂正統主義及壓迫自由思想的覆面武器。對法國革命的因果特別對新思想澎湃汎濫的氣勢豫先戰慄的歐大陸各國及其宰臣，感覺國家禍患內憂實與外患相等，甚至超乎外患以上，不若於革命運動未成熟以前先絕其萌芽，而且感有根絕這運動的義務。英國外交大臣卡斯賴里遊俄時給其本國政府送的報告書中，記有「俄帝與其宰臣底斯特利亞都極端抱這見解，想與各國相約，使歐洲各國聯合，不問其君主與領土，互保障其現狀秩序，若背約而抱異圖，或無力鎮壓革命擾亂的國家，各國應共同抵禦。」(Snead-Cox, A Future Machinery of Peace, P. 39.) 由這記錄就可窺知其一端了。

事實上這時亞歷山大帝的思想，已去昔日的自由主義很遠，雖不作過甚的獨裁專制，却深信國君的神權，至少要與家庭的親權一樣。奧國的梅特涅，原來是名副其實的神權主義者，他看見自由思想蔓延於德國各方面日加猖獗，深恐其波及奧國，想召集新設的德意志聯邦議會於維也納開會，以研究鎮壓之策。他的幕僚甘芝（維也納會議以至一八二二年的衞洛納會議，每回都是甘芝作秘書長，梅特涅當年許多政策，都是他在黑幕籌畫，）以為在公開席上介紹自由主義的呼聲，是在內外造成增高其聲援的機會，所以不妥，寧於普奧兩國以外再加德國小聯邦兩三個國，開一小會議先議定，然後再召集總聯邦的會議，是比較安全的方策。梅特涅大韙其說，先說普王以彈壓自由思想所以為急務的理由，普王若不聽警告其奧國要由聯邦脫退。恰這時普王聽得國內自由主義者開大會將反對政府，正在憂慮的時候，遂被梅特涅兩次的勸告掀動，取消了一八一五年五月對國民制定憲法的誓約，使國民非常失望而且激昂起來了。一八一九年八月有名的喀爾思巴德令（Karlsbad Decrees）普奧及其他若干德意志聯邦代表者集會於該地，議定對各國內報紙加嚴重的檢閱，對煽動的陰謀設偵探本部於滿芝，解散所謂Burschenschaft的學生秘密結社，置各大學於政府嚴重監督之下等事。」就是梅特湼抑壓政策的一端。

到次年，西班牙葡萄牙意大利半島方面相繼起叛亂，特別那波里最猖獗，餘波將及於中歐。俄帝以這形勢是關於歐洲全體的大問題，得了梅特湼的贊成，向英法普三國政府提議開國際會議。英法兩國都不大熱心，未使外交大臣出席，只令駐維也納大使就近參加，就成立了一八二〇年十月的德羅波會議。在這會議中，俄帝一方面痛恨自由思想的運動，一方面却贊成施行憲政，這種矛盾的性格，與梅特湼枘鑿不相容，結局普俄奧三國於十一月十三日發表了一個宣言。這宣言形式上是尊重俄帝的意見，事實上却是聲明了梅特湼的政策，是說「歐洲同盟團體中的任何國若依革命手段變更其政體，其結果對他國成立了一種威脅的時候，當然是失去歐洲同盟員的資格，其國情在示明秩序及安定的一切保障以前，應由同盟會議除外。又同盟國不僅正式聲明這是固定不動的方針，且共認關於正統政府的權力應遵守已往聲明的主義，非由正當手段使生的任何變更，概不予以承認。對於已行這樣變更，且因這樣行動對隣國構成恐怖原因的國家，同盟國先以友誼的交涉，求該有罪國的反省，若不生效的時候，隨其必要，有以武力干涉的義務。」所謂有罪國的罪沒有法庭，不知由誰決定？求其反省，事實上與干涉內政有何差異？德羅波會議的宣言，在其本身先有不能實行或不穩妥的素質，已經包含着神聖同盟崩潰的原因了。其次該會議地又移於亞多利亞海附近的萊巴哈（主要爲那波里王及其他意大利半島各諸侯便於列席，）

他們又公表「依叛亂及公然的暴力構成任何僭稱的改革同樣無效，且歐洲的公法亦應否認之。」至此，神聖同盟全然化爲壓迫自由主義的工具了。這宣言只普俄奧三國簽字，他們期待了歐洲各國政府的採擇。可是英國不待說，法國也顧慮國論的反對而不贊成，卡斯賴里以同年十二月十九日及翌年一月十六日的兩件公文聲明了英國政府的不同意。

神聖同盟三國與英法兩國的對時局策至此起了根本的反撥作用，同時歐洲各國較之外患內憂漸呈紛亂如麻的狀態。當此時，使各國代表者集於一處互相尋出其對策的一致點之說不期而起，其開會地初定爲維也納，後因議案重要是關於意大利的問題，遂決意在衛洛納舉行。這時在英國多年爲歐洲外交界重心的卡斯賴里，於一八二二年八月發狂自殺，坎寧(George Canning, 1770-1827)代而爲外交大臣。無何，衛洛納會議照豫定開了會，討議事項是根據梅特涅的意見，分爲（一）西班牙問題，（二）意大利問題，（三）希臘問題，（四）買賣奴隸問題，（五）美洲大陸沿岸的海賊問題，（六）西班牙殖民地問題等。坎寧以英國直接間接都不參加神聖同盟國對西班牙的軍事行動，執了全不干涉內政的主義，並取了反對神聖同盟國向葡萄牙出兵的方針，全權惠靈頓以這方針去列席會議。該會議對這些問題的經過現在可略而不述，其結果是神聖同盟國以打破西班牙革命政府的目的，於十一月二十二日成立了密約。其主要的最初兩條很有趣，錄之如次：

第一條　締盟國信代議政體之與君主政體不兩立，猶如民權之與神權不兩立相等，不論歐洲任何國應嚴相約，對於根絕代議制度及防止此事傳染於未知國家等事，應盡全力。

第二條　報紙之自由是僭稱擁護國民權利者等，利用之以侵害王權最有力之武器，不僅於締盟的各國內，於歐洲其他方面也應執適當抑壓之一切措置。

神聖同盟國，依此密約只固守着已經生了黴菌的正統主義，務想遏止自由主義獨立思想的大勢，法國也變了向來的方針，出兵西班牙顚覆革命政府，使菲迭南七世恢復專制的帝位。而締盟國因法國軍隊打破了西班牙的革命政府，更進而對於剷除南美各地的革命政府，商量了一致的態度。恰這時（一八二三年三月三十一日）駐英美國公使拉西與英外相坎寧關於南美西班牙殖民地問題，開了重要的談判，後遂發展爲該年十二月二日有名的「門羅主義」的宣言。這事屬於門羅主義的歷史，後詳述之。

照這樣，神聖同盟與時勢逆行，時勢也捨棄了神聖同盟。神聖同盟，其結盟後未出五六年就開始崩潰，究屬何故？神聖同盟雖說是表白漠然的信仰，但不一定是有害的宣言。其發起者及贊成者，也不是沒有相當的誠意，然而極其短命，而且世人對其夭折也未曾悼惜。關於神聖同盟崩潰的原因，昔日史家中有許多議論，要言之，時代錯誤的神權思想，不徹底的大戰善後策及亞歷山大帝的矛盾無定見與梅特涅頑固不移的性情，依這三因判斷，可說無大錯的。這三種原因互相錯綜，於是使他們把無形的同盟精神，陷於惡用到有形的政治手段上的過失；他們沒有分別內政與外交的明見，使神聖同盟擱淺到內政干涉的暗礁，終局連同盟的船體也破壞了。特別建築同盟的本體於神權思想上，最初就下了失敗的種子。昔日羅馬皇帝以己身爲神權的幻覺支配了歐洲；神聖同盟的三元首，特別俄帝也起了這種幻覺，以身受天賜神權的擬想對臨列國，想操縱時勢。不幸神權的體現，並不是崇高的天使，却是滿懷野望的俗界君王。亞歷山大雖是一個空想家，却並不是全沒獻身信仰的素質，至於普奧兩國元首及其輔弼宰臣，都是除利己國以外，再沒有其他高遠理想。因此，歐洲的識者，最初對神聖同盟就沒感有什麼希望。特別英國由夏倍爾會議以來，漸次與他們乖離，如英外相坎寧較之前任卡斯頼里對神聖同盟冷笑的態度更進一步，全取了撕破這同盟的方針。況到一八二五年，亞歷山大在外被目爲己國本位的專横者，在內被攻擊爲漠然的歐洲協調而犧牲俄國利益者，因而獨自鬱悶不樂，遂遘疾於十二月一日終致不起。及尼古拉斯一世繼位，俄帝國對外方針亦一變。照這樣，以歐洲恆久和平爲理想的有名的神聖同盟，不知不覺的在世人心中淡漠起來，降而至一八三〇年到一八四八年中的屢次革命，更加一八四九年俄帝有侵略匈牙利的舉動以後，神聖同盟的精神及形體，就全部消滅了。

十三　門羅主義的誕生及其性質

轉由他方面看，入了十九世紀之初，西班牙的南美殖民地，相繼起叛亂，一八〇九年一月由亞爾然丁首都起，騷擾波及各地，爾後十五年中，南美幾乎全部獨立。這種叛亂，原來也不是發於民主主義的共和運動，也不是由痛恨西班牙的君主而想脫其羈絆起的，全由西班牙政府的殖民政策，把殖民地的利益全不置在眼中，行極端的貿易獨占主義，殖民地行政官吏的貪墨腐敗，虐待土民，以戰勝者的態度威壓，於是各地起暴動，想排斥這錯誤的殖民政策，稍吸些自由空氣，似乎是他們的本意。他們當拿破崙征服西班牙時，對西班牙王誓盡忠誠，對祖國皇室並不懷什麼怨恨，因而到其叛亂時，想擁戴西班牙王家一君主而爲自治國就可滿足。但西班牙朝廷非妥協的態度，遂使他們絕望，全然舉起獨立的叛旗，排斥一派建設王政論，倣北美合衆國而採了共和制度。

這新形勢頗對歐洲各君主國起非常的影響，自不待說。歐洲各君主國因南美民主國的勃興，直接間接不僅恐怖歐洲君權生動搖，且憂慮曾買收路易嘉納（一八〇三年）更合併西芙洛利答（一八一〇年）的新進的北美合衆國，是否取了更南漸以掃除南美歐洲勢力的方針。而且在歐洲各國中，把在歐洲失掉的威信依南美發展藉求恢復的法國，嫉忌英國對南美用利益獨占主義的貿易方針，遂與俄國攜手想抵制英國；因而南美問題頗使英法關係惡化。西葡兩國，也因葡萄牙占領南美由蒲拉答河流域到孟德維戴奧一帶土地的結果生了糾葛，一八一六年秋，西葡兩國間現出將要旗鼓相見的危機。加之，其時西班牙國內起了革命的擾亂，列國忙於防其波及，同時美國先承認了中美南美新成立的各共和國，若歐洲各國也都承認，其影響自然極大，於是成了列國間的重要問題，幾經波折，遂開了一八二二年的衞洛納會議，更降而引起美國門羅主義的宣言。

門羅主義，自其宣言以來到今日引起世間許多誤解，所以在此想略述其內容，藉以明其眞諦。門羅主義的輪廓，於一八二三年十二月二日大總統門羅（James Monroe, 1758-1831）對美國會發的教書中詳說了的，約要說來，可歸納爲其次五點：（一）南北美大陸今後不能爲歐洲任何國殖民的目的地；（二）美國於既往且於將來都不干涉歐洲各國現有的殖民地；（三）美國將來與現在一樣，其方針是不干涉歐洲的內政及戰爭，認事實的政府爲正當政府，只要與美國名譽能並立，與一切國家都維持友好關係；（四）美國與歐洲任何國都根本的不同，若歐洲各國想延長我南鄰人民不情願的政治組織於西半球的任何部分，或對南北美各自由國，不論其種類若何，若想加以制御或壓迫的任何企圖，美國都認為足以危害美國之和平及安全的；（五）美國眞正的方針，不使南北美兩大陸新建的各國，復受西班牙的羈絆，希望任其自治且望其他各國也取同樣的態度。門羅的致書，其文頗長，歸納起來，要旨不外上述五項。其中歐洲國的殖民地之語義，及對歐洲國的干涉，美國應措置的範圍等，一八四八年四月關於墨領幽加但占領問題，美國元老院討議的時候，曾在門羅下當副總統，對門羅主義宣言熟悉其經緯的元老院議員柯爾亭（J. C. Calhoun）的演說，可謂得門羅主義的要領，為避煩不贅述。

但是先要注意的，門羅主義究竟不過是美國關於政策的美國自己一個宣言而已，並不可看作國際法或國際政治上一種主義。在這點，國際聯盟規約第二十一條有云「如門羅主義關於一定地域的默諾」之語句，可說是起草者非常粗忽。所謂默諾—— understanding，是把 Something mutually understood 由主觀方面說明的文字，就是以當事國間的契約承諾，為必須的條件。但門羅主義的宣言，且與其政策傘下掩護的中美南美各國，豫先都不是有什麼默諾的結果，只是一個提案在議會以教書的形式公表了的；而事後也未向各國政府取通牒的手續；因而其他各國，對美國這種政策宣言也沒有公然表明承諾的一國。雖中美南美各國的學者政治家，也未聽得有人把這全承認為國際間的默諾的人。不過輓近有南美唯一國際法學者之稱的智利的阿發賴芝博士，曾鼓吹「門羅主義在各國特別在美國被承認的樣子，不是美國一國私的政策，是新世界各國都承認的美大陸國際的規則」(Dr. A. Alvarez, International law and related subjects from the point of view of the American Continent, P. 39.)不過這是他受加奈基和平財團國際法部的招聘，在美國各大學作國際法巡迴講演時講義的一節，是對美國人的演說，所以承認他這話要加斟酌。現在美大陸各國，以門羅主義為美國獨定的一政策之學者政治家很多。美大陸各國尚且如此，何況其他歐亞各國？門羅主義事實上不僅沒有什麼根據可以認為束縛他國的國際間的一準則，不能如美國國際法學者臆斷的樣子，認為構成國際法的一個淵源。而且美國學者中，如紐約大學外交史教授約翰遜說：「門羅主義，依其敎書的文意及其發生的事情很明瞭的，最初沒有把這想作世界國際法的一部。該主義不是束縛美國確定不動的法則，又不是美國與歐洲或南美各國中提議或創造為什麼協定的義務，要言之，是美國以自己的裁量為自己的和平及安全表示其欲取的政策之意思而已。」(W. F. Johnson, America's Foreign Relations, I. P. 350.) 這纔是不偏不倚的見解。

最初門羅向議會作這宣言後，歐洲三數國家聽見這事，很吃驚他大膽的態度。當時法國的外交當局且聲明「西半球有領土有貿易關係的各國，宜齊起抗議。」巴黎有力的報紙竟論：「門羅氏不過是北美東沿岸一共和國的大總統而已，其共和國被承認以來，尚不過四十年，他根據什麼權利，能主張南北兩美大陸為其直屬地？」門羅主義的宣言，原來由英外相坎寧鼓吹起的，這事很詳述於歷史。這種關係的英國，因往年對委內瑞拉要求補償問題紛爭不決的時候，美國政府一八九五年七月對英國政府提議把這事件一切爭點付之公斷，英國政府拒絕了，其覆牒中英國聲明了不承認門羅主義是國際法或國際慣例上一個主義的意見。門羅主義的解釋因時代而不同，因學者而各異，其中有下穩健的解釋者，也有如委內瑞拉事件時，美國國務長官奧爾奈引用門羅主義，且說「今日美國，事實上是美大陸的主權者，美國的命令，對美大陸關係的問題，不異法律，」這是可驚的霸道主義帝國主義的解釋。與爾奈這種解釋，美國國際法大家摩阿批評說：「美國的政治家尚未有作過這樣帝國主義的言論的人。與爾奈氏若更進一步說，合衆國在美大陸這種優越的地位因其無限的富力與隔絕的位置相結，自然掌握霸權，任何國亦不能侵犯的事實來的，這不是使帝國主義的色彩愈顯著嗎？」(Moore, Four Phases of American Development, P. 140.) 關於門羅主義，像這樣大膽的聲明殆無類例。要之美國歷代的大總統及其他政治家，隨其時的國勢，下變通自在的解釋。波克(J. K. Polk)，格蘭德，哈利遜，克利夫蘭 (Grover Cleveland)，羅斯福等各代大總統，對該主義的解釋，沒有一個相同。特由克利夫蘭到羅斯福的時代，門羅主義非常帶了侵略的色彩，以所謂巨棒主義國際警察主義的別名，被解釋了的。威爾遜說「各國民應一致把門羅大總統建樹的主義，採用作全世界的主義」(一九一七年一月二十二日在美國上院的演說)，其用意若何，雖不明瞭，而其帝國主義的口吻，誰也感得到的。照這樣，門羅主義的本質，像很明瞭而却不明瞭，世中論門羅主義者，多不能觸其核心，或者全然像是誤解了的。

不待說，今日新想擴張領土於中美南美以企建設殖民的國家，不僅限於歐洲，即全世界也沒有。而且現在歐洲大多數國是共和制，即依然是君主立憲制國，其民主主義橫溢的情形，實與共和制無大區別，所以在政體上歐洲與美大陸的事實也無大差。等因而使當初提倡門羅主義的動機及理由，一百年前的情況，雖可以肯定，今日已成過去的夢幻，可以說已全消滅了(D. Y. Thomas, One Hundred Years of the Monroe Doctrine, pp. 562-567.)。至於最簡單釋明門羅主義，說是美國不干涉歐洲的事，而歐洲亦不得干與西半球事的主義，可是今日世界已打作一團，已不復容有東西各半球的地理差別觀之餘地，而且也沒有這理由。美國依然不干與其他大陸的事，對於歐洲亞洲非洲方面不作利害關係，雖可說這是任意的政策，而這樣政策事實上是不能行的。而且美國在已往及現在，也不是澈底的墨守這政策。由美國晚近外交史明白證明了的。門羅大總統當年教書中說「關於歐洲各國現有殖民地及屬地，吾人不干涉，將來也可不干涉」的話，在美西戰爭的結果，由美國自己破壞了，在今日已成了死語。若深尋繹美國外交史，美西戰爭以前，美國已有自破其非干涉主義的例。原來美國的外交方針，矛盾甚多。不待說，外交上有矛盾，也不僅限於美國，可是美國歷來過鼓吹其外交政策公明正大，言行相照，就特別覺得其矛盾鮮明。如美國不干涉他國內政的主義，就是一例。例證甚多，不遑枚舉，如一八七二年到一八九九年對薩摩亞(Samoa)政策，是其特別顯著的例。美國由一八八〇年以來，與英德兩國共布三國政治於薩摩亞，到一八九九年德美兩國分割該島時的外交，前述約翰遜教授曾批評說：「美國連年對薩摩亞固執着暗愚且不道德的政策，矛盾至極，對他國較低的惡行，自己責難備至，而自己却施高度的惡行，使未開發的薩摩亞土民尙且敢作可戰慄的蠻橫失信，土民欲補救其不正義的政策未得成功，結局雖拋棄其政策，却非自覺其政策的不當，不過因費用過多，仍繼續且麻煩，故纔拋棄。所以由其全黑暗史中想發見其一個贖罪的美績也不能。」這批評固失之過激，然大體上恐怕是無由辯解的吧。但薩摩亞尙可說非歐洲國現有的殖民地，也不是其屬地，可以認作例外，至於與美國全然利害不相關的一九〇六年的摩洛哥問題，大事干與，又作何說？不待說關於這問題的亞塞西拉斯會議一般議定書，在美國上院表示批准同意的時候，雖作了附帶的聲明，說「我國參加亞塞西拉斯會議的一個理由，是依友誼的周旋，爲緩和與美國友好的其他列國間的葛藤軋轢，以免其威脅各國的和平，我國並不是全脫離不參與解決歐洲政治問題之傳統的外交方針。」可是在開亞塞西拉斯會議以前，美大總統羅斯福怎樣在暗中活動，現在已不是公然的祕密而成了公然的公然了(J. B. Bishop, Theodore Roosevelt and his Times, I.p. 467.)。當時羅斯福恰像對日俄兩國熱心斡旋樸資茅斯會議的樣子，關於導德法兩國開亞塞西拉斯會議，或以友誼的，或以強要的頗熱心斡旋，在該會議中美國也作了有力的參加國，所謂美國不干與歐洲政治問題的傳統之外交方針，事實上由羅斯福已經打破，是毫不能否定的。

美國在美大陸不許他國行動，而自己却不客氣的伸手於他大陸，特別對極東方面晚近的活動，是人所共知的。美國民又將何以辯白？「美國關於美大陸的事件排斥歐洲，而自己却參加亞洲的事件，世人恆以此爲矛盾而攻擊美國。但亞細亞非美大陸也非歐羅巴，是歐與美適當相會的共通而中立的土地。由這事實想來，可知這攻擊不合論理」(D. M. Brown, International Society, P. 139.)。這是普林斯頓大學國際法教授且對國際政治常發表公正卓越意見的拍朗博士之主張。所謂亞細亞是歐與美適當相會的共通而且中立的土地，是什麼意思？假若這土地隨便可以容喙，那麼，對於主張美大陸同樣也是歐與亞適當相會的共通而且中立的土地，由他的理論上當然不能再反駁了。美國的識者學者，尚且把門羅主義這樣曖昧糢糊的解釋，那麼美國一般政論家的筆舌，關於門羅主義行着極牽強附會的見解，是毫無足怪的。不僅政論家時時的論說如此，即美國政府對這的解釋，也隨時千變萬化，殆無定見。往年在巴黎講和會議時，由威爾遜補提插入門羅主義問題的時候，最初即反對的法國代表，改向美國代表求說明門羅主義的界說，可是威爾遜顧左右而不答。也恐怕是不能答覆吧！在會議中有質問「國際聯盟成立的結果門羅主義將若何？」威爾遜答說「國際聯盟與門羅主義不相牴觸，却擴張該主義於全世界因而對該主義不認有特別保留的必要。」這問題傳到華盛頓元老院外交委員長洛基對威爾遜這種答辭，下了嚴刻的攻擊說：「門羅主義只為擁護西半球而存在的，其適用只限於西半球。今若廣普及於世界，其存在就消滅了。何以言之？因該主義的基礎，原來在區別美大陸與世界其他部分的」(Cong. Rec. 57, 4521.)。照這樣，在美國當局的政治家中，其適用上也有枘鑿不入的異見，所以難怪威爾遜不能下明確的界說。其後經了許多討論，美國代表對門羅主義作半公式的聲明：

「美洲兩大陸一切共和國，有獨立的自存權，其領土的任何部分，他國不得依征服而領取，不得干涉其內政及行政，又不得減縮其自治權或出毀損其國民威嚴的行動。美洲兩大陸的各共和國，為達成此目的而合同的，惟在這意義上，國際聯盟是門羅主義擴大了的。」

在這種諒解下，插入聯盟規約第二十一條，纔被可決了。所以門羅主義只限於國際聯盟的這一條，以上述的聲明，要認為公的意義也可以認的。可是這聲明不外宣言保全美大陸各國的領土與美國在這些國間執着霸權而已。國際聯盟規約成後，薩爾瓦多爾(Salvador)行加入聯盟手續以先，對門羅主義公的解釋，公然質問了美國政府。美國政府，就大總統威爾遜在華盛頓全美協會中作的演說（一九一六年一月六日）中擇其要旨以答覆之（一九二〇年三月一日美政府公表的陳述書。）其演說的要旨不過表示南北美大陸各國互相應維持其絕對政治的獨立及領土保全；諸國間的紛爭都應以公斷及其他和平的方法處理之；任何國對他國不能加革命的討伐；禁止以供給近鄰叛徒的目的而輸出武器等。換言之，也不外美國欲與美大陸各國共執的政策上的希望而已。降而至最近，前國務長官休士於一九二三年八月三十日在米納波利斯律師協會，關於門羅主義作的長篇演說，是向內外釋明其性質的演說，因而惹起世人的注意。他先聲明「美國政府關於適用門羅主義眞正的界說及解釋的範圍，保留一切。」然後就自己所見舉出六條認為門羅主義的本質：（一）門羅主義不是侵略政策，是自衞政策；（二）全屬美國的政策，因而就其界說解釋及適用，美國獨保留其權利；（三）不是侵害其他美大陸各國的獨立及主權的；（四）不是包括美國權利的全部，美國在該主義標示的範圍以外，計畫己國安全有許多的權利義務；（六）並且不妨礙美國作世界的共同活動。可是這演說也不過重說了前人說過的話，不僅沒有特別嶄新的見解，且其中很有難以佩服的趣處。

十四　非殖民主義的原則

要言之，門羅主義由其次兩個原則成立的：第一是非殖民主義（Non-colonization principle）；第二是非干涉主義（Non-intervention principle）。何謂非殖民主義？就是門羅大總統在其敎書中聲明不許歐洲各國將來在美大陸任何地方殖民的宗旨。不待說，歐洲各國向來在西半球有的領土（如英國領有加拿大）是另外的問題，門羅也沒有不承認的那樣大膽。但就「殖民」這文字，以後美國當局下了各種的解釋，就是漸次試作類推解釋及擴大解釋了。由格蘭德大總統其他的聲明，可以曉得在當初這非殖民主義僅因俄國在美大陸關於其領域的境界，與美國相爭結果不僅依殖民，並且不論依戰爭買賣及其他任何名義方法，都不許歐洲各國將來在西半球新獲得或擴張（又或占領）領土的事了。不僅對歐洲的「國家」不許其殖民及其他事，以後個人或公司在美大陸獲得土地時，有時也藉口門羅主義而想制止的。比如對於巴拿馬運河開鑿工事有關係的法國某公司，一八七九年美國衆議院外交委員會的報告，就是一例。美國對歐洲各國及歐洲人布這樣的禁令，不待說對亞洲各國及亞洲人也當然一樣的。如一九一二年八月二日關於馬革達賴納灣事件，美國元老院的決議，就是個適當的例。其決議文云「美大陸的港灣及其他場處，若某國以陸海軍用的目的而占領，有威脅美國交通及安全之虞的時候，其港灣假令爲某公司或協會所有，而某公司或協會對美國政府以外的政府，若有與該政府以作陸海軍用而管理的實力，則美政府對之不能不加深憂。」行這決議的動機，據當時的風傳，說這由包含墨西哥馬革達賴納灣地方有四十萬英畝土地的「美國公司（Magdalena Bay Company.）」欲賣這土地於日本「公司」，豫問美國政府的意向而起的。由此看來，在西半球美國以外的國，如在墨西哥或巴西，美國人以外的如日本人欲買土地的時候，美國以上述的理由或口實可以制止，至少也就能抗議的，這不能不說是美國的威風十足。因此，當時元老院議員洛基的提案，以門羅教書中「殖民」這語，不僅包含政府的行爲或政府監督下的行爲，並且包含欲行門羅主義所禁止事的公司或個人的行爲，而所謂門羅主義所禁止的事，原來怎樣都可以解釋可以適用的。其次大總統威爾遜於一九一三年十月二十七日在亞拉巴馬省摩比爾地方的演說中，反對了外國資本家在美大陸獲得各種利權——其理由是外國的資本將有支配利權付與國之內政的危險——也不能說不與非殖民主義有關聯的。

十五　非干涉主義的原則

研究門羅主義第二原則——非干涉主義——的由來及適用，是最有興味的事。今日且勿論，在十九世紀的初葉，非干涉的原則尚未成國際的通義或原則。神聖同盟以其干涉主義，不僅對付了西班牙及意大利，並且想適用到當時由西班牙本國獨立了的（美國已承認其獨立了）南美各國。但神聖同盟對南美的干涉收策，主要由商業上的理由，所以不爲英國所喜；換言之，南美的獨立就是英國商業上的利益。於是英國勸誘美國，共同取了反對神聖同盟的「擁護專制主義」——「干涉主義」——「阻止獨立運動」等的政策。於是美國就遇到不能不決定或左或右的對歐政策之重大問題了。大總統門羅，徵求當時已下野的遮法遜(Jefferson) 及馬底遜 (Madison)等元老的意見，兩人都異口同音答以須聽英國的勸誘應與之協力。特別遮法遜建議，美國不容喙歐洲事件，也使歐洲不干涉美大陸事，應爲美國的國是。那宗旨載於門羅的教書中，成了後世所謂門羅主義的精髓。不過美國對歐洲事應取超然的態度，是建國以來的方針。華盛頓在一七九六年九月十七日告別演說中，遺訓於美國人云：「與歐洲可多作商業上的關係，務必少作政治上的關係，對於歐洲國際政局的紛糾事件，應注意無須投其漩渦。又與任何外國，不可作永久同盟」。這就是對歐洲政局，美國應取超然主義的遺訓。美國對歐洲政局不容喙，這很好，是美國隨意的事，可是對歐洲各國說勿容喙西半球的事，勿干涉西半球的事，却成對歐洲各國下命令了。歐洲人當初很意外的吃驚，又鑑於以後的發展，認門羅主義爲不當，也可說是不無理由。俾斯麥指摘門羅主義爲「一國際的暴慢」歐洲學者多以門羅主義爲「違反國際法」是當然的事。

門羅主義是否違反國際法？學者及政治家中多意見不一。有以這主義爲法律上的一種主義的人；也有認作美大陸特有的國際法原則的人；又有說明這至少是不違反國際法，是國家自衞權的一個特殊表現，或是美國特有的自衞權。例如美國學者政治家福斯特魯特及休士等都是。如奧本黑（Oppenhiem）也可看作主張類似這說的一個人，可是多數學者論客，不以門羅主義爲國際法上的主義或問題，認爲政策上的問題或主義，美國的羅斯福及諸克思，法國的達爾杜，都可算作這一類的。門羅主義與國際法的關係，當委內瑞拉事件起時，英美兩國中爭論過。當時英國政府，主張門羅主義是一方面的聲明，不能看作以國際一般承認爲基礎的國際法的一個原則。而在美國方面，以爲國際法是保護各國權利使行其正當的要求，所以主張根據這理論，可認門羅主義是國際法上的原則。又當海牙和平會議時，兩回美國的代表者都參加該會議的各條約，却鄭重聲明美國決不是棄其傳統政策的門羅主義。羅斯福，霍爾斯等，想解釋這是各國默認了門羅主義，可是學者間多指摘這解釋是不當的。

無論怎麽樣，在前次巴黎講和會議中，關於制定聯盟規約時，特設了關於門羅主義的一條，屬於聯盟各國，都承認了門羅主義。其第二十一條，以門羅主義爲「關於一地域的默認，以確保和平爲目的」的主義，規定這主義與國際聯盟規約沒有什麽妨礙。以門羅主義爲「關於一地域的默認」的問題，曾有過大爭論。可是總言之，美國人現在高擎着門羅主義的招牌，毫不掛念他國的意向，也不求他國的同意，不管其合不合國際法，把這些事全不在心裏放了。美國的力量强起來了，鼻孔的氣也粗起來了，他們以爲門羅主義是美國一方面聲明的，不是求了他國的「諒解」而起的，其界說其解釋其適用，都沒有受他國任何麻煩的必要，是美國政府自行保留的，不許他國容喙。休士說他國認出門羅主義的事實性及健全性，隨時隨處視其適用爲正當，固爲美國所喜，可是美國在若何的場合可適用門羅主義？其適用的結果應出若何的措置？對這問題，全由美國自己決定，不能從他國的意見，況於如斯場合，豫結受他國意見束縛的條約，那是決不行的。所以在美國，國際聯盟規約關於門羅主義對美國有任何便宜條項，都不足介意。在美國不僅沒有什麼可感惠處，寧是很覺得麻煩，而且甚至於這樣對門羅主義是傷了美國的矜誇，成了美國高擡門羅主義招牌時的桎梏了。這是美國議會關於加入國際聯盟及其他問題時表示的態度。威爾遜大總統及休士國務長官，最近都這樣明說了的。

威爾遜說，門羅主義是美國以自己權能聲明了的事，且以自己責任維持來的，今後也當然是這樣的。

美國實際主張門羅主義的先例中最荒誕的事，要算與英國關於委內瑞拉境界問題，美國對英國發的最後通牒（一八九五年）吧。這境界問題，是關於英領圭亞那與委內瑞拉境界上有限的土地之爭，紛糾不解者多年，美國大總統格利夫蘭對英政府，提議應依公斷解決這紛糾，英國政府拒絕，美大總統以英國態度爲無視門羅主義想擴張獲得領土（當時美國方面文書中用了「侵入」「征服」「侵略」等文句）英國若不聽美國提議，表示訴諸戰爭也要貫澈其主張，試用了所謂「覆面的威嚇」。美國當時南北戰爭的創傷大愈，已備了可大活躍的實力了。英相索斯拜里（Salisbury）遂屈於美國的氣焰，終付其問題於公斷，依美國滿足的方法而解決了。曩使美國聲明門羅主義的英國，反被門羅主義燒手，亦可說是一種悲喜劇。格利夫蘭大總統下的國務長官，該事件的當局者與爾奈說：「合衆國事實上是美大陸的主權者，其命令對美大陸的人民就是法律。」

依門羅教書的聲明，當時美國對拉丁亞美利加各國的態度，寧是消極主義放任主義，欲示其規範於他國的(It is still the true policy of the United State to leave the parties to themselves, in the hope that other powers will pursue the same course")。最初雖是這樣聲明，而美國以後的態度，却是陸續反背了這聲明。美國的對墨西哥政策，加利比恩政策(Caribbean policy)，及對南美政策，都是這事的明證。對墨西哥逐出一八六六年法國擁立的馬克西米廉帝暫不論，於種種機會種種口實下，屢使割讓其土地，常進兵墨西哥，又作何解？加利福尼亞省泰克薩斯省等今日美國的南部，都是由墨國奪到來的。加利比恩海(Caribbean Sea)的古巴島，久爲美國所垂涎，美西戰爭後，使該島脫離西班牙而獨立，其實是立在美國保護下的。波爾特利珂成了美國領地了。對於聖多明哥，海地，閔都拉斯，尼卡拉加也是乘其內亂外患（與歐洲各國財政上的紛糾等），美國隨時試干涉，在財政上或政治上行了一種保護權。又美國想獨占巴拿馬運河，以海伊朋斯萊條約替代英美間以前的克賴東布爾瓦條約，不僅由運河地帶排除了英國勢力，更對哥倫比亞政府加了壓迫。不僅如是，這且是與巴拿馬叛逆政府爲對方結了條約，收了運河的支配權，同時也收了對新興國巴拿馬的保護權。美國務長官魯特公言海地，墨西哥，哥倫比亞，尼卡拉加及其他中美各國，非立於美國保護下，難期其繁昌。以後諸克思也揚言鎮定中美及加利比恩海地方的革命熱，爲美國自己安全的必要，須講相當手段，是門羅主義當然的歸結。

門羅主義對拉丁亞美利加各國，並未想設定任何保護權，也未主張保護的上長的地位，也未想伸張權力於美國境外，是福斯特休士等國務長官所主張的，可是對方並未想買而强賣保護的事使人想問保護（protection）與保護國（protectorate）究竟相距幾何？美國在美大陸霸主的態度（overlordship）現在使拉丁各共和國較之歐洲帝國主義尤感覺其可怖。

照這樣，美國在美大陸的態度被目爲霸制主義（hegemony），並非無理由的。美國人也自認這霸道的事實。休士說門羅主義是美國的自衛策（Policy of self-defense）。佛修批評美國的「自衛」包含着膨脹（de s'agrandir est de se developper），大概很適當吧。休士又說門羅主義是主張美國國家安全的主義（the principle of national security）。「國家的安全」這話何其涵義之廣！休士以爲門羅主義在過去一百年中未變更其範圍，亦未更正其基礎，這明是巧誣事實的話。至於佛修奥文思等以美國合併布哇及菲律賓，口唱「機會均等」「門戶開放」而打到中國去，在太平洋大擴張其勢力等，爲美國的帝國主義，尤其覺得確切。

事態如斯，現在對美國的門羅主義——帝國主義——倡異議的國家在世界中有沒有？雖說索斯拜里俾斯麥等怎樣批評且攻擊了門羅主義，可是在今日歐洲的政治家沒有敢攻擊門羅主義的，心中且勿論表面上都不得不尊重。況亞洲方面的政治家，那還敢說這話！門羅主義在美國人目中，是與其獨立宣言及華盛頓的遺訓，算作三大信條。若照魯特的說法，門羅主義且是人類自由及權利的結晶，是亞美利加理想的顯現。言雖美而其實究若何？特別對於拉丁亞美利加各國的關係究若何？美國人所謂「姊妹共和國」，果歡迎美國霸制否？果認美國爲自己等的救主否？恐怕事實却大相反吧？美國人自己也正自覺得這些事究竟若何吧。

十六　門羅主義與汎美主義

美國對拉丁亞美利加的關係，依所謂汎美主義（Pan-Americanism）而表現了的。何謂汎美主義？在美大陸各國間，依共通的利害與了解欲得一種結合的觀念，就是汎美主義。若果如此，美大陸各國間「共通的利害，」究竟指什麼？美國與拉丁亞美利加各國間，果成立了充分的「諒解」？否又果能成立否？這是大大的問題。地理的相接近之事實，果是結合南北中亞美利加的原因嗎？紐約與倍諾斯·愛勒（Buenos Aires阿根廷國的首都）間的距離，較之紐約到倫敦更遠。又由經濟上的關係說來，美國特與南美各國間，也沒有較之英國更結深關係的理由。文化相類似，或建國的歷史一樣，在美大陸各國間，果成特別結合的理由嗎？也很可疑。那麼，在美大陸各國間認汎美主義，開汎美會議（Pan-American Conferences or Congresses）而商議協力的理由與必要，果在何處？美國人自己也說不出所以然。

原來門羅主義，為非對等非相互的性質。美國人中如魯特雖怎樣巧言形容門羅主義，事實上當解釋適用時，分明是任情隨意的，毫不容對等的或相互的主張。不僅他國人不理解，如達瑪斯教授說的樣子，關於美國人自己尚難理解的門羅主義之解釋，公然說無須叫他國人也麻煩。就是在門羅主義，美國雖聲明不容喙不干涉歐洲的事情，可是或於土耳其，或於摩洛哥，或於巴爾幹，或於什麼什麼，美國容喙歐洲事件的例却很多。特別在亞洲更是如此。然而却禁止歐亞各國容喙美大陸的事件。而且關於美大陸的事件，也不願與拉丁亞美利加各國作對等或平等的協力。一八八六年哥倫比亞共和國大總統玻利法（Bolivar），在巴拿馬開會議，欲糾合美洲各共和國於汎美主義旗幟之下，而美國對這企畫的態度表示頗冷淡。但到一八八九年，美國國務長官白朗自己主動，却在華盛頓開了第一回汎美會議。這種會議以後在墨西哥市（一九〇一年）在里窩熱奈洛（Rio de Janeiro）巴西首都——一九〇六年）市，在倍諾斯愛勒市（一九一〇年）都開過，可是因美國對他國常取非對等的態度，缺少融洽，未得什麼特別的成績。汎美事務所常設在華盛頓，努力想增進美洲各國間的諒解及協力，可是也不過像是一種裝飾物。美國並不是不喜歡汎美主義，可是希望門羅主義支配汎美主義，不喜歡汎美主義吸收門羅主義。換言之，就是美國在汎美主義的旗號下，想對拉丁亞美利加各國作自由的行動。至於在汎美主義名義下，把門羅主義作爲美洲各國共同的主義時，這些各國適用這主義的時候，必定期待美國來商量，這是束縛美國的自由行動，所以美國政府向來關於該主義的解釋適用，努力避受美洲各國的援助——如排斥歐洲各國解釋的樣子——唯一九一四年威爾遜大總統關於墨西哥事件，求了所謂A·B·C的三國協定不過這是例外。威爾遜倡言「門羅主義是以美國自己的權限聲明的，因而維持這主義，也是美國自己的責任。」這就是他對門羅主義的主張，也就可以曉得他的態度了。一九二三年在聖第亞哥(San Diego)開第五回汎美會議時，門羅主義對汎美主義的關係成了問題。其時美國的代表者芙賴嘉公言門羅主義是美國一方面的宣言，因而當其適用時，也無須其他任何國受麻煩。這與該年美國務長官休士聲明門羅主義的適用解釋，美國政府獨自保留的宗旨恰相合的。依美國的主張，拉丁亞美利加各國，依門羅主義雖有受的恩惠，可是不許這些國自己試運用該主義。美國人所謂汎美主義與拉丁各國希望的汎美主義，名雖同而實則異。事態如斯，所以依威爾遜的見解，汎美主義是補充門羅主義的事照這樣汎美主義也被美國利用於西半球行霸道，為得使拉丁亞美利加各國不起猜忌！至於奧爾奈更揚言「合衆國事實上是美大陸的主權者，美國的命令對美大陸人就是法律」。拉丁各國感覺着壓迫，並不是無故的。門羅主義決不是像一部分美國人自誇的利他主義(altruism)是通過利己主義(egoism)而陷於排他主義(exclusionism)了。達第幽評汎美主義不是一種現實也不是一種理想，並且也不是一種目的，不過只是一個疑問，這是很可翫味的批評。

南美各國對門羅主義，怎樣期待怎樣要求，美國是不管的。門羅主義的適用解釋，是美國自由保留的，不承認他國的解釋及主張，由美國對德拉哥主義的態度，就十分證明了。何謂「德拉哥主義」(Drago doctrine)?是指對歐洲人怠於償還公債的南美某國，為排斥歐洲人本國政府出兵干涉而倡出的主義。「公債並未與歐洲任何國以兵力干涉的權利，也未可作占領美大陸土地的理由。」這是阿根廷外交長官德拉哥所主張，所以有德拉哥主義之名。為取還公債使用兵力時，其結果引起土地的占領，在美大陸占領土地，是違反門羅主義，所以歐洲各國為取還公債，加兵力的干涉於南美各國時，美國應排斥之，是門羅主義命令美國的，這是德拉哥的主張。但是美國不聽從這主張，美國主張門羅主義的解釋，適用是應歸美國自己專決，不受他國指教的。有不正行為的國家（指不償還債務的南美各國，）受他國的制裁是沒有辦法的，所以美國未加制止，但聲明了至於獲得土地又屬別項問題。

羅斯福的態度，在抑止歐洲各國對西半球領土的野心，可是對於歐洲干涉南美不償還債務國，却未加以保護。在海牙和平會議時，關於這問題，美國代表著取的態度，決沒得到南美各國的喜歡。

十七　門羅主義與國際協調

「因世界大戰幾多重大而且困難的問題，在歐洲在美國都發生了，欲解決這些問題，須依國際協調主義互相協力以外無他法的信念，似漸次生長起來。所謂國際協調，是關於解決某問題的關係國，從正義衡平的標準而協衷共濟以表現於外形者；然今日尙不幸的使戰爭仍作最後的解決手段，可是在各種國際關係上爲避戰爭，不能不倚賴國際協調了。」這是美國務長官休士一八二三年四月在哈瓦那（Havana古巴首都）演說的要點，他更繼續說「國際協調得來的好結果，只限於各國立在平等地位的時候，國家平等的原則，實爲國際協調的根底，各國不問其兵力財力若何，都能尊重這原則時，國際協調纔能成立。」話雖堂皇，不過這是他在古巴說的，令人不能不起一種異感。美國由西班牙人手中奪了古巴島而置之於自己勢力下，表面上說扶持其獨立，事實上是作了監護人行種種干涉，却又在這地方說以平等爲基礎的國際協調，是多麼滑稽的事！同年十一月他在費拉德菲亞政治學社會學協會演說時，力說美洲各共和國間有「協調」的必要，且切論各國間應當平等。但同年在聖第亞哥開的汎美會議中，美國取了怎樣的態度，果與其餘美洲各國立於對等地位，示明應協調協力的誠意嗎？美國代表芙賴嘉倨傲的聲明，果沒有惡化汎美會議空氣的事實嗎？加之休士自己也於同年八月在米那波利斯（Minneapolis）的律師公會席上演說門羅主義時，說「門羅主義是美國的政策，所以美國政府自己保留其界說解釋及適用。」這是很大的主張，這主張果與他推賞的國際協調能相容嗎？現借用一美國人的批評，在達瑪斯教授著的百年來的門羅主義一書中批評休士的言論，曾說「這是博大衆喝采的話，不過是想維持世界大戰前國際的無政府狀態的喊聲而已。」又說：「門羅主義正確的意義，誰也了解不來。」這是研究門羅主義的達瑪斯教授明言了的。歐洲及拉丁亞美利加各國，對曖昧不明的門羅主義常表示苦情的原因，都是因和達瑪斯教授的見解一樣。但如休士等美國當局，說對門羅主義下若何的意義，作若何的解釋適用，都由美國政府隨意去做，不許他國容喙，眞是太獨斷了；果如休士的主張，美國政府藉口門羅主義，怎樣任意專睢恣肆都可以行，而事實上也是行了的。照這樣，尙可以說協調主義嗎？休士在律師公會的演說中說：「門羅主義不僅不爲汎美協調的障礙，且可作汎美各國獨立及安全的協調基礎。」又對歐洲各國的關係，若與美國利害一致目的共同時，都不辭互相協力，不僅歐洲，對世界各國，美國也毫不吝其協力。可是對於將來，不能束縛美國自己的手足，就是「不受束縛的協調。」美國對歐洲不是取了「孤立」政策，不過是採了「獨立」政策而已，更顯明的說來是「不卽不離」的政策而已。所謂不卽不離，在事實上却「有時卽有時離」了。美國認與自己便宜的時候，與歐洲取一致的步調，感覺不便的時候，撐出門羅主義認爲與美國沒關係，世界大戰及其後的事跡，就明證之而有餘。美國對於凡爾塞條約國際聯盟等的態度，也是十分證明這事的。所謂門羅主義，卽評爲「任我恣睢主義，」美國的識者恐怕也再不能駁辯。對於休士說門羅主義是協調主義的言論，恐怕中南美人士只是苦笑，而歐洲人只是詫異吧！但我們並不是反對協調主義，也不是排斥美國人倡道協調主義，寧是尊重美國人提倡協調主義。唯爲研究美國倡道協調主義的背景，纔這樣說的。

第四章　縮減軍備論的發達

一　縮減軍備的難實行

在今日，縮減軍備論似與國際聯盟或國際聯合的思想有不能分離的關係，其實當初却不然的。原來軍備的限制或縮減，是不澈底的話，如社會主義者及托爾斯泰（Count Lev Tolstoy）那樣人道主義的人，曾提倡了軍備廢止論。然在目下的國家組織，廢止軍備是不可能的事。那麼，無限制而擴張軍備，不僅吸收多數有爲人材於軍事上，且因每年消費巨億軍費，非常阻礙一國的文運，特別是阻礙教育學術以至實業交通等的進步發展。這是世界識者所深憂，大聲疾呼而主張限制或縮減軍備的原由。

照這樣，軍備的限制乃至縮減，其旨趣上毫沒有可以非難的餘地，可是到了實行，就成難中的難事了。何以言之，實行縮減軍備，絕對要各國一致的行動，他國毫不縮減軍備，就決沒有自己獨先斷行的國家。

又假令各國相約一致同時實行的時候，爲確查果然誠實厲行與否，要有國家以上的機關，此所以起了國際聯盟乃至國際聯合的必要。雖就有這樣機關，若要深入一國軍備而行檢閱乃至監督的時候，明是對現在國際法上傳統的承認各國之獨立主權，成了重大的侵害，所以到底是不能夠實行的。然而以間接方法，如限制軍事預算的方法，以達成事實上的目的將若何？這又是侵害各國主權，且在實際占豫算總額泰半的軍事豫算，照國際協定使之固定數年，也決不是各國內部事情所能容許的。況雖限制軍事豫算，倘有許多以其他名義支出其經費的方法，欲行監視，更形困難。又假令能實行限制軍備兵士數能依之決定，可是如兵器彈藥及軍用材料又將如何？以若何標準區別軍需品與一般生產品？漫然只論限制軍備者的根據，就非常動搖起來了。況各國雖都照協定誠實限制或縮減軍備，也不是如社會主義者主張的全廢軍備。各國依然一樣，有以小規模的軍備，行戰爭的可能性，不會因此能減少戰爭的機會。此所以大戰前的限制及至縮減軍備論，只是懷人道見解之宗教或道德的和平論者，及財政實業方面人們的理想而已。向來幾次由某國家某國人提倡限制乃至縮減軍備論，並且開了國際會議，可是結局都有耶無耶的葬送了，並未得到什麼可捉摸的結果。

二　軍備的縮減限制及全廢

縮減軍備實際成了國際問題，成了國際會議的議題，又成了條約的目的，現在想研究這些軍備限制或縮減的事實，或以歷史的考察其提議，定其比較價值，以指摘列國對這問題的態度。

軍備縮減，軍備限制，軍備廢止，其涵義若何？許多著述及報章雜誌都把這三種混同而使用的。國際聯盟第一次總會，爲立一種區別，把 disarmament 的過程，分作三段。第一段爲 limitation，其意義是聯盟國的軍隊不得超過現在的規模；第二段爲 reduction，其意義是縮小或減少軍備的規模及現在軍事費；第三段爲disarmament，其意義是縮小軍備至對國家安全無障礙的最低限度。聯盟規約（第八條）中僅用了 reduction，反之，互相援助條約案及日內瓦和平議定書中，特於 reduction 以外，附加了 limitation。但於聯盟總會及其委員會，常設諮詢委員會臨時混成委員會等的議事錄或報告書中，這三個字是混同用了的。

著者為便宜也混同的使用這三個字。所謂 limitation reduction 或 disarmament，其內容都是縮減或限制武器之量與種類的意義。所謂限制或縮減武器的量，通常不外限制或縮減陸海空軍力或各種軍事費。所謂限制武器的種類，是指對於某特殊的武器及其使用法加限制或禁止的事。前者只以經濟上的理由，欲節減軍事費以減輕經濟上苦痛為目的；後者是為避免戰鬥上的苦痛，由人道的動機而行的。

欲減少惹起戰爭的機會，其方法的軍備限制，包含築城堡壘等的限制或破壞，為使戰鬥行為不便或不可能，使特定的地域或水域中立化，又行解除武裝等事。

最後軍備縮減或限制，是為保障國家安全維持世界和平的方法而提倡的。這是部分的或全部的軍備縮減或限制的意義。部分的軍備縮減，一般是强制着行的，例如優勝國民為使劣敗國民再難以起敵對的反抗而强使縮減其軍備的事。反之，全部的軍備縮減，是依自由意志行的，例如為保證國際間的和平，互相約以縮減軍備的事。

三　築要塞的限制與解除武裝

昔日弭戰方法的限制軍備，是依限制或破壞城寨堡壘而行了的。過去三世紀間許多條約中，有對某國築城或堡壘加限制的規定。三十年戰役後（一六四八年）締結的威斯特發利亞(Westphalia)條約之一，不僅規定破壞舊城，而且規定禁築新城。三十年戰役後不久起的法西戰爭，依一六五九年十一月的條約而告終，在這條約中，有破壞南息（Nancy）築塞的規定。一七一三年烏特賴希(Utrecht)，條約中最重要者是英法條約。法國依此條約，把紐芬蘭(New-foundland)阿加底亞(Acadia)聖基特(Saint Kitts)島及哈得遜灣（Hudson Bay）的領地讓於英國，又承認了破壞丹刻克（Dunkirk）築塞的事。丹刻克在英法海峽邊占軍事上最重要的地位，控制英國的海上權；法國失了這海軍根據地及北美殖民地在海外殖民地戰爭中，遂被英制勝了。依一七一五年十一月十五日在安得衞普(Antwerp)結的英西條約，破壞列日(Liege)要塞。一七六三年二月十日的巴黎條約，英國在法國不施軍事上的設備及不築城的條件下，把聖比耳(Saint-Pierre)島讓於法國。依一七八六年七月十四日倫敦條約，英國由西班牙得了加亞納羣島，卻禁止在該島建築要塞。一八一四年五月三日的英法條約，及同年八月十三日的英荷條約，都有限制築塞的規定。

土耳其與俄國間締結之條約中，同樣有限制築塞的規定。一七一一年七月普魯斯(Pruth)條約中，俄國歸還亞左夫（Azov）於土國，約以破壞其要塞。俄國一七三六年侵入克里米亞，取去亞左夫，可是一七三九年九月貝格拉得(Belgrade)條約，除過亞左夫，返還其他侵略地於土國而破壞其要塞。一七七四年七月二十二日俄土條約，禁止土國在克利細亞，玖板塔彎島等地築塞及保有兵營。土國又於一八八一年五月二十四日與列强的條約中，保證了馬耳他灣的自由航行，同時破壞臨此灣的一切堡壘，且約將來不得再築要塞。

關於一定地域或水域中立化的事，依限制其地方的築城堡壘，事實上得到限制軍備的時候很多。但是中立化不解除武裝的事例也不少。比如瑞士，以一八一五年十月二十四日的巴黎宣言成了中立國，關於築塞及其他軍事上的設備，不受任何限制。巴拿馬地峽雖中立化了，而美國尙爲之築着要塞。摩阿教授（Prof. Moore）曾指摘着說：「保有或設置永久的要塞，假令非以任何敵對行爲爲目的，只爲中立或中立化而爲之，其思想上亦與中立或中立化不相容。」所以行中立或中立化時，通常多是解除武裝。比如比利時依一八三一年十二月的議定書，成了中立國，同時把孟馬蘭，菲立布，比利亞，馬利埃堡等要塞破壞了。愛奥尼亞羣島（Ionian Islands）依一八六三年十一月十四日的倫敦條約，保證了永久中立，可是柯爾夫島（Corfu Isl.）及其他要塞成了無用而被破壞了。在一八六四年三月二十九日的條約，柯爾夫島及其他領域雖合併於希臘，依然規定應與永久中立的利益。

盧森堡於一八六七年五月十一日的倫敦條約後，成了永久中立國，禁其保有築城。多瑙河於一八七八年七月十三日柏林條約中規定（第五十二條）破壞要塞堡壘，且不許再築，惟事實上未曾行。一九一九年九月的聖日耳曼（St. Germain）條約，也禁了捷克斯拉夫國在多瑙河左岸作軍事上的設備。

萬國議員大會一九一〇年在布魯塞爾（Brussels）集會，想把連絡海洋的海峽及運河都中立化而通過個決議案。如蘇彜士及巴拿馬兩運河，爲世界最重要的公路，現成了中立地帶，這是今日最廣義的重要海洋通路的中立化。

麥哲倫海峽依一八八一年七月的條約，阿根廷及智利兩國約其中立，爲保證其中立及自由航行，禁止了築塞及施軍事上的防備。

直布拉答（Gibraltar）海峽雖未中立，英國以一九〇四年的宣言，聲明在該海峽的摩洛哥海岸部分不築要塞。法國也以一九一二年的協定，作了同樣的聲明。直布拉答是英國重要的海軍根據地，不待說是築着要塞。

基爾運河(Kiel Canal)不是國際運河而是德國獨有的運河，可是依凡爾賽條約（第三百八十條）對凡與德國在和平狀態的國家之商船軍艦都以平等的條件而開放的。這運河全以軍事上的理由開鑿的，可是凡爾賽條約（第百九十五條）把這運河定爲無防禦地帶，其軍事上的價值因之大減。

蘇彝士運河依一八八八年的君士坦丁堡協約成了中立的，對各國的軍艦及商船同樣開放，且禁止其永久的築塞。

巴拿馬地峽依一八四六年十二月十二日美國與紐格拉那答（New Granada 現在哥倫比亞國）定的條約成了中立的。英美兩國依一八五〇年四月十九日的格來頓布爾瓦條約，互約應保證將來在該地峽開鑿的運河須使中立，這條約明禁止在這地峽建設或保有要塞。但於一九〇一年十一月十八日替代格來頓布爾瓦條約，而締結海伊洪斯葄條約，在美國不違反中立的範圍內，給與美國政府保護下以建設運河的權利，且規定「享受隨此建設的權利及規定監督管理運河等一切權利。」這規定被解釋爲付與美國以築要塞於運河的權利了。不待說在這條約第一原案中規定了禁止築塞，但因元老院的反對，仍撤回了。美國僅依條約被限制其建築要塞，所以禁止築塞的格來頓布爾瓦條約既然無效，當然主張有建築要塞的權利。於是運河開通不久，美國爲保護運河，遂築塞且設營屯兵了。

美大總統威爾遜一九一九年一月八日提議韃靼海峽，應在國際保障下，作各國船舶及通商的自由通路，使永久開放。所以一九二〇年塞布爾條約規定、該海峽，無論平時戰時，都應對商船軍艦及軍用商用航空機全開放的。一九二三年的洛桑(Lausanne)條約也確認了這條項。

韃靼海峽及博斯福魯海峽(Strait of Bosporus)的兩岸，瑪摩拉海(Sea of Marmora)的某島嶼（特別未除外者），依洛桑條約也成了解除武裝地帶，禁止其設要塞永久炮台航空部隊及海軍根據地等。

依封鎖戰時外國軍艦，想使波羅的海中立化的計畫，其沿岸各國都屢次試行過，可是其他國不認這種主張。在十八世紀，對交戰國有封鎖波羅的海的權利，由一七八〇年的丹麥宣言，一七八一年瑞典普魯士條約及一七九四年斯干底那維亞各國會議，都承認了的。到二十世紀在一九〇五年德國有過使波羅的海中立的提議。波羅的海中立化雖未實行，可是沿岸的某國對某地方設置解除武裝地帶却成功了，列國禁止在奧蘭羣島(Aland Islands)及斯匹芝伯堪(Spitzbergen)島築塞，也是最近的例。

奧蘭島原來屬於芬蘭，後併於瑞典，一八〇八年被俄國占領，而建築了要塞。該島的要塞在克里米亞戰爭時破壞了，俄國依一八五六年的巴黎條約，約其不再築塞。一九〇六年俄國復計畫在此島築塞，翌年對英法兩國要求撤回條約上的限制未成功，一九一七年一月與法國的秘密交涉中再試行了要求。但俄國事實上未管巴黎條約的規定，已築塞於奧蘭島，以一九一八年布勒斯特里多福斯克(Brest-Litovsk)條約規定俄國撤退該島的要塞而破壞之（此條約依凡爾塞條約第百十六條歸於無效。）

一九二一年六月的聯盟理事會決定該島的主權屬於芬蘭，依同年十月二十日簽字的協定，禁止在該島施陸海空軍的設備及海軍根據地。

一九〇五年瑞典諾威分離的時候，兩國相約在國境設永久中立地帶，破壞要塞而不再建。俄國依一九二〇年與芬蘭的條約，承認芬蘭獨立，同時對其軍備及築塞加限制。就是限制芬蘭在芬蘭灣舶的軍艦，以灣島嶼爲中立地帶，禁止設要塞無線電報局海軍根據地陸軍材料廠等。斯匹芝伯堪島依列强一九二〇年的條約，給與諾威，同時作成武裝解除地帶。該島一五九六年由荷蘭人發見以來，各國注意其天然寶庫及軍事上的價值，都想試行合併。一八七一年合併於瑞典諾威，因軍事上的理由，俄國反對，一九〇七年提議使爲中立地帶。這問題於大戰前在克里斯坦尼亞（Christiania）會議中屢討論了，都因歐洲大戰的妨礙未得結果。一九二〇年二月九日的巴黎條約，承認諾威對斯匹芝伯堪的主權，諾威照加入國際聯盟而生的權利義務，在該島不設海軍根據地，不建築要塞。

在東洋依條約限制築城堡壘的例也有。一八九五年三月的英俄條約，英國約以在波斯的帕米爾地方的英國勢力範圍內，不築城及設軍事上的屯營。一八九四年四月中英滇緬條約，英國與中國協定不准於國境築城或設永久的兵營。一九〇一年關於庚子之役的條約，使中國破壞大沽及由北平至海可以防阻自由交通地點的要塞。

一九〇五年九月樸資茅斯條約，日俄兩國在庫頁定境界線，約以各在所領的部分及附屬島嶼上不築城及作類似築城之軍事上的設備。

此外，國際聯盟規約第二十二條第五項，禁於中非築塞或建設陸海軍根據地。聯盟委任統治委員會，一九二二年八月報告前德領的南西非及太平洋諸島的要塞，從國際聯盟之規定已破壞了。又對太平洋的要塞及海軍根據地，更依華盛頓海軍條約第十九條而加了限制。

四 一般的縮減軍備之提議

軍備縮減，由一八一六年三月二十一日俄帝亞歷山大一世，對歐洲主要國提議以後，始成了各國政府間國際的公式問題了。當時雖這問題未能成立，可是由那時候，已說了許多現在政治家說的話。其次是一八三一年法國王路易菲立布的提議。在這時巴黎的英奧普俄四國大使與法國代表者，結了限制軍備的協定。其文中有：

「下列簽字者，詳審各國現狀的結果，最滿足的承認各國家友善的關係，表明各國政府最熱心希望的規律，使一般限制軍備的採用有其可能。」

這就是明白證明歐洲一般限制軍備有其可能的協定，可是其實行是不可能的。入了拿破崙三世時代，一八六三年十一月四日，以對歐洲各國討議和平問題的目的，提議開了國際會議。其中一節說：「在政治的大變動後，常有出現新政治的必要，而現在形勢，更像有改造歐洲的必要。今若不變更維也納會議的結果，將有勃發戰爭的憂慮。因而為適合歐洲新狀態，改訂現存條約，作一般和平的基礎，開這和平會議。」對這會議，英國政府要求說明議題時，法國政府遂通告各國應作議題的內容，其中有限制軍備的一項，其宗旨說是為減輕國民負擔，除去國民間的誤解及不和，所以甚屬必要。但是英國以為這是討議變更領土，遂不贊成，俄普及其他國也附和，這會議遂沒得成立。其次一八六七年巴黎大博覽會時，拿破崙三世對其貴賓俄國亞歷山大二世及普國威廉一世，說了爲討議限制一般軍備而想開國際會議的意思，這也沒有特別具體的表現出來。

一八五九年三月俄國提議開國際會議以討論意大利問題，這時奧大利及薩基尼都汲汲擴充軍備，奧國要求薩基尼縮減軍備，英國主張不與薩基尼以充分的保障則不能縮減軍備，於是提出對奧國的攻擊，不能不保障薩基尼。因此奧國提議歐洲列強同時應行縮減軍備，薩基尼也贊成，可是奧國對薩基尼送最後通牒要求單獨縮減軍備，薩基尼拒絕，奧國就即刻宣戰了。

這時候，奧國與普國的關係，因什列斯威好斯敦(Schleswig-Holstein)問題惡化起來了。普國抱着合併什列斯威好斯敦的野心，知非與奧國一戰爭而做不到，遂與意大利結了攻守同盟。於是奧國集中兵力於波希米亞(Bohemia)及加利西亞(Galicia)的國境，普奧戰爭成了難避的形勢了。英國爲避戰爭，即刻提議普奧兩國縮減軍備。普國答以奧意全都撤廢軍備爲條件而同意，這期間三國都進行了總動員。拿破崙三世提議開列强會議，英俄普三國都贊成，惟奧國的回答幾乎等於拒絕。此時俄國勸告奧國與意大利協定縮減軍備，可是爲時已遲，普國開了戰端，意大利也加入，起了七週間戰爭。

拿破崙三世在普法戰爭起的一年半以前，爲防止兩國戰爭提議縮減軍備。就是一八六八年四月法國政府，關於縮減軍備，請英國政府與普國以勸告，英國拒絕了。可是一八七〇年一月戰爭分明將要起的時候，被法國催促把這意思傳達到普國。英國與普國關於縮減軍備的交涉，絕對祕密的行了。英國說沒有干涉普國內政的意思，只對龐大的軍備促其注意。英國大使對俾斯麥提出縮減軍備議論的時候，俾斯麥質問英國對於國防危險能與若何的保障，作為交換問題，要求英對普國一種保障。英國對此質問，述法國有縮減軍備的意向，說明縮減軍備決非與普國以威脅的意思，如討議保障問題時，却有無限際的危險。俾斯麥的回答，以無保障不能行軍縮為前提，並說不僅皇帝反對縮減軍備，且縮減普國的軍隊，要改正法律，而軍隊的編制上也生困難。於是這交涉遂不諧，三個月後普法戰爭就勃發了。

一八七七年三月三十一日，為討議土耳其基督教徒的狀態，開了倫敦會議。在這會議中，英法德奧意俄各國，規定縮減土耳其軍備於常備狀態的議定書簽了字。土耳其對這議定書提出抗議，說己國軍備本質是防禦的性質，俄國不同樣縮減軍備，聲明土耳其難以遵從。俄國認土耳其抗議是挑戰的，遂於同年四月二十二日對土耳其宣了戰。

照這樣，縮減軍備生了政治上的意義，是在十九世紀末武裝和平時代，就是俄帝提倡萬國和平會議以來的事。

五　第一次海牙和平會議

和平會議的提議，突然於一八九八年八月二十四日，俄國外交大臣手交同文通牒於來訪他的各國大公使。其中有如次的辭句：

「維持一般和平及輕減各國民負擔過大軍備在世界現狀下，是各國政府要努力達成的理想。我國皇帝陛下已注意到這人道上偉大的思想，確信各國最重要的利益及正當的見解，與這崇高的目的一定相合。俄國政府爲各國民確保永久和平的目的，其中特爲現代軍備急進的膨脹，欲與以停止的時期，考究其有效的方法，以作國際的討議之目的，認爲最適當的時期已達到了。」

各國政府接受這通知後，多少也都懷一點危險的念頭，終局各國都承諾參加，可是對討議的內容也會有質疑，俄國政府於一八九九年一月十一日又發送第二次同文通牒，提示了會議的目的及議題，以爲會議之目的有二：

一　對於陸海軍繼續的擴張，即刻研究限制的方法；

二　以國際外交上可使用的和平手段是否能防止兵力爭鬥，對這問題即刻準備討論的途徑。

其次在會議應提出的議題，共有八條。其第一及第八條如下述，其他六條是關於武器彈藥潛航艇等的問題。

第一條　限於一定期間作不增加陸海軍常備兵力及其軍事豫算的協定，且對將來可以實行減少前記常備兵數及軍備費豫算的方法，豫先須有研究；

第二條至第六條省略；

第八條　各國民以豫防兵力爭鬥爲目的，在事件容許的範圍內，承認居中調停及選擇仲裁裁判的慣用爲原則，並協定適用上舉各方法，創設實行時劃一的慣例。

對這問題，各國輿論有以其爲理想論而表示敬意，有說是爲人類最希望的事，更有認爲空想，表示現在纔討論這問題爲愚蠢的態度，可是大體上各國政府及輿論，一方面表示贊成的敬意，他方面對實際上果否能得所期，也抱着很大的疑慮。

依當時風傳說俄國在財政上遇大困難，非起外債不可，所以爲買資本國——英國——的歡心而提倡了和平會議。但英國政府的態度及英國輿論對這問題都很冷淡，不過形式上表示了一種好意。法國因同盟國的關係，輿論也表示贊成的意思，可是德奧意各國都很冷淡。要言之，各國所憂慮者，以爲以國際協定的形式，是否果能解決軍備縮減的大問題？因而照這樣作個希望條項而決議，固然不關緊要，萬一作了束縛各國的決議，恐怕對各國的獨立生大危險。關於此點，俄國自己也承認，遂對議題中最重要的第一議題，大加了修正。

第一議題的修正案　列國互約把現在陸海軍的勢力不擴張到認爲自衛上絕對必要的程度以上，應努力限制其軍費，以不增加國民過重的負擔，且不妨礙生產力發達的程度爲標準。

其後俄國更提出想以噸數爲基礎而加限制的修正案。

這些議題，先開了特別委員會慎重審議，以後纔提出於正式會議，在正式會議中，分第一議題爲陸軍案及海軍案兩種，由俄國海陸軍專門委員提出了的。

甲　陸軍案

第一　締盟各國將來以五年爲期，各不增加其本國現在兵數以上的常備兵數；

第二　前項的規定若成立時，締盟各國更進而應一定其常備兵數，但殖民地的兵數不在此限；

第三　前記的五年中不增加現在額數以上的陸軍豫算。

乙　海軍案

締盟各國原則上承諾左列的事項，豫決定將來三年中的海軍豫算額，同一期內不得增加於總額以上，且對下列三項，各負豫先通告的義務。

第一，不論艦形若何，將新建造的艦形總噸數；第二，士官及兵卒的總人員數；第三，建築港灣要塞的經費，例如砲台船渠造船兵器廠等。

上兩案均在一八九九年六月二十三日第一委員會總會議中提出，因有德國委員修瓦爾霍夫上校强硬的反對，遂於六月三十日第一委員總會開會時，除過俄意兩國委員外，全會一致作如下的決定。

第一　假令雖是五年，同時不決定其他國防要件，僅欲限制兵數，是最困難的事；

第二　把各國各依相異的見地決定之國防要件，欲以國際條約來決定，也是頗屬困難的事。

因這原因，審查委員會以不能承認俄國政府提出的議案爲遺憾的多數委員，認在各國政府有各自愼重審查本問題的必要。

照這樣各國的意向都明白了，也就沒有報告總會的必要，期諸他日再討議本問題，得了各國委員一般的同意而散了會。要言之，第一次海牙和平會議，沒有實現任何結果。

六　第二次海牙和平會議

第一次海牙和平會議，婉出的否決了俄國提出的軍備限制案，僅末段可決了一種希望案，實際的效果全然沒有。其後日俄戰爭英國與德蘭斯哇(Transvaal)戰爭，摩洛哥問題等種種困難外交案件續出，列國間的軍備競爭更激烈了。於是各國政府對於實行限制軍備痛切感其必要，一九〇四年十月二十一日由美國方面通告其希望於各國，提議欲協商第一次和平會議未討議的問題——（一）中立國的權利義務；（二）海戰時不能侵入私有財產；（三）對於港灣及市鎮村以海軍力砲擊等問題——且提倡有設立萬國議會聯合(Inter-Parliamentary Union)的必要。對於美國政府通牒表示贊成的意思者，為奧，匈，法，普，英，意，西，葡，丹麥，荷蘭，瑞典，諾威，墨西哥，盧森堡等各國，日俄兩國當時在交戰中，所以答以不能參加會議，結局美大總統的提議一時延期起來。其次日俄戰爭終，一九〇五年十一月十三日改由法國政府使駐日公使馬爾滿傳達俄國政府的意嚮，其要旨謂：

「俄國皇帝以第一次和平會議發起者的資格，認現在為商議和平的好時機，得美國大總統羅斯福的同情，請求各國政府協同參列該會議，會議日期待各國回答後再決定，唯依日俄戰爭的實驗，與這會議事業有關係的重要問題，將有討議的必要。」

日本不待說表示贊成，開會日期一再延期，直到一九〇七年八月纔開了會。

第二次和平會議的議題，重要是關於制定仲裁裁判的用語與手續，以及陸海軍交戰法規等，關於限制軍備的問題，不過看作附帶的問題。可是到一九〇四年四月，俄國政府的回牒發後，由英國方面通告，把下述二問題作為追加議題，保留其提出於會議的權利之意見：

一　關於縮減或限制軍備的問題，

二　關於根據契約償還普通公債而使用武力的事，欲設某種限制。

照這樣，限制軍備的問題復活起來，這問題，後成了會議的中心問題了。

關於英國提案的限制軍備問題，美國意大利及西班牙熱心贊成，德奧法各國反對，俄國立於其間，頗感了困難。而限制軍備案，眼看到將要在（一九〇七年八月十七日）第四回會議中付議的時候，英國政府觀察非依各國自由意思不能解決這問題，遂使其委員提出如下的決議案，得了全場一致的可決。

本會議關於限制軍備，確認一八九九年會議的議決，且顧及由該年以來各國軍備顯著的增加，切望各國政府誠心誠意對這問題加以研究。

要言之，英國政府對於限制軍備問題的態度，與當初的氣概相較，甚形懦弱，所以又成個希望決議而告終了。

七　第三次海牙和平會議的準備案

限制軍備問題，在第一第二兩次海牙萬國和平會議中都沒得成功，可是各國的限制論者，猶熱心不捨其主張，更希望開第三次萬國和平會議以解決之。如萬國和平協會一九〇八年一九一〇年及一九一二年的決議國際社會黨會議一九一〇年的決議，及萬國議會聯合會議一九一二年的決議，都表明這種希望。而且一九一〇年美國議會，為依國際協定研究限制軍備的方法手段，決議欲組織委員會，大總統塔虎脫(Taft)依這決議發了希望各國都設同樣委員會的提議。又一九一一年法國議會建議政府應盡力把限制軍備問題作第三次和平會議的議題，外交大臣表示了同情。同年三月英國議會決議「不能不忍受維持過重軍備的苦痛很是遺憾，所以為避免這苦痛，切望國際協調，」於是外交大臣葛累(Sir Edward Grey)聲明為達這目的，考究「縮減軍事費」為上策，並希望普及一般義務的仲裁裁判制度。各國中也以欲卽刻斷行縮減軍費，依仲裁裁判，先確立處理國際間紛爭的制度，認為是先決問題。但是德國當時是軍國主義最盛的時代，所以與第一回一樣對限制軍備的問題，始終一貫取了絕對反對的態度。照這樣，假令第三次海牙和平會議開了，由英美兩國提出限制軍備問題，結局恐怕仍是不成立的。

八　大湖的海軍軍備縮減

十九世紀實行海軍軍備縮減的例有二：其一是縮減大湖(Great Lakes)海軍軍備，其二是縮減黑海海軍軍備。但在行縮減軍備的動機上兩者卻是不同。一八一七年關於大湖的協定，是關於縮減美國與加拿大國境上蘇必列奧(Superior)，休侖(Huron)，密西根(Michigan)，伊里(Erie)，及昂達利奧(Ontario)五大湖的海軍力，這稱為羅希巴果協定(Rush-Bagot Agreement)，重要為除去妨害英美間永久和平的原因而締結的。一八一二年英美間的戰爭，依甘特條約正式告終了，惟尚未除去將來可起戰爭的禍根，其一就是當時在大湖尚維持着過大的軍備。英美兩國政治家憂其重復戰爭，為保證兩國和平，自發的結了縮減湖上軍備的協定。這協定絕對是自發的，只依大總統訓令而實行的，無須要元老院的批准。這協定撤回過幾回，有時且正式取消過，可是常恢復其效力，現在仍舊施行。美國憲法學者常引證這是不要批准的協定的好例。

關於一八五六年的黑海協約，其性質全與之相反。這協約重要爲防止俄國向東方侵略而締結的。俄國沒有出海的不凍港，韃靼海峽是其出海的唯一條路，所以計畫侵略土耳其。一六九六年依彼得大帝的征服，始於黑海建造軍艦，以後漸次增加數目，在黑海沿岸設立了兵器廠。俄國在黑海優越的地位，與欲割取土耳其土地的他國的政策衝突了。克里米亞戰役後一八五四年英法奧三國乘俄國之危，想破壞其在黑海優越的地位，提議限制黑海的海軍。戰敗的俄國只得遵從這提議，對巴黎條約的追加條約簽字，與土耳其共限制了在黑海的海軍。一八五六年的協約，與一八一七年的協定相異，是因三强國壓迫而締結的；且非得巴黎條約締盟國的承認，俄土均不能取消，所以這協約是極强制的性質。但俄國以這樣協約侵害其主權，一八七一年正式的取消了。最初提議縮減大湖軍備的人，是哈密爾敦(Alexander Hamilton)。國務長官蘭得洛夫一七九四年五月六日與其講和使節海約翰(Hay John)的訓令中，加了哈密爾敦的提議。所以一七九四年九月三十日海約翰的條約草案中，有英美相約縮減大湖的海軍軍備及由國境撤兵的規定；但因英國的反對，一七九四年的條約中沒加入這規定。一八一四年在甘特結講和條約時，英國對講和使節的訓令中加了這問題，可是沒有審議。

甘特講和條約締結後，英國在大湖添增軍艦，表示漸次在加拿大增加軍備的傾向。美國國務長官門羅，訓令美國駐英國公使亞達姆斯，使向英國政府提議縮減大湖的海軍軍備。英政府初對美公使的提議很冷淡，翌年遂承允美國提議，從亞達姆斯公使的意見，在華盛頓美國國務長官門羅與英國的公使巴果中間成立一種協定，一八一七年四月正式交換了公約。一八一八年門羅成了大總統，以同年四月二十八日的宣言，聲明英美兩國在大湖應保有的艦艇，僅限於百噸以下的武裝船兩隻，而在香布蘭湖(L. Champlain)只限於一隻，其他武裝船都作廢艦，不再建造軍艦，而且不得武裝商船。一八一七年英美的協定，依大總統的宣言生了效力，其後雖幾次瀕於危險，可是到今日依然存續着，未失其效力。

九　黑海的海軍軍備縮減

克里米亞戰後，縮減黑海軍備作講話的條件最初提議者，是一八五四年十二月二十八日在法奧英三國代表會合時，法國代表主張俄國應拋棄黑海優越權的談話而開始的。翌年三月二十六日在維也納集會，奧國代表以爲俄國在黑海有無限制的軍力，將來有惹起歐洲重大不安問題的危險，所以主張有審議黑海海軍軍備的必要，得了英法土耳其代表的贊成；不過俄國代表極端反對了這提議。奧國代表遂又提出平均黑海海軍力的議案，大體上主張俄土兩國在黑海有平等的海軍力，土耳其若有被侵略的危險時，對聯合國的艦隊可開放海峽。俄國不喜歡與土耳其平等其海軍力，想求優勢的海軍力，於是對這問題提議與土耳其直接協定，土耳其不承諾，會議遂無結果而終。

一八五五年十一月再開了會議，法英奧三國提議使黑海中立。這會議在塞瓦斯托波(Sevastopol)要塞陷落後開的，所以俄國只得承受這提議，一八五六年三月三十日締結了巴黎條約，同時關於限制黑海海軍的追加協定也簽了字。依巴黎條約黑海中立化了，因而其沿岸的陸海軍兵工廠也歸於無用，並禁止將來再事建設。俄土協定，是各限制其在黑海保有的軍艦，並規定其數目力量及容積等。俄國以巴黎條約及關於黑海協定受限制爲屈辱，利用一八七〇年十月普法戰爭的機會，對關係國通告其取消巴黎條約第十一十三十四等條及關於黑海的協定；而且俄國爲討議這事，提議在聖彼得堡開會議。但後依英國的主張，一八七一年一月在倫敦開了會議，在這會議中，列國締結了取消巴黎條約中生問題的規定及追加協定之條約，俄土兩國也締結了取消追加協定的新協定，三月十三日都各簽了字。這新條約新協定成立的結果，黑海的中立消滅了，對於俄土在黑海的軍備限制也中止了，爲實行條約的規定，若係不得已時，雖在平時也得許可外國軍艦出入海峽。又該會議因俄國單獨取消了條約，爲將來遂宣言任何國非依適當的手續經締盟國的承諾，單獨不能取消條約的規定。

第三編　國際鬭爭思想的發達

第一章　民族主義的發達

一　民族主義的來歷

民族主義，在歐洲各國民中，由中世末期纔起了民族的自覺。歐洲史上有名的英法百年戰爭，英國雖長期得了很可誇耀的勝利，但是最後仍由法國人趕出法國，這是法國人在戰爭中漸起了民族的自覺，爲其重大原因。女英雄倘達克（Jeanne D'Arc）出身農間，爲法國王與英軍戰，決不是什麽奇蹟。當時有名的財政大臣寇爾（J. Court），也是商人出身。因爲這些平民階級捧身國難，英國無論怎樣，當然支配不了隔海的法國。更在十六世紀末英西戰爭中，英國人民族自覺已經達到高度。戰爭的原因，是新舊兩教相爭的形式，英國女皇伊利薩白雖保護新教迫害舊教，而英國多數舊教徒，以「第一是英國人」（Englishman first）的見地，與保護舊教的西班牙王菲立二世爲敵而戰。這樣在西歐早成中央集權國家的英法兩國，可知其民族的自覺，已在中世末近世初就成立了。但在德意志意大利等中央集權尚未成功，仍繼續中世羣雄割據狀態的各國，民族的自覺缺乏發達的背景，因而民族主義充分的成長尙要經過數百年的時月。

民族的自覺發生後，其背景的政治理論也隨着起了。文藝復興期的政治論，以國家及國民爲本位，和向來的理論具着不同的特徵。馬卡鋭黎(N. Machiavelli) 的著作中表現的政治論，是這樣理論的代表。可是這種國家的思想到啓蒙時代起了一大挫折。十八世紀的啓蒙思想重純理，輕視一切因習的傳統，其結果不拘泥現存的國家，寧是取了世界主義的立場，因而其時代的思想家，對於所謂「祖國」都不大關心。福祿特爾對於七年戰爭，寧歡迎敵國普魯士的勝利，因爲他贊成菲特烈大王的主義。歌德對德國民向拿破崙奮鬥的事，也很冷淡。康德與其徒費希特 (Fichte) 不同，也超脱了愛國的感情。要言之，世界主義可說是當時許多思想家共通的傾向。

對這啓蒙時代的世界主義，喚起民族感情的大原因，是拿破崙對各國侵略的結果。拿破崙全不顧向來歷史的國境，任意合併了許多地方，他足跡到處都破壞了舊組織，根據革命主義樹立了新制度。他努力想以善政使各國民歸服，但是結局沒有成功。被他奪了國家獨立的各國民，遂奮起從事反抗他；像德國尙繼續中世的割據狀態，向來民族感情未醒的地方，想由拿破崙支配求解放的感情，也激烈的表現出來了。費希特有名的「告德意志國民的講演」，是這種民族感情有力的表現。德意志人把對拿破崙的奮鬥稱爲「解放戰爭」(Befreiungskrieg)，他們的民族感情在這時期就非常的覺醒了。使拿破崙最後失敗的最大力量，是各國民中間起的所謂「祖國」的精神；民族主義這名詞，是對這種精神加的稱呼。拿破崙最初所向無敵的成功，是受了啓蒙時代自由思想感化的各國民，歡迎他，以他爲革命精神的代表者，舊制度的破壞者，因而他的敵人是各國的封建階級，不是一般人民；這是他先成功的大原因。而他的沒落，並不是封鎖大陸的失策，也不是莫斯科及滑鐵盧的戰敗，其最爲他致命傷的事，可說是與各國民的民族主義爲敵。

替代啓蒙時代重純理的古典主義，而新起之浪漫主義(Romanticism)的思想，以民族主義的精神爲其重要的要素。浪漫主義，以尊重祖國歷史爲其具體的表現。由這時代，民族主義與自由主義並立，成了支配各國政治的大原則。通觀十九世紀的歐洲政治史，是根據這兩主義修正向來社會狀態的歷史，占其最多的頁數。自由主義，原來由近代文化的根本精神之一的所謂「自我的自覺」而出發，而民族主義與之有大關係，却也可以看得出。因爲個人自我的自覺，必然要生民主政治的要求；而民主政治對各國民衆打破向來封建傳統的一切情實，要求樹立以民衆自己爲本位的政治形式。因此有同一文化的民族，必然要團結要求獨立而不受他民族的支配，所以喚起民族國家的思想是當然的；這就是所謂民族主義。因此可以說自由主義，民族主義，都是由各國民衆自我的自覺出發，發現到個人成自由主義，發現到國民就成了民族主義；但在多數失了獨立被壓抑民族的時候，兩者的發現就成了不可分的一體。

被拿破崙擾亂的歐洲，爲急求復舊而集於維也納開會議的政治家等，眼光却射不到這新時代的精神，把各國民衆的要求，很多沒有看到。在維也納會議以後的反動時代，民族主義在各國保守的政治强力彈壓之下，暫時抑壓下去。但在保守的反動政治之下，民族主義是一條大暗流，一旦時機到來，勢必洶湧奔騰，要突現到表面上來。直到二月革命時代，每有機會就起了德意志意大利波蘭等的民衆運動，是充分的證明了這事。而民族主義在過了反動時代的十九世紀中期以後，漸入了風靡一時代的流行期了。十九世紀後半期，歐洲政治史上的最大史實，是德意志及意大利的統一成功也就是表現民族主義乃至國民主義的代表的實例。由此，中世紀以來未成眞正統一國家，不過曾作了地理名稱的德意志及意大利，突然成了偉大的勢力，進到世界國際生活中來了。

照這樣，民族主義乃至國民主義的思想，一方面對以後世界上留起兩大國家，他方面使長威脅歐洲的土耳其帝國瀕於崩壞的運命。以希臘獨立作先導，羅馬尼塞爾維亞門的內奇羅布加利等國，在歐洲大戰以前，事實上已脫了土耳其的羈絆。這固然是土耳其衰弱的結果，可是一方面也由民族主義的思想，刺激了這些被征服民族，百方努力利用各種機會，爭得了他們的獨立。

十九世紀的民族主義乃至國民主義，成了像德意志意大利那樣大民族統一的原動力，可是弱小被壓抑民族的獨立，因其與支配他們的大國利害衝突，其實現頗不易。比利時由荷蘭分離而獨立，寧像土耳其支配下各民族獨立的樣子，可以看作例外。但是作民族主義基礎的民族是什麼？我們在述民族運動以前，先不能不闡明這問題。

二　民族與種族的關係

影響民族形式的自然因素之一是種族，以種族爲自然的因素，辭句上稍覺不切，但找不出適當的名詞，只得暫用這語。若由種族爲因素的點上觀察民族，民族是血緣團體。

種族爲民族重要的一因素，是不待多說的。凡構成一民族的各員都屬於同一種族，普通都是這樣想。如說德意志民族屬於條頓種族，法蘭西民族屬於拉丁種族，俄羅斯民族屬於斯拉夫種族，就是這樣的例。但是種族究竟是什麼？就這問題，人類學上人種學上生物學上的學說，却紛紛無所歸一。

人種或種族（Race, Subrace,）這名詞，普通用的意義極其漠然不明。人種在生物學上屬於種(Species, Espece, Art,）抑或屬於變種（Variety, Variete, Varietat,）對這問題，尙無一致的定見，可是把人類全體看作一個種的時候，就不能不認人種是變種；以人種爲遺傳的變種之見解，寧可認爲通說（P. Jopinard, Anthropologie, p. 193.）

在嚴格的意義中，不能尋出純粹的人種或種族，爲今日一般學者所公認。因爲人種或種族在前史時代已經混淆起來，所以不能發見嚴密純粹的種族。今日的人種或種族，不是自然人種或自然種族，是所謂歷史的人種或歷史的種族（Historical race, Race historique, Geschichtsrassen）。歷史的種族，不外指在歷史的歷程上，或依征服，或依移住，或依雜婚，自然的及社會的成了混交融合的種族而已。

人種或種族，其身體方面的特色，如依膚色，臉形，毛髮鬚髯的直縮，眼的色彩，顴骨的凸狀，頭蓋骨的形狀，身長的大小，骨骼的形狀等作區別，是常用的方法。依膚色區別世界人種爲黃白黑棕褐五大類，是今日通行有力的分類法。但是膚色不同，主要由自然的環境，特別受氣候的影響而生差異，並無關人種的本質，自這種學說出後，遂重視人類中樞的頭腦，以頭蓋骨的形狀大小爲主的頭蓋骨相學（Craniologie）頭蓋計量學（Craniometrie）就大盛行起來。

主要依頭蓋骨的形狀，分歐洲人種為歐羅巴種族(Homo Europoans)阿爾卑斯種族(Homo Alpinus)及地中海種族(Homo Arabicus or Homo Mediterraneus)三類，是最有力的學說。第一所謂歐羅巴種族，其特色是白色多血質，筋骨強壯，頭髮金黃或赭而長，眼碧而亮，軀幹高大，臉形長，鼻端直是凸圓的，頸長，特別頭蓋長。這種族在不列顛島愛爾蘭島存着較純粹的體形，在比利時海岸地方，荷蘭北海及向波羅的海的德意志地方，成其支配的成分。在德意志及法蘭西的平地，也為重要的要素。又渡過大西洋，移住於北美加拿大以及澳洲。這種族普通叫做阿利安種族(Aryans)，也叫印度日耳曼種或印度歐羅巴種。近時人種偏見論者喧稱的北方種族(Nordic Race)也是指這種族，自誇他們是最優等人種。

第二阿爾卑斯種族，其特徵與前者恰相反，膚色毛色是褐色或栗色，眼也是褐色，鼻中低稍廣，臉面廣，軀幹中等或較小，肩寬，特別頭蓋是所謂圓頭形(branchycephale)。人類學者布洛喀(Broca)稱為凱爾特斯拉夫種族者和這相同。據與亞歷山大大王同時的愛菲萊(Ephore)的記錄，凱爾特種族在到卡戴斯的西班牙地方，塞萬諸山脈及洛恩河流域北方住的高盧人(Gauls)，凱爾馬尼亞的一大部分，多瑙河上流及中流地域，由阿爾卑斯山南麓到阿多利亞的地域，北意大利全部，這樣廣大的地方都住着的。但是這些地方今日尚且恰是凱爾特斯拉夫種族住的地方。有臆推這種族在第四世紀終由亞細亞移來的學說，因而認為多少總有一點蒙古人的起源。據林奈(Linnaus)的見解，黃色人種主由亞細亞種族(Homo Asiaticus)與阿爾卑斯種族的二要素成立的，而亞細亞種族色黃，氣質陰鬱，毛黑眼黑，特別頭蓋骨是長頭形(dolichocephore)。

這阿爾卑斯種族，在今日歐洲人口上是占多數的種族，中央歐洲阿爾卑斯山脈一帶，與銳爾紐及弱久山地方，在法國巴蒲魯東，與銳爾尼亞，塞夫諾，藻耶爾弱簡人等，瑞士人巴威人羅馬尼亞人阿爾巴尼亞人的大部分都屬於這種族，而其源流遠溯到俄羅斯及亞細亞。今日這種族在歐洲數目越增加，漸有凌駕其他民族的趨勢。

歐洲第三種族的地中海種族（或阿拉伯種族，）恰具着位於二種之間的性質。這種族的膚色是褐色，軀幹不大，鼻彎曲而上反，其頭蓋也屬於長頭形。其所以稱爲地中海種族者，因其在地中海海岸及島嶼，北非洲，伊伯利亞半島，南意大利及西西里島等地方多住着的，中部意大利及南部法蘭西多少也住着些。普通稱爲塞姆族(Semites)者也就是這種族的一種。軀幹高，鼻反而大，惟體瘦削與他族不同。特別在非洲北部這種人與黑人種混淆起來了。

以上數種中，第一所謂歐羅巴種族，大體上相當所謂條頓種；所謂阿爾卑斯種族，包含拉丁種及斯拉夫種，不能說純粹相當那一種；這樣區分，由抱人種偏見的論者過度的倡說，因而供給了揑造各種人種的謬說之機會，前邊曾說過了。

今日存在的人種或種族，都在有史以前形成的，這是巴高特(Bagehot)等的主張。自然的環境對人種或種族的成立，發揮了偉大的力量。氣候寒暖，溫度强弱，在身體的機能上起作用，對種族的形相及氣質上生大影響，又由感官對種族的高等精神過程上及想像上生大影響。比如高溫且濕氣多的氣候，抑壓人的活動，使人懶惰不活潑；反之高溫而乾燥的地方，使人不堪繼續的活動而演出激發的間歇的大活動。氣候若寒冷而乾燥，能使人傾注精力於持久的活動，若寒冷而濕氣强，則使人活動遲緩。馬來人因住在濕氣强的熱帶地方，遲鈍而怠惰，阿拉伯人因住在乾燥熱氣重的地方而成熱情的性格；住在濕氣多的寒冷地方的英人，荷蘭人雖鈍重而包含偉大的精力及耐久力，就是實例。

自然的環境給與人類以上述的影響，依遺傳法則累代相傳，遂形成種族固有的性質，同時依自然淘汰的法則，其種族越順應自然的環境，越能使種族的特色强固。而這自然環境影響人類的力量，在種族將形成之初特强，入了有史時代，文化漸進，其勢力也隨之減少。

自然的環境，又決定住民的職業及其他生活方法。入了有史時代，自然的環境直接影響人類身體的精神的力量減少，自然淘汰漸衰，同時他方面社會環境，影響種族的力量却漸次增加，社會的淘汰就盛行了。

關於種族在民族各條件中占的地位，有相反的兩種學說對峙着：一個極輕視種族性對民族的影響，一個是極重視這影響的。

第一派論者置重民族文化的因素，認民族依社會的淘汰及遺傳陶冶成的，以為各人種或種族在能力上本來具着平等的素質，其間並無軒輊，至於其所以生差異的原因，是由社會環境作用的結果。這學說是英國的洛克(Locke)穆勒(Mill)巴克爾 (Buckle) 等自由主義者人道主義者，以及法國的路南 (J. E. Renan) 歇黎(Chery)涂爾幹 (Durkheim) 等平論觀念論者等所倡道。洛克說新生嬰兒的精神是一張白紙，凡人都是同樣的，沒有什麼特殊的傾向。各人在其精神上留其個人的經驗，依聯合觀念的原則使之發展前去；他照這樣主張了各人種各種族的平等。可是穆勒巴克爾也信人種的平等，而主張是其固有天性的均等。在法國隨革命以來之自由平等思想，主張個人平等人種均等，不承認人種及種族先天的差別，主張民族是歷史的產物是文化的結果，至於有同一民族的精神，並不關種族的差別，任何人都可融化到同一民族去。

反之信人種先天的差別而主張人種先天有優劣的一派，是柯比諾（J. A. Gobineau）與其徒郝思頓（Hoston）張伯倫(Chamberlain）以及其他汎德意志主義論者的主張。柯比諾於一八四五年發表了有名的人種不平等論（Essai sur l'inegalite des races humaines）力主張人種間先天的有優劣之差，無論文明若何進步，這種差別是不能躋於平等；這稱爲柯比諾主義（gobineauisme）。柯比諾主義，在原有種族自負心而誇其種族優秀的德國學界，廣受了歡迎而被採用。自費希特以來的德意志，是誇其種族的純粹信其種族精神的尊貴，主張其種族是言語純良的國民，與法國倡個人平等尊重個人意志的權威，恰作了個好對照。德意志人自黑格兒（Hegel）以來確信自己種族是最優等人種，高倡自己文化的優越；在這樣富於人種偏見的德意志，更出個寰滋滿（Weismann）提倡新達爾文主義（Neo-Darwinism），這種族偏重說，更得了有力科學的論證，風靡德意志，進而更撼動了英美的學界。寰滋滿的學說，是信自然淘汰的萬能，强辯其僅依此就可說明種的發生及進化。因而否認遺傳及社會的淘汰力，主張依社會的淘汰而得之後天的性質，一切都不遺傳。以爲在文明的社會，自然淘汰的力量全不行，且有越發抑止的傾向，且認依社會淘汰而獲得的性質也不遺傳；所以決定民族性格行動的唯一的力量，不外是其固有的素質——種族性而已。這學說在英國由華勒斯（Wallace）倡始，許多生物學者都很崇信，在美國以後也有了大勢力。

這學說一旦出現，民族的特性就極重視起來，可是環滋滿的學說，到最近確被證明是生理學及生物學上的謬論。

據環滋滿的主張，在人類的細胞中，有身體的細胞與生殖的細胞兩種，身體的原形質與生殖質，是互相獨立的東西，而生殖質是不變的，可以世世代代遺傳下去。且其不變性極大，不受個人生涯中獲得的後天性質的任何影響，因而個人不能遺傳這些後天性資；所以依新生活狀態給與身體的影響，形成人種可遺傳的新特質，不能夠存在的。原來這樣見解，早由達爾文主義者激烈的反駁過，達爾文自己也和斯賓塞一樣，承認後天性質的遺傳性。依最近的實驗證明，在一方面依外部的影響能使其生出可以遺傳的變化，在他方面生殖質不一定絕對與身體的原形質離而獨存。一九一二年裴洛克(Tschoulok,)的名著進化論(Entwichlungstheorie, Stuttgrart, J. H. W. Oietz 1912.)中，曾論證了這問題，因其實驗很有趣味，特別引證如下：

「為實驗用了一個純白一個純黑的兩種牝雞，而且是選了極其純粹的種族。其父母祖父母曾祖父母都同樣和這牝雞本身具有同一性質；換言之，就是沒有行過什麼混交。使這樣白色牝雞和白色牡雞交尾，其子孫都絕對是白色的，同樣黑色的亦然。

可是在這兩種雞中，行了其次手續的實驗。取出白色牝雞的卵巢，移植在黑色牝雞的體內，又取了黑色牝雞的卵巢，移植在白色牝雞的體內，行了極巧妙的手術；牝雞傷癒後，依普通的方法仍能生育子孫。於是試使有黑色卵巢的白牝雞與黑色牡雞交尾，因白牝雞的卵巢中的卵子，是由黑牝雞來的，雄的精子也同樣由黑牡雞得來的，所以想其生的子女應當是黑色的，但是生下的雛雞，有黑的却也有白的。同樣把有白牝雞卵巢的黑牝雞，使與白牡雞交尾，其結果也不能只生純白的雛雞，却也混着有黑色斑點的雛雞。」

這實驗的結果，是全依器械的干涉得來的，不是由漸進的有機的變化而得的，就更值得注意。黑色牝雞的卵巢，移植在白色牝雞體內的時候，已經是十分發育成的，但新體細胞尚且對移植的生殖細胞能起有力的影響，能在卵巢上印刻自己的型像；因而身體的生殖細胞，若未達到十分成熟以前，在因變化了狀態的影響而受變化的時候，對於變化了身體的特質之生殖質，當然要起更大的影響，是可以推定的。(Karl Kautsky, Rass und judentum, s. 23-24.)

那麼，壞滋滿的學說，決沒有認爲眞理的必要；獲得的後天性質可遺傳的事，也就沒有疑惑了。特別把壞滋滿的學說，照樣適用於民族論，確是謬見，也就明白了。若精密觀察歐美民族形成的過程及歷史，即刻可以了解其所以然。

徵諸事實，歐美各民族，是多數種族混淆融合的結果而出現的。照前述歐洲人種的三大區別看來，今日無論怎樣的民族，沒有由同一種族成立的。雖誇種族純一的德意志民族，也是由歐羅巴種族和阿爾卑斯種族混合成者，英國也約略同樣，法國也包含這三個種族，意大利也含阿爾卑斯種族和地中海種族的要素，俄羅斯在這三個種族以外，還多包含着黃色人種的要素。據說法蘭西民族由十三個，西班牙民族由六個，德意志民族由五個，英國民族由四個種族混合而成。所以可說無論怎樣的民族，能强固的立在人種的基礎上，却一個也沒有。（Buell, International Relations, p. 75.)

又由理論上說，若認種的變化純待自然淘汰，後天的性質全然不能參預不能遺傳。那麽，在文明社會，種族性當然全固定得絲毫不能變動，因而融合異種族而形成一民族，可說全屬不可能的事。若照這樣，種族永遠對立不相關涉，民族的陶冶當然是看不到。這與民族發達史全然矛盾，就不言而喻了。

上述兩個相反的學說，或者都走極端，都失之過激，眞理也許在其中吧。由個人的自由平等說出發，主張人種或種族全屬平等，毫無差別，是違反歷史及現存事實的錯誤；若說人種或種族是有史以前形成的，到後隨着自然的和社會的淘汰力與遺傳的作用，徐起變化而進化，其變化却也甚微。人種的變化，主要是賴自然環境的影響，可是在文明社會，自然環境影響人類的力量非常減少，所以種族的固有性質，不見其起大變化，因而有史以前成的種族的天性，今日尚且殘留着；而其種族的天性，大影響民族的精神，更與民族文化以特徵。

在另一方面，倡種族的不變性，主張有差別的柯比諾、瓌滋滿等的理論，固屬錯誤，前曾述過，可是不能不承認種族性對民族的形成上，也存着相當的力量。種族在今日雖變化而混和了，但對這樣成立的民族上，生大影響，也要承認的。若謂民族的本質是民族意識，民族意識是一個觀念力的時候，不能不認民族主要是文化的產物，是環境的產物，所以認種族性成民族特徵最有力的力量，是不妥當的。最有力的力量，依然可說是文化，是歷史，是傳統。

三　共同言語與民族的意識

共同言語和種族的血緣的關係一樣，也可算作構成民族之要素。汎日耳曼主義者汎斯拉夫主義者倡道的種族主義，以言語相同的事實直假定為種族相同的徵證。他們常喜用的種族分布圖，不過就是言語分布圖，這是苗阿（Ramsay Muir）指摘出的。但有些學者雖不重視種族的血緣的要素，可是沒有不重視這言語的要素。比如柯茨基批駁保爾（Otto Bauer）以民族為性格共同體的學說，斷定民族寧是「言語共同體」，就是一個明例。顧蒲洛威茲（Gumplowiez）也以民族為國家發展過程中產的文化共同體，在言語相同的事實上求其徵證。大多數學者雖不斷定民族是言語共同體，却認言語是民族的一個重要要素，以客觀的事實企求構成民族概念的根據，大體是一致的。如哈伯特（Sidney Herbet）由民族本質的要素中除去言語，寧可看作少數的異例。

言語在共同意識上起的作用極大，毫無可疑，言語的色彩和性質，確於相當程度，決定人的思想色彩和性質。由共同生活之經驗生的親和的感情，依用共同言語更增深增强其程度，而使其內容豐富。構成共同體的各個人，依共同言語互相發表交換且理解其思想感情，依這同感培養社會連帶的根蒂，也無須再深說了。而且共同言語又涵着共同文化的意義。共同言語織成上述心理的效果，又依文字特別依詩歌的媒介，更擴張到同時代而延長於異時代去。就是共同言語共同文字，直成了受偉大人格或思想的共同靈感之意義，也就成了各時代深刻的苦痛光榮感激等各種印象共同的承繼之意義。「使我作民謠吧！任何人作法律，我是不介意的」，這話很有湛深的涵蓄。研究喬賽（G. Chaucer）對英國人，但丁對意大利人，席勒（Schiller）對德意志人，孟德斯鳩（Montesquieu）對法蘭西人，賴山陽對日本人等的感化，就可看出詩歌或俗謠和民族的同類感情有怎樣密切的關係。

這樣對民族共同體構成分子的各個人，做了共同團體傳播獨有精神及文化的媒介，使各個人各於相當程度參加共同文化的保持及發展這些事；若是共同言語的效果，那麼共同文化更把這言語的效果，擴充而延續到後代，成了轉運一時代共同精神文化於後時代的作用。依共同文字織成的共同傳說及詩歌而表現的各時代之回憶，對所謂民族的傳統起深刻的作用，且常形成其主要內容。

在這種意義上，且只在這種程度上，共同言語確可以作民族的認識之準則。所以又在某種程度上，言語也可作民族團結的樞紐。就是內而在對民族構成分子的關係上，言語具着結合中樞的性質，外而在一民族對他民族的關係上，具着認識其民族標幟的性質。由種族方面看來，姻緣極遠的巴威住民和東普魯士住民中間，確因用共同言語使鞏固起他們同類的共同感情；缺乏種族類似及地理統一之北部意大利人和南部意大利人，因用意大利文化結晶的共同標準語，也結合了他們的共同意識。

因言語相通，就得了親睦融和協同等心理的效果，反之因言語不通，國語不統一，就引起融和困難，協力不便及團結的障礙等。今日印度的革命主義者因印度人中有許多不同的方言，對同胞發表其主張非常感覺困難，遂不能不以英語作鼓吹反英思想的普通用語，這是如何不便，如何減殺宣傳的效果，想到這事實，就可曉得共同言語的效果及言語相異的反結果，其關係有多麼重要。言語的相通與不通，對集團的統一及結合上生的影響若是其重要，在包容多數異民族的國家——所謂多民族國家 (Nationalitaten Staat)，在支配地位的民族，求政治的統一，必須劃一國語，因而致力於限制或滅絕隸屬各民族的言語之政策，是當然的結果。支配民族對隸屬民族行的同化政策，較之對於固有宗教的壓迫，寧是強行消滅其固有言語，就因這種理由。又實因這理由，各國的民族運動，是先行保存或恢復民族固有言語的運動，民族鬪爭（Nationalitaten Kampf）幾乎常由爭存母國語而開端的。由歷史的觀察民族問題，其前半部的內容，有時甚至於全內容，都是被國語問題佔去。十九世紀初到其中葉的奧大利帝國內民族鬪爭的歷史，是對這事最豐富最明瞭的例證。

共同言語對民族的同類意識，略有如上述的關係。但由以上的事實，不僅不能即刻斷定民族是共同言語的團體，而且認共同言語為構成民族不可缺的要素也不適當。國語對於促進同類感情的作用，恐怕較之其他客觀的各要素都直接而確實，可是言語相同，並不是民族相同的意義，言語不同也不一定就可證為民族的不同，而且國語的不統一，也不一定常使民族的團結起破綻。這就共同言語在民族共同體各成員的結合及其認識的準則上，決沒有絕對的意義。

不僅如是，民族自發的變更其固有言語，雖不像棄敝屣的那樣容易，却也不是全屬不可能的事；有時一民族且能根本的一舉而換其固有言語，布加利民族就是這樣的一個例。布加利人原屬於芬族的系統，可是由伏爾加（Volga）河畔移住到多瑙河流域以後，他們就全採用了斯拉夫語。民族的一部分，移住到其他地方的時候，這事是最容易行的。比如移住到諾曼底的丹麥人，由言語上看來，成了羅馬人，到侵入英格蘭後，他們的言語行第二次的變更，復歸了日耳曼系。現在西班牙人和羅馬尼亞人，由言語學者看來，是緣分極近的關係。可是研究他們未風靡羅馬語以前的用語，前者確用了伊伯利亞語，後者是用了多拉加語。

國語的變更雖常依征服民族的壓迫而强行，可是這事不管征服被征服的事實如何，往往也有依各民族的自由意志行的。少數民族的言語，也有作了多數民族的國語，征服民族也有採用了被征服民族言語的。愛爾蘭及威爾斯住民的主要部分種族的屬於前凱爾特族（Pre-Celtic），而他們的發音全沒有前凱爾特族國語的痕跡，他們容易而且完全採用了征服者凱爾特族的言語。又西南蘇格蘭住民的大部分是凱爾特族，在十一二世紀的期間，使用凱爾特語，以後這地方並未依征服的事實而採用了英語，却全失了凱爾特語的記憶。斯布萊河流域的溫德族與德國語的關係，中部瑞典的芬族與瑞典語的關係，也可略說是同樣的。

更就下述各民族現在的用語研究共同言語作民族徵證的意義，就更要減殺了。現在以英語為日常用語的民族，除純粹的英國人外，有北美人及愛爾蘭人；由言語的關係上看來，却不能直說北美人及愛爾蘭人屬於英國民族，同樣以英語為日用語的尼格魯人——非洲黑人也不能算作英國民族。諾威人和丹麥人用的同樣言語，西班牙語也壟斷了中部及南部美洲，可是決不能說諾威人屬於丹麥民族；至於中南美各民族，言語雖一樣，而西班牙與他們以及他們互相中間，却都早失掉了民族的同類意識。比利時分為用法語德語及法蘭答斯（Flanders）語的三種，但他們中間鞏固的存在着構成比利時民族的自覺。瑞士人也分為使用德法意三個不同的國語，可是回憶起日特里（Rutli）嶺的傳說，常使他們中間油然的湧出同類意識了。照這樣，不管使用的言語若何，瑞士人也可看為構成的單一民族國家（Mono-Nationale Staat）。

言語和民族，不待說很有密切關係，可是其關係不是本質的。在結合民族共同體各成員的關係上，雖於相當程度有用，但決不是民族意識發達的絕對的要件因而也不是普通說的構成民族的重要要素。

共同言語可作同一民族的標幟，不過是極限制的說法，由以上的引證就可明白了。在這意義上，像密勒特(Millet)說「言語是識別民族最明瞭的特徵，」可認爲過陷於誇大其詞了。今日在統計學上以共同言語作區別民族的準則這事實，只是依實際上便宜的理由決不是由確切學理上的根據定出的。

今爲參攷，稍把言語分布的關係研究一下。依布葉爾(Buell)的見解，現在世界使用的言語數目，連方言加起約有三千五百餘種，其中歐美兩洲行的重要言語數目，約三十餘種。歐美人使用的言語，在世界三大語系——印度歐羅巴系塞姆系般圖系(Bantu)——中，屬於印度歐羅巴系。這語系更分拉丁系日耳曼系斯拉夫系的三語系。

第一屬於拉丁系者，有法蘭西語意大利語西班牙語及羅馬尼亞語等。其中西班牙語及法蘭西語使用最廣，西班牙語不僅在西班牙本國，並且拉丁美洲全體都使用的。日耳曼語系中，有德語，英語荷蘭語及斯堪底那維亞語。斯拉夫語系中，含着大俄小俄及白俄等俄羅斯語，波蘭語捷克語及塞爾夫克羅阿語。布葉爾用的世界主要語分布表略如次：

國語	人口	國語	人口
英國語	一六〇(百萬)	西班牙語	五五(百萬)
俄國語	一〇〇	意大利語	四〇

德國語	八五	葡萄牙語	三〇
法國語	七〇		

若根據這樣言語的區別，直想決定民族的區別，那麽，這言語分布表，同時也可作民族分布表了。以言語的相同，就認作民族相同的見解，極端推論，就會歸到這樣荒謬的結果。

所謂領土恢復主義（Irredentism）的主張，以言語共同使用區域，想作民族國家行使主權的範圍，爲其要求的基礎及重要內容；又在一九一九年巴黎和平會議中，以使用共同言語的事實作標準，於改訂歐羅巴國境上，試適用了民族自決的原則，可是這些事實只在政治的意義上可目爲重要的事，關於民族本質理論的研究上，幾乎全沒有直接切實的關係。

要言之，我們由以上各點，可以曉得以共同言語這客觀的事實，認作所謂構成民族的要素，決不能說是妥當的見解。言語與民族的關係重要，是言語相同在民族共同體成員中，使鞏固其屬於同一民族的自覺上，可生助成的作用。若强要用要素這名詞，只能用作民族意識或民族的自覺等主觀的要素之資料而已。和以前對種族關係說的樣子，約略相同，也可對言語的關係說的。關於民族的本質，由使用共同言語生的效果上看，無論若何，總不外是附隨的助成的主觀的效果。

四　宗教與民族的關係

其次宗教相同的事實，爲構成民族要素而作用的效果，雖不像人種和言語那樣有力，把民族和宗教共同體一樣看的見解也很少，可是列舉的數民族要素時，通常也把宗教相同加着裏邊算的。由歷史的看來，宗教的要緊在民族的共同意識上，確是盡了很少的職務。宗教相同，雖常做了鞏固民族結合促進民族文化的手段，同時一面因宗教相異而致民族分裂的事也不少。比如救蘇格蘭人民族的感情而不使之消滅，諾克斯(John Knox)的宗教的貢獻，恐怕較之其他任何原因都重要。在主張猶太民族主義的人(Zionist)說來，猶太民族的問題，究竟不外宗教問題。波蘭由最後瓜分到一九一八年再造故國的中間，在波蘭人胸中繼續放射共同意識之熱的東西，可說是羅馬加特力教的法燈。蒙昧無知全無什麼文化特質的下層波蘭農民由他們唯一精神的財產——加特力教的信仰，救了他們普魯士化或俄羅斯化；介在普魯士的新教和俄羅斯的希臘正教中間，繼續作加特力教的教徒，是使他們未陷於兩方同化方法的重要理由。在一九一九年巴黎會議中，波蘭以立陶宛及白俄羅斯地方的住民是加特力教徒的理由，要求加入到自己領土內。在愛爾蘭的例，也可曉得民族同類感情重要的障礙，不是種族或言語的關係，是宗教不統一的結果。愛爾蘭人大部分是加特力教，只有厄爾斯得(Ulster)省的住民是新教徒，這差不多是使厄爾斯得省人不參加愛爾蘭民族運動的全部理由。又塞爾維亞人與克羅阿人，在血緣關係上是所謂塞爾夫克羅阿族，差不多形成同一種族，在言語上克羅阿語不過是塞爾維亞語的轉訛，直到最近結合成巨哥斯拉維亞這國家以前，兩者都作了獨立的民族集團而存在的，這因爲塞爾維亞教會是希臘正教而克羅阿人大部分是羅馬加特力教的原故。想超越這樣宗教的差別——誘導這事的民俗民謠文學等使克羅阿人和塞爾維亞人結合成一體，克羅阿人的有識階級，很要作熱心的啓蒙運動，纔能望行得通。

現在印度的回教徒和印度教徒中深刻的反感和執拗的偏見，非常阻礙印度民族運動的進行，因而甘地(Gandhi)自一八二九年後放下政治運動專致力於兩教徒的融洽運動，由這事實，就可推測出宗教不同的困難情形了。甘地在他辦的青年印度(Young India)雜誌上發表的大部分論文，不是關於「國產運動」(Swadecy)就是慫慂兩教徒的融洽。對於印度獨立可能性的悲觀論者，幾乎一致的論據，都是印度教徒和回教徒相反目的事。

依以上的實例，宗教相同可助成民族的結合，宗教不統一則足阻礙民族的統一，不待深研究，就可了解宗教不是構成民族不可缺的本質的要素。但是與上列事實相反的例也不少；在法國少數的新教徒，對於愛國的熱度，毫不減於多數天主教徒；德國的國民主義，新舊教徒都以同程度的熱心和忠實而遵奉着；宗教改革後，英國也未會經驗過一次完全宗教的統一。捷克民族運動的「索柯洛」(Sokolo)運動不但為非宗教的運動，寧是反宗教的運動；波希米亞語和自由思想的普及，做了他們民族運動主要的目標，却撇開了政治及宗教的問題。加之，今日凡是文明國家，都公認信教自由，宗教的排他心也薄弱起來，宗教的要素在民族生活國民生活國際生活上，都漸失了重要性。因而「現代大多數民族，幾乎全沒有要宗教的信仰或宗教形式的統一，依然都能夠興盛。」

但是某民族或某國民有共同的宗教信仰及共同的禮拜形式，可稱為民族宗教或國民宗教的時候，對民族團結和國民統制上生的助成的效果，在今日仍不能否認。人類的一個集團，若自覺其集團為一體，惟在以某種嚴肅形式行其共同生活時，其自覺是最熾烈而深刻；惟民族的或國民的宗教，最多能供給這樣嚴肅自覺的機會。信仰相同的意識以外，宗教儀式相同，也可使他們意識其集團爲一體。照這樣，我們對宗教的要素也和前述民族及其他各要素的關係一樣，認共同宗教這事實，在客觀的不成爲民族的要素；但依同一信仰的意識及宗教儀式相同的事實使湧現出一體的自覺，在參加民族意識的內容或資料之觀點上，也可認其爲有要素的意義。

五　政治的服從關係與民族的結合

政治的服從關係，也是使民族結晶的重要原因之一。在長期鞏固組織的政治下之共同服從，縱令是專制性質的政治也能有養成民族感情促進民族結合的效果，這在相當程度也可以認出的。

打破地方主義（Provincialism or Localism），建設統一的主權國家而作近世國民國家發達的準備，奇怪的這些事都是各國專制君主作了的事業。結合英國人使意識其國民爲一體，要算是諾曼王朝及安鳩王朝各君主的專制政治，特別是在這時代發達了的法律制度，同樣在法國菲立布奧古斯以後的專制君主的政治也作了法國國民統一及國民意識的基礎。又關於分屬數國的西班牙人，使眞正能結合成一個國民，是受查理一世和菲立布二世專制主義的恩惠也不少（洛思 Holland Ross 主張由英國法國西班牙等成立國家的時代起，不應當用民族及民族意識等名詞，當用國民及國民意識等語替代。見所著 Nationality in Modern History, Preface VIII.）。

研究瑞士政治的結合影響到民族感情的事，也是很好的例。瑞士的國語，分爲德法意語三種，信仰上也由宗教改革以來形成新舊教深刻的對峙關係，可是瑞士人中間依然流露着親睦的同族感情，他們自覺他們不是德法意等民族，而具有另一個國民團體的意識。對這共同意識的內容有重大關係的事，是他們常憶起共同政治的經驗。反抗奧大利皇帝的專制，最初以三州爲中心而建設共同獨立政府，漸次結合其他各州各市，在特殊的聯邦組織下，經歷了共同政治生活；這些回憶，能破其他相反的各要素的軋轢，而使他們胸中湧出濃密的同族感情。用德語的阿爾薩斯住民，也是這樣的實例。阿爾薩斯被路易十四世合併後，他們不僅和法蘭西國家，並且和法蘭西國民完全同化了；一八七一年普法戰後將要割讓於德國的時候，他們較之法國任何部分的住民，特別起了極熾烈的民族感情的熱潮。檢查政治的境遇影響民族意識的歷程，可舉英屬印度的實例。印度入了英國羈縛下，屈服於強固的統治及組織的法制以後，民族自覺的光芒，纔射到印度人中間去；由英人統治得了政治的統一，纔在印度人胸中超越種族階級信仰等的差別，而喚起了印度人一體的自覺。所以今日印度的民族意識，可說是大英帝國開明專制的產物。

照這樣，政治的統一可以促進民族的自覺，事例固屬不少，但僅政治的統一，決不是可引起民族意識的重要要素。仍取英國的例，以英格蘭王室長期的統治，對蘇格蘭人愛爾蘭人等各異的民族感情，想使與英格蘭人融洽一致，全沒有多大的效力。波蘭人被鄰境三國行了政治的瓜分，可是波蘭人民族意識民族的熱情，決不能三分而分屬於各瓜分的國家，而且因瓜分愈使波蘭人的民族意識明瞭，愈使波蘭民族的存在更顯著了。

反面的例，如舊奧匈帝國和其治下各民族的關係，舊俄帝國和芬蘭人的關係等，簡直不遑枚舉。照這樣政治的服從之經歷相同，也可得民族構成的要素之效果，惟與其他有力的原因相混和，方可期待得來，若只作單獨的要求，決不值得重視的。換言之，在相當期間共同服從於同一政府下的事實，可期待的要素的意義，只在這事實影響可及的範圍內，則極其輕微，若有可以認作重大的效果，一定是政治的要素，錯綜着織到歷史或傳統的要素中的。因爲政治的要素究竟不外乎廣義之歷史的要素；前舉瑞士民族的例，較之政治的要素，寧是多屬於歷史的要素。

六　經濟的共同利害與民族的形成

對一切文化現象，想以經濟的原因解釋，是現代最强烈的傾向，因而經濟利害的相同，職業及職業形態的類似等事實，也算作民族構成的要素了。廣汎的考察經濟利害與民族意識的關係，以及職業共同體與民族的互相作用等事，就形成民族差別與階級差別，及民族問題與勞動問題等重大而且有興味的論題。可是此處只限於考察共同經濟的利害，在若何程度上，略能有作民族要素的性質而已。

經濟利害相同及職業相類似等事實，若不與其他各要素相競，單獨不能作構成民族的要素，和前述政治的要素相同，且更容易理解。若民族的全部或其大部分，從事同樣生業，其經濟的利害關係密切一致，且略與其他各要素競爭的程度相等的時候，比諸經濟關係較複雜的其他民族，其同族感情比較濃厚，民族的團結比較鞏固，是可以想像得來的。如丹麥與荷蘭，大體上經濟的要素比較其他各要素的作用有力，可以看作一個例。德國的農民與丹麥的農民在文化關係上，較之修萊威希(Schleswig)的農民與柏林的新聞記者中，寧是接近，假若沒有其他有力的反對要素競爭，在他們中間或者能使釀成民族的共同意識，也未可必。但僅這些論據，不待說不能以經濟利害相同為民族的重要要素，並且只算作要素之一，也是不合理的。在同一民族內，包容許多利害相異的職業共同體，而不障礙其民族的統一，寧是常態。多爾塞的農夫和蘭開夏（Lancashire）的工廠勞動者，布洛溫斯（Provence）的葡萄栽培者和里耳（Lille）的機器匠中間，怎樣也尋不出經濟利害的相同。然而這些事對他們作英法國民並沒有什麼障礙。僅由經濟的立脚點看來，里耳人較之布洛溫斯人，寧與威斯特法利亞的德國人利害接近。可是在他們中間，却尋不出民族的感情有什麼連絡。其他這種反例，可說是不遑枚舉。

但是一民族若受其他較強民族的政治的壓抑，同時且受其經濟搾取和刼掠的時候，職業的共同意識或階級意識與民族意識顯著的交錯起來，常現出民族意識由階級意識促進的現象。被抑壓民族同時又是被搾取民族的時候，其民族意識，較之與這兩種關係分離着的時候，更能強烈的表現。比如在英領印度，英人工廠中雇用的印度人勞動者，反英的民族感情，較之富裕的印度商人更是熾烈，這可以想像得到。就是多數印度人民族的感情，因他們境遇在被經濟搾取的地位，所以強烈的程度更是加重。同樣在外國人經營的工廠中工作的中國勞動者，也可說是這樣的例。中國今日橫溢的民族感情，是由外國資本家的階級意識受了很大的刺激。又南非澳洲太平洋沿岸等地排斥有色人的移民，其他英美人勞動者，對有色人勞動者的民族的反感，是由顧慮勞動力之競爭及生活標準差異等經濟的利害打算而起了的。

這些事實，是經濟的利害關係，促進民族意識及民族感情的實例。但是嚴密的說來，這些實例，也作不了經濟的利害相同即為民族構成要素的例證。因為經濟的利害相同，不過為刺激已存的民族意識可有效，僅以這些事實而期其單獨作民族要素的效果是做不到的。「在任何程度，凡構成民族有效的一切素質中，經濟的要素是最不重要。」苗阿這種說法決不是過甚其辭。

七　民族與共同文化團體

最後，主張民族是文化共同團體（Kulturgemeinschaft）的見解，在今日相當的廣被承認，可是這見解也決不能說是完全因為第一先要遭遇的難關，是共同文化的單位，能以比較民族更狹的物事作標準，也能以比較民族更廣的物事作標準。毫沒有確實根據，可說僅有民族是共同文化的單位。以特殊的地方色彩作標準，就可說有地方文化或鄉土文化；同時以歐洲全體為境域，也可說歐羅巴文化；以北美合衆國為根據，也可說亞美利亞文化；又把文化分為東洋文化和西洋文化，也不是全沒有事實的根據；更以別種看法說來，世界文化在現況下漸次將形成的。離開一定地理的境域，置其觀點於集團主張上的階級文化，所謂資本階級文化和無產階級文化，是現代工業國的社會環境下，相當有力的主張，這樣觀察的時候，不待說不能認民族為唯一的共同文化團體，是確切無疑的。但是若問民族是否為共同文化團體的一種？我們對這問題答覆，可說半是半否。但是決定這事以前，我們先要解決由什麼要說民族是共同文化團體之一的問題，就是所謂民族文化究竟是什麼的問題？

民族文化以一民族之共同思想感情——所謂民族意識——為基礎，可是這樣共同的思想感情，依若何原因而釀成，不能不先研究。想證明這種原因，有人以一民族常占同一地理的境域為其生活根據，所以受同一地理環境的影響，漸次使發生了共同的思想感情；又有人以共同思想感情為歷史的產物，由一民族共同的傳統共同的光榮或共同的屈辱而釀成的。前者可說是一種地理的決定說，而後者可說是一種歷史的決定說。若依前者的見解，一民族中思想感情的廣波，對全生活的方向，都由住居鄰接來的所謂鄰保感情或鄉土感情而決定的，不僅如是，而且由周圍的自然狀態及地理的情況決定的。但是自然狀態及地理的環境，對個人生活或集團生活生的影響，寧是間接的，決不是本源的最終的(Ramsay Muir, Nationalism and Internationalism, p. 32)。至於歷史的決定說，以爲一民族共同的感情思想，進而民族文化，究其極不外是歷史的產物，這是極廣汎的概論，可提出反對論的餘地很少。可是所謂民族，至少於民族的起源，直接間接若是異種族間戰爭的結果，那麼，一民族內當然並存着征服羣和被征服羣。關於這征服羣和被征服羣的兩個集團，說明其共同歷史共同傳統，豈不是荒謬滑稽。欲解決這疑問，更詳細考察的時候，凡一民族內的支配階級，自知其民族的存立於自己階級有利以後，就努力振興其民族意識。特別對其四圍鄰接的各民族，高倡自己民族的構成要素，都立於共同利害關係上的同樣的，他們曉得爲形成共同意識，以各種方法利用自民族內能見的一切社會關係。他們爲自己階級的存立，把似乎有益的眞正或擬作的歷史事實，作自己民族共同的歷史向四方宣傳，而努力使其普遍的流傳。就這點，一民族對其他鄰接各民族的外交及戰爭的歷史，可看作最適合這目的而含豐富無限材料的寶庫。這種歷史，是民族英雄民族救星民族共同的傳統共同的榮辱等之發祥地，若認作恰和這類的事實，普通都極貴重的保存着。由這樣源泉流露出的民族共同感情，及在這感情上建築起的民族文化，若揭穿其眞相，結局多是其民族內的支配階級，直接創作或宣傳出的東西。從這理由看來，民族文化，當然不一定是由民族全生活必然流露出來的東西，是其民族內支配階級創作或宣傳的結果每到一民族內支配階級生了變更，民族文化的重要特徵，也隨着變化去，其實例在歷史上常可找見。說民族概念是一種流動概念，是由這樣趣處來的。因而在今日其國內的民族關係比較單純的國家，至少其內部也必包含兩三個民族，所以大概雖有程度之差，却沒有不受着自國內民族問題的煩惱，就因爲這種原故。在現代的狀況下，唯某一民族比較其餘各民族遠占優勝勢力的時候，可看做這國家較近於完全「民族國家」的型體就是了。(Cunow, Die Marxsche Geschichte, Gesellschafts-Staatstheori. IIe Bd. 1 Kap.)

據上所述，不論其爲自然的要素與文化的要素，以客觀的要素絕不能決定民族的本質，是很明白的事。種族，言語，宗教，政治的經濟的共同境遇，地理的同環境，歷史的同傳統，任擇其一，不能作民族概念根本的準據，是不待說；卽這些要素中幾個或全部結合，甚至其總和，也不是組成所謂民族（Nationhood）的內容。極其重視，幾乎認爲不可缺的歷史這要素，尙且客觀的不能作決定民族概念的準據；歷史的記憶，僅在民族意識的內容或資料的意義上，認其有重要性而已。(Buell, International Relations p.16.)

因此，路南(J. E. Renan) 極力主張民族的本質，是心理的精神的實在。民族形成的歷程上作用的法則，較之自然的生理的法則，寧爲心理的，特別是社會心理學的法則；其概念是人種學的人類學的或言語學的概念。不待說各隨其認識的目的，廣汎的及於社會學政治學人類學人種學人文地理學言語學經濟學等科學的範圍，因而在概念決定上，各因其認識目的當然應受限制，可是基本的決定民族的本質，主要是心理學的職務。

八　民族心理學的發達

民族心理學的發達，是由德國威芝（Waitz）及拉札魯（Lazarus）兩個碩學開始了的。威芝著的自然民族的人類學（Anthropologie der Natürvolker Bände VI）現在看來，不待說是思想很落伍，可是他曾提出兩大根本問題——「人類於心理學的果應具特有的特性否？」「在民族中間果應有心理上特殊的相異否？」——想設法去解決。

對於第一問題，威芝認以一定的方式，想解說各人獨有的心理的特質，是不妥當，於是他把這分為四層解說，就是以「人依工作克服自然」「人有明晰的言語」「人有宗教心」以及「人又有社會生活的基本感情。」為解釋第二個疑問，他以民族心理的不同，想歸原於其頭蓋的相異，可是發見這沒有效果，結局由心理學的見地看來，不得不斷定無法認出民族中存的特殊的差別。

若果如此，關於各民族一般共通的教化及文化，當然要起為什麼發生物的方面大相懸殊的疑問。若以這懸殊為固有的，那麼又不能不問究竟怎樣得了這固有的差異？對這問題，威芝統統歸到移動風土及宗教思想等三個原因，尤以風土為其主要原因。就是由這本原的差異，當然發生食物住家職業及政治等各種的差異。雖然這學說大體上沒有多可非議的趣處，可是在今日看他極力主張的許多議論與事實距離甚遠，純出於杜撰者頗多。他雖蒐集了許多事實，但實際沒有達到關於民族心理什麼明確的觀念。他只注力研究了人類發展的下級狀態，不幸而夭折，繼續他在同一方面努力研究者，是拉札魯及斯坦塔爾（Steinthal）兩個人，這兩人纔算眞正民族心理學的建設者。

斯坦塔爾以關於言語的著述知名，雖其著作稍帶形而上學的色彩，可是討論了言語的起源發達分類，以及文學與心理學論理學的關係等，他的功績決不能磨滅。他並論證在一切社會條件及道義生活基本的「總心」(Allgeist)，力主張集合精神的存在，且主張這總心的法則雖不能在個人精神中索求，可是也不能離人類全體或在人類以外能夠存在。

關於拉札魯的成績，若由其主要著作研究時，較之心理學者寧可稱他為文藝批評家所謂「道學者」纔對。他的著書，不過是關於心理學的現象上所謂滑稽，機智，名譽心，各種藝術的關係，教育與科學，及言語與思想的關係等，集了纖細而且精緻的論文而已。其中由許多詩人小說家的作品中，引用了許多輕巧的例文，雖可看出他的智識鴻博，但嚴格的科學方法分析事實，及探究法則等事，却無由發見，頗屬遺憾的事。

可是毫不遲疑的以這兩人為民族心理學開創者的原因，因為他們對於決定這學問的目的及範圍，大有功績，特別他們刊行民族心理學與言語學雜誌(Zeitschrift für Völkersychologie und Sprachwissenschaft, 1859.)，十九年中出版十卷，盡力發見民族心理學的法則與史學的人種學的地質學的及人類學的事實；而且研究言語，脫出向來博言學的或言語學的規範，全力探究生理學上心理學的法則，而且實際也達到了相當的目的。在最初三卷由各種方面努力闡明民族心理學的觀念，同時在研究普通心理學以外，更力說應研究「社會人」的民族心理學存在的理由，且說若承認斯學有真的對象，就不能不確證民族心理學有應要求的地位。

簡單看來，一切社會團體是由個人的各要素組成的，所以若研究這些各種要素——普通心理學的對象，也可以說一切問題或者就會解決，可是近世社會心理學者都主張這決不是正當的議論。若認社會全體，不只是各個個人添堆起來的事，更有在這以上的某種物事的時候，又若認形成的集團可生新的關係，或在其發達上可生新的形態的時候，更簡單說若認全體不單是部分數理的合計，在這以上更有什麼別的化合的時候，民族心理學就不能不確有本來應有的領域。

拉札魯更舉一例說明這事，他說：「假定有一株樹，不待說這是植物學者研究的對象，可是在幾方哩地面上，有幾千萬株樹木的時候，就是森林；把這些樹木整個的看作森林研究，當然是森林學的對象。而森林學不待說固多倚賴可稱為植物生活之生理學的植物學，但森林學又不能不具其特有的目的及方法。因而民族心理學當然應有其本身獨有的研究對象。」把民衆看作總體而觀察的時候，可認出在個人並沒有的一種獨有的特質，這是現在一般社會心理學者同樣承認的事實，然而這性質果由何處生的？由各個人互相作用——關係生出的？還是只在形成全體時發現無限的小東西添加起的？這種解答轉讓在後面，總言之，所謂民族性，是由構成民族各個人的性質中稍異的形式而發現的，已早由歷史所證明。今舉一例，比如西班牙人在向來許多稗史小說中表現的樣子，由個人看來很伶俐溫順，且具着氣品高尙的性格，可是一旦作了國民，若觀察他們的行跡，眞是殘忍暴虐；若說這是同一人格者的行為，任何人沒有不感覺其怪誕。

他們作了國民的行為，簡直像惡魔的化身，蹂躪了尼柔蘭及南美，使這些地方幾乎化作無人之境，他們自己也因政治的宗教的偏見而陷於衰微。由是觀之，民衆全體的這民族性，與其各個成員性質的合計，自有不同的特質，把這樣的差異，又能夠怎樣解釋？總言之這差異的存在確是事實，那麼把這作一個科學的對象，是沒有什麼障礙吧。

拉札魯及斯坦塔爾，把這名曰「民族精神」(Volkgeist)認作民族心理學的研究對象，可是對這的說明不僅很不明瞭，而且稍帶着神祕的口吻，頗對他們感覺遺憾。比如他們說「民族精神決不是實體而是主觀」，或說「是滲透各國人而使其結合的原子」，有時却又說是「客觀的精神」等等。要言之，他們所謂「民族精神」是個人相集而形成團體或社會的時候，由各個人精神的(主觀的)交感而發生的共通的(客觀的)精神，這即刻就成了主觀的(個人的)精神的表現，成了法則，乃至成了機關。今若以民族精神一要素的言語來證明時，不待說言語全是個人創造的，可是同時是個人思想之客觀的表現，又因是思想的一定形式，故又成其法則，或更成使其餘一切言語發達的工具了。

和這同樣，由社會精神種種不同的要素之交感一致——由這些要素的作用及反作用，遂發生了國民縮圖的物的心理類型。可是不待說這種客觀的精神，須要有可以保持的某種支持物，依拉札魯的見解，這支持物是「除過在精神上完全未成年者及過度發育的天才者以外的中庸之各個人」。由此觀之，拉札魯及斯坦塔爾闡明之點，只不過決定了什麼是民族精神的構成要素，認這要素爲言語神話宗教文化民謠及文學等，可是由今日看來，不能不說過於蕪雜牽强。於是他們的後繼者而且是完成者的馮德(Wundt)把他們的學說更精選加以洗練，以言語神話及習俗三種，作了民族心理學的對象。(Völkersychologie, Bänd II 1900, und problem der Völkersychologie, 1911)

其次勒朋（Le Bon）在其民族發展之心理（Lois Psychologique de L'evolution des peuples）一書中，對於研究民族心意也很値得傾聽。他說博物學者行種的分類，以由遺傳正規且不變而再生的東西行的，或依解剖學的——肉體的特質爲基本的東西行的；這些特質，是由許多微細變化之遺傳的積累，不斷而變形了的東西成的。卽就比較短期間的說來，也可以說種決不變。因而適用這例於人類，可說博物學者分類的方法，只限於少數有明確類型的纔能做到。比如皮膚的顏色，或頭蓋的形狀以至容積，依肉體上顯明的特質觀察的時候，就可以確證人類包含着分明不同其起源的各種人種。

但是這些肉體上的特質，只能大概的加以區別，也只在極明確的人種上，方能認出其區別，比如說白種人黃種人以至黑種人等類就是了。這樣說來，在其肉體的特質上，縱令民族雖有互相類似的地方，其感情動作，進而在其文化信仰藝術等，往往有非常的相異。可是又在不能認出其肉體的特質時，以言語信仰或政體等種種要素，作民族分類的基礎，是向來常有的事。然而這種分類很不完全，所以依肉體言語環境或政體等，都不能供給分類的各資料。今由心理學，却能供給出來，在各民族的制度藝術信仰及政體中，潛在的決定民族進化之某種道義的乃至理智的特性，也由心理學纔可以闡明。所以形成可稱爲民族精神的東西，不外是這些特質的全部。

各民族和其肉體的素質相同，又有不變的心理的素質。這樣想來，心理的素質是適應某種腦髓特殊的構造，似無容疑，可是關於怎樣的構造，應有怎樣心理的素質，今日尚未研究明白，所以也不能作民族分類的基礎。若結合道德的及理智的兩種特性，即可形成民族心意，那麼，同時這民族心意，又不能不代表其綜合一切過去一切祖先的遺傳及其行為的動機。一般道德的乃至理智的特性，在同一民族的各個人中，其表現也本不同，可是詳密觀察，屬於一民族的大多數個人大體都互有許多共通固定的心理特質，全和肉體的特質一樣，也多因遺傳，正規且恆久而再生的。

觀察同一民族中一切個人這種心的要素的合計，也可以說這就是民族性；這些各要素，歸結起來，可說是形成確定一民族的一般類型。比如對一千法國人英國人日本人等，大概加以觀察，他們中間個人的當然有許多差異，可是某是英人某是法人某是日本人等標準的類型，很相類似，是毫無疑惑的事實。因而民族的歷史愈舊而類化的程度愈高，其一般的類型，可以極明確的觀察得來。

民族精神及民族心意是怎麼一回事，已略研究了一下。現在關於民族性這問題，也略述一兩個碩學的代表。先就傅葉 (A. Fouillée, Essquisse psychologique des peuples Européens. 1903) 研究；他倣照孔德 (A. Comte) 把社會學分作動學和靜學兩部研究的樣子，也主張民族性有動的——生理的要素及社會的要素——和靜的——種族及物理的環境——兩方面，更主張有區別民族性為生得的與習得的二特性 (Le caractere inne et Le caractere acqui) 之必要。他所謂生得的特性是心理的及生理的，所謂習得的特性是心理的及社會的，而主張為理解一民族心理的生理的特性，先要確定種族的意義。他說：「那麼，若問究竟何為種族?除過說遺傳的有共同一定類型的多數人外,再沒法說。」現代人類學,把世界人類依毛髮眼色鼻形體格皮膚及其他各種肉體的特質區分作好些人種,不待說有許多種族,可是其中某種體貌確是生得的東西,如長頭人種和短頭人種各不相同,是學者間早經證明的事。

但是若問其心性果應若何觀察,不待說只可稱爲習得的後天的獲得來的;這原因當然要歸到地理的環境,特別要歸到社會的環境及其歷史的發達上去。此外更在心性上,必有由肉體的特質與道德的性格中間的關係生的各種特性,可是就這事在此不能更進而論之,頗爲遺憾。

比如就頭蓋骨的形狀說,英格蘭的長頭金髮種族,意志力强,法蘭西的短頭暗色種族,富於理智,而南方的長頭暗色種,情熱充溢,是現在一般學者所承認的。可是這樣下的判斷,本是綜合現於歷史的各種事實而歷史本身已不免混着多少揣測和臆斷,所以這判斷也決不能保證其確實性。

世間有稱爲人種學派的一派人,力主張種族是能支配歷史的主要因素,一方面他們過信長頭種族的偉大能力,同時在他方面主張短頭人種全與這正對。不過這些主張中,或者也包含許多眞理,又這些人類學者研究出許多統計中,眞屬有益的材料也不少,可是對於他們支持的根本原理和最終斷案,我們決不能輕於表示贊同。

如前所述,構成民族性靜的方面,原來是人種氣質氣候風土及其他自然環境的各要素,可是社會生活大發達的近代民族性,決不是僅由這些就可形成,動的要素——社會的一切影響,更作了重要的原因,我們也應當曉得。所以在地球上任何部分,全然未開的自然狀態——德國語所謂自然民(Naturvolker) 道理上決沒有存在的雖任何種野蠻人也不能說沒有相當的文化。

凡人類一個集團說來就是一個社會，社會既是社會，當然沒有不表現一點文化的社會現象，所以最接近像盧梭所謂自然狀態的人民就是最有凝滯的社會組織，也可說最囿於許多口碑及傳說的人民。因而若比較這些原始民和近代文化民，固不啻有天淵之差，大概列舉原始民的共同特性的時候，多認為本能本位，缺乏反省力，有強烈的慾望，而絕沒有豫見及注意，徒濫費精力及生產物，知識主要是聯想的，想像是神話的，宗教充滿迷信，而道德全屬外形的；反之，文化漸次發達，個人漸起自意識，同時社會構造也漸趨複雜，因而民衆之知力的道德的及其他各種社會的要素，愈趨顯著，於是兩者懸隔，就日甚一日了。

可是又有一部分社會學者，反對人類學者的見解，全不置意土地氣候地質及種族等的意義，同樣也不贊成只在人口上求民族價值的思想。他們主張人口純然是物質的，同時只是外形的數量之現象，至於熔鑄民族的東西，是比較更深奧之心理的及社會的勢力，比如所謂同情——感情的相通，所謂依理性生的智識的一致，所謂依合作生的意志的一致等事。

其次英國智威爾（Israel Zangwill, The Principles of Nationalities. 1917.）的見解，較之前述關於民族性的兩種說法，稍異其趣，很帶着社會心理學的及發生論的特色。

依他的說法，民族性可由客觀的外面的或凸面的方面及主觀的內面的或凹面的方面，加以觀察；前者可說是政治上的事實，可區分為單純民族性複合民族性組成民族性及混合民族性四種，後者應為心理學的對象，可說不外是感情的一個樣式或羣衆心理的一個部面。

他主張民族性，應在純粹「接近協力的法則」(The Law of Contiguous Co-operation) 下支配的，而這法則偶然使各微分子，依其互相具的磁力各以團體心結合成所謂會所謂隊，所謂組，所謂黨等而使之統一了的。

又說「協力不一定要接近，卽令遠隔也無碍於同感同情同樣雖然接近，却不一定都協力，常有只是集攏到一塊的，可是若結合而統一了的時候，各分子間的磁力，就能更加幾倍。」

民族性究竟不過是把這些各特徵，更使完全發達了的團體心而已。如美國人鼻音中發的金色音，本來是與格斯霍特地方的音節更擴大了的。由此想來，土地的勢力甚屬偉大，像民族性不過可看作偶然的產物，可是對共通的危險而行獻身的協力，就愈刺激起其愛族心了。

若沒有這樣熱血的同族感，雖生活再接近，恐怕永沒有融合的機會；反之，只要有熱血的同族感，雖未見過面的人，也能融合成一家族。不僅如此，熱血更能在民族性以上而與民族主義生連繫的。只爲協力生出可稱爲潛在民族性的潛在意識之交感，及其成育發展後，成了一種超意識，而民族性平常是發達的，其超意識却潛在健全意識中，可是民族性若陷於危險的時候，忽如燎原之火，却會大燃燒起來。

簡言之，死會使民族性振興，會使民族性神聖化。個人爲民族的危難，不辭水火，可蹈白刃，是使民族性所以有生命的原故；這較之血管內流的血液更所以有團結力的原因，恐怕是共同注射下那種血液吧！這樣神聖的交感一旦運行——就是其政治的境界一旦由血劃出的時候，其餘的事只由傳說就完成了。

其他更有皮爾思布里（W. B. Pillsbury）帔里箕(G. E. Partridge）麥獨孤（W. McDougall）諸人，各有所據，亦不一致，可是都以民族爲心理的統一體(Nation as a psychological unit)以這見地，想把民族主義國民主義或國際主義等現象，以心理的法則試求說明，其態度都是一樣。

九　民族之本質的民族意識

前慶引用苗阿的學說可說由心理的解釋而立說的，特別他以心理的研究，想攫住所謂民族(Nationhood)的神髓；這種傾向在他的著作中，隨處都可以看得出。他很詳說民族結合的樞紐，立了七個客觀的要素——同一地域，同一人種，同一言語，同一宗教，於相當期間確固組織的政府下之共同服從，經濟利害的相同，共有的傳統等。可是把這些要素分析起來，不過是構成民族的適當條件；關於他所謂民族神髓的情操是怎樣性質？這情操的對象是什麼？却全沒有說明。

爲補正這缺陷，麥獨孤舉出心的組織爲一要素；這是苗阿分析時所遺漏了的，而且這是形成民族不可缺的根本要素，尤其是心的組織而不是物的組織。

麥獨孤所謂心的組織，其意義是使一集團能經營强固的集團生活，使集團能夠作集團的意欲思考感受等心的組織。在民族集團，可說是民族心意（National mind）或民族的性格（National character），若在個人，可說是現爲意識及行爲等精神作用之組織的體系。在心意或性格的名詞中，雖包含同一內容，然在特指知的認識的方面之意義上，是民族心意，在置重情感的執意的方面之意義上，是民族的性格。而這民族心意或民族的性格，是指代表其民族可看作其民族之典型的某個人的心性？抑或是指集團的總體之心性？對這問題，麥獨孤引用傅一葉的話使代說明了的。

「民族的性格，不只是個人性格的總和；在有鞏固組織的民族社會，其構成分子間，必然生相互的作用，而這作用和離羣索居的個人作用迥不同，且由與個人精神作用的總和頗相異的感情思考意欲等形式而表現的。依葛爾頓（F. Galton）的見解，民族的性格，不能採用依個人的像貌可以發見種族類型的那種方法，綜合個人心意而抽出平均的定型，就直認爲民族性格。民族精神所及的影響，與個人心意所及的影響不同，能對各個人有一種壓抑及統制的力量。民族精神不單爲結果，反而能爲原因；依各個人付與民族精神以特徵，而民族精神又使各個人生特徵。比如今日法國人平均的定型，決難說充分代表法國的民族性。因爲各民族各有歷史各有古來的傳說，也可說較之現在的人寧是由過去的先人形成民族性。法國民族性，是再現過去幾世紀間自然的及社會的各作用之結果透過一切民族的思想民族的情操或民族的各種制度，而影響到現代。就是說個人在全體歷史的壓力下，與其同胞市民互相生關係的。照這樣，民族——某特定的社會羣——與個人的存在，具着不同的（縱令不相分離）存在，同時民族的性格也不外民族生活各種精神作用的特殊結合。」

所謂民族心意或民族的性格，不是個人的心意或性格的總和，也不是其平均的定型，雖和個人的心意或性格不同，却不是離開這些而另存在的心的組織。不像個人心意是單一體的心意，却是由個人心意構成的集合精神也不像單純的羣衆心理是變常的(abnormal)催眠的（勒朋雖未極力主張）心意，却是比較高度的有統制的集合精神。所謂民族是「心理的實在」這話是說民族有這種心的組織，民族心意或民族性格等的事。所謂民族的本質爲一種精神現象的話是民族這種心的組織與其構成分子的各個人不同，有別樣感受思考意欲等的事。

因而一民族與一民族中存的根本差異，當然是這兩民族心的組織不同，也就是這兩民族的民族心意乃至民族的性格不同。所以言語，傳統，風俗習慣，審美的見解，宗教儀式等的特徵，不論其爲固定的或爲可變的，當然在各民族中存有這種心的組織之特殊性，及其結果的表現或反映。人類的某集團假設是A民族，這集團（嚴格說是構成這集團的各個人）的心的組織有a^n的特徵，其精神作用有a' a'' a'''……的類似，若是B民族，其集團的心意乃至性格有b^n的特徵，其心理的活動帶b' b'' b'''……的等質性，各在其民族生活上表現着。其集團在某種程度精神的是等質，其成員各個人心的構造在某種程度有類似，其等質性類似性不論其爲先天的或習得的，都是其集團是否爲民族的問題上所不可缺的根本要素。（McDougall, Group Mind, p. 162）

民族的特性——構成民族的各個人心的組織之等質性，是恆久的抑是一時的？是固定的抑是可變的？種族的先天性質對民族心意或民族性格上有若何程度的影響？關於這些困難問題，都有種種的議論。認人種的要素影響民族心的組織，因而力主張民族的性能是遺傳的固定着，這是柯比諾（Gobineau）及其徒張伯倫(H. S. Chamberlain）一派的主張。反之，不重視遺傳有影響決定性格的作用，主張民族的特性，較之根據人種先天的氣質，等依自然的及社會的環境而受決定的支配，這是穆勒(J. S. Mill)巴克爾(Buckle)及社會學者涂爾幹(Durkheim)等的見解。至於勒朋以爲構成民族性格核心的種族魂，是種族成員各個人先天具有的心的組織，組成這種族性格不能還原的要素——根本的性格，是永久不變而固定的，圍繞這根本性格的附屬性格是可變的；要言之，他論定民族性格雖未易說恆久不變，可是認有極大的固定性。麥獨孤論人種影響民族性格時，主張可分爲三個問題而加以考察，是排斥了前述兩極端的學說，而採了中庸的主張。

麥獨孤關於人種的先天的等質性影響民族性格的問題，以爲眞理當在積極與消極兩極端學說的中間。大體說來，人種心的構造是有差異，這差異由制度習慣傳統等間接影響民族的思想及行爲，且對這些制度習慣及傳統的發達，長期與以直接影響；而這些人種心的構造之差異，頗有相當程度的繼續性，因移住氣候變化及社會革命等對生活狀態生激烈變化時，當然不免漸漸起改變的。

這樣構成民族特性的各個人心的構造之等質性，是固定的或是可變的？於若何程度被人種的遺傳而決定？在若何範圍內由自然的及社會的環境而產生？或受自然的社會的環境之影響？關於這些詳細之點，學者中間有種種不同的意見。可是關於民族各有其特性，各民族各有心的組織及其作用的特徵等事，多沒有異論。師泮(O. Spann)主張民族是文化共同體，限定文化基本的內容爲哲學宗教道德藝術等，關於在這些的認識力知性，人生觀，宗教的道德的藝術的感情或思惟上，反映出精神互相作用或精神的共同關係，是決定民族特質的，換言之，怎樣使民族構成分子的各個人能夠精神的結合起來，在這點存着民族共同體的本質，欲述某一定的民族之特徵時，就常能指出其精神的共同關係之特徵，以這種主張想論證民族是文化共同體（Kulturgemeinschaft），所以歸納他的見解結局是以民族爲性格共同體而已。

可是我們應當注意這些議論，其觀點，以民族與其成員的各個人，具有不同的心的組織，是有可稱爲民族心意或民族性格的集合精神而這些民族性格，於可稱爲民族特性的程度，在各成員的心的構造上具有特異的等質性等，這些見解也不能斷定民族概念的根基就在民族的特性。各民族各有各的特性，並不是解答民族是什麼的問題。A民族有a的特性，B民族有b的特性，與A民族有a′的言語a″的宗教，B民族有b′的言語b″的宗教之事實相同，並不能對民族是什麼的設問與以解答。對所謂集團精神組織的最後的要素，附加苗阿舉的七個結合樞紐，也只是論證有心的組織有心意有性格有特性而已，並不能滿足我們關於認識民族本質的要求，寧可說依然做傚以客觀的要素來說明而已。僅以民族各有各的特性爲準據，不能說明民族是近代的產物，也不能以嚴格意義說明古代中世沒有存在過民族社會的事實。依我們的見解，不僅民族主義民族運動等現象是近世起的，就是所謂民族社會也是到近世纔成立了的。若以心的組織之特異性爲民族概念之根據的時候，古代及中世的 tribes 或 peoples 也就不能不是 nationalities 或 nations 了。而且人種混淆的現象，古代沒有近世複雜，因而在心的構造上，人種的等質比較純粹，比較明瞭的古代各種族各部族，以嚴格的意義說來，較之今日各民族，就更不能不認爲民族了。(Hayes, Essays on Nationalism. p. 21.)

其次以民族的特性爲準據而推論的時候，其結果至少不能正確說明美國國民爲民族。不待說美國國民，在人種的關係上，極其混淆錯雜，因而這雜然集合的人種之心的組織，當然不能有先天的等質。構成美國民族的各個人，若有精神的等質，那決不能是先天的人種的等質。閔斯泰拜爾希(Münsterberg)著的美國國民心理一書中，所謂富於自主自信及進取的氣魄，樂天的愛活動，向上，民主的精神旺盛等，美國人的特質，寧爲美國自然的及社會的環境，在過去一世紀半造成了後天的習得的等質性。因而不能照其他民族以嚴格意義的特性觀念來律美國人在這樣生成過程上的心的構造。所以要貫徹以民族的特性作民族概念根本準據的時候，那麽就不能不達到美國國民雖能爲國民而不能爲民族的結論。

前邊說的，關於民族心的組織之特質，是固定性的東西抑是可變的東西？於若何程度有繼續性？在若何意義上是自然環境與社會環境的產物？至少在若何範圍內受自然環境與社會環境之決定的影響？這些事在心理學者及社會學者中尙沒有定說，所以以民族性格的特質，作民族概念之準據的見解，不免先要置一種不確實的假定。加之，在何處求民族的特徵？學問藝術制度習慣等，嚴密說來，於若何程度表現出民族的性格？在構成民族各個人的若何行爲若何態度上認出民族性？規定這些事實際是極困難且極複雜的問題，所以含着引出前述兩極端說的危險。

照這樣，民族是心理的實在，固無容疑，民族心意，民族性格及其活動，無個人的具有不同的存在，也不能否定，但以民族的特性作最後的準據，想決定民族概念的見解，却不能認爲全妥當的。

民族的本質，不存於民族心意——民族的心的組織——怎樣感受，怎樣思考，怎樣意欲，等存於民族心意感受什麼思考什麼意欲什麼民族依其構成分子的各個人的共同意識而存在。能意識的全體是民族。就是「不是有民族而後有民族意識，是民族存於民族意識中的」民族的本質就是民族意識(National Consciousness)。(Oppenheimer, System der Soziologie, 1 banrd, s. 644.)

十　民族主義與國民主義

「民族」與「國民」兩概念的區別，今日尚沒有一定的標準；特別兩者的關係非常不明瞭。民族無論其因什麼文化的要素或自然的原因，必以有民族意識爲前提。但是若沒有民族意識的存在，依政治的支配及統制之結果，也可創造出類似民族意識的共同意識，所謂國民就能成立的。大山郁夫在其政治之社會的基礎一書中曾說：「民族意識離開政治的意味有能成立的可能性，可是現代無論何處，在民族意識上沒有不結連政治意味的事。」(二八八頁)這是把民族意識尚且看作政治作用的產物。由這觀點極端推論的時候，恐怕把國民要看作全離開自然的及文化的意義，成了只有政治的意義之概念吧。因此，要把常生問題的民族主義及國民主義嚴格明瞭的區別開。普通把一民族由他民族或多民族的國家的支配，企求解放的要求稱爲民族主義(Principle of Nationality)；反之在一國家內佔優勝地位的一民族，一方面對己國內弱小民族加壓抑或行同化政策，他方面對其他各民族及各國家，依發揮種種形式的敵對性，努力充足其獨立國民國家的生存表現慾的時候，把這樣努力的指導原理，普通稱爲國民主義(Nationalism)。特別應注意的，在歐洲把 Nation 這名詞極廣汎的濫用，同樣東方把「國民」這譯語也是極不注意的使用。特別在日本公法上用國民這名詞的地方很多，和政治上用的「國民」這名詞，豫先不能不有區別。

一般人把發揮國民主義的感情專認作民族感情或種族感情，這是很錯誤的。這種生物學的或心理學的本能，其存在固不能否認，可是現存民衆的國民感情之根本原因，不能不認爲國家教育方針給與經驗的智識的作爲，佔着大部分。民衆不是無智，是有相當其社會環境的叡智。若問他們這感情的原因，大概也可明示其根據。因而問題就歸結到一點，問爲什麼其理論能感情化，且支配一般民衆的行動而使形成一種信念。換言之，民族主義的理論得民衆感情的擁護之原因及其經若何歷程的問題，是我們不能不研究的。

研究這問題以前，先要解清國民主義的意義。所謂國民主義，若由實生活的樣態上觀察，是像情緒或信仰那樣的感情，其意義由此就可想像其不能明確。又或說也無須求其明確，恐怕也許有人承認。可是對於以構成概念爲目的而作科學努力的人，務必期其意義確定，所以在一般社會普通觀念的程度是不能滿足的。政治學上國民主義的意義，就政治組織的國家領域國家構成員及國家統治機關等可以考察。第一先就國家的領域，決定其廣袤及範圍的時候，當然要以自然概念的民族共同團體爲中心；其次就國家構成員，當然以包括屬於同一民族的全體人員爲目的；最後就國家統治機關，普通承認民族全員的參加，依代議制實現之爲慣例。

領土爲國家不可缺的要素，是多數學者早承認的。由血族團體進化到政治團體的標準，倘有學者主張在土地的要素——領土的有無——上求的。爲什麼政治團體以土地爲必要，這解答却很紛歧。游牧民依征服或轉變成農耕民，加起定住的要素，隨着私有財產制的發達，感到須與他團體劃定勢力圈，因而生確定其統治的領域及範圍之必要，這是一般認為要有領土的理由。但是這樣原始國家領土存立的理由，並不是決定各時代國家領域的廣袤範圍之理由。比如為什麼希臘都市國家以都市為中心而定其領域？中世的封建國家為什麼不限其領域為采邑莊園？更為什麼近世的國民國家統一封建領土而擴大其領域？這些事情，依那理由都解說不了。

亞里士多德曾主張國家領域應小，其廣袤應於一眺之下可以看到，其人民集會，全部市民出席，應使一個人的聲音能響澈全體的數目就夠了；又說國家官吏要曉得全部市民的面孔及性格。不待說亞里士多德當然不是想現實的國家都是這樣小的領域，當然不是不曉得他的故鄉馬其頓是廣大的農牧地方。他的主張，是為能行真正的政治，以國家領域能這樣小為要件，或許說像馬其頓不是真正的國家吧。他這學說，和後世盧梭及穆勒的小國主義，都在學界未被注意，且均一笑置之。可是其所根據，頗值得我們一顧。為行真正的政治，其國家成員間要有共同意識的存在；真正的政治要互相接觸有同情且使生記憶纔可能的。不待說，其接觸無論感覺的或觀念的均屬可能，可是又依交通機關或通信機關等的社會施設及社會情況之若何而生差異。亞里士多德的學說之具體的結論，照當時的社會施設社會情況是否妥當，是別問題，但其議論的趣旨大有使我們思考的地方。英國新黑格兒派的格林(Green)及鮑桑葵(Bosanquet)等，以其國民國家為現在國家組織的最高表現，其議論及思想的根底上，也可尋出由盧梭黑格兒等遠溯到亞里士多德及柏拉圖的淵源。對於他們的議論，使我們不滿的點，是過於固定的對心理的要件加思考，又過於理想的承認其心理的要件。若除過這些不滿，在一定的人間心理的要素上着眼，作為決定國家領域大小的標準，這點是我們大可以學的。(Bosanquet, Social and International

Ideas, p. 275-6.)

現代賢明的政治家及指導一代的思想家，在這點都看出有聰明的顧慮。十九世紀全可稱爲國民運動的時代，其中最顯著的運動，大概要算德意志帝國的成立及意大利的建國吧。領導德意志國民運動的俾斯麥，慮其國民心理的隔閡，對於巴威及奧大利的加入這運動，頗費躊躇，很以惡意對待了的。特別他的統一政策之指導原理，爲使普魯士化而用鐵血政策，對文化系統相異的南德意志的統一，很促起他賢明的熟慮。他的考慮甚當，其處置也聰明；不過他的錯誤可說是他依鐵血政策而作了國民統一的手段。由普法戰後巴威的參加及歐戰後奧大利希望加入聯邦的熾烈狀況看來，德意志民族統一本身，決不是無謀的舉動。但是由別一方面看，歐戰後德意志的形勢，像分離主義極其旺盛的樣子，這與其說德意志國民的瓦解，寧可說是由俾斯麥的鐵血政策建築起德意志帝國的崩壞，較爲妥當。

比較俾斯麥鐵血政策的國民主義，稍合理些的，要算給與意大利建國以思想背景的馬志尼的國民主義。馬志尼少年時思想受了燒炭黨世界主義的感化，可是他不照樣採用這主義，他創出粗雜「國民」的概念，而以宗敎的熱情鼓吹了這概念。他主張世界的各個人不能直接互相接觸，地球上各個人因地理的環境，造出許多個「國民」的集團，這些集團相集而成人道。因爲這是由神的意志所創造，所以個人爲建國而對人道盡的義務，是神聖而高貴的。軍國的利己主義所支配的俾斯麥之鐵血主義，和宗敎的人道主義色彩濃厚的馬志尼之國民主義，都正當而都錯誤的點，是在關於國民國家所必要之心理的條件上吧。恰像軍國的利己主義支配的國民國家，遭逢失敗破壞的樣子，以宗教的人道主義爲基礎的國民主義，也不能不暴露其現實的悲哀。認爲義務的立國，因其信條過於淸純，所以與現實的國民心理距離甚遠。且像馬志尼的想法，現實國家決不是同質的，因其廣袤肥瘠各異，以其原樣的姿態，對實現人道是有極大的障礙。他這樣單純的觀察，根本上就錯誤了。但是比較俾斯麥的國民主義，馬志尼的長處總算能竭力主張國民主義是對人道求義務的手段，而豫言人道的建設。瓦拉斯（J. Wallas, Human Nature in Politics, p. 280）說他對於實現人道主義並沒有指示出需要的政治力，是很切當的批評。因而十九世紀的歷史，寧是俾斯麥一派國民主義的結果；隨着國民主義帶來滅亡的運命，歐洲大戰以後，纔漸覺悟了的。

十一　民族性與國民性

要言之，現今的大國民，多由各種原因動機，依許多人種或民族，幾重機械的層結而組成的。若最初比較由單純種族，自然的增加膨脹而發展成一大帝國的時候，不待說所謂部族人種民族或國民等，當然全在同一的實質上可以存在。可是現代文明國民，全由無數混血族，地理的文化的或政治的統一同化而成的，決沒有單一的國民。因而在這點，由民族肉體上及心理上的特質——所謂民族性，和在國民時所謂國民性，其間至少在理論上不能不有明確的區別。如沓威爾（Zangwill）的說法，除過猶太人或亞爾美尼亞人以外的民族，多爲集團的與其他民族結合而形成一國民，至少在外表上，其固有民族性像隱沒於宗主國民性中，所以想明白加以區別，決不是容易的事。不僅如此，在世界大戰後，受民族自決主義的刺激，也豫定使猶太人及亞爾美尼亞人形成一國家，所以在今日若文化達到相當程度的民族，都各有一種政體而形成一個國家因而國民性與民族性的區別就更困難了。

所以嚴格說國民是什麽？國民性是什麽？想下個界說都極不容易。Nati 原義是出產，Nation（國民）原意是血族集團，在中世紀專用於大學同鄉學生團體，以後漸次擴大其意義，成了對屬於一國人民的總稱。但是不易下個界說，因爲屬於一國的人民有共通的性質；說性質共通的集團是國民，不過是循環的解釋，無大意義。所謂國民性，也是汎漠不明的概念，沒有像國民性論者說的統一的固定性質，因爲其中含着多量實在的過程的擬制的物事。所謂國民性，大體是一種複合觀念，至少可以分作兩方面考察；第一方面是民族的心理，第二方面是國民的心理；兩者的不同，恰像國民及民族觀念的相異。民族的心理，爲其民族由形成國家——有歷史——以前培養來的，幾乎成了內在的性格，就是民族性種種發展或變化的現象。國民的心理，是在所謂國家這政治組織中，醱酵起集團的心理現象。這兩者形成了自然或不自然的國民性的兩面。若把國民這樣觀察的時候，國民性的形成及進化的理法，可以概括如次：

隨着國家組織的發達，民族心理壓倒國民心理。前者雖屬自然的，却被稍帶人爲的後者所指導。國民心理在其構成時常受支配階級重大的影響。支配階級强使被支配階級遵同一習俗同一祖先同一理想，使信自己階級的敵人爲共同之敵。這是原始的征服國家普遍的現象；以這樣不自然的方法，構成了國民的心理，因而產生了國民性。而國民性因時代不斷的變動進化，支配階級的隆替，就成了這進化的界線。支配階級的更新，其影響也及於國民性的內容。這就是國民性是擬制的而不是實在的證據。前述俾斯麥派國民主義的衰亡，就是一個適當的例。

但是到了近代，國民性漸次趨於崩壞，也由兩方面可以觀察。第一是政治的國民心理傾於衰頹，社會的民族心理發達起來。各民族各具獨有的特質自不待說，各種民族又各發揮其特質，貢獻於世界文化，也是最可望的事。要實現這狀態，在民族性的內部，政治的部分不能不消滅而社會的部分不能不發達。世界最近世史，暗示這種傾向愈深刻化。所謂民族國家思想及民族自決主義，就是這種傾向。要言之，國民生活是對民族生活的不自然的環境。民族務求脫離這不自然環境的生活，想復歸其自然的環境，是其本能。第二是爲對抗支配階級，被支配階級集團的崛起而顯明其階級意識。階級意識是根本的實在，這意識愈趨顯明，國民性擬制的方面愈形暴露出來。這或者也可說是國民性的進化。

十二　浪漫主義民族主義與國民主義

在合理的主知主義的啓蒙期，各方面的思想，都似傾向着急於破壞偶像。無論其政治思想或經濟思想，都高唱着新時代近了的呼聲。這恰像勇往直前血氣橫溢的青年期，毫不能有冷靜理智的態度；醉心理想，不顧一切情實傳統而邁進的氣概，恰像這時代的精神。這樣想來，在促成法國大革命爆發的思想中，不只是主知主義的理想論，像盧梭那樣浪漫的情感的理想論，也多量包含在裏邊的。那些革命的空想分子及空想的社會改良論者，都是這浪漫的主情主義的一派。所以關於這種傾向，也得說一下。

回顧啓蒙思想到復興期以後，我們尙感着在各方面仍不斷的流行。況且生存於這時代的人，當然要感着厭惡一切傳統而所求尙不能得的焦躁的心情。偶像雖破壞了，却尙未能得新信仰，社會滿佈了一種煩躁的情感，因之就稱爲 Sturm und Drang 時代。這是指將產生新時代的十八世紀末期的世相。雖是對德國的用語，也可說表現了一般狂放而緊張的煩躁心理。

新人間派 (New Humanism) 的運動，也在這時代蓬勃起來。這運動是直接不滿意路易王朝時代的文藝，以啓蒙期的批評精神解剖古典，由古典更吸收了清新的情感。所以不只爲好事者的遊戲，如溫凱爾滿（Winckelmann) 的古代藝術史，賴辛(Lessing) 的 Laocoon，都是以近代的眼光批評了古代美術。

這種嚮往古典的心驅當時人士頻遊南歐及意大利各地。到了變成懷古的熱情後，就越發濃厚的浮出浪漫的情調。但是尙古的熱情及新人間派批評的研究，即刻就生了以文獻爲主而研究歷史的興趣。於是對歷史的注意及革命期拿破崙時代國家的危機，遂促當時人士趨於國民主義的運動。

盧梭是啓蒙期的思想家，可是不贊成立在理性的樊籠中而倡道排斥獨斷 (dogma) 的人。但是啓蒙期總算理性萬能的時代，一切都由理性衡斷了的。

到了啓蒙期末世，人漸注意到崇信理性太過度了；認出唯一依賴的理性，果可否絕對信賴，似曉得以前對理性全未加批評而承認了的。假若要說排斥獨斷，那麼也應當把理性萬能這種獨斷先拋棄，於是就不能不批評理性之力的限界是什麼？

以後把這傾向引入正路的要算是康德。但康德考察了知識的限界，認爲以理知也有不能解釋的疑點；這也是對抗主知主義而示其主情主義的傾向。

康德以後經過費希特(Fichte)謝林(Schelling)，到了黑格兒，纔達到觀念論的極致，始認世界都不過是論理的發展。

在哲學上也起了理想主義，一般的想法，也都流於主情的傾向。這是十九世紀初期最強的心的傾向，在文藝方面稱為浪漫主義(Romanticism)。

所謂浪漫的(Romantic)這形容詞，其義是Romance的；所謂Romance，是於舊羅馬帝國勢力的基礎下，在南歐一帶用了的名詞，特別指以法語寫出的稗史小說。這類小說以中世膾炙人口的騎士傳作材料，織成神祕的信仰和夢幻的戀愛，純是精神的產物。

今天遊到此地，明天轉到彼方，遍渡宮廷，毫無目的地生命只托在一張豎琴，置心於空想的雲上，如醉如夢，行歌漂泊的Minstrel傳奇，和南歐的Romance正復相同。

新人間派當然不滿意古典派過於泥古的形式，可是他們當然也由古典感到銳敏的美感及強烈的刺激。所以歌德席勒欣慕古典的新運動，與任感情躍動空想逍遙的Romance的精神，大體一致；因此也稱為浪漫主義。

總言之，浪漫主義是厭惡古典派的過重形式，想不受形式束縛而表現各個人的自由思想及感情。因而這潮流在打破形式的點上是革命的，在不拘泥形式而用自由平易之言語的點上是平民的。這與自由民主的潮流也相合，所以是應注意的現象。

自由平等的思想與實際運動，使個人覺醒，又使民族及小集團起了自覺。特別被拿破崙併吞之各國的獨立意識，更因浪漫的潮流誘起歷史的研究，越發促起了這民族意識及國民的自覺。

法國革命起，列國侵入其國境時，法國民先撇開一切問題為國民的光榮而奮起救國難。在這點可說法國最先發露近代國民主義的精神。更進一步說，實際在法國革命以前沒有存在過真正民族的國家民族（Nationality）這名詞，也有人說是革命後纔使用了的。波蘭人由一七九五年全被瓜分以後，屢依民族主義，起了波蘭復興運動(Lord Acton, History of Freedom and Other Essays. p. 277)。西班牙也反抗了拿破崙，可是最猛烈奮起反抗的要算是德意志。德意志國民的自覺，是因菲特烈大王在歐洲活躍的光榮歷史全被蹂躪了，俄帝的周旋，皇后路易薩的哀懇，威廉一世的切望，都歸無效，使普魯士幾瀕亡國。不僅普魯士如此，奧大利也幾次戰敗，神聖羅馬皇帝的名稱也被取消了。德意志帝國內的諸侯，都賣了同胞在法國皇帝前跪倒。德意志國民的屈辱，至此達到極點。哲學者費希特說：

「過去數百年中在屬於同一國民的我們同胞身上，造出了許多的災禍。若不認一切乖離的差別，……只就一體的德意志人而論德意志。……德意志這名詞以外的統一的名稱或國民的結合，不是真正的結合；也不是有意義的統一。……無論若何，不能屈從他人而要保持自己的特徵，使『自己』再確固的獨立起來，這就是德意志魂，就是我們共同的特徵。」

他認德意志各國的利己心，是使德意志人受屈辱的原因。所以他又說：

「人為無限的增長利己心，遂失去自己的獨立而陷於自滅的境遇。因為利己心不能容認自身以外的任何目的，所以爲其他權力所制。於是就陷到不能不從事與自己毫無關係的其他目的。」

照這樣他計畫依青年教育作德意志民族精神之政治的革新。

其他阿崙德（Aründt）柯奈爾（Körner）以至席勒的威廉退爾等文藝上的作品，與斯坦（Stein）哈登堡（Hardenberg）等政治上的改革，相湊而刺激起德國民反拿破崙的精神，於是國民的自覺就燃燒起來了。

有人對英相小皮特（Young Pitt）嘆說：「在大陸上終制服不了拿破崙。」皮特答以「拿破崙逢到國民的反抗時，就是他被制服的時候。」這大政治家的觀察，的確不錯。國民的自覺由西班牙開始，瀰漫了全德意志，終打倒了拿破崙。這種國民的精神流露了約百年，形成了全十九世紀的政治史。

國民主義運動，在未十分形成渾一民族國家的地方容易顯著的表現，是當然的趨勢。例如第一在德意志，第二在意大利，第三在奧匈的二重帝國，第四在土耳其老帝國，都有種種的運動。第一第二是同一民族爲形成統一國家，而表現爲統一運動；第三第四是因這兩帝國在過去包含了許多異民族，於是內部起了各異民族的獨立運動。第三第四的運動，由這次世界大戰尙未充分的解決，可是這種國家統一運動，約略在德意兩國統一成功的一八七〇年前後，可看作告了一個段落。特別有趣的現象，是美國經過了激烈的南北戰爭，國家纔入了新生命，日本也於一八六八年經了明治維新，纔成了近代的國家。總言之，到了十九世紀七十年前後，可說世界各國纔都一新其面目，入了近代的生活。現在總括這些國民主義的運動，試略述一下。

德意志在歐洲是個最古的國民，却又是個最新的國家。當法國大革命時，有三百六十多個小諸侯割據着，並且還有許多教會領地拿破崙以其強大的武力整理了一次；在維也納會議時對德意志也有可注意的兩件事：一是普魯士膨脹而强盛，一是德意志聯邦成立。但當時的德意志，包含許多非德意志的份子，如丹麥王荷蘭王奧大利皇帝都在德意志內有領土，也都參加在聯邦中的，所以這聯邦不能認為真正國民的國家。以外更在經濟上宗教上也都沒有統一。可是德意志聯邦的成立總算向國民的統一做了一個基礎，由這聯邦使容易成立了一八三三年的關稅同盟（Zoll Verein）。依關稅同盟除過在奧大利支配下的地方，總算做到了經濟的統一；這又是向政治的統一推進了一步。這其間繼續向統一的理想奮鬥，受了一八三〇年法國動亂的餘波，德國民大受刺激，可是到一八四八年二月革命起，這運動仍未得到結果。當這革命之年，西歐自由運動與國民運動同時並起，預在西歐智識階級中橫溢的自由思想，在德意志國內也醞釀起來。所以接到二月革命的風傳，在各都會就成了要求自由主義憲法及設立議會的運動。同時對於適合民主理想的國民的統一，也增加了希望。許多君主除過讓步再沒有鎮亂的方法，於是各地都承認憲法；在福朗克福（Frankfurt）開國民議會，遵了民主的精神起草德意志國民的憲法。但是國內分了大德意志與小德意志的兩派，而且感情的理想家多因缺乏實際政治手腕優長的人，仍是沒有成功。至於直接失敗的動機，是普魯士王沒有勇氣承受福朗克福議會呈進的王冠。但是他雖沒有承受王冠，却對王冠的野心很盛，於是自為主權者，使北德意志各諸侯依自由意志作了個聯合。南部諸侯隨奧大利起而反對，且因俄國示好意於奧大利，普王就不能不忍辱而解散這聯合了，因而德意志仍復歸昔日的分裂狀態。到一八六一年威廉一世即了位，遂成普魯士向德意志統一驀進的時期了，德意志過趨於分裂，各有各的歷史及傳統，沒有像拿破崙那樣武斷的態度，決不能望其成功，於是俾斯麥輔佐威廉一世，採了鐵血主義的方針。一旦定了向實際問題驀進的決心以後，就成了怎樣利用時間及機會的問題了。俾斯麥對於波蘭的叛亂售惠於俄，對於處分希烈威霍爾斯坦(Schleswig-Holstein)兩州問題，爲德國國民的統一，捉住驅逐奧大利勢力的機會。這時巧與意大利同盟，而又用了不使奧大利痛恨普魯士的深意。這些步調都取的很遠大，所以不久就擊破法國而完成了德意志的統一。中世以來，德國統一主義與割據主義的抗爭，自此告一段落，統一主義者的希望實現了。德國民對統一的熱望，是俾斯麥以其明智與果斷而使之滿足了的。

其次意大利由人種宗教傳說及地形，幾乎由一切方面看來都是單純的。求民族的統一，在理想方面的要求都是很具備的。但意國和德國一樣，也由中世以來就在分裂割據的狀態，到了德意志統一實現的時候，意大利的統一也完成了，這是很有趣的現象。羅馬帝國瓦解以後，羅馬市成了外來民族侵入的目的地，意大利人不斷的受這些外來民族的侵略干涉。法皇雖說成了歐洲權力的中堅，可是直接沒有武力。所以各小都市都迎合這些侵入者，汲汲只求自己安寧，於是使意大利陷到不可收拾的混亂狀態。但丁也罷，馬卡銳黎也罷，都是受這種混亂的煩惱而起了想求國家統一的思想。維也納會議後，奧大利棄了舊領尼柔蘭而佔了威尼斯及倫巴德，這明是梅特涅想蠶食意大利全體的心計，所以奧大利成了意大利統一的一個大障礙。並且奧大利的反動政策想取締一切自由運動，於是立憲運動和獨立運動攜手，先想由意大利設法驅逐奧大利的勢力。意大利統一運動的第一期，爲立憲運動；這並不是爲意大利的統一，是爲獲得憲政而反抗了奧大利，主要是燒炭黨(Carbonari)作了的運動。一八三〇年到四八年中間，是領導意大利青年的馬志尼大活動的時代。德國費希特愛國的熱情，以哲學而流佈開，而意國馬志尼愛國的熱情，以宗教愛國主義而表現了的。德意志國內的大國普魯士及奧大利，常對統一成問題；同樣在意大利國內，應從薩基尼王或羅馬法皇也常是統一的難問題。法皇皮阿斯九世（Pius IX）懷抱自由思想，是意大利看作有望的統一者，而那波里王國也擁相當兵力獨自占着地位。

一八一四年薩基尼王愛瑪涅歸國的時候，國內的自由運動因奧國的援助歸於靜謐，可是到一八三一年其子阿伯爾（Charles Albert）即王位後，薩基尼就開始統一意大利的活動。阿伯爾認驅逐奧大利而統一意大利，爲薩基尼的使命，努力革新，就受了奧大利的嫉恨。馬志尼十六年中宣傳的結果，成了一八四八年的革命，羅馬，那波里，托斯喀那，皮愛蒙等都公布了憲法，威尼斯及羅馬且宣言爲共和國。薩基尼也統一了北部意大利。但是奧大利在北意大利恢復了勢力以後，阿伯爾迫不得已就讓位於其子愛馬涅二世（Victor Emmanuel II）於是意大利統一之日近了。一八五〇年夙稱爲英國狂（Anglomania）的立憲派自由主義者加富爾（Cavour）當了薩基尼的內閣總理，當時唯努力在意大利內作個模範的國家，因而收了半島內的人望。他的內治多像法國路易王朝的黎塞留或柯伯爾的設施，首先斷行向歐洲的自由貿易，敷設鐵路，自己是舊敎徒，却沒收了無用的僧院。不過他辛辣的外交把他內治上表現的政治手腕掩蓋了。他出兵於克里米戰爭，與拿破崙三世相結而當奧大利，普魯士威廉一世卽位而使德意志入了新生之年，他也輔薩基尼王君臨了意大利。他不僅長於內治外交，也認清武力的必要，而且有意大利人景慕的加利波里的武力，以後占威尼斯，定都羅馬，纔完成了大業，這是普奧普法兩次戰爭，使意大利得了好機會，而加富爾善用這機會的結果，中世以來茫無歸趨的意大利，開始統一國家生活的時機來了。直到這時，意大利太對統一沒大關心，可是到了統一完成以後，尙有同是意大利人，如齊洛爾及伊倭尼亞沿岸各地，仍受外國勢力的束縛。特別意大利爲完全支配亞德利亞海，無論若何有擴張其勢力於伊斯特利亞及達爾馬齊亞等地的必要。因而「未收回的意大利」(Italia Irredenta) 的呼聲，不僅對民族的統一，感覺有缺陷而不滿意，其支配的膨脹熱，也以殖民事業及世界貿易政策爲主而表現了下一時代的特徵。

意大利及德意志的統一，雖起於十九世紀的下期，而十九世紀的上期，第一先完成獨立的國家，要算是希臘。受新人間派思想感化的柯萊 (Adamantinos Korais)，鼓吹法國大革命思想的李加斯 (Constantinos Rhigas)，對希臘人努力喚起了民族的意識，與戴沙商人創的秘密結社 (Hetairia Philike) 作了實際運動的第一步。實際希臘獨立運動，是依尙古主義及主情的潮流痛切刺激起民族意識的運動，因而引起西歐人的同情。大詩人拜倫 (Byron) 不憚千里來助希臘，發起希臘愛護會 (Philhelléne) 而援助獨立軍，是一個顯著的例。假若希臘不是文化發祥地，又或者土耳其不是異教徒，恐怕難得西歐人那樣的同情；是否能得獨立，尙屬疑問，特別若神聖同盟的威力依然如舊，恐怕其獨立也不能成功，或者也可說希臘獨立是一種幸運。希臘的獨立，作了土耳其領內獨立運動的先驅，於是巴爾幹各民族，從此入了忙着奮鬥的時期，爲避煩瑣，都略而不述。

比利時也和希臘一樣，是獨立成功了的國家。原來比利時是英法兩國爭奪的地點，受兩國的影響感化甚大。雖曾與荷蘭共同背叛了西班牙，可是不能始終向這目的取共同的行動。維也納會議後，兩國結的人爲的合同，是由英國政略的結果，決不能夠永久結合，而且荷蘭王對國民不公平的態度，遂使比利時奮起舉義，完成了自由主義的民族的運動。

其他波蘭匈牙利等也常起民族主義的獨立運動，都歸失敗；巴爾幹方面的斯拉夫各民族，也不斷的活動，可是直至十九世紀末葉，纔轉到了獨立的機運。

第二章　實業革命對國際思想的影響

一　資本主義的起源

關於資本主義的起源，學者間見解很不一致，現就其中兩三個有力的學說看來；例如在柏蘭他諾(L. Brantano)著的歷史過程中的經濟人("Der Wirtschaftende Mensch in der Geschichte" s. 258-259.)一書中，以為近代資本主義的起源在中世的商業。他說「……近世資本主義照這樣在商業貨幣貸與戰爭組織內得了其起源的。在資本主義的根基上，組織了十字軍士的遠征，其反應向意大利及都市制度正發達的其他各國的工業和農業內，使浸透了資本主義的經濟組織。在第十三十四及十五世紀中，這組織支配了意大利的一切工業，並且商人的思索方法，實際也向日常所有其他的關係中侵入去的。」可是白老(V. Below)在他著的經濟史諸問題(Problem der Wirtschaftsgeschichte, s. 409-410)中，曾反駁了柏蘭他諾的見解。他說：「商人等曾從事商人的營利，並沒做什麼資本主義的營利，也百年千年的過來了。但是柏蘭他諾為辯護他主張商業自身是資本主義的見解過於峻別中世紀商人和手工業的不同，以為商人全是自由活動了的。可是在實際上，中世紀的商人也和中世紀的手工業一樣，依交通不便資本缺乏及當時的經濟組織，曾受着限制，商人方面不過稍微自由活動些就是了。因為柏蘭他諾沒有注意到中世紀商人大部分在同業公會制度中的事。—依我的見解，像柏蘭他諾把中世商業本身認為資本主義，是不大妥當。經濟史家雖把中世末期的經濟，稱為商業資本主義或高利貸資本主義，不過這只是對實業革命後工業資本主義的一種稱呼，實際是資本主義前的經濟，可以說中世的商業不過是對確立資本主義母胎的實業革命，作了個有力的條件而已。

關於資本主義其他有力的見解，要算宗巴特（W. Sombart）的學說，他認資本主義的起源在資本主義的精神。他說：「由歐洲精神的深奧根底上發生了資本主義，和產生新國家新宗教新科學新技術同樣的精神（Geist），也創造了新經濟生活。這不是天上的精神而是地上的精神，是打破了舊的自然建設舊的結合舊的限制，而同時具有再生新生活形態新文化目的之建設的強有力的精神。這精神是把中世以來的人類由靜的組織發達來的愛國關係及共同關係拉離開，而向着不斷的「自求」（Eigensucht）與「自決」（Selbstbestimmung）的路上追尋去」（Der Moderne Kapitalismus, Bd. 1. s. 33.）

宗巴特的學說，主要在精神上求資本主義的起源。但他把資本主義的經濟制度，認為是精神的觀念形態構成的；這樣唯心的想法分明是一種誤謬。我們認這精神，在資本主義生成的過程上，對於確立資本主義的貢獻甚多，我們決不否定。可是我們更要問這精神何故發生？對這問題，我們不可不曉得中世以來經濟的發展實際是湊成這精神很有力的基礎。不是精神決定「實在」，是「實在」決定精神，不過這精神更依在「實在」的點上起反作用，和發展來的「實在」一共產生「新實在」而已。

以上述了柏蘭他諾和宗巴特的學說，只就這學說，我們是確信為誤謬的。

經濟的發展，在一定的法則下，行不斷的進展。因而某種經濟制度突如出現，是想像不到的事。不待說，資本主義經濟制度的成立，不是突然劃一時期而浮出的，也是長時期經濟的發展之結果。資本主義制度，以實業革命為中心而確立起，但實業革命本身，却也是中世末期經濟繼續的發展之結果。中世的經濟發展後，隨之生產力發達，商業與盛，商業資本積蓄起來，因而人類的需要及慾望，也隨之非常的增進。又因商業資本主義侵入到農村的結果，失了土地的農民，為求麵包而流入都市，於是在許多都市發生了無產階級。就是第一因商業區域的發展，隨着商業隆盛，商業資本及高利貸資本的積蓄；第二隨着生產力的發展及商業的隆盛，需要也急激的增加；第三許多失業農民流入都市而成無產階級化。這三點結果而帶起實業革命，成了使實業革命有出現的可能之重要條件。因為隨着生產力的發展，需要若不急激增加，可使大量生產的像機器那樣東西的發明，決是不可能的。機器的發展雖為必要，而作高價的機器及工廠等之生產機關，非有鉅額的資本存在不可。這種資本，除過中世末期在商業資本家高利貸資本家手裏集中的商業資本以外，再沒有的。又假設上述的兩個條件雖然具備，若在都市沒有求職的無產階級，想作大規模的機器生產，恐怕也得不了必要的勞動者。在這意義上，若沒有失了土地的農民成了無產階級化，實業革命的結果產生的工廠制度也恐怕不能存立。霍布遜（J. A. Hobson）在他的名著近代資本主義之發達（The Evolution of Modern Capitalism）一書中曾論給與資本主義發達之起源的可能性，先要以中世都市及地方的地租(rent)爲其最重要的基礎。他說：「資本主義之歷史的基礎，是地租——就是爲維持勞動者必需物以上生的土地的勞動生產物。這剩餘依政治的或經濟的力量納給國王及封建的勢力者或地主，由他們纔消費或貯藏了的。」接着由地租得的大量的富，移到以獲得利潤爲目的之企業家手中，必然成爲商業資本或爲高利貸資本而使用；在這點，中世各都市商業的發展，顯著的構成了資本主義發達的推進力。又「依軍隊掠奪，不平等貿易及强制勞動，達到別世界各部分的榨取，成了歐洲資本主義發達上不可缺的一大條件。」同時又因土地圈占法及農奴解放等事，由土地的所有或借地權的安定，拉離開農村大人口的膨脹，以及隨着流入都市的結果，遂形成「歐洲各國大無產階級羣的發生，又湊成了資本家實業上所不可缺的一個條件。」「但是積蓄下富的存在，及依出賣自己勞動力而生存的大量人口的存在，若非實業技術發展到高度，也不能使近代工業資本主義制度發生。」就是依實業革命發達了高度的實業技術，作了資本主義發達之最重要的因素。這是霍布遜指摘出的。(The Evolution of Modern Capitalism, p. 4-27.)

二　實業革命的意義

實業革命是指在上述的條件下，由十七世紀末期到十八世紀末期約百年間，先由英國起，隨着德國法國及其他世界各國出現的機器發明，以及其引起經濟制度的變化之謂。頓宓（Arnold Toynbee）還有十八世紀英國之實業革命（The Industrial Revolution of the 18th Century in England.）一書；在這書中，他指摘約由一七七〇年起到一八三〇年的六七十年間，英國實業上起的變動非常顯著，在這大變動中，可尋出現代文明世界最大難關的勞動問題發生的原因。固然抱同樣見解的學者，在他以前也有，特別社會主義的巨擘馬克思及恩格斯，不僅明白認這變動的重要，而且屢用實業革命這名詞，可是在英國學界推廣這學術名詞，要算是頓宓的努力。實際這實業革命超出英國史以上，更大觀之，由西歐文化史看來，是少有比類的重大事件，可和這事比的大事件，只有由中世到近世的過渡時期起的宗教改革而已。在宗教改革以後生的形勢，是列强對峙，而在實業革命以後，貧富兩階級的關係也成了大問題。原來人世歷史，行同流水，不能以某日定為某時代的開始，如前所述，這貧富懸隔問題——所謂資本主義的起源，有溯到很遠以前而研究的必要，自不待說；但是到十八世紀末葉，歷史的長流現出一大急湍，却是無容置疑的事。

那麼，在這時期，英國的實業上起了怎樣的變動？頓宓認其變動的特徵在自由主義的發生，阿許萊（Ashily）却說是在工廠制度的成立。但這不過是把同一事由各別的見地加以觀察而已。因為一七七〇年的英國，尚是農業國，而且其農業尚是所謂自給農業——就是各個農家為經營自給自足的生活而從事耕作牧畜，不是以販賣農產物於遠隔的市場為目的。工業也在職工工業及農村副業的家內工業之形態上而從事，職工唯以他們住居的都市及其周圍的農村為顧主，行極小規模的手工生產。農村的副業主要是毛織物；這是英國特有的國產，所以有廣大經營這事業的商人，依賃貸紡織機的方法，供給原料於農民，使之紡紗織布。雖是這樣，而在窄而不平的道路上，用許多馬馱着製品而運出的交通狀態，由國民生活的全體看來，也沒有什麼深刻的影響，是容易曉得的。但是到了一八三〇年前後的形勢却怎麼樣？蒸汽機關紡紗機器織布機器等都陸續發明，成了在工廠制度下行着大量生產，大資本家應用多數勞動者在一定的規律下使之勞動，所謂「工廠都市」發生而吸收了鄉村的人口。又隨着在鄉村大農也發達起來，計算的作了穀物生產。所以昔日英國的社會階級，分爲大地主的貴族與百姓，守着上下主從之分，百姓雖貧却作了安定的生活；可是以後成了資本家和勞動者，只繫在單純的雇傭的關係上，而爭利潤與工資的高低。而且資本家間都是爲世界市場而生產，互相爭着販賣的銷路；因競爭的結果，常惹起過剩生產而受市況不佳的煩惱，因而勞動者的工資，不僅常起漲落，且時常有生失業的危險。物價也依同樣理由而生動搖，於是勞動者的生計，越發不安定了。所以也可說工廠制度的成立，產生貧富懸隔，自由競爭引起生活的不安定，是大體不錯的。

但是這只是看了實業革命的暗黑面，而沒有看其光明的方面。人類因種種的發明發見，征服自然，使一切生產費趨於低廉，使物質的生活非常豐富，這事實也絕不能忽視的。唯就這豐富的生產物之分配，惹起重大的問題，是很可痛惜的事。然而像社會主義者倡道富者愈富，貧者愈貧的現象，却爲歷史所否認，勞動者的生活，決不因實業革命而下降，反到是向上了的；縱令下降，也不過是過渡時代一時的現象，惟貧富懸隔漸次增大，生活成了不安定的而已。於是要問這實業革命的原因是什麼？這問題決不是簡單的可以答覆，可是直接原因要算是機器的發明，大概任何人也不能加疑吧！

機器的發明，可說先是發明紡與織的兩件事。

至於實業革命，先起於英國的理由：

（一）因市場擴大，對商品的需要增多，而在人口少及向來家內工業經營的形態上，不能生產供應這需要的商品，遂促進能夠較多生產的機器之發明。

（二）英國到中世末期行殖民政策，幾乎獨占世界的商業，因其與東印度及其他殖民地的貿易，到十八世紀積蓄了鉅額的資本，加以銀行制度成立，在一九一四年設立了印度銀行，貸與積蓄的資本於發明家，使國民投資於發明家的事早行了。

（三）法國在十八世紀末起大革命，國內政治上起了激烈的動搖，因而生產界被攪亂，沒有行實業革命的餘裕。德意志第一因缺乏資本，國內小國分立，關稅障礙重疊，商工業上非常感覺不便，加以政爭不絕，地方秩序常不安寧，而英國在政治上在經濟上都較他國非常和平，也是個大原因。

（四）封建制度殘骸之同業公會（Guild）組織及農奴等，在英國已於十六世紀間消滅了，因而對資本主義制度發展的障礙，較之他國非常的少。

照這樣實業革命先起於英國，三十年後又起於法國，再三四十年後方行於德國。英人杜伯（Dobb）把實業革命的歷史大體劃為二期，說第一期是行了紡與織的機器之發明，第二期是行了鐵工業方面的機器之發明。(Development of Capitalism)

茲就實業革命的經過簡單述之如次：

一　一七三八年，凱約翰(John Kay)發明飛梭機(Flying Shuttle)。

二　一七六四年，哈格理佛士(Hargreaves)發明多軸紡紗機(Jenny)利用水力。

三　一七六八年，阿克來(Arkwright)發明水力撚紗機(Waterframe)動力係用水力，是利用皮帶使運轉四對滾軸(roller)的大規模之紡紗機。

四　一七七九年，克隆柏登(Crompton)發明走錘精紡機(Mule)這是結合前兩種而改良者。

照這樣，紡的機器發明了，接續着促進了織的機器。

五　一七八六年，阿克來發明動力織機(Power loom)。

紡的機器和織的機器發明以後，促進了染的機器和其他機器的發明。

六　一七八三年，貝爾(Bell)發明了染色機，此後一個人可以做向來二百人做了的事。繼續的又發明漂白劑。

七　一七八八年，美國人韋奈(Whitny)發明了榨棉子機。

上述各種機器發明後，其當然的結果生出水力風力以外的新動力之發明。

八　一七八六年，瓦特(Watt)發明了蒸汽機關。

九　一八〇四年，法國人吉嘉(Jacquard)發明織綢緞機。

繼續由一七五〇年前後，煤炭的生產額非常增加，在一八六五年 Bessemer 發明了熔鑛爐，接着德國人西門子(Siemens)和英國人湯麥斯(Thomas)等改良了熔鑛爐而加以新製造，因而鍊鐵事業也越趨盛大了。照這樣鐵的生產和鐵生產品的生產，以及蒸汽機關普通行了以後，同時在各方面的生產均機器化，替代了鐮鋤，而使用了蒸汽鋤，刈草機，自動束穀機，及收草乾燥機等各種機器。

生產方面的變革，當然就引起交換方面的變革。其結果先改善或新設了道路及運河，到一八〇七年美國人傅爾登(Fulton)發明了蒸汽船，在一八一九年美國的薩萬納(Savanna)號輪船始費二十五日橫斷了大西洋。到一八二五年英人司梯文生(Stephenson)發明了火車，在交換方面的變革也急轉直下的發展了。

三　實業革命與自由貿易政策

實業革命普通在經濟上是不待說，即在政治上軍事上社會上，特別在思想上波及的影響，由某種觀點看來，或者其偉大也不讓於法國大革命的影響。在這大影響中，若只舉有關係國際政治的事，第一要算是縮小了世界。交通機關的新發明事實上怎樣縮小了世界，再沒有贅說的必要。只就在十八世紀的末葉橫斷大西洋至少要三十五天，普通是要四十天，可是入了十九世紀，竟縮短了十幾天，其他的事例也就可以推知了。而這樣縮小世界的結果，使各國間外交網非常緊密，使軍事上的行動非常迅速，其結果遂擴張了國際戰鬥舞台，這點到二十世紀的今日，越發確實證明了。至於因交通機關的發明，使各國民的智識普遍起來，導其思想於四海同胞主義，同時使各國的制度文物世界的溶化了，這也不須贅說。但當時尚未利用電信電話無線電信自不待說，況作現代各國民間思想傳播交換工具的活動電影，更不待說是沒有。雖然現今科學的進步，恰像登梯似的，逐漸一層一層的上昇，可是當年的新發明，曾是夢想不到的突然現出急進的進步，因此使世界的實業一變，而廣闊的擴張了實業的程度及範圍。而且更顯著的現象，是實業革命的結果，引起商工業者集中都會，在一般平民間注入了政治思想，把大地主獨占的參政權，使擴充到中產階級，降而至勞動階級，在另一方面因資本能率增進，擴張國家行政的範圍，延及政費的膨脹，起了有監督財政的必要，形成議會權能的擴大，互爲因果而促進民主主義的發達。歐洲近代的「德謨克拉西」(Democracy)，有人說全是法國大革命的結果，這見解雖不完全，可是實業革命至少也是一個主要的原因。其他通信機關偉大的發達，使外交機關的運用一變，可是同時民主主義的勃興，使外交的實質一變，促進輿論的發達，而現出國民外交的事實。就是實業革命成了促進外交進化的一個動力，是不能輕視過的。

其次爲實業革命之因且爲其果，而與實業革命互相湊助，更於國際政治上起一大衝動者，是資本的革命(capitalistic revolution)。其結果成立的近代資本主義，與開拓世界市場因緣深的殖民政策相提攜，而以資本主義爲背景，始爲商工業的，終爲金融資本的，成了實行所謂「和平的侵入」之帝國主義。列國的對外方針也受了這衝動而徐徐變化；特別會依其基本傾向的侵略主義，也由奪他國領土爲唯一目標的舊式的意義生一轉化，發展到對他國在其國外有的勢力範圍及權利利益加以侵逼打擊，成了主要的目的。這是近代資本主義在國際政治上投下的個新波動。在這點，資本主義與殖民政策及所謂帝國主義這三者，是互相狼狽爲奸而結了不解緣的。

英國是根據亞丹斯密的經濟自由主義，廉價由外國輸入原料品，更加工而賣出於世界市場，依之以集中世界之富於倫敦，以自由貿易政策為方針，使倫敦成世界商工業的中心，因而資本主義依之愈得了勢。英國的資本主義，於東印度公司經營印度，最鮮明而露骨的表現了；其殖民政策也很濃厚的帶了帝國主義的色彩。英國由一八三〇年前後，已經脫去了舊思想的重商主義，更於殖民地行獨占的政策，較之他國最先了解由本國政府加過度的干涉掣肘，決非所以利本國及殖民地者，於是於一八四〇年即與加拿大以自治政制，同四三年於新南威爾斯，(New South Wales) 同四四年於南澳大利亞，同五一年於維多利亞（Victoria）及達斯馬尼亞 (Tasmania) 同五二年於新西蘭，(New Zealand) 同五四年於南非好望角殖民地 (Cape Colony) 同五九年於昆士蘭，(Queensland) 均使樹立了責任政府。照這樣到一八六〇年前後約略三十年中，全把已往的殖民政策一變，在本國執自由貿易政策，同時在殖民地也陸續施自治的制度，在自由主義之下，計畫了互相健全的發達。

四　實業革命對社會的影響

實業革命在歷史上其所以重要者，較之實業革命的事實，寧是留於歷史上實業革命之對社會的影響。

(一)在紡織業鐵工業上機器的發明及蒸汽機關的發明——這些革命，不僅止於這各種實業的部類，其影響是波及於實業全範圍的。

「在一個實業的部類，生產方法起了革命，在其他的實業部類也就生了同樣的革命。這是先依社會的分業互相個別化各生產着獨立的一商品，但就似互相錯綜的各種實業部類看來，可說是同一總行程的各階層。因此使機器紡紗業機器織布業起成立的必要，雙方相合更使漂白業染色業及顏料業生機器化學的革命之必要。另一方面棉花紡紗上的革命，爲由棉子分離棉的纖維，引起榨棉機的發明，於是纔能使生產今日所要求的大規模之棉製品。」(Karl Marx, Des Kapital, Bd. I. S. 347. Zehente Auflage, Hamburg Otto Meissners Verlag. 1922.)

因此，在紡織業鐵工業上起的生產方法的革命，纔波及到各部類。

「照這樣，鋼鐵及蒸汽力浸透了一切實業。機器的發明異常可驚，機器的應用成了一般的普遍的，因此，人類征服自然力非常迅速，其結果不僅生產方法革了命，增加生產物的可能性也實際無限制了。」(C. Beard, The Industrial Revolution, 1921. p. 34.)

因而於製靴業裁縫業農業以及其他各般實業上，革命也都普及了。更由前述的各實業上的革命，又當然誘起交通運輸機關的革命。「在工業農業上生產方法的革命，特使社會的生產行程一般條件之運輸交通機關的革命，也成了必要。傅利葉會述過以小農業與其家庭的副業以及都市的手工業爲中樞的一個社會，可是以這樣社會的運輸交通機關，對於隨着已擴大了社會的分業，勞動工具和勞動者的集中及殖民市場等起的工場手工業(manufacture)時代，已經不能充足其生產上的慾望；於是在這些運輸交通機關上也就發生了革命。可是和這同樣，由工場手工業時代傳來的運輸交通機關，也卽刻對於以生產之像熱病的速度，生產上龐大的規模，不斷把多量的資本及勞動者由一個生產部類使移轉到別個生產部類的事實，以及新造成世界市場的聯絡等爲特徵的大工業化作極難堪的桎梏了。照這樣，即對帆船築造上生的革命的變化，暫且不論而河川輪船海洋輪船鐵路電信等系統發達的結果，運輸交通機關漸次成了能使適合大工業的生產方法了。」（Karl Marx, Das Kapital, Bd. I. p. 347-8)

這樣的發達，漸次以加速度的進行，因而接續着鐵路運河郵政制度等發達起來，一方面作動力的在蒸汽機關以外，瓦斯電氣等也發明了，因此，電報電話無線電報，最近的無線電話等都次第發明而被利用了。一八〇五年德國詩人席勒死了的時候，其死的通知由威瑪爾（Weimer）到屋溫要費二十天，在今日一個大事件在數點鐘內可以通知到世界中各處去。一八一九年美國輪船薩萬納號初橫斷大西洋時要二十五日，在今日不要六天可以安然的橫斷過去。

（二）「由實業革命起的第二結果，是隨着機器發明起的工廠制度的確立完成。實業革命是上述機器及動力發明的結果，可是這些機器類當時均價值很高，貧窮人決不能得到，能購買機器的人僅是大資本家。但這些機器出現的結果，從來傳來的生產方法完全變化無餘，較之向來的勞動者以自己不完全的紡車能生產的東西，借新機器的力量而生產更能得價廉物美的結果，因而向來的勞動者被這機器把生業全奪去了。照這樣，實業全握到大資本家手中，且把勞動者有的些微一點財產全化作沒有什麼價值的東西。一方面資本家一旦把一切東西收在自己手中，而他方面勞動者忽陷到無一長物的狀態。先由紡織物的生產，採用了工廠制度，一旦對於機器及工廠制度的衝動起了以後，卽刻染色印刷陶器金屬商品工業等及別的一切工業方面都利用了這工廠制度。……又大資本家等在原來工場手工業以外的手工業領域內也建立大工廠，大使經費節省，分工盛行，因此趕掉了許多小手工頭，使這些手工業也漸次加入於工廠制度的勢力下了。而今在文明各國，幾乎一切勞動部類，都以工廠式經營，幾乎通一切產業部類手工業及工場手工業的形姿全然消失，變成全由工廠制度的大工業替代的樣子了。」(Engels, Grundsätze des Kommunismus, 1921. S. 9-10.)

由這樣的經過，霍布遜在他資本主義的進化一書中曾說過：「生產的單位，已經不是一個家族，也不是一小羣人，而且也不是以二三簡單廉價的家具，處理少量原料的事；都是多數個人依高價而複雜的許多機器，協同不斷的精製鉅量原料，輸送於社會全體的消費者」之工廠制度，以壓倒的勢力而支配了實業界。和這實業革命的結果出現了工廠制的確立完成，在同一時期，一方面起了占有機器工廠，及其他依工廠制度的生產機關之資產階級 (bourgeoisie)，他方面生了由這高價的生產機關切離開，爲工廠制度成立的結果起的大規模分工及協力，作乾燥無味的勞動而在工廠制度下賣勞力的無產階級 (prolétariat) 這兩個在經濟上相對峙的階級，由工廠制度的確立完成，始明白的出現了。同時勞動者的勞動力，化作以工資換購的商品，而行餘剩勞動，這餘剩勞動轉化成商品的東西，爲餘剩價值，於貨幣的形態上現作利潤，這利潤終局歸到實際生產者——無產階級——以外的人的腰包中去。

(三)實業革命的第三結果，是產額非常增加了的事。比如舉紡織物方面的例：在一七六四年輸入於英國的棉花，是三、八七〇、三九二磅到一八四一年昇到四八九、九〇〇、〇〇〇磅；一七九二年由北美合衆國只輸入於英國之蘭開夏的棉花，是一三八、〇〇〇磅到一八〇〇年直達到一八、〇〇〇、〇〇〇磅。這是輸入原料的增加，同時也就是生產的增加。又就羊毛的輸入量看來，在一七〇九年是二、五八二、〇〇〇磅可是到一九〇〇年增加到八、六〇八、〇〇〇磅了。鐵的產出量，由一七八八年到一八三九年之間，由六一、三〇〇噸昇到一、三四七、七九〇噸。又就商品的輸出額看來，由一七九三年到一八一五年之間，由一七、〇〇〇、〇〇〇磅增加到五八、〇〇〇、〇〇〇磅。這不過只是英國的一個例，各國都在各種實業上生的商品可驚的增加，是由事實及統計明瞭證明了的。這是替代了向來小規模手工業的生產，因機器及動力的發明，大規模工廠工業的大量出現了的結果。這些商品的生產額起了異常的增加，同時帶起商品價格異常的下落。商品價格異常的低降，引起其次的二個重要結果。其第一結果是小經營的生產消滅了，就是小經營的經營者無力購買高價的生產機器及動力，因而以自己的商品無力對抗有機器及動力的大經營主之大量生產引起商品的廉價，所以在市場價格競爭上的敗北，同時又是經營上的敗北，照這樣，依工場手工業的小經營在用機器的大規模工廠生產的大量生產前，不得不歸於消滅。柯茨基(Kautsky)在他著的愛弗特綱目(Das Erfurter Programm 1912. s. 24-25.)中，以統計說明德國農工業上小經營的減少，可是這傾向是各國共通的現象。其第二結果，是使閉關自守舊制度的半開明國，也急激的資本主義化了。德國法國及其他各國，受實業革命洗禮的一個原因，是因英國先行了實業革命化。其他半開明國，如中國及印度，也急激的資本主義化了；日本也曾作過這樣事的一個例。由實業革命的資本主義化，就把些微在什形態上仍保存古代共產主義形式的地方，全使破壞此種形態無餘，急激的也促進了資本主義的傾向。這事實由盧森堡（Rosa Luxemberg）女士在她著的經濟學入門中指摘過；比如爪哇的「戴沙」(dessa)共產體，印度的原始共產體，俄國的「米爾」(mir)制度，德國的「馬克」(mark)共產體等，是其顯著的例。證恩格斯表現這事實着說：「照這樣大工業把全世界的國民互相結到一塊，把所有一切地方的小市場驅作一個世界的市場，到處都造個文化與進步的基礎，已經發達到今日文明各國起的一切事件，沒有不在其他各國起反響的程度了。」

（四）實業革命的第四結果，是資產階級獲得政權，及依政權而實施適應新經濟制度的政策。曾如前述，實業革命的結果，發生了資產階級與無產階級的對峙。而資產階級是生產機關的所有者，是餘剩價值的收得者，當築起了富和勢力的時候，就成了第一階級了。因而當然的結果，資產階級掌握政權，遂撤廢了向來封建的階級及同業公會(Guild)的特權，而作掌握政權的資產階級用的政策之基礎，是自由競爭和帝國主義了。自由競爭主義的結果，採用了在法律上認個人平等的代議制，確立契約自由的法則及所有權。不待說這些事，是亙全歐洲勃發了法國大革命及一八三〇年一八四八年三次革命直接的結果，可是這些革命，歸根到底仍不過是實業革命的結果。

其次稍就帝國主義說一下。實業革命的第二期，是鐵工業界的革命，其結果鐵的採掘及加工的事非常增加，前邊曾說過了。其歸結：

(一)鐵及鋼的大量生產物，起了要在國外求市場或販賣區域的異常必要。

(二)爲保護國內的鋼鐵製品而設保護關稅。

(三)須把積蓄的富，求向國外投資。

(四)對於粗原料如煤炭鐵鑛等，須在國外求供給的土地。

這些事帶了非常的重要性，其結果影響起的政策，各國都把對外政策由自由主義變作帝國主義(Imperialism)的方針了。帝國主義內部有經濟的基礎，外部現出的是取合併或保護地化，和平的侵略，顧問的招聘等形式之侵略政策。在英國張伯倫(Chamberlain)的帝國主義政策，在法國菲利(Jules Ferry)於一八四八年提倡合併突尼斯(Tunis)安南索馬利蘭(Somaliland)等地的政策，實作了帝國主義的先導。意大利克利斯郿(Crispi)的托利波里(Tripoli)合併策，德國的東方政策(Drang nach Osten)，日本的合併朝鮮，都是接續着起來的。在一九〇〇年以前的歐洲英法兩國因帝國主義政策，成了衝突的國家，可是到一九〇〇年以後，德國在經濟上和英法達到相頡頏的程度，特別報達(Baghdad)鐵路敷設計劃，非常的破壞了英法兩國帝國主義的政策，遂於一九一四年勃發了世界的大戰爭。

以上不過是舉了實業革命給與社會的重要結果而已；至於間接發因於實業革命，以後起了社會上經濟上的變革，眞是不遑枚舉吧！

第三章　帝國主義的發達

一　帝國主義的起源

現代支配國際政治的最大要素，大概是關於帝國主義或由帝國主義引起的問題吧！地球表面的一半以上，全人類中十億以上，是由少數帝國主義的國家支配着，是所謂「殖民地，」所謂「後進民族。」法國的殖民地及保護地，約當本國二十倍；意大利本土的廣袤，約當其殖民地六分之一；葡萄牙約當其二十三分之一；比利時約當其廿一分之一。英國人的男女小孩，每一人在海外領土的黑褐黃色人中都約有十個人的僕役。關聯這些事的一切關係，都逼迫着在今後的世界史上求解決，這就是帝國主義的問題。帝國主義的問題，在今日同時是民族的問題，是民族主義的問題。這兩個主義，分有同一問題各反面的內容，所以孕育出一種根本的設問，就是帝國主義和民族主義原來是同一延長線上的思想嗎？還是互相交錯的異類思想？抑或是全屬冰炭不相容的反對思想？在國際政治目前的一切事實，是含有不能分開的同一問題的內容。

十九世紀曾是民族主義乃至國民主義的時代；二十世紀的初葉史是帝國主義史，若從芮恩施（Reinsch）的說法，是國民的帝國主義時代（World politics, Part I. "National Imperialism."）包含今日到中葉後的二十世紀，恐怕是帝國主義與民族主義的時代，帝國主義對民族主義的時代，更精密說來，也可看作西歐帝國主義對東方民族主義的時代。在此處不待說不是想廣汎的研究這些重大問題，不過就現代帝國主義的意義，帝國主義演了發酵民族主義的角色，以及由思想的看資本主義和帝國主義本質的關係等試加若干考察而已。

帝國主義（Imperialism, Imperialime, Imperialismus.）這話成了近來普通常用的名詞，可是對這想下個的確界說却非常困難，研究帝國主義的學者，都是同樣說的。所以用在理論上，意義不甚精密，內容亦不免紛淆糢糊。如對於測定資本主義階層的樣子，輓近經濟學者關於帝國主義的理論，左論右駁不知底止，是就帝國主義的意義，各自懷抱的見解甚有出入，或者也可看作關於帝國主義的概念，雙方都不甚的確，也許是其重要的原因吧？

對帝國主義下界說的困難，與關於決定民族的概念一樣，是「想把歷史過程不斷長流中的現象而概念化之」(Jellinek, Allgemeine Staatslehre, s. 117.) 的原故。把各時代各國家受特殊環境限制的歷史不斷發展之流動的現象，想用適合各時代各國家的同一界說而包括之，這是所以困難的主要原因。古代亞述(Assyria)的帝國主義，古代波斯的帝國主義，亞歷山大王的帝國主義，羅馬的帝國主義，中世薩拉森（Saracen）的帝國主義，中國元代的帝國主義，奧特滿土耳其（Ottoman Turkey）的帝國主義，西班牙的帝國主義，近世奧大利的帝國主義，拿破崙的帝國主義，現代英國的帝國主義，法國的帝國主義，美國的帝國主義，日本的帝國主義等，都有很相異的內容，而想用帝國主義的一語包括着下界說，這當然是不合道理。若廣汎的抽象帝國主義內容的共通性，勢不能不滿足漠然不精密的界說。直接以武力的侵略為手段，而且以這為唯一手段的「建設帝國」(Empire building）的古代帝國主義，以及以「殖民地」(colonies)「委任統治」(mandates)「金融資本」(finance capital)「投資」(investment)「先進國民與未開地帶」(advanced peoples and backward regions)「白人的責任」(white man's burden) 等語表現的現代帝國主義，不能以同一界說精密確切而抽象的述出來，是當然的事。史家赫伊 (Hayes) 以為帝國主義常在人類史上是循環的現象，遂下個界說是「一國民對其他國民或領土欲擴張其支配力或統治力的行為」(Essays on Nationalism, p.175.)；包含古代中世帝國主義而下的界說，大概都不能出這個程度。許多學者都照這樣通各時代下一個一般的界說以後，說明現代帝國主義的特質，是常用的方法。然而關於國際政治的理論上惹現代人關心的帝國主義，對於古代以至中世的帝國主義，幾乎沒有什麼密切關聯；說起帝國主義，在腦中直然只浮出新帝國主義乃至現代帝國主義的事。所以當下界說的時候，寧可先抽象現代帝國主義的內容，說明古代及中世的帝國主義，和這是類似的現象，似較為妥當。以下略舉今日比較廣行的各家解釋，以作討論現代帝國主義之性質的資料。

原來帝國主義 (Imperialism) 的語源，出於拉丁語 Imperium，因而與「皇帝」(Emperor)「帝權」(Empire) 都有關聯，自不待說。但語源雖出於 Imperium，而帝國主義的本體，並不是直接與君主的稱號或君主權有密切的關係，因而帝國主義不是帝權主義。對民權主義的觀念，是現今普通常識都曉得的。這事對於共和國的法國及美國，現在的德意志或蘇維埃聯邦的俄國，都適用這名詞，沒有使人感覺什麼詫異的事實，就可以推測來的。

帝國主義這名詞，最初使用的時期，不能明確曉得，可是德人福理疆（H. Friedjung）以爲帝國主義的名稱與概念是一八八〇年到一八九〇年之間在英國發生的（見福氏著 Das Zeitalter des Imperialismus. s.3.）。日本小野塚博士在他英國的帝國主義與西里（Seeley）學說的論文中，曾指出「現代通行的帝國主義這名詞，溯之一八七〇年的英國可以發見」（小野塚喜平次著歐洲現代政治及學說論集第二〇九頁。）信夫淳平博士在他著的國際政治之進化及現勢一書中，說這名詞在外交家及論客中廣用的時候，是在一八九九年南非戰爭以後，英國對南非兩共和國行的征服戰，世人始稱爲帝國主義的戰爭。由此想來，帝國主義這名詞，廣在世間行的時期，可看作和新帝國主義發生時期——强和過去的帝國主義對照着說是帝國主義現出現代帝國主義形像的時期——同時德意志意大利都成就其國民國家，新成了大英帝國的競爭者，開始窺伺「未開地帶」(backward regions)，由一八七〇年到一八八〇年前後，是較爲妥當的。就是德意志帝國等競爭諸國的勃興，痛刺激了英國有識者的神經，高倡鞏固本國及海外領土殖民地保護領等互相的連繫，主張大英帝國的統一，因而帝國主義這名詞，漸成了膾炙人口的名詞。現代的帝國主義，先起於英國，是作英帝國鞏固統一的努力維持海外殖民地的努力，以及用積極手段而擴張的努力等，始發現了的。

小野塚博士在英國帝國主義及西里學說的論文中下一個界說，主張「現代英國的帝國主義，要以組織英帝國各地方（卽英本國及其他各屬地的聯絡與各屬地的互相聯絡）的聯絡，更使求其鞏固，欲使英帝國全部成統一的一國家而維持之的主義。」應注意的要點，是「在帝國主義上冠以現代英國之語，是說在過去的英國，或在英國以外的各國帝國主義，不常只以維持該國家的範圍而滿足，主要事是想擴張其範圍的。」依博士的說明所謂帝國主義不論現在過去，有時以統一國家組織爲主，有時以擴張國家爲主，所以帝國主義的內容，常因國家不同而各異。但依博士所指摘，現代英國以統一國家組織爲主的帝國主義，是由「競爭國的成長」而興起的，和其他各國主以擴張領土的帝國主義不同。依我們的見解，現代英國的帝國主義因英國已領有廣大無比的土地人民這特殊情形，和其他各國的帝國主義，立在正反對的地位，所以看來似有互不相同的內容。本質的重在維持統一國家或重在擴張領域，都是根據同一經濟的關係。決不能把前者的性質看做和平與自由的先導，而把後者的性質認爲戰爭和壓制的胚胎。

今假如小野塚博士說的樣子，把帝國主義的內容，只限於對土地人民支配權的維持或擴張之政治的要素，那麽，帝國主義在過去也就存立過的。照這樣只着目政治的要素而對帝國主義下界說的時候，依巴夫洛威（M. Pavlovitch）的說法，或者更爲明瞭，他說：「所謂帝國主義，爲支配世界使國民國家變形爲世界國家，爲使多數國家依强制手段結合而變形成一個國家，是趨向有特殊形體特殊樣式的侵略政策」（據上田氏譯帝國主義之經濟的基礎第一八五頁）這樣說來，奴隸經濟組織的羅馬帝國，高度資本主義經濟組織的戰前德意志帝國，也都不能說是帝國主義。

關於英國帝國主義的著書論文中，不僅只說大英帝國主義的政治形態，更進而論其經濟的特徵；嗣後關於此種研究者最多引用的，有霍布遜（J. A. Hobson）著的帝國主義研究（Imperialism, a study, 1902.

London.）一書。霍布遜先下關於帝國主義一般的界說着說：「由徒想多量獲物的貪婪的求利心，和古代長期間作動物生存競爭的遺習而殘留下強力的支配慾，促成國民生活墮落的傾向」（Imperialism, a study, 1905, P. 324），指出現代帝國主義和古代及中世帝國主義的異點。第一在不像過去時代帝國主義的樣子，以一個帝國想膨脹到世界大爲內容，却是幾個帝國競求各自政治的擴張及商業的利益，而作的理論及實行，是第一個異點；其次這商業的利益，又被金融的或投資的利益所左右，這尤是過去帝國主義所沒有的現象。霍布遜這種研究，較之各家特被重視的原因，是他在這著作中充分的捉住現代帝國主義政治的及經濟的特徵——他以前的學者多未留意帝國主義經濟的方面——而作了學理的研究。列寧在其帝國主義論（N. Lenin, Der Imperialismus als die jungste Etappe des Kapitalismus.）的序論中，很推賞霍布遜的帝國主義研究，說霍布遜雖是抱着改良的社會主義（Reformsozialismus）及和平主義（Pazifismus）見地的人，可是他關於帝國主義研究，極能詳細論述其政治的及經濟的特徵。哈佛大學的布葉爾（Buell）教授說關於帝國主義的概念，現在一般的見解概趨一致，也採用了霍布遜的界說。（International Relations, p. 289.）

關於現在帝國主義和過去帝國主義的相異，可與霍布遜的議論參照的著作，有芮恩施博士的新舊帝國主義比較論。依芮恩施的見解，近代國民的帝國主義和古代羅馬的帝國主義之根本的異點，是後者的理想在想包擁一切文明國民於世界帝國的支配下，而前者却和這正相反，是承認各個國民國家的獨立，且說國民的帝國主義，雖以一個國民國家爲基礎，同時却與尊重其他民族政治的獨立之精神，並非不能並立（Reinsh, World

Politics, part, I.）指出現代帝國主義和古代的帝國主義不同，並不是想努力膨脹成一個世界的帝國，在這點和霍布遜是一樣。但芮恩施的見解竟只局限到承認國民國家相並立的政治的特徵上，把現代帝國主義最顯著的幾乎占全部特徵的經濟的性質，却全沒有顧及。而且現代帝國主義容認國民國家的並立，只限於歐洲各國民的國家，是他自己說的；對於歐洲以外的各民族——所謂後進民族，不待說不尊重其政治的獨立，對這些民族的先住地域，繼續經濟的搾取，以保護投資的手段，務求在這些地域維持其政治的權力。而東方各民族希望政治的及經濟的自由，已以民族主義明瞭的形像入了世界史視野的今日，把「容認其他國民國家的自立與尊重其他各民族政治的獨立之精神可相並立」的屬性，加諸現代歐洲帝國主義，認這是與古代帝國主義不同的根本特徵之見解，在現在不能不成爲極不合理的議論。

況且現代帝國主義，其所以不蠶食歐洲內各小國及弱小民族，仍留之使政治的獨立者，並不是承認其他國民國家的存立，以圖謀己國繁榮，爲其根本的特質，不過因爲歐洲各小國，與帝國主義國家的略同樣的都達到高度的文化，成了有十分自治能力的國家，沒有行口頭所謂「白人的義務」（White man's burden）「文明的使命」（Civilizing mission）而實質是刼掠和搾取的餘地，縱令各弱小國存着干涉內政扶殖經濟利權的餘地，因強大國間的競爭，也互相牽制着不能獨行。這是歐洲已經沒剩有擴張帝國主義界限的不得已之結果（Moon, Imperialism and World Politics, p. 459.）。在歐洲的熟地，已經不能發見帝國主義活動的舞台，於是不得不在亞洲及非洲另求發展的事實，是經濟的性質已十足的證明是現代帝國主義第一的特徵。

霍布遜更在以後著的新世界之問題(Problems of a New World)一書中，演述其前著帝國主義研究的主張如次：「帝國主義原來不是具著單純動機的單純政策，是政治的野心，軍事的冒險心，慈善的或傳道的企圖心，以及純然膨脹主義——一部分在得殖民地，一部分在得權力，一部分是對於合法的而且實質的有利之交易——等的複合物。到了白人世界漸次占領盡殖民終，沒有餘地的時候，這擴張的本能向着未行白人殖民，天然資源豐富，人民和順，未大開化，待建設新經濟的帝國之熱帶或次熱帶地方去發展了。」

福理疆關於決定帝國主義的概念，也指摘其經濟的特徵着說：「世人把帝國主義這名詞，解作各國民或權力者，先依獲得海外領土而求參與支配世界的欲求，但這樣的概念決定，必須加以補充，說這本能的欲求『已昇到明白求商業上利益的自覺的欲求了』之新經濟的特徵，方較完全。」

在經濟的性質上，認現代帝國主義的特徵之更進一步的見解，以爲帝國主義的動因中，經濟的動因是壓倒一切最有力者，而且是成立帝國主義基礎的最根本的動因，所以說現代帝國主義，畢竟不外經濟的帝國主義，這是烏爾夫(Leonard Woolf)在他經濟的帝國主義論(Economic Imperialism.)中的主張。

依烏爾夫的見解，是人的信念和欲求(beliefs and desires)決定歷史。在文化的基礎上，不待說在政策的根源上，其作用的力量，是信念和欲求。歐洲人和歐洲人的國家向歐洲以外的世界前進的動機是什麽？瓜分非洲，征服印度，榨取中國的動機是什麽？截斷兩大陸，爲作帝國的一部，作帝國的屬領，作勢力範圍或利益範圍，歐洲列强所採用的政策，究發端於若何的信念及欲求？這些現象，非根據何種信念及欲求，恐怕不能出現吧。須了解這些政策的動機目的和結果，對我們是最重大的問題。不待說在個人在國民在國家，這動機都不是單純的。在這各種複雜的現象中，想求單純的一個動因，自然很是錯誤。然而歷史上重大事件或運動，雖由各種不同的原因湊成，而這些雜多的原因中，特有某一個原因，進而作這些現象的眞正原動力，也是事實。這事依五十年來歐洲列强對亞非兩洲採了的政策說來，特別眞確。對亞非兩洲，產出歐羅巴帝國主義的信念和欲求，可以分作四種：就是道德的感情的軍事的及經濟的四個動因。而前三種動因決不是根本的，寧可說這些只是對於爲充足經濟的慾求而獲得的結果，作保持與辯護而利用了的。

歐洲人所以接近非洲和亞洲，是看由這兩大陸可以得若何的經濟利益而已。因此，「現代帝國主義的主要動因，是經濟的；現代帝國主義，是由經濟的信念和經濟的慾求發生的。所以可稱現代帝國主義爲經濟的帝國主義。(L. Woolf, Economic Imperialism, pp. 14-15, pp. 25-35, pp. 100-101)

以上的論述，可說是指出現代帝國主義的特質，已無餘蘊。特別觀察今日帝國主義的關係，不外是歐羅巴對亞細亞及阿非利加的關係；所謂帝國主義的努力，是對歐洲以外的世界作了經濟的努力，廣義的作了獲得殖民地的努力。這種說法，尤其特別確當。

烏爾夫對國際聯盟雖失望，猶以其委任統治制度與帝國主義是全屬正反對的一種新制度。想由活用這制度的精神，以矯正帝國主義根底上存的錯誤信條及惡劣動機。由這點說來，他無疑的是一個國際聯盟主義者，而對國內的見解說來與霍布遜相同，恐怕也是取了改良的社會主義見地的一個人。可是把歐洲近世帝國主義的特徵，始終在其經濟的性質上着眼，且認「經濟的帝國主義，畢竟不外把帝國主義的原則適用到國際間的理論上」而已(Economic Imperialism, p. 101.)這種觀察法也可說和馬克思主義者的帝國主義觀，具着極接近的見解。其不同處，是烏爾夫認帝國主義的動因——信念及欲求——是經濟的，所以是經濟的帝國主義，不過僅止於資本主義之理論的應用，反之馬克思主義者，斷定帝國主義是資本主義必然的發展，在這點是兩者極重要的差別。

帝國主義是資本主義之必然的形態，是其內在的論理之發展，這見地是馬克斯主義派經濟學者都同樣保持的。由這見地觀察帝國主義的代表者，有盧森堡女士。盧森堡對帝國主義下的界說如次：「所謂帝國主義，是對尚未押收的非資本主義世界環境殘部之角逐戰中，資本積累過程之政治的表現。」關於盧森堡這界說中，對「非資本主義的世界環境殘部」這話，布哈林(Bucharin)提出如下的疑問。他認若依盧森堡的界說，關於已經成了資本主義環境的角逐戰，當然決不是帝國主義，關於已「押收」了的領域之鬥爭，同樣也成了非帝國主義的鬥爭。比如法國人占領了魯爾(Rhur)地方的時候，若依盧森堡的界說，成了決不能有實行帝國主義的事了。為什麼？因為這時候，已沒有所謂「殘部」的存在；且魯爾地方已經不是「非資本主義的環境。」加之，在魯爾地方，當法國人占領以前，已經有過一個帝國主義的占有者了。就是依盧森堡的界說，指出作帝國主義特徵的標幟，在魯爾占領時決不適當的(Bucharin, "Der Imperialismus und die Akkumulation des Kapitals," unter dem Banner der maxismus, Juli, 1925. s. s. 275-279.) 布哈林對盧森堡的界說批駁的主要點，以這界說限定帝國主義的對象於非資本主義的境域，責其不指摘帝國主義已達到金融資本主義獨占的資本主義之形態了。

其次修庇特（Joseph Schumpeter）的主張，帝國主義是强力的想無際限擴張國家之無目的的傾向，這傾向是資本主義社會內上層階級——依他的見解是由資本主義經濟以前傳來的所謂戰爭貴族之舊時代的社會層——的利害反映到資本主義一定的發展階層上的（見修氏著Zur Soziologie der Imperialismen, S. 5—6）他以「保護關稅」「加迭爾」（Kartel）「托辣斯」（Trust）爲這些上層階級利害之資本主義的反映，資本主義把這階級同化或征服後，隨之這階級就消滅的；把斷定帝國主義是資本主義必然的形像或認資本主義的發展必然的達到帝國主義的見解，他認爲是根本的誤謬。他主張資本主義的本質是自由競爭，是反對帝國主義的。（見修氏著 Imperialismus und Kapitalismus, S. 48—76.）

修庇特的帝國主義論，只論了帝國主義政治的性質，就現代帝國主義的特異性，沒有深刻研究，而他的界說的長處，是著眼帝國主義心理的根源，捉住各時代各國家帝國主義共通的核心，是我們應當承認的。眞以膨脹自身爲目的的想無限膨脹的各國民根本的傾向，在其時代其國家特殊社會的環境，多少各受些限制而發現的狀態，可看作其時代其國家的帝國主義。在某時代，這是想包擁當時一切文明國民而建設世界大帝國的努力。在某時代某國民，想在自己崇信的宗敎下統一世界異敎徒的宗敎的努力。又在某時代某國民，對於他們自稱爲文明世界的各國民，不能妄肆其擴張慾，而想建設本國和所謂非文明世界的大帝國的努力。這些準世界的帝國建設了以後，他們的努力，其質一變而成想鞏固的保持統一這既成帝國之自覺的努力了。建設世界帝國稍遲了的國民，都努力競爭着尙未入既成帝國羈絆下的土地——就是對尙未押收的殘部行領土瓜分的努力。到了領土瓜分約略終結的時期，遂顯出依投下資本這經濟的搾取之現象。照這樣，有了古代羅馬的帝國主義，有了中世薩拉森的帝國主義，有了英國的帝國主義，有了德意志的帝國主義，有了現代各國的帝國主義。更依柯茨基的主張，「不認帝國主義爲經濟上的某『形像』或某階層應解釋其依金融資本選擇下的政策或特定的政策。帝國主義和近代資本主義不應當看作同一的事，若認加迭爾保護關稅金融資本支配以及殖民政策等近代資本主義的一切現象爲帝國主義，那麼，帝國主義必然是資本主義的議論成了僅是同一語的復說。何以故？因爲帝國主義在資本主義的生存上是必然有的事。」(Kautsky, "Imperialismus" Die Neue zeit, Jahrg, 32, Bd. II, s. s. 908-909. 柯茨基這樣想法，不以現代的侵略政策爲現代資本主義必然的表現，以爲在幾種政策中依現代資本主義而採擇了的一種政策。這「恰像在經濟生活上的獨占，可以與政治上非獨占非權力非合併的行動能結合的樣子。照這樣，他不摘發資本主義最新階層內潛伏的根本矛盾，而且隱蔽抹殺事實，是捨棄馬克思主義而變成資產階級的改良主義了，」這是列寧對柯茨基的批評。這樣主張帝國主義不是現代資本主義本質必然的政治的表現，柯茨基與修庇特相同。柯茨基的這種想法，如列寧所指摘，在他的帝國主義界說上更明示了的。依柯茨基的界說：「帝國主義是高度發展了工業資本主義的產物。這不管其住着怎樣的民族，常由想征服合併較大農業地域的一切工業資本國民的慾望中生出來的。」列寧批評這界說，說是「任意強說故不妥當。」如柯茨基所主張，在現代的侵略政策上，民族問題客觀的不是重要的動因，寧是依現代工業必需的鑛物而決定。然而現代資本主義的特質，不是工業資本的支配，是金融資本的支配；換言之，不是工業家的天下，是企業金融家的天下。這是由十九世紀八十年後到歐戰前法國一方面工業資本的衰退，隨着金融資本的發展，同時表示殖民政策的勃興，是異常明顯實證了的。並且主張金融資本所求者不只限於農業地方，將要征服或合併高度發展的資本主義國去。（N. Lenin, Imperialismus als jungste Etappe des Kapitalismus, s.s. 81-85.）

二　帝國主義的本質

關於構成帝國主義基礎之近代帝國主義的本質，有兩個有名的學說：一個是郗弗津(Rudolf Hilferding)的金融資本說，一個是列寧的獨占說。

郗弗津在他著的金融資本論(Das Finanzkapital, Fine Studie über die jungste Entwickelung des Kapitalismus, 1909.)的序文中，曾說「想以科學的方法捉住現代資本主義發展上經濟的諸現象，是本書試作的目的。……構成近世資本主義特性的積累過程，一方面依「加迭爾」「托辣斯」的形成，現出「自由競爭的廢止」，在另一方面，又和銀行資本間現出越發緊密的連繫。資本由這連繫變成金融資本的形態，這形態纔作了資本最高最抽象的現象形態。」把郗氏的主張約要言之，是在帝國主義的初期，銀行只收私人及政府的存款，付一定的利息，同時又把這些存款貸與需要資本的人，而徵收一定的利息；銀行不過只作了這樣的職務，就是銀行在表面上，不過是依金融的媒介行爲而行營業的機關而已。可是到了近時資本主義成熟後，銀行不能只滿足這些行爲，更利用鉅額存款，進而參加生產行程，自己監督且經營起實業來了。這因爲把存款貸與別人而收一定的利息，不如以存款自己經營實業而得企業的利潤，比較更爲有利。就是銀行由單純的金融媒介業，進而以存款作資本，變作軍事工業公司，化學工廠，設立製糖廠鍊鐵廠，開採鑛山，經營鐵路都市等獨立的企業家了。這是郗弗津金融資本論所述的要旨。銀行企業化最顯著而且成爲有名事件的，是想經由巴爾幹及君士但丁堡而使連結柏林與報達及波斯灣的報達鐵路計畫。這企業方案的提出者，却是德國的德意志銀行。又德國一個有名的「托辣斯」——萊茵愛爾伯聯合（Rhein Elbe Union）——的三個母體，是德意志盧森堡股份有限公司格新克爾漢鑛山股份有限公司，報休媽鑛山製鐵聯合；而在這些公司的背後監督管理其經營企業的機關，却是柏林商業銀行，德賴斯特納銀行及德意志銀行等。一九二三年七月三日在倫敦的每日報（Daily Herald）上，載有法國銀行團在捷克斯拉維亞及奧大利設立軍器工廠，漸次向波蘭及羅馬尼亞伸張其魔手的事，僅由這一點例證，就可以看出金融資本在資本主義上演了若何的角色吧。

列寧在他著的資本主義最後階層的帝國主義（Der Imperialismus als jungste Etappe des Kapitalismus. 1921.）一書中，說現代資本主義基礎的特性是獨占。依他的見解，資本主義在其起源及過程上，雖是自由競爭的，可是隨着資本主義的成熟，却正反對着有了獨占的傾向。「加迭爾」「托拉斯」「新狄加」等，是爲獨占的目的而引起獨占結果的制度。金融資本翻正就是爲獨占而投下的資本；所謂帝國主義，不外是這獨占時期的帝國主義。就是帝國主義，到了盛行的時候，資本主義因生產及其積累非常發達，現出在經濟生活上作了決定的職務之獨占，遂發生金融資本，這資本輸出於海外，形成了資本家分割世界的獨占資本。

資本主義由其內在的矛盾發展之結果，必須達到停滯狀態，終局非陷於崩壞不可，這是馬克思主義經濟學對資本主義一致的批評而論定的。比如日本河上肇博士的理論也和列寧一樣。他說：「資本主義常在這種意義上，須要有『領外的顧客，』可是資本主義和其領外交通開始後，即刻就把這領域資本主義化而引之入其領內。資本主義所接觸的地方，却使與己同化，照自己的形態，把全世界使之資本主義化。照這樣，資本主義的領內，隨其發展日日擴張，需要領外的顧客益甚，可是和這要求的增進，反比例的領外地域日趨狹窄，是因為地球面積有限世界住民有限的原故。因此資本主義越發展，越失掉彌縫其內在的矛盾之手段。資本無限的增殖，生產無限的擴張，到了包含全世界於資本主義領域內的時候，這時資本主義發展到極度，同時因其全失了屬於領外的包被，資本的複生產就絕對的停滯了。」（河上肇著社會組織與社會革命二一九——二二〇頁，Lenin, Der Imperialismus und die spaltung des Sozialismus- Angsewahlte Werke, s. 326.）這理論是論證資本主義內在的矛盾發展到極點的「停滯」，可是若依資本主義獨占的發展階層之科學的分析看來，可說資本主義達到這極點以前，就是在這發展的階層上，資本主義現實的已到了「停滯」的行程。

純粹理論說的資本積累行程，具體的看來，不過是以各資本主義國家為基礎的資本主義積累行程的總體。在各資本主義國的資本積累行程，不是在鎖國孤立狀態時行的，雖有大小程度之差，却保持國際的關係，同時也不是置其基礎於國家以外的。在純理論上資本主義發展的極點，人類社會應分裂為純粹兩個對抗的階級——

資本家與無產階級在理論上雖能這樣論定，可是在現實上，是依各資本主義國家區分的各國資本家階級，對生產工具勞動力及販賣區域之支配權的對立抗爭，各國無產階級互相在這對立抗爭之下分割着抗爭着，結局事實上成了搾取的目的物了。這資本主義國家的對立抗爭，是由國家本質和資本積累行程的本質之矛盾來的。國家由一定的土地一定的人民成立的，不侵略其他國家是不能自由伸長的，在國家生根而發展的資本積累行程，唯以無限的發展纔能存續前去。

資本主義的經濟組織——其中樞機能的資本積累行程，在一國家內深下根基的時候，同時先征服同化其國的資本主義經濟組織以外之經濟組織（自然經濟，農民經濟及單純商品經濟的各組織。）隨着自國內征服同化運動的進行，這運動超越其根據地國家之政治的限界波及到他國及未成國家的未開地去，是歷史證明的事實給我們指示了的。

這運動是資本主義的存立及其發展上，必然起的事實。若不隨着起這運動，資本主義的存立及發展，是不能想像得到。依盧森堡切當的說明，「資本積累行程，依其一切價值關係及物財關係——依其「不變資本」「可變資本」及剩餘價值，連結到非資本主義的生產形體。也就是非資本主義的生產形體，成就資本積累行程之歷史的環境。資本積累若沒有非資本主義的環境，無論若何也是想像不來。」(Die Akkumnlation des Kapitals seite 337. 河上肇著社會組織與社會革命一九三——四頁的論旨亦同）這類事例，由各資本主義國的歷史，具體的證明了的。河上博士爲概括的說明擴張複生產，在他社會組織與社會革命一八〇——二一八頁中已詳論過，現在提出的研究問題，主要是依盧森堡的說明而加以敍述。

就資本主義最先進的英國，先由實現剩餘價值的點上說起吧。英國資本家的生產，在自己的需要——資本家階級和勞動階級的需要——以上，例如到十九世紀五六十年前後止（直到今日尚有幾分繼續着的），就紡織業說，產出了過剩的棉製品。而這些過剩製品，向歐洲大陸的鄉村農民，或都市的小產市民，以至遠向印度非洲美洲的農民——就是向非資本主義經濟地域的消費者——供給去。因此，實現了紡織業上資本家的剩餘價值，紡織業上的資本積累起來了。照這樣，在紡織業上資本積累起來，隨着這實業所必要的機器業，以及鐵煤炭等重工業的生產物之需要也因之昂進，這些事業也都實現了剩餘價值，也成了資本積累行進的結果。要言之，就是消費財生產部類的資本積累，惹起了生產財生產部類的資本積累。和這正反對的，比如十九世紀前半期英國的樣子，鐵路敷設材料生產業的剩餘生產物，輸出到非資本主義經濟地域的時候，生產財生產部類實現了剩餘價值，資本也積累起來，其影響在消費財生產部類，也行了資本的積累。

其次，無論生產財生產部類也好，消費財生產部類也好，剩餘價值實現了的時候，就是轉化成貨幣的時候，一部分假若化作資本——就是若移到由工廠機器原料補助原料成的不變資本及由勞動者生活資料成的可變資本內去——這些財貨怎樣纔能入到資本家手裏去？這些財貨不限定都是資本主義生產下的東西。先就構成不變資本的財貨看來，若以紡織業為例，在十九世紀五六十年前後的英國，剩餘價值的大部分在棉製品的形體上由生產行程產出的，可是把這些財貨資本化了的物的要素，是行奴隸制的美國各省產的棉花。當時英國資本主義的發展，如何依賴着奴隸手做的棉花，因美國南北戰爭，蘭開夏地方惹起有名的棉花饑荒一事就可以曉得。可是其結果沒幾何時，由英國資本家的手腕像耍魔術的樣子，在埃及成立了棉花栽培地的事看來，就可想像出那種情形。就可變資本看來，由當時勞動者生活資料中重要的食糧說，較之英本國產，是輸入了俄國農民做的廉價穀類。但是在實際上可變資本不應看作勞動者生活資料那些東西，實際不外在其複生產上必需生活資料而生的勞動力。因而就可變資本，較之以生活資料爲問題，寧是以保持勞動力的勞動者自體之數量爲問題是對的。就是作積累資本的一個根本條件，移入或輸入相當積累的勞動力是有重要的意義。這移入或輸入不外依資本主義的經濟組織征服了非資本主義的經濟組織而已。

照這樣，在實際上對於資本積累，須在資本主義的經濟組織圈外，要存着非資本主義的經濟組織，是必要不可缺的條件。假若在上述棉製品的例，如購買資本主義圈內需要充足後的剩餘物，若在圈外沒有購買者，或者雖有而在不夠吸收剩餘物大部分的程度，又或在生產費以下不能不捨着賣的時候，資本家不僅不能實現剩餘價值的大部分或全部，而且成了要損失資本的一部或全部；資本的積累，不待說是做不到的事。又在資本主義經濟組織上，無論是可變資本或不變資本，若構成這些資本的財貨，僅限於資本主義的生產物時，又當怎麼樣?仍就紡織業的例說來，那不僅蘭開夏的棉花饑荒起不了，紡織業本身恐怕也不能起來的。又假設棉花由美國的奴隸勞動能取來，若沒有非資本主義的經濟組織被資本主義經濟組織征服的結果，百姓及手工業者被這工業吸收的事實，也是不能發達的。然而在事實上，沒生出以上想像的事例，而紡織家作了英國今日富强基礎的事實，可說是因爲在資本積累行程上必要的條件——非資本主義的經濟組織，緊隨着資本主義經濟組織的原故。

照這樣，兩種經濟組織間的關係，和資本主義的發達，越發增高了密切不離的程度。資本家在自由競爭場裏，爲維持其利潤或想增高其利潤，比較競爭者不得不設法生產較廉價較多量的商品，所以越發要大規模的使用能率高的機器力及增高勞動的生產力。換言之，就是所謂國家資本增大，原料的使用量膨脹，因而須擴張及確保豐富原料產地的必要，不能不越發成了重大的問題。盧森堡說：「資本主義的生產由當初就其運動形體及運動法則，是將全地球作了生產力的寶庫。資本爲滿足榨取慾，以想占有生產力的渴望，搜遍了全世界，由地球的各隅徵集了生產工具，由文化之一切發達階層，一切社會形體，獲得及掠奪了生產工具。資本積累上物的要素問題，以資本家生產下剩餘價值之物的形體不能解決，因使用實現的剩餘價值於生產物，資本就越發能自由處分全地球，其生產工具在質上量上要能行不受束縛的選擇，這是全然轉化到別個問題上去了。」（前引盧森堡的著作中三二九頁）照這樣，對生產工具的資本的渴望，其意義不外同時又對由這生產下商品販賣地域的同程度的渴望。爲什麽？因爲一國起的生產，不待說不是使民衆向衣食足而後知禮節的方面，是向着資本家階級充足利潤獲求慾的方面，所以不停而增大的生產量，若不犧牲利潤——就是資本主義若不變質，就不能不求國外的需要。

對於生產工具與販賣地域這資本主義的渴望，不僅限於英國一國，是資本主義國共通的現象。假若僅英國一國是資本主義國，其他各國若是非資本主義國，資本主義國間的利害衝突發生的餘地甚少。可是由十九世紀七十年後，德國法國美國日本，都繼續的化成資本主義國家，前述資本的渴望，在這各國都必然的發生起來。自由貿易論，不過是在國際變化尚未發生的期間，英國資本主義毫無障礙能獨占世界上生產工具及市場的事實，引起來的學說。在這些後進國，隨着工業發展資本主義的根基強固，對於資本積累諸條件的考慮增高，先為國內實業作教導的保護而設了保護關稅。和這同時在以「世界的工廠」——世界市場的獨裁者自任之先進國的英國，提倡了帝國主義（關於英國帝國主義思想的發達，參照小野塚博士著歐洲現代政治及學說論集中「英國帝國主義及西里學說」一章。）於是對抗資本主義國家間的「利害協調」，所謂「利害對立」的事漸次演了顯著的職務，這在資本主義的發展上，並非偶然而是必然的事。

在各國資本主義的發達上，由十九世紀末到二十世紀，轉換保護國內實業為目的之關稅政策，使由弱者防禦的武器化成攻擊強者的武器了。在世界市場中作價格競爭的單純的商品輸出以外，又增加起資本輸出更具有各資本主義國競爭死活的問題之意義了。到了這時期，對於在自由競爭時代只認為「無益有害的負擔」之殖民地全反對的成了資本主義發展上不可缺的條件，舊殖民地所有國對其殖民地的增大，沒有殖民的國家，為得殖民地而猛烈的競爭者從二十世紀開頭列寧切當的話說「這時期的特徵是地球最後的分割」也未嘗不可。「這所謂最後，不是說今後新分割不可能的意思——正反對的新分割却是可能而且不可避，是說資本主義國家的殖民政策，把地球上尚未占領的土地全部奪取完了的意思，就是說地球表面全部已分割完了。」(Lenin, Der Imperialismus als jungste Etappe des Kapitalismus, 1926. Berlin. s. 80.)

世界經濟這樣的變化，含有什麼意義？第一，資本主義各強國在自國領土內，依關稅政策進行的生產及販賣的獨占使都擴張到世界舞台上去成立了己國中心的獨占區域。第二，在十九世紀特別在這世紀的前七十年中，以資本主義最先進國的英國爲中心，促進世界全體生產力的發展在自由競爭下比較平滑的運行了世界經濟；依後進各國資本主義的發達而成立的各帝國，就起了作生產及流通中樞之經濟的霸權國，與以這爲中心而周轉的經濟的從屬國，因爲這兩種各集合體間激烈的競爭——一時雖有妥協結局仍避不了競爭——所謂生產力的發展，寧是逆向梗塞及破壞方面進行的。這種變化的意義，是依少數最富强國的壓迫及榨取世界多數民族，以壓迫和榨取爲基礎，少數最富强國纔能維持其寄生狀態。這兩者的關係，由資本輸出的點上可以指摘出的。列寧由英法德三國資本輸出膨脹的統計上觀察，說「在世界大戰以前，歐羅巴三大國向外國投下資本的總額，達到一、七五〇億佛郎。由這資本生的利潤，以百分之五計算年額應達八十億乃至一百億佛郎。少數最富有國資本主義的寄生狀態，對於世界最多數民族及國家施的帝國主義的壓迫和榨取，其可怕的鞏固基礎，實存於這一點！」他這樣論斷，可謂最切當，不過要注意這理論是說明世界大戰前的狀態。

由以上各點看來，現代資本主義，作世界之生產的形體，全無能力，是十分證明了的。不僅如是，現代資本主義若繼續下去，要引起恐慌以上之恐慌的兩種危險。第一，世界經濟的分割，因爲不適合各競爭國的生產力及資本積累的發展，所以這發展力的進展，與其國家獨占區域的不平衡，必然的要生很大的懸隔，求解決這懸隔，必然的要使侵略其他帝國的獨占區域。第二，在各競爭國之經濟的從屬國，也急速達到資本主義的發展，在從屬國，不得不惹起先進資本主義國已經驗的民族主義運動，因而不僅拉其霸權國於這運動的漩渦中，而且各帝國之間也不能不生轇轕，所以現代世界經濟，在各個帝國間保持勢力均衡的和平期，不僅必然的使生產力受抑壓，無論上述那一種危險若破裂的時候，世界經濟不得不起超過自由競爭時代經驗了的恐慌，而現出生產力的大破壞，並且人類文化也不得不起大變革。國際和平論軍備縮減案，越頻繁的提倡，越示明各競爭國軍備競爭的事實，世界經濟陷到這樣深刻的矛盾，也就越發明白的表現出來了。

第四章　國際勞動運動的發達

一　社會運動的勃興

近世社會主義史，可說由拿破崙最後敗亡的後二年——一八一七年——開始。英國社會主義的鼻祖歐文(Robert Owen)，在這年向國會提出其社會主義共產制之計畫方案；法國社會主義的先導聖西門(Saint Simon)在這年始發表其社會主義思想的實業論(L'industrie)；基督教社會主義的前驅拉滿奈(Lamennais)，也是在這年發表了他的著作。這年的十年以前——一八〇八年，傅利葉(Fourier)發表了他的名著四個運動論(Theorie des Quatre Mouvements)，然而此書却到了一八三〇年聖西門學派的運動消滅以後，纔在社會出現。這可說因拿破崙戰爭暫時阻遏了英法兩國新勃興之社會主義的運動。

到了十八世紀的後半期，法國熱狂着政治的革命，而英國也急趨着實業的革命，前章都大概的敍述了。法國政治的革命，一方面是思想界的革命；而英國實業的革命，一方面也是勞動界的革命。法國思想界生出的革命人物，是聖西門傅利葉那樣思想家，而英國勞動界生出的革命人物，却是歐文那樣實務家。但是一切歷史的事實，不過都是人類變遷長久大潮流中的一點波動，同樣思想家的思想大體在根本上也不是他們自己創造出的；若在歷史上逆溯他們思想的源流，可以發見其與人類歷史並古。他們思想共通的性質，在共產主義的一點，而共產主義的思想與事實，隨歷史的各時代而變其形式，其精神由太古至今却永存不變。英法兩國最初的社會主義者，不過在這舊共產主義的基礎上，應用新科學新經濟學而適應了大革命後的新社會。所以若要澈底了解社會主義的思想，須先闡明歷史上共產主義的思想與事實。但是這問題，已由直接關係國際思想的近世實業革命前後的社會變遷狀態開始，茲為避免繁雜，僅略述太古以來特殊的共產思想和事實。

財產的保管法及使用法，由原始時代已是共同的，而不是個人的，為一般社會學者所承認。如北美印第安人及許多野蠻人社會存的制度——俄國的「米爾」(mir)，瓜哇的「戴薩」(dessa)，瑞典的「阿滿茲」(almends)，德國的「馬克」(mark)，其他東亞西歐現仍殘留的原始時代的遺制，都是證明這事。有力的社會學者中，有人論證以太古的財產組織，直認為共產的組織，是一種謬見，可是他們反對的理由，依我們的見解，認為不是關於眞正事實，寧是就其外觀而加非議的。何以故？因為他們以這種社會的統治力，在偉大的酋長或强有力人物的手中，所以否認是共產的主張。但是這些社會的財產，不是酋長以私有的觀念而管理，寧是以友愛的或封建的為其全社會而保管之，這事却也是他們所承認的。熱中佛敎的信者，否認財產與結婚，集合而作僧寺生活

（monasticism），當可認爲古代特殊共產的計畫。皮塔高（Pythagoras），柏拉圖（Plato）亞里士多德及其他許多希臘哲學者，都好倡共產主義，也是人所共知的事。猶太人的「埃塞奈」（Essenes）及「塞拉皮特」（Therapeutae）各宗派傳佈了並實行了共產主義的教義，尤是宗教史上顯著的事實。

時代漸進，到了基督教勃興的時期，初期的基督教團體，事實上是共產主義的。耶路薩冷最初的基督教徒，共有一切物品的事實，在聖經上明白記述。而且不是基督教徒被逼着拋棄私有財產，寧是任意的唯導於愛的信仰力而實施了共產主義。第三世紀以後，教會漸在俗社會得了勢力，到了第四世紀，其共產主義的傾向，遂表現爲修道院的生活，且其組織越發在各宗派中發達起來，直達到中世。在中世起了種種托鉢僧的團體，到了十三世紀，與起一種「自由精神同胞會」的團體，都是經營了共產的生活。他們中間有時也有陷於放蕩無秩序的生活，可是就全體看來，他們常能最純潔最熱心的支持了當時的基督教。而且以同胞共愛的精神成的共產生活，在那黑暗沒秩序的中世時代，獨得了安靜和平的樂土。

但這些各團體，不過在當時是社會的一小部分；支配中世社會的廣大團體，另有其他的存在。這就是所謂「基爾特」團體(guild group)與都市。這些團體雖不能說純粹的共產團體，但確立其共同生活的主義，實有支持當時社會的勢力。

宗教改革時代，更與共產主義以發達的新動機；就是各種新宗教運動，常帶了共產主義的思想。在德國的農民戰爭，主要是合起農民社會存的共產的思想及宗教的熱情而勃興了的。作英國農民戰爭中堅的約翰保爾

(John Ball) 也被稱爲中世的基督教社會主義者。更在明斯德的「再洗派」(Anabaptist)，在日內瓦的「自由宗教派，」在英國及荷蘭的「Familists」及英國的「Buchanites」，都可稱爲共產主義的團體。至於德國的「聯合同胞教會」(Unitas Fraterlim)，是以純粹的共產主義成立的。入了十八世紀，德國更勃興了許多共產主義的宗派。美國現存「分離主義派」(Separatist) 的共產村，早阿 (Zoar) 及阿馬納 (Amana) 的共產村等，大概都屬於這宗派吧。

上述者，不過是共產主義的運動及其團體的一部分。入了十八世紀以後，更進步的共產主義思想，在法國又大興起來。盧梭，狄戴洛 (Diderot)，摩萊利 (Morelly)，馬布里(Mably)，及海納秋 (Helvetius) 等，都是代表這潮流的大人物。其他在大革命前後，活動於平民羣衆中的無名英雄許多領袖，大概都抱着共產的理想。

摩萊利是十八世紀法國的文士，也曾作過僧侶。他的傳記久已失傳，可是著作爲世人所知的却不少，因而在歷史上占有重要的地位。特別他於一七五五年發表的自然法——一名各時代隱藏的法則之眞精神 (Code de la nature on le veritable esprit de ses lois que tout temps neglige ou meconnue) 對法國大革命的思想上波及的感化甚大，巴布夫 (Bubauf) 就依他這書鼓吹了社會革命的思想。摩萊利在這書中，說人類自然保有德性，却由社會的惡組織，特別由私有財產制度破毀了這德性。又說：「人民依其體力技能年齡等，若在國有財產上協力勞動，以公費能維持其生活的時候，人間當然可適合於大自然的意志。」希坦拜傑 (Andre li Chtenberger) 著的十八世紀的社會主義 (Le Socialisme au XVIIIe siecle) 中，記有稱爲摩萊利的兩個大人物存在過的。

馬布里生於一七〇〇年，初為里昂的耶穌會(Jesuit)士專心研究學問，到壯年曾作其親戚某外交大臣的秘書，以後辭職專研究了政治學。一七四二年著一書名羅馬國民與法蘭西國民政治的比較（Parallel des Romaines et des Francais Par rapport du gouvernement），早使他成了名的。一七八四年發表了關於美國政府及法律的考察(Observations sur le gouvernement et les lois des Etat Juis d'Amerique)一書，豫言美國前途說：「美國若不脫出其商業主義，其共和政治將要歸於崩潰。」他死於一七八五年，到死的時候，他還想法國大革命恐怕不能成就其希望。他為反對里維勒(Mercier de la Riviere)而發表的論文中，略表明他懷抱的社會思想。他說：「土地的私有，並不是社會存立的自然的基礎。社會沒有私有財產制度也可以行去。像斯巴達人或巴拉圭的耶穌會士生活以及中世修道院制度，都能證明之而有餘。土地私有權的存在及境遇的不平等，實是挑發野心貪慾及虛榮心的大原因。」

到了十八世紀後半期，英國實業革命與法國政治革命，以怒濤澎湃的光景而進行了。亞丹斯密的富國論，恰像擊着英國實業革命警鐘的樣子，饑餓的失業者的暴動，屢在各處爆發了。一七七六年在英國當富國論出版時，與維幽(Brissot de Worville)高倡「財產者賊贓也」的呼聲，也在法國聽見了。其次大革命的擾亂未易鎮靜的中間，巴布夫一派的共產主義革命運動爆發了，在此時實業進步上幾落後一世紀的德國，也起了社會主義的經濟思想。有名的哲學者費希特，可說是一個代表的人物。費希特在其名著法國革命之物質上的正義一書中，說：「財產不是由勞動以外發生出的東西。不勞動的任何人，沒有受社會付與生存手段的權利。」又在他著的自然的權利原論中說：「沒有生活手段的人，不負承認他人所有權的義務。何以故？因爲這時可說對其人已破壞了社會契約的原則。社會對一切人應給與勞動手段，而一切人不能不作可以生活的勞動。」更在他著的商業封鎖的國家中說：「勞動與分配應當綜合的組織；人都要享受一定的勞動與一定的資本。其資本要爲構成其人財產的權利。照這樣，財產纔可望成共同的，任何人也不能耽於奢侈及逸樂，任何人也不能缺少所必需。以奢侈爲目的的財產權，非任何人充足生活的必需以外，沒有存在的根據。農民與勞動者，爲以最少的努力獲得最大生產，可造合作社。」其權利觀念，其實現方法，都可說是今日社會主義思想本質的萌芽。且其思想分明是汲盧梭及十八世紀哲學者思想的餘波，更以深遠的哲學思想與基督教的精神增添了新光明的。（G. Richard, La question sociale et le mouvement philosophique au XIX siecle p. 21-50）

共產主義的思想制度團體，都由上古成立而發達來的，前邊曾述過了。根據這樣思想，計畫一種理想鄉的人，自古以來也不少。最古而最有名者，大概要算柏拉圖的共和國吧。至基督教勃興，教父等的遺著也多充溢這種思想。更降而到十六世紀初期，成了摩阿（Thomas More）的烏托邦（Utopia）而出現（一五一六年出版。）摩阿這種思想，說是由柏拉圖的共和國學來，而近世社會主義的鼻祖聖西門，又多由這書學來的。在一六〇〇年，堪帕奈拉（Campanella）著了太陽之都，一六五六年哈林頓（Harrington）的大洋洲（Oceania）也出版，其他類似的著作也非常的多。共產主義在人類思想史上，占領很高的位置，已是不能致疑的事了。

照這樣時代的思潮，已向社會主義方面奔騰着來了。但是這廣大的思潮，及隨着實業革命起的新運動，由拿破侖英雄的活動，一時却不能茁壯的滋長。一七九五年在英國有名愛肯（Aikin）的人，雖痛論了少年勞動的慘狀以喚起世界輿論，可是這種運動直到拿破侖戰終纔起了。的傅利葉的四個運動論雖在一八〇八年發表，可是在一八三〇年以前對社會幾乎沒起一點波動。所以我們以一八一七年看作近世社會主義發生期大概是妥當的。我們把由這時起的社會主義，稱爲空想的社會主義。恩格斯所謂烏托邦社會主義，也就是指這種說的。

近世社會主義，與英國實業革命法國政治革命以及一般思想革命，雜揉錯綜，是在古來共產主義上織出的新理想新運動。英國的實業革命，對社會主義供給了新事實。個人的實業，變爲分工的組織的實業，更轉而爲機械的實業，促成少年及婦女勞動的激增，壯年勞動的失業，形成工廠內的慘狀，農業勞動者的貧困，貧民羣的蠭起，因而改良工廠救助貧民成了天下的大問題了。法國的政治革命，爲社會主義供給了新思想。對君主政治階級思想，促進自由民權主義的勃興，成了福祿特爾盧梭的新哲學，自由平等博愛的新論題，而構成摩萊利馬布里及巴布夫等共產主義的主張。

二　空想的社會主義與科學的社會主義

如前所述，若注意社會階級的對立，階級利害衝突的事實，以及這些與社會主義思想的關係，就可於過去社會主義思想的發達上，分出兩大段落。這就是所謂「空想的」社會主義與「科學的」社會主義。

若研究由空想的社會主義進步到科學的社會主義之推移，可說是社會主義的基礎，由自然的正義方面移到階級的利害方面來了。可以認作空想的社會主義者，如哥德溫，歐文，聖西門，傅利葉，阿拜埃等，其主張雖各不同；總言之，都依照正義平等及友愛的觀念認資本主義是災禍是不正的制度。反對資本主義，要求良善正當的制度，唯有實行社會主義，認人類無理解少智識，纔繼續了資本主義。

反之，若依馬克思的見解，凡一個社會制度發生而且能維持，一定是因這些想維持的人，具有維持這制度的實力。資本主義所以能維持者，不是世人不了解眞理正義，是什麼寧是因有產階級認資本主義爲其利益而有維持的實力。假令依宣傳曉得眞理正義是什麼，可是有產階級因其利害關係，不肯使其放棄現在的位置特權，也是沒法。所以社會主義，決不是對任何人都是眞理，不過是因階級的利害刺激起無產羣衆的要求，是「無產階級理論的表現」而已。社會主義僅依無產階級的實力方能望其實現，而無產階級的勢力隨着資本主義的發達，幾乎是不可抗力的增進。在這點，是馬克思認社會主義必然要實現的理由。

社會主義思想，照這樣，始在可以實現社會主義的實勢力上得了根據。

法國大革命的「人權宣言」（一七九三年），最明確的表明了自然權自然的正義之思想。這宣言中說：「我們確信世界的不幸，唯由不注意自然的人權而起的。法蘭西國民嚴肅宣言，爲表明這神聖不可讓的權利而決議。」（宣言序文）「一切人類，依自然權利，在法律前是平等的。」（第三條）「權利以自然爲其原理，以法律爲其規則。」（第六條）

但這思想，在人爲的法制以外，認有眞合理的眞適於正義的自然秩序，在「自然」中求判斷現實法制合理與否的標準。不過這種思想由古代希臘羅馬經中世基督教會到近世，是形成社會哲學思想上的一大潮流，決不是由法國革命時纔起的。而這自然的秩序其狀究若何？關於此種問題社會哲學者的見解，却也不一致。「人權宣言」雖把所有權數作天賦不可侵的權利的第一種，可是和這正反對的財產的共有，經濟上的平等，也同樣根據自然法的思想可以要求的。「人權宣言」公布後二年，巴布夫企圖了平等主義的陰謀，可是巴布夫等的行動，實由「平等是自然第一的心願，」「自然與一切人以平等享受一切財物的權利」之信念而發出的。惟自然不能自己實現這權利，因而「社會的目的，在自然法思想之下，擁護被強者惡者常侵害的平等，依人類的協力使人類增加共同的繁榮。」

巴布夫不是獨創的思想家，其信條是由法國十八世紀許多社會主義思想家得來的。他在這些社會主義思想家中，最受大感化的要算摩萊利著的自然法(Code de la nature, 1750.)。這著作的要旨簡單說來是認共產主義或社會主義最適合自然的意志或自然的目的。

社會主義思想入了十九世紀，就非常的進步了。但是社會主義的論據，猶脫不了向來自然法思想的支配。「十九世紀中葉的法國社會主義若加精密分析，都在自然法的思想上建立基礎。」其中最有特色的優越思想家，要算是傅利葉。不僅法國如此，英國的歐文及其景仰者，德國的「正義人同盟」(Bund der Gerechten)，都大略是同樣的。

一八四八年初，在比利時首都布魯塞爾，發表了數十頁的小冊子，名曰「共產黨宣言。」其中說的今日資本主義的生產方法，必然的使發達起偉大的生產力，轉瞬要成加於資本階級社會項上的白刃，「資本主義的生產方法，同樣必然的使發達起無產階級，要成了揮這白刃的人。」爲完成這種事業，其歸結叫「萬國的無產階級喲！團結起來吧！」

社會主義，此後纔與進化思想連結起，纔由自然法思想脫離了。社會主義是否適合「自然」的意志目的，已經不成問題了。社會主義爲資本主義發達的結果，始成了必然的可能的。自然永遠只是自然。資本主義若違背自然，那麼在任何時任何地，都是不適當不合理，常應當排斥的；可是若資本主義的發達，是必然要引起社會主義，那麼資本主義的發達是社會主義的前提，當然是不可省略的豫備階層。在這點上，資本主義對社會主義者成了有存在的意義。由自然法的社會主義者看來，資本主義（或營利主義）的社會秩序，是因人類的無智誤解或墮落，違背了自然而造成的，所以社會主義要根本的掃去資本主義，在其殘跡上從新設計社會的秩序；但由新的見地說來社會主義以資本主義爲基礎始能實現，所以社會主義者毫不要人類把資本主義認爲過失或罪惡而懺悔的。「共產黨宣言」雖以極峻烈的言辭罵了資本階級社會，而決沒有攻擊資本階級社會違反自然及永遠的正義。宣言的起草者，只指摘資本階級自掘坟墓，「其滅亡與無產階級勝利都是不可避的」而已。社會主義照這樣始達到「由空想向科學的進化。」

（「共產黨宣言」，在其與社會運動及國際勞動運動的影響上，恐怕要算古今宣傳的小冊子中首屈一指的作品？而這宣言的起草者，是年未滿三十的馬克思與其小他兩歲的同志恩格斯兩個人。

三　國際勞動運動的概觀

現在國際勞動運動，大概可分為三類．第一是由無產階級的社會主義者行的運動；第二是由無產階級的勞動工會員行的運動；第三是由非無產階級的學者及社會改良家行的運動。第一的社會主義者國際運動，是由一八六四年創立的第一國際(First International)開始；第二的勞動工會國際運動，是由一九〇一年設立的各國勞動工會中央團體的國際事務局開始；第三的學者及社會改良家國際運動，是由一九〇〇年設立的國際勞動立法協會開始，這是普通一般人的見解。

第三學者及社會改良家的運動，是另一問題，暫置不論，只就第一第二這無產階級的運動研究，可曉得這兩者最初產生同由一事，後因思想上不能趨於一致，中途纔分裂了的。但在現在，唯形式上仍然繼續分裂為兩種，可是形成雙方中堅分子的大部分無產階級，同時加盟於兩方面，所以也可說思想上仍復歸於原來的一種。關於代表社會主義國際團體的第二國際(Second International)，與代表勞動工會國際團體的阿姆斯特丹國際(Armsterdam International)的關係，可以這樣論的。但是代表社會主義國際團體，在第二國際以外，尚有第三國際，思想上與第二國際相反；代表勞動工會國際團體，在阿姆斯特丹國際以外，也有基督教國際，兩者的見解也不同。所以要鳥瞰的觀察無產階級國際運動的分野，可以曉得：第二國際與阿姆斯特丹國際互相提攜，佔了中央最廣的範圍，其左翼第三國際，其右翼基督教國際，各佔了獨立的地位。社會主義國際團體的第二國際與第三國際，其主義的相異點，在問其歸依「鮑爾修維克」主義與否，換言之，在問其承認獨裁政治與否，為其基點。勞動工會國際團體的阿姆斯特丹國際與基督教國際，其主義的不同，也在以廢棄資本主義爲理想與否，換言之，在以肯定階級鬥爭的理論與否爲其基點。因而第二國際與阿姆斯特丹國際，其遵奉的社會思想，根本上是共通的，不過同向一個方向進行，一個打着社會主義的旗號，一個拿的勞動工會主義的旗號，僅有這種差別而已。

基督教國際是舊式意義的勞動工會主義，想依勞動工會的團結力，達成改善勞動階級社會的經濟的生活使之向上；在這種意義上，和阿姆斯特丹國際沒有什麼不同。唯基督教國際有特異的主張，以階級鬥爭爲非而重階級協調，專以社會政策的立法，想救濟資本主義的弊害，且絕對否定社會革命。因這理由他們不能與第二國際化合了的阿姆斯特丹國際，立於協同戰線上。所以把現在無產階級國際勞動運動，鳥瞰的分類起來，可列表如下：

國際勞動運動
- 右翼——基督教國際（加盟者三百萬人）
  反對社會革命否認階級鬥爭以基督教的仁慈博愛爲改正社會惡制的根本主義
- 中堅 { 第二國際……／阿姆斯特丹國際 }（加盟者二千四百萬人）
  否定資本主義主張產業社會化但固執民治主義（Democracy）的本義排斥無產階級的獨裁政治不絕對與現存資本階級的勢力不妥協
- 左翼——第三國際（加盟者八百萬人）
  澈底的階級鬥爭主義肯定暴力固執獨裁政治主張蘇維埃組織的統制

前表是林癸未夫在其著的國際勞動運動史由思想方面觀察而行的分類。現在不依據這分類，由國際勞動運動發端的「國際」(International)之起源說起，順次述其發達的經過到世界大戰時止，也許不是無益的研究吧。

四　國際勞動者協會（第一國際的起源）

一八六二年倫敦開博覽會時，在法國起了選拔勞動者代表使渡英觀光的議起，這提議是里昂一個報紙發起的，而拿破崙三世贊成這計畫，命資本家醵出渡英費而實行了的。法國勞動者觀光團有二百四十人，在倫敦滯留的期間，由英國勞動者領袖斡旋，八月五日開了個英法德比四國勞動代表者的懇親會。在這會席上，英國代表者關於組織一個國際勞動團體，向各國列席者求其考慮，其理由是爲各國勞動者交換意見，應有一個永續的機關，究明社會經濟的眞相，迅速解決勞動問題，都有很大的便利。爲將來應當怎樣決定勞動關係的問題，以決定勞動階級的方針，認爲在勞動者中，無論國家的或國際的，都應當要有一個強固的團體組織。

這提案由列席者全體贊成，即刻就選舉實行委員，作宣傳及組織的準備。但是對這計畫最初的一個障礙，是法國法律禁止這種團體組織。可是這法律到一八六四年就廢止了，同年九月二十八日，英法德比意及波蘭六國的代表集會於倫敦，正式決議了組織國際勞動者協會(The International Working Men's Association)。這就是所謂第一國際的起源。

這倫敦會議，爲下次應開的創立總會，起草應決議的綱領及會則，且爲準備總會，選舉了五十名委員。這些委員雖網羅了各參加國的代表者，可是英國人占了過半數。且隨着事務的進行，委員間漸次分出種種不同的主張。德國委員馬克思及恩格斯是最急進論者，且是委員中最有勢力者。法國委員蒲魯東（Proudhon）以生產合作社為社會改造的基本，布倫圭（Blunqui）以政治的革命為唯一的手段，西蒙(Simon)夢想以教育實現理想。又在委員中也有像馬志尼那樣資本家方面的民主主義者，也有像藍革（Lange）彪赫爾（Bücher）那些講壇社會主義者。無政府主義者，單純的自由主義者，博愛主義者也都形形色色的夾雜在內。特別英國委員大部分是穩健論者。

這些委員中意見的相左，當議大會宣言案的時候，就越發顯明起來。宣言書的起草，是由馬克思和馬志尼的祕書窩爾夫(Wolff)兩個人擔任。馬克思積極的置重階級鬥爭，而窩爾夫却取了改良社會的穩健態度。其結局作了兩個宣言草案，依委員的多數票決，採用了馬克思作的宣言。從此向來散漫的社會改良家的集團，由這次會議顯明起來，其旗幟很帶了馬克思派社會主義的色彩。在本會馬克思的地位也不過是個普通委員（會長以下的幹部，以當時勞動工會最發達的理由全由英國人充任）實質上他成了這會的中心人物。

倫敦會議後，豫定次年在布魯塞爾開成立大會，可是宣傳尚未十分週到，而且比利時政府也表示妨害的態度，因而中止。到一八六六年九月三日在日內瓦纔開了成立大會。決議案中最重要的事，要算大多數可決了馬克思起草的宣言。其內容是歷史上重要文件，所以譯其全文要點如次：

（一）勞動階級的解放，要由勞動階級自身實行；為勞動階級解放而鬥爭，不是勞動階級壟斷特權或利益的鬥爭，是爲要求同等的權利和義務，以廢止一切階級爲目的的鬥爭。

勞動者經濟的倚賴生產手段——生產資料的獨占者（指資本家）是湊成一切形式的屈從，社會的不幸，精神的墮落，及政治的隸屬等之基礎。

因此勞動階級之經濟的解放，是究極之目的，政治運動，不過是達此目的的手段。

過去爲這大目的，一切努力歸於失敗的原因，是由各國內各種勞動團體未十分結合，各國間勞動階級也缺乏友愛聯絡的原故。

勞動階級的解放，非一地方的或一國家的問題，是世界的問題。這是包括具備現代社會狀態的一切國家的問題。因而其解决不能不待最進步各國之實行的及理論的協力。

目下歐洲各工業國勞動階級之覺醒，一方喚起新希望，同時嚴相警戒，無再復蹈已往的過失，且使感覺有密祕結合各種沒聯絡的運動之必要。

根據上記理由這勞動者最初的國際會議宣言如次：國際勞動者協會及志趣相同的一切個人和團體，在他們互相中間不問人種宗敎國籍若何，承認以眞理正義道德爲對一切同胞行爲的基礎，本會同人爲自己及爲忠實其義務的一切人，認以要求人或市民的權利爲各人的義務。無義務時即無權利，無權利時亦無義務。

在這宣言以外，本會決議的重要事項，是只限勞動者方有本會會員的資格，要求八時間勞動制，聲援勞動工會的國際運動等事。」

國際勞動協會的第二回會議，一八六七年九月在瑞士的洛桑開的。列席者有七十一人。在這會議，國家社會主義者勢力增加使通過了運輸及通信機關公有的主張及反對獨占事業的決議。又以生產合作社運動，把勞動者分成兩部使生出立於有利地位的一團壓迫立於不利地位一團之結果，以這理由而大加了攻擊。

一八六八年九月在比利時的布魯塞爾開了第三回會議。出席者百人，以多數可決了土地及鑛山的公有。一八六九年九月在瑞士的巴塞爾(Basel)開了第四回會議。出席者八十人，新承認巴枯寗(Bakunin)領導的無政府主義者入會列席。這次會議的政治議決案，被急進派制勝，以相差極少的票數通過了否認勞動者任意參加生產合作社的決議。但經濟的議案容了穩健派的主張，通過承認同盟罷工，與同時認解決勞動爭議的最良方策爲公斷和解制度的決議。從此就成了「國際」(International)的興盛期，僅法國的會員就號稱四十四萬(一八七〇年巴黎警察廳的調查。)

第五次會議，豫定一八七〇年在巴黎開會，因普法戰爭未得舉行。翌年巴黎的共產黨騷擾，雖一般人認爲由國際勞動者協會煽動起的，可是事實上僅是幾個會員參加，與本會並沒有什麼直接關係。然而因這影響第一國際幾乎瓦解了。英國會員先全部出會；其次會員間的意見，就將來國家及社會組織的根本意義也明白分裂爲冰炭不相容的兩派。一方面是以馬克思爲先驅的社會民主主義，一方面是巴枯寗領導的無政府主義。馬克思以資本公有與組織的共同生產爲宗旨，想行社會主義的統治，認爲沒有强力的中央權力機關決不能實現的；可是巴枯寗以這樣制度恰像把暴君與奴隸的舊關係，更以不能堪受的形式而使之復活的，認無政府主義以沒有什麼至上的權力存在，爲人類生活的極軌。這樣爭論的中間，第五次會議於一八七二年九月在荷蘭的海牙開了。出席者只六十五名，巴枯寧因自身有被捕的危險而沒有參加。這次會議，在激烈的爭論之後，通過了把巴枯寧一派的會員全部除名的決議。依這決議，本會雖成功了驅逐內部異主義者的事，可是會的勢力也就薄弱了。更因德法會員民族的感情衝突，更與這會以致命傷。原來爲創立本會最竭力，而且在會員中最占多數的要算德意志人，因他們不顧馬克思的反對，而發表了承認合併阿爾薩斯及洛林的意志，遂激起法國會員的憤慨，終至連袂脫了會。照這樣事實上本會全瓦解了。

第一國際照這樣僅在數年間開了幾回會而亡了，當時的世人像是過誇大的承認其實勢力。依拜拜爾（A. Bebel）的自敍傳所記，第一國際的會員，當時僅僅不足一萬，其基金幾乎全無，而某資本階級的報紙，簡直說第一國際在全歐洲有百萬會員，蓄積極豐富的基金，爲援助同盟罷工，無論何處即刻可發送幾萬經費，有相當知識的人，尚且不疑這種記事的虛僞。普法戰後，俾斯麥兩次對歐洲列強發通牒，計畫開國際會議，其目的在設法鎮壓社會主義。大概是全由這種誇張的報告所欺，起了風聲鶴唳的驚懼，也可以想像得來的。

五　國際勞動運動的過渡期

第一國際瓦解後十年中間，無政府主義者與社會主義者的軋轢，社會主義者中急進派與漸進派的意見不一致，因而國際運動也不能團結一起。但是部分的會合，大概每年或隔年總在什麼地方行的。其中一八七七年九月在比利時的喀恩開的社會黨會議，雖由英德奧及瑞士糾合了四十八名列席者，却也沒得什麼有效的結果。

到一八八三年，穩健社會主義團體的法蘭西社會主義勞動者協會（Fédération des Travail eurs Socialistes de France）——普通稱為 Possibilists 的一派，與英國勞動合作社通氣脈，於十及十一月之交，在巴黎開了小規模的國際會議。出席者七十九名，大部分是英法兩國人。會議席上，法國方面的代表者，力主張政治手段的必要，而英國方面的代表者反對之，固執只依勞動工會運動而前進的方針，結果都不偏於一方而通過了一個妥協的決議。

其次一八八六年八月下旬，在巴黎開了國際會議，英法兩國以外，由德國奧國匈牙利比利時瑞典諾威等國，來了許多社會黨員勞動工會員出席會議，合計百七十名，為未曾有的盛會。但是這樣出席者數目的增加，又使英國勞動工會主義與大陸的社會主義，更生了顯著的懸隔。德國的代表者，極力攻擊英國勞動工會姑息的態度，而英國代表也反駁其徒弄煽動的空論之不當。會議形勢漸顯出於英國方面不利的時候，英國代表不待議事告終而退了席。其後決議的事項，是承認禁止未滿十四歲者就業，八時勞動制，禁止夜工，豫防災害，最低工資勞動者團結權等原則，要求依這些原則制定國際的勞動法；並決定一八八九年七月在巴黎再招集這會議。

但是一八八七年九月在威爾斯天鵝海（Swansea）開的英國勞動工會會議，決議在一八八九年巴黎會議以前，於一八八八年先在倫敦招集國際會議。這倫敦會議為不蹈以前巴黎會議的覆轍，只承認各國加盟勞動工會的人參加，而計畫排斥非勞動工會員的社會主義者。英國勞動工會的這種提案，非常使德奧兩國的社會民主黨憤慨，因而勸告己國的勞動工會不參加這會議，結局由這兩國沒有一個人出席。這會議在同年十一月上旬開會，由英法荷比丹麥意大利六國出席了百二三十名代表，聲明是第一次國際勞動工會會議，其實由大陸的出席者，大部分是社會主義者。其決議事項中，力倡爲維持國際和平，各國都應限制軍備，有計畫防止戰爭的必要。

依以上三次國際會議，團結社會主義與勞動工會的合同運動，非常困難而且於雙方都不利，就越發明瞭了。其結果這兩者漸次分離，一個成了國際勞動工會協會，一個成了第二國際。

第二國際的起源，通常認爲一八八九年的巴黎會議。但這會議只是分裂爲兩個團體的會議，由一八九一年布魯塞爾會議以後，始結合成一個國際團體。

法國的穩健社會黨由一八八九年七月十四日，向各國發送了在巴黎開國際會議的招待帖。可是這招待帖上，書明出席者須帶在本國所屬團體的信認狀。由這事無端使急進派等誤解爲排斥自己的策略，於是他們進而拒絕出席這會議，糾合他們同志，促成他們決心召集另一個國際會議的動機。

爲融合兩派的感情衝突，德國帝國議會的社會民主黨員，竭力斡旋，一八八九年二月二十八日，在海牙集合德法比荷瑞典五國各兩名代表，開了個談話會，可是交涉仍未得到結果。結局急進派與穩健派於同日在巴黎招集了另一個國際會議，各都決議了同樣的各種事項。

（一）　穩健派的會議

穩健派會議列席者，總數是六百五十一名，其中法國四百七十七人，英國四十二人，奧國三十五人，匈牙利六十六人，其他各國共三十一人。英國出席者中十七名，是勞動工會的代表者。最初的議案是促進保護勞動者的立法，順次熱心議了短縮勞動時間，保護女工及童工，限制夜工，星期日休業，制定最低工資法等。其次作本會將來的運動方法，承認以下的議決案：

一　認各國社會主義者團體，在恆久的關係下有結合的必要，對於各團體在己國內應取的手段，各保有自主權，不受其他的干涉。

二　一切勞動工會，要組織國家的及國際的聯合團體。

三　各國須設委員，使維持與他國的聯絡，互相報告勞動者社會的及經濟的狀況，且翻譯之，負分送於關係方面的任務。

最後本會議決議要求各國政府，對獨占原料食料品及榨取勞動者爲目的之一切資本的結合，須制定嚴格禁止的法律。

（二）　急進派的會議

急進派會議出席者三百九十一名，其中法國二百二十一名，德國八十一名，英國二十二名，其他是比奧俄荷西葡瑞典諾威丹麥瑞士波蘭羅馬尼亞波希米亞布加利及美國等的代表。可注意的事，是英國勞動工會員僅出席穩健派會議，而英國社會主義者却於兩方面的會議都參加了。開會之始，因無政府主義者的妨害，就起了一時的紛糾，使他們退席以後，費了五日聽各國出席者的現況報告，最後一天幾乎全無討論，通過了要求制定勞動者保護法的決議案如左；

一　八時間勞動制；

二　未滿十四歲者作工禁止，十四歲以上未滿十八歲者只作六時間勞動；

三　除過有繼續作工的工廠外，禁止夜工；

四　禁止女子於一切有害衞生的工業上作工；

五　女子及未滿十八歲者，禁止夜工；

六　對於一切勞動者，一週中須有三十六小時的連續休假；

七　禁止於健康上有害的工業及作工方法；

八　廢止交換就業法；

九　廢止以物品替代工資的制度；

十　廢止苦役工業；

十一　廢止私立職業紹介所；

十二　設置由官吏及勞動者選出的委員合組工廠監督官。

其次最激烈討論的問題，是由荷蘭一個代表提出由法國一部分代表者贊成的總同盟罷工案。這議案的趣旨，作一個實行社會革命的手段，或作個防止戰爭的方法，認爲有必要的時候，互相提攜應當決行國際的總能工，結局多數決未通過而葬送了。

關於軍備縮小案通過如下意味的決議。「一供支配階級及有產階級用的常備軍，是與民主主義及共和主義政治不兩立的東西，是專制的官僚的及資本主義的統治之表現，且是反動專制與社會的壓制之機關。常備軍是侵略的企圖之結果及原因，又是國際間紛糾的原因，所以須速撤廢，以根據民主主義之防衛的和平的政策，須實施非為侵略征服而為擁護自由獨立的全國皆兵之組織。」

最後宜特筆書的，是決議以翌年五月一日行國際的示威運動。其文曰：「應定一國際的大示威運動之日，世界各國各都市的勞動者，一齊奮起，為八時間勞動及本會議決一切事項，要求發動公權。而美國勞動協會，已於一八八八年五月一日的聖路易斯(St. Louis)總會中，議決以一八九〇年五月一日為行這示威運動之日，所以就以此日定為國際的示威運動日。」

不待說，這決議其意思只限於一年，以後就改成永久的了。

六　第二國際的結束

第二國際，雖由一八八九年巴黎的穩健派與急進派兩個會議開其端緒，可是立於這兩派間的喬萊(J. L. Jaurés)等努力斡旋調停，於一八九一年又結合成一個團體在布魯塞爾開了一次會議，因此，當以這布魯塞爾會議，認為新國際最初的集會。

布魯塞爾會議的出席者，包括勞動工會與社會主義兩派，人數約三百七十名，其中比利時百八十七名，法國六十五名，德國四十五名，英國二十八名。

這會議最主要的問題，是研究以怎樣的形態團結國際的無產階級。依比國代表者及法國代表中少數派的意見，主張勞動者全不論其國籍只作「世界的勞動者」而團結，是馬克思以來的純馬克思主義；其實行手段先於各國設代表其國勞動者的委員會，各國委員聯合而形成國際委員會，是依這國際委員會而想統一各國運動的方案。但對這問題，英國代表者及法國代表中多數派的主張，以為對抗資本家國際的團結須用勞動者國際的團結。對這根本觀念當然沒有異論，可是其實行的順序，先促進各國勞動工會的發達，使撤廢限制勞動工會的法規，一切勞動者必須加入什麼工會，由各所屬的工會先構成國內的聯合團體，這聯合團體相集而設國際事務局，交換報告各國狀況，更待時機至時再組織國際的聯合團體。照這樣討論後，結局通過了如左的決議。

「目下的經濟組織，勞動者的政治權利及生活狀態，都在極低劣的地位，支配階級日夜圖謀維持這狀態以求他們的利益，所以同盟罷工及同盟排貨 (strike and boycott) 是勞動階級必要不可缺的武器。依這武器，第一可防禦敵人努力政治的或物質的壓榨勞動階級，第二儘量能夠改善公民社會中勞動階級之政治的或社會的地位。」

「但是同盟罷工及同盟排貨，却是兩刃之劍。若用於不適當的時處，又能傷害勞動階級的利益。所以本會在勞動者想使用武器的時候，先須勸告其十分顧慮周圍的狀況。特別本會確信為勞動者在這鬥爭上爭勝利，先要組織勞動工會，須保持其人數的勢優及其資源的豐富。」

「根據以上的見解，本會勸告勞動者應强力支持勞動工會的組織。但是組織勞動階級國際的中心團體，雖是很應希望的事，可是目下有不能卽刻實行的種種困難；本會先爲各國勞動者到大同團結的第一步驟，望各國都設勞動團體的中央事務所，勞資中間生了糾葛的時候，卽刻移牒各國，以便其研究適當方法。」

「同時本會對想限制勞動者團結權的各國政府及雇主等一切計畫，提出抗議；爲擁護團結權，本會要求全廢限制團結的一切法令及阻害行使這權利的一切刑罰。」

其次本會議，把前回急進派會議決議的「五月一日」示威運動，改爲以後每年舉行，同時其意義也不像前回決議的樣子，單要求八時間勞動制及其他勞動者保護立法等，而議決應行「公表勞動者的要求與其大同團結於社會」的「階級鬥爭之宣言。」其次荷蘭一代表者提出作防止戰爭的一手段，而實行攻勢的總同盟罷工案；由國際政治上看來很有重大意義，可是被否決了。替代這提案，遂議決了大意如次的宣言書：「廢棄軍國主義，欲樹各國民中和平的一切企圖，若不溯求軍國主義之弊害的經濟的淵源，結局是空望而且是徒勞。」所以「人類唯依創造新社會組織，廢棄軍國主義，根絕其榨取的手段，始能樹立恆久的和平，因而凡希望廢止戰爭的一切人，都有加入眞實唯一和平團體的這『國際』的義務。」

最後可決了廢止件數工資制與苦役工業，婦人與男子同樣應有社會的政治的權利等兩個決議，但是否決了次回在美國芝加哥(Chicago)開會的提案。

七　排斥無政府主義者

第二國際的第三次會，一八九三年八月在沮利克(Zurich)，第四次會一八九六年在倫敦都順次開了的。沮利克會議的出席者，是英法比德奧意及瑞士七國共三百九十六名，前在布魯塞爾開豫備會議時，已商定把無政府主義除外不使列席，但這會議時若干的無政府主義者仍強與會，結局由會場逐出去。其次在倫敦會議時，英、法、比、德、奧、意、匈牙利、瑞士、羅馬尼亞、布加利、波希米亞、波蘭、荷蘭、丹麥、瑞典、西班牙、葡萄牙、俄國、及美國等十九個國參與會議，開始是否應當排斥無政府主義者就成了問題。激烈論爭了三天，結局以大多數決定不許加盟。

這兩次會議的重要決議事項，不過將以前巴黎及布魯塞爾兩會議決議的旨趣，另用一種言詞反覆了一次而已。簡單說來，究極的理想，是在公有土地一切生產工具及分配機關，至於達到這目的的次序，先強固的團結勞動者，由勞動工會之國家的及國際的運動，訴諸立法的手段，較任何方法都重要。因而依勞動者中政治的意見不同，不能使之阻礙其經濟鬥爭的共同活動。又須教育勞動工會員，勿使懈怠宣傳社會民主主義的眞理。對女子也應容許加入工會；對男女同一工作，認定應付同一工資的主義。同盟罷工及同盟排貨是勞動運動上必要不可缺的手段，一國奮起時，各國都須盡力求援助的方法。認制定八時間勞動法，廢止苦役工業，廢止限制團結權的法令等，是最重要的立法政策。認廢止關稅消費稅及輸出稅也很必要。主張戰爭的最大原因在資本家中間經濟的利害衝突，因之勞動階級的生命與健康，不斷的供其犧牲，所以各國勞動者一致的應當反抗資本主義之軍國的壓迫。

八　社會黨與資本階級政黨的妥協是非論

第二國際的第五次會議一九〇〇年在巴黎，第六次一九〇四年在阿姆斯特丹開了的。這兩次會議的中心問題，是討論社會主義者是否可與資本階級立於同一政府下。各國社會主義運動發生以來，社會黨於任何時不與其他政黨攜手，成了一種不文律而遵守了的。他們多數的信念，以貴族富豪爲自己遵奉的主義之敵，因而入了由敵組織而支持的政府就官職，畢竟不外是與敵通款。但社會黨中的穩健份子，以這樣主張過於偏狹，因時與事，入政府與資本階級妥協，也是達成自派目的之一種有效的手段，因而主張絕對不妥協並不是善策。在法國屬於「實行派」(Possibilist)，及在德國屬於「修正派」的社會黨員，都是這樣主張。

這問題引起激烈爭論的動機，是一八九九年法國社會黨領袖米爾蘭（A. Milland 後爲法國大總統）入了盧索（W. Roussoiu）內閣就任商務總長。特別這內閣員中有彈壓巴黎共產擾亂出了力的人物，平素爲社會主義者所仇視，所以米爾蘭及喬萊(J. L. Jaurés)等組織的獨立社會黨分裂成兩派，贊成派喬萊，反對派蓋斯底各執牛耳，論爭不相下。於是把這問題提出一九〇〇年第二國際總會，訴諸會員全體的輿論。喬萊與蓋斯底都儘量糾合多數同志出席這會議；只法國的出席者達四百七十三名，其他各國三百零九名，合計成了七百八十二名的空前大集會。

但是議論沸騰，不知底止，結局由德國柯茨基提出了姑息的妥協案，以爲社會黨員入其他政黨組織的內閣，本會未曾禁止也未承認，所以這是非只應任各國社會黨自行決定。由通過這樣的決議，纔告了一段的結束。

但是這問題改變個形式，又在一九〇四年阿姆斯特丹會議席上再提出了。這是因一九〇三年在德萊斯登（Dresden）開的德國社會民主黨總會中，修正派提出容許社會黨員任官案被否決，所以又把問題拿到第二國際會議席上來了。這會議中德的拜拜爾，(Bebel) 法的喬萊及蓋斯底意的帥里 (Ferri) 比的安了爾（E. Anseele)與的阿德 (V. Ader) 等錚錚者大交論鋒。其中喬萊爲承認派的健將，力主張社會黨員入閣爲必要的戰略，以爲共和國與專制國中間政情異常不同，所以在法國適當的戰略在他國也或許不適當，可是法國自米爾蘭入閣以來各種社會政策勞動保護立法，都大進步的事實，就證明這戰略是有效。

反對方面否認派的首領爲拜拜爾，拜拜爾主張妥協政策的不當，以爲德國社會民主黨固執反對政府的態度，却較之法國更得了促進社會政策的效果。且說政府形態無論其爲共和或專制，都是由資本家支配，不能免其行使反背勞動者利益的權力。我們雖希望喬萊及其同志忠實於法國共和國，可是到了階級鬥爭不許勞資並立的時候，我們確信應當復歸到本來非妥協的態度。這樣採決的結果，拜拜爾的主張以二十五票對五票被多數承認（棄權者十二票，參加國各有兩票的投票權，）喬萊也聲明此後服從這決議。

依一九〇〇年巴黎會議的決議，以交換各國社會主義運動的情報且使處理總會事務的目的，在布魯塞爾設立了國際社會主義事務局 (The International Socialist Bureau)。

九　對勞動同業工會政策

第七次會議，一九〇七年在德國的斯杜加爾 (Stuttgart) 開了的。這是第二國際總會中最應重要看的會議。出席者總數八百八十四名，其中德國二百八十九名，英國百二十三名，法國七十八名，奧國七十五名，俄國六十三名，波希米亞四十一名，波蘭三十名，比利時二十七名，匈牙利二十五名，美國二十一名，瑞士二十名，瑞典十九名，丹麥十七名，意大利十三名，其餘是塞爾維亞，羅馬尼亞，布加利，荷蘭，諾威，芬蘭，西班牙，澳洲，日本，阿根廷及南非等國的代表。

這會議的重要問題，是總會的議決權，移民，對勞動同業工會政策及總同盟罷工（general strike））等四案。第一問題，向來會議中議案的採否依多數決定，是與參與國平等各有二票的投票權，可是這方法未按各國的實勢力而分配，却多認爲不公平，種種研究的結果決定以後各國投票數如左。

英法德俄奧	各二十票
意大利	十五票
北美合衆國	十四票
比利時及瑞典	各十二票
瑞士丹麥波蘭	各十票
荷蘭及匈牙利	各八票
西班牙及諾威	各六票
土耳其	五票
塞爾維亞羅馬尼亞布加利阿根廷	各四票
其他各國	各二票

其次就移民問題，有主張各國都應無限制的使他國勞動者自由出入，有主張像亞洲人那樣特殊的國民應當限制，結局以人種的差別觀爲不當，採了只對非勞動工會員的移民應當拒絕的決議。

第三對勞動工會政策，是尙未曾討論過的新問題。原來在各國社會黨運動與勞動工會運動，略起於同時代，起初這兩運動互相保持脣齒相依的關係，其中在英美側重勞動工會運動，而在法國注力於社會黨運動，因而這兩種運動，漸次顯出隔離的傾向來了。在德國社會黨與勞動工會的關係，較之他國頗形密切，但因俾斯麥厲行社會民主主義鎮壓條例，自然使勞動工會於自衞上不能不遠避社會黨。其他各國，也大概都在類似的狀態，大體上智識份子參與社會黨而在政治的方面活動，勞動者加入工會作改善雇傭條件的努力，是當時一般的傾向。在這會議中，美法意三國的急進派，以這種情況很阻礙無產階級的大同團結，痛論勞動工會的急務須社會主義化，而三國的漸進派反對之，英德及其他的出席者，概都與漸進派以聲援，終局以二百十二票對十八票的大多數表決，通過了其次的議決案。

「勞動階級政治的鬥爭與經濟的鬥爭，都是爲使無產階級完全脫離理智的政治的及經濟的隸屬關係，所以同樣都是必要的事。但是社會黨的任務，專注力於無產階級政治鬥爭的方面，勞動工會的任務，主要限於勞動階級經濟鬥爭的範圍。照這樣，社會黨與勞動工會，都是爲解放無產階級而盡了重要的責任。所以這兩者各依其本質而定其所擔當的任務，在其範圍內應當完全作獨立的活動。可是又在一面兩者若沒有切實協力的活動，到底也不能成功。階級鬥爭的分野，漸次繼續的擴大，是很明顯的事實，因而兩者的關係愈密切，無產階級的鬥爭就愈有效而且有利。」

「本總會確信各國的社會黨與勞動工會，結合而且維持親密關係，是勞動階級的利益。兩者互相與以道德的援助，當其鬥爭的時候，爲無產階級的自由應盡其必要的助力。若關於手段的適當與否生意見齟齬的時候，應互相討論其所信而立協定辦法。勞動工會若不依社會主義的精神指導，在解放勞動者的鬥爭上，不能成就其目的；社會黨關於勞動者生活狀態的向上改善，援助勞動工會的努力，依立法機關完成勞動工會的要求及運動等事，不能不認爲自己重要的任務。」（中略）

「依本總會的認定，勞動工會依社會主義的理想刺激振奮勞動者對壓制及榨取的抗爭，當更有利，其組織更加鞏固，其共濟制度更能發達，其罷工資金更能增加，而他們關於經濟生活現狀的見解更可明晰，他們的犧牲精神更可振興，而他們的熱心更能增進吧。」（後略）

最後的一個重要問題，是以總同盟罷工可否作爲防止戰爭的策略。以前一九〇四年阿姆斯特丹會議，恰在日俄戰爭中開的，關這問題會有一個決議：「本會認定各國的勞動者及社會主義者的諒解與一致行動，是世界和平根本的保證。本會對俄國專制政治的戰爭與革命而受威脅且犧牲於其資本主義及其罪惡下的無產階級，發誠懇友愛的慰問。本會希望各國社會主義者及勞動者作和平的監視人，舉全力而設法防止戰爭的擴大。」日本的片山潛與俄國的普列哈諾夫在講壇上握手互相表示沒有敵意的時候，博了全場一致的大喝采。

但是日俄戰後，即刻又起了有名的摩洛哥事件，德法兩國關係陷於非常危險，各國都努力補充軍實大戰勃發的情感漸次濃厚起來。這次會議更高唱了以前每次會議反覆討論了的主張。「確認反對軍國主義與帝國主義的各種決議，並新宣言反對軍國主義的戰爭，應與打破階級的戰爭攜手而推進。」—「且戰爭依支配階級爲增進自己的利益使無產階級轉向注意於階級鬥爭以外，且爲防止其國際的團結而利用國民的偏見」纔發生的，所以「戰爭畢竟是資本主義本質的一部，」—「資本主義自行崩潰乎？若不然，須待由軍備擴張的結果人力財力的犧牲達到國民不能堪受的程度，國民奮起反對掃盪資本主義以外，決沒法使之根絕。所以構成軍隊的大部分而且受最大物質的犧牲之勞動階級，當然是戰爭的仇敵。在社會主義的基礎上想創造新經濟組織而表現一切國民的大同團結，這是勞動階級的最高目的；而戰爭卻與這最高目的正相背馳。」

對這決議的趣旨，任何人都沒有反對。不過已臨到現實開戰的危機，各國勞動者應取若何的態度；這實際問題成了議論的中心。其中主張各國的勞動者爲防止戰爭應斷行普遍同盟罷工的提案，最是激烈論爭的焦點。

普遍同盟罷工的問題，在一八九一年布魯塞爾會議時曾由荷蘭社會黨一個領袖提出過一次，當時這提案被誤解爲宣傳無政府主義，在議場受了輕視，只採了李布克奈希（W. Liebknecht）提出的反對軍國主義的決議。

一八九三年沮利克會議時，再提出這議案，李布克奈希論戰爭非到國民大多數成了社會主義者時，不能望根絕的，同盟罷工只是把少數不幸的犧牲者，供獻到邪神的祭壇上而已，於是再反對之。雖法國代表者多數維持原案，仍是再被否決。

但是這主張不能容易放棄。斯杜加爾會議以先，法國社會黨總會，討論這問題，喬萊等穩健派贊成之，蓋斯底等反對之可是終以多數可決了。結果把這問題移到斯杜加爾大會，以法國社會黨的名義提出。其提案的主旨，以爲軍國主義「專以使勞動階級政治的經濟的隸屬於資本階級爲目的之國家的武裝」所以被外國攻擊時，爲防衛國家的獨立依强制施行兵役制度，使勞動階級武裝是必然的結果。因這理由，各國勞動階級，「反對議會，喚起輿論，用普遍同盟罷工，叛亂及其他一切手段，社會主義者依其國內的及國際的活動，努力防止戰爭，是其神聖義務。」

反對這提案的急先鋒，是代表德國社會民主黨的拜拜爾。他先否認共產黨宣言中「無產階級沒有祖國」的話，他說：「祖國本來較之屬於支配階級，寧多屬於無產階級，所以我們不是對祖國戰爭，是對只擁護支配階級利益的祖國現狀而戰爭的。文化生活，唯於用祖國言語以完全自由獨立爲基礎的時候，纔能使發展起來。所以受他國支配的人民，常爲自由獨立而努力奮鬥。」他更就實際問題，主張戰時德意志絕不能行普遍同盟罷工，若不然，社會民主黨將要在叛逆罪的汚名下失其存在的。

法國的喬萊反駁着說：「我們的希望，並不是祖國的破滅，是爲無產階級的利益而改造祖國。無產階級的利益，非依無產階級自己開拓則無由得到。因而無產階級應舉全力防止戰爭。「萬一德法間戰端開時，兩國的勞動階級，爲自己的欲求而不極度使用其力，演出只爲資本家的福利而互相殺的事態，我們能承認嗎？」

這兩派的主張，是冰炭不相容的。結局通過了一個妥協的決議，大意是「本總會關於勞動階級爲對抗軍國主義而活動的方法，不能指示一定式樣。因爲這樣活動，依各國社會黨的內情必隨時生變化的。可是極力促進勞動階級反對軍國主義與戰爭而使之協調，是我們的義務。」

但是這問題尚未得到歸結，在一九一〇年柯盆哈根（Copenhagen）會議席上再討論起來。這會議的出席者有八百九十六名，是空前的盛會。各國社會黨出席者，屬於右翼的黨員比較占多數，都熱心討論了救濟失業者及勞動工會等問題。其中關於普遍同盟罷工案，又由英國哈袋（K. Hardy）及法國萬央（Vaillant）兩人提出，又成了與德國社會黨挑戰的形式。但是此次把這問題作個懸案，各自研究，豫定在一九一四年八月二十三日維也納開總會時再討論。其後因摩洛哥問題巴爾幹戰爭等接踵而起，大戰的危機愈迫切起來，各國社會黨熱烈的試行非戰運動，結局歸於徒勞；維也納會議在豫定開會數週前因大戰勃發，也終未能實現。

第五章　現代國際思想的傾向

一　國家及民族中心的思想

現代國際思想極其複雜，鬥爭主義協力主義及其他主義互相錯綜而不相下，這確是反映着現在的國際狀態；國際思想較之國內思想更於廣大的範圍，可看作時代環境的產物。國際生活，一面是經濟的武力的强者對弱者的關係，他面又是各國共通經濟的文化的互相依存的關係。但是强對弱的關係，實際占着優勝地位，因而國際政治的內容以利害的鬥爭——力的鬥爭——爲主要素。力的鬥爭，究其極就成戰爭。所以國際政治思想要以肯定戰爭或否定戰爭，以及爲防止戰爭根據共同利害創造共同組織等問題而構成的。

在國際政治思想中立脚於世界的或基督教的人道主義之思想，及根據經濟的文化的共同利害之事實而高唱世界主義之思想，當然不能說沒有，可是這類思想，在今日尙未構成國際思想之中樞的部分，所以現在的國際政治思想大體是國家乃至民族中心的思想。

民族的優越感熾盛的國家——有共同規律及政府的獨立地域社會——及人口非常增進的國家，求自由，求競爭，求領土，求統一，而且求支配。

實業優勝的國家——如美國，求商品的銷路，求生高率利息的投資的機會，求開發實業後進國天然的富源，而且在本國領土內拒絕他國勞動者的侵入。

在想使民族膨脹的國家，以國旗作先導而商業與投資從之。反之在實業優勝的國家，商業與資本先行而國旗從之。無論在那一方面，這國家能夠强制他國尊敬其行爲的原因，都是背後帶着强大的海陸軍備。

今日想强大其民族的國家，一定也想實業的優勝；想優勝其實業的國家，一定也想强大其民族。於是民族主義與資本主義的兩大傾向，結合而發展了帝國主義。和這帝國主義相對立者，有「國際的社會主義」，一力主張勞動者世界的團結與對資本家階級的鬥爭。這是前述國際勞動運動的延長，所謂第三國際的事業。

二　超帝國主義論

關於帝國主義的意義，前曾述之。其中能適切說明世界大戰後較安定的國際生活，是柯茨基的超帝國主義論。因紹介其要旨而加以簡單的批評。

柯茨基對帝國主義的見解，在新時代 (Die Neue Zeit) 雜誌上發表的帝國主義論及應注意的二書兩篇論文中，可以看得出的。

柯茨基不以帝國主義與發展到一定階層的資本主義同樣看認是高度發展了工業資本主義的產物。他解釋帝國主義，是各工業資本主義國越發想壓抑併呑大農業地域的衝動。他認由工業與農業的交互作用發展來的商品生產，入了資本主義的商品生產時代，在越發增大的工業生產的面前，農業因農業人口減少而減退工業製品的需要，對食品及原料龐大的需要不能適應，因而釀成工業與農業的不平均。爲制衡這不平均，想增大與有交易關係的農業地域之資本主義工業國的特殊形式，就是帝國主義。

柯茨基不認帝國主義爲資本主義將停滯或停滯的徵象。他對帝國主義區分其政治的要因與經濟的要因。他說：「帝國主義有應依社會主義克服的一方面，這是由資本主義國的無產階級或依農業國的住民，擊破資本主義想支配農業國——資本主義存立的必須條件——的要求。在這樣經濟的方面，帝國主義確示明帝國主義將停滯的徵候」

但是帝國主義別一方面——帝國主義戰爭，不是資本主義存立的必須條件，也不是與資本主義同可克服而使消滅的。柯茨基對這問題，綜合世界大戰及世界大戰後的經驗論之如次：「世界戰爭後，沒有存着應繼續武裝競爭的經濟的必然性，由資本家階級的見地看也沒有存在的餘地，若有其存在，也不過由三數個軍備利害關係國的見地而已。反之資本主義的經濟，却依國家相對峙而受極度的威脅。今日有先見之明的資本家，却對其同志也呼着，全世界的資本家團結起來吧！」(Die Neue Zeit, Jahrg. 32, Bd. II S. 92 ff)

就是依柯茨基的見解，「帝國主義政治的一面——可以激起世界戰爭的一面，不是資本主義之必然的政策，是其許多政策中的一個。不過因其助長資本主義的發展，所以採用了的。但是現在這反到阻礙資本主義的發展，因而許多資本家大概要廢棄帝國主義，而推廣『加迭爾政策』於國際政治上，資本主義將要入一段新階層吧？這就是超帝國主義的階層。」

上所述是柯茨基的超帝國主義論，其要旨有三：

一　帝國主義是高度發展了工業資本主義，想合併農業地域的努力。這並不是資本主義本體，是資本主義的政策——殖民政策。

二　帝國主義是一種殖民政策，可是殖民政策並沒有歷史的必然性，所以帝國主義也沒有歷史的必然性。

三　帝國主義的「停滯」帝國主義的「崩潰」決不是資本主義的「停滯」「崩潰」的意義。因而帝國主義的「停滯」不是排除新資本主義的行程，現在新資本主義可能性的萌芽已經表現出了。這就是超帝國主義的國際資本主義的團結。

柯茨基的超帝國主義論，由工業資本主義與農業的關聯上立論，在這點，和盧森堡及其他以非資本主義的境域爲資本主義發展上絕對必要條件的見解是一樣的。可是柯茨基不以帝國主義爲資本主義的「停滯」，在這點與其他見解互相對峙。盧森堡等以資本主義的「停滯」歸於非資本主義境域之狹隘化，所以非資本主義境域若依然存在的時候，資本主義決不會「停滯」。依這見解，非到世界各處全資本主義化了以後，資本主義不會「停滯」，將可以延長下去。惟盧森堡等認資本主義已達到這階層，帝國主義實地表明了資本主義的「停滯」。柯茨基和這正相反，認帝國主義是一個殖民政策，觀察帝國主義有發展到超帝國主義的可能，所以其結論，說資本主義，在其中孕育了社會主義的要素，這要素未完成以前決不至停滯的。

三　帝國主義與維持現狀的和平論

資本主義是以「自由競爭」爲中樞的營利制度而發達了的，但營利制度，依「唯物辯證法」的發展，却發達成與自由競爭全相反的以「獨占」作中樞的制度。所謂「帝國主義」時代，就是這制度發達了的時代。列寧痛斥資本主義，說「資本主義的基礎上，除過戰爭以外，究還有什麼方法?」實際帝國主義的列強，先都以「戰爭必然論」的根據而驀進了的。一九一四到一八年的世界大戰爭，就是這帝國主義必然的一個大戰。但是因這原故，資本主義今後仍須以「戰爭必然論」的根據而驀進，須更使爆發第二第三的帝國主義戰爭嗎?這却不然。因爲這資本主義的根據，在某種程度成熟以後，在其發展的途中起了國際主義的迴避戰爭運動，更入到一種新的根據。在資本主義中起的國際主義的迴避戰爭運動，大體以一九一四——一八年世界大戰爲轉機，以後像急速的展開了新局面。因而列寧的論點，在大戰前是適切的說明了國際關係，然對現今的國際狀態，却難應用了。

世界領土在强國間分割盡的時候，那麼，一强國想新擴張領土，非更侵略已屬於某强國或在其勢力範圍的領土，以外再無他法勢必使虎視眈眈的列强又捲起戰雲。到這時的戰爭，不只限於「帝國主義」的戰爭，當然也包含着「國民戰爭」其中感覺這樣不安的國家是有大殖民地的各國，他們看出再行爭奪殖民地的戰爭，不如設法保障已得殖民地的安全於他們有大利益，遂傾向「維持現狀」因而組織國際的聯合，以求避免戰爭了。

這時代出現以後，對於侵略領土的「帝國主義國」的輿論就起大變化了。直到這時，領土的侵略，在國際上實是英雄的偉業。像英國很驕傲的誇他們侵略他國的力量着說「英國是日不落之國」但是他們的大帝國主義，自認識「維持現狀」是大利益後，領土的侵略急轉直下的一變其英雄的偉業而成了人類和平的仇敵軍國主義的惡魔了。這樣思想變化的萌芽，在日俄戰後已可以看得出。德國及日本「軍國主義」的發展，由這時就引起世界的責難。而這樣思想的波動，於一九一四到一九一八年世界大戰中就達到了頂點。要言之，這樣思想的變化，是隨着資本主義的迴避戰爭運動而起的。

任何大帝國主義國，都對想破壞「維持現狀」的新侵入者，痛切的都感覺有聯合戰線的必要，而且這些大帝國主義國，怎樣巧妙的操縱了世界小資本主義國，由世界大戰都實際證明了的。大帝國主義國由「勢力均衡」以及「維持現狀」的必要而保全小國的獨立及領土。所以小國對於想破壞現狀的新侵略者與大帝國主義國同樣感着威脅，因而又不能不與大帝國主義國立於共同的戰線上。於是想破壞「維持現狀」的新侵略者，必然要陷到以世界大多數爲敵的地位。所以德國在世界大戰中不得不與世界多數國家爲敵，而且以德國那樣强大的軍力，其結果也只得一敗塗地。這是今日國際聯盟其所以成立的理由。

四　國際聯盟的組織

世界各帝國主義國，由世界大戰，痛切的體驗了帝國主義戰爭若何犧牲之大。這不僅在戰敗國受大創痛，即戰勝國亦莫不然。世界大戰後，歐洲各交戰國，無論其或勝或敗，返顧戰中戰後受的苦痛若何之深且長，誰也不能不承認戰爭是最無益的冒險事業。於是大帝國主義國，各盡力所及想迴避戰爭，遂更熱中的求確實保持「維持現狀」的方法。第一種方法是國際聯盟的組織，第二種方法是縮減軍備的協定。其第二法所謂軍縮會議，在一九二一年華盛頓會議中，英美日法意五國間成功了限制主力艦隊的協定，現在關於限制補助艦，列強由財政的觀點上，也提倡更開軍縮會議。此外，國際聯盟也為縮減軍備非常的努力，可是沒有得到多大的成功。

國際聯盟是世界大戰後和平條約的一部分而組織成的，其主要目的，是為防備新侵略者，更對「維持現狀」求鞏固其共同戰線。如國際聯盟條約第十條，「聯盟國互相尊重聯盟各國的領土保全及其現在政治的獨立，且對外部的侵略共排斥之……」云云，更於第十六條規定「蔑視第十二條第十三條及第十五條的條文而行戰爭的某聯盟國，當然看做對其他一切聯盟國的戰爭行為。其他一切聯盟國，若認定直與之斷絕一切通商上金融上的關係為適當的時候，不問其是否為聯盟國，應與其他國民相約，即與違約國民全行停止一切金融上通商上以及個人的交通。」更於必要時，約以訴諸共同的「兵力。」不待說，這些條文實際上究有若何效果，尚包含許多疑問。總言之，為維持現狀，使大帝國主義國率弱小國，立於共同戰線的傾向，明確的可以看得出，在這樣情勢下，後進的資本主義國，自然要對於行「帝國主義」的戰爭全絕望，加之中國土耳其波斯以及印度朝鮮安南等被壓迫民族，最近都勃興了反帝國主義運動，宜乎大帝國主義國也都感到現狀有些棘手了。因而後進資本主義國爲擴張新領土想冒險行帝國主義戰爭的意圖，也就不得不鈍起來了。但是尚沒有人敢認爲由此就入了永遠和平的時期，可是可看作世界入了維持現狀的和平時代了。

五　國際聯盟與勢力均衡

世界大戰後，威爾遜總統想打破勢力均衡，遂新倡勢力協調（Concert of Power），欲以各國勢力的協調，維持世界的和平。國際聯盟的組織，就是這意想的具體化，可是聯盟雖說組織成了，依這聯盟就想使將來的勢力均衡絕對再不可能的事，寧可說其意想本身先是不可能的。統一於（或將要統一於）國際聯盟之下的現在的世界，外觀上均勢像已絕滅了，可是進一步若深窺其內面，在聯盟國中有常任理事國與其餘的小國，在世界有聯盟國與非聯盟國，這兩方的勢力均衡，雖在今日尚未明顯，可是在將來不難想像其雙方對峙的局面。強大的美國先立在聯盟圈外，又聯盟國若繼續想排斥蘇俄，若使蘇俄對於汎歐主義而成功了汎亞洲聯盟的時候，聯盟國與非聯盟國也不一定不能現出對峙的局勢。在現今聯盟國與非聯盟國勢力尚未均衡；可是這不均的勢力，自然遲早有可歸均勢的政治的性質，恰像溫度的冷熱一樣，有自然歸於平均的物理的性質。而且加入國際聯盟的各國，也不是想與聯盟永遠共其進退。隨着國際潮流的變化，一國去了，兩國去了，雖不在三年五年，而於十年二十年中間，誰能保證世界決不能成聯盟團體與非聯盟團體的均勢而相對峙？不僅如此，同在聯盟中，其甲團與乙團不作均勢對立的事，又有誰能斷定國際聯盟的各加入國，黨中樹黨，又別聯合同志，在理論上像是無意義的，但是其中的甲與乙，特於某種外交方針相同，或者特於國防上的利害相同，因而在其間就形成了某種對抗的聯合，自然就生了均勢關係，決不是難以想像的事。照這樣，同在聯盟中，甲團與乙團遲早有成均勢對立的可能性，進一步說，簡直不是遲早的問題，在今日已可看出這種情勢的徵象了。永久和平實現之日，不免尙有前途遼遠之感。

敬啟

『民國專題史』叢書，乃民國時期出版的著名學者、專家在某一專題領域的學術成果。所收圖書絶大部分著作權已進入公有領域，但仍有極少圖書著作權還在保護期内，需按相關要求支付著作權人或繼承人報酬。因未能全部聯系到相關著作權人，請見到此説明者及時與河南人民出版社聯系。

聯系人　楊光
聯系電話　0371-65788063
2016年3月28日